U0827183

产业链视角下的
中国大豆产业经济研究

Soybean Industrial Economy in China from Industry Chain Perspective

杨树果　著

中国农业大学出版社
·北京·

内 容 简 介

本书从产业链的视角，通过历史比较和国际比较，对大豆生产、流通、加工、消费和贸易各环节及相应的产业政策等进行较全面系统的研究，分析了大豆产业各环节发展的影响因素，揭示了我国大豆产业发展演变规律和经济特征，并形成未来我国大豆产业发展变化的趋势判断，提出大豆产业发展的战略措施，以期为推动我国大豆产业进一步发展提供决策参考。

图书在版编目(CIP)数据

产业链视角下的中国大豆产业经济研究/杨树果著. —北京：中国农业大学出版社，2015. 12

ISBN 978-7-5655-1465-4

Ⅰ. ①产… Ⅱ. ①杨… Ⅲ. ①大豆－产业经济－研究－中国 Ⅳ. ①F326. 12

中国版本图书馆 CIP 数据核字(2015)第 304222 号

书　　名　产业链视角下的中国大豆产业经济研究

作　　者　杨树果　著

策划编辑　冯雪梅　丛晓红　　**责任编辑**　冯雪梅

封面设计　郑　川　　**责任校对**　王晓凤

出版发行　中国农业大学出版社

社　　址　北京市海淀区圆明园西路 2 号　　**邮政编码**　100193

电　　话　发行部 010-62818525，8625　　读者服务部 010-62732336

编辑部 010-62732617，2618　　出　版　部 010-62733440

网　　址　http：//www.cau.edu.cn/caup　　**e-mail** cbsszs @ cau.edu.cn

经　　销　新华书店

印　　刷　涿州市星河印刷有限公司

版　　次　2016 年 1 月第 1 版　　2016 年 1 月第 1 次印刷

规　　格　787×1 092　16 开本　22.5 印张　330 千字

定　　价　98.00 元

感谢国家大豆产业技术体系的支持

序

在经济学课堂中，老师时常对年轻学子说：要打好经济理论基础，要掌握学术研究方法和范式。在面临研究选题时，富有研究经验者往往会告诫年轻学子：研究要从问题出发。对于应用经济研究来说，就更要从现实问题出发，因为应用经济问题对付的是现实中活生生的问题。很显然，要对付现实中的问题，首要的和基础的工作就是对现实问题有真实的、深刻的了解，只有如此，才可能有的放矢，此后经济理论和研究方法才可能有英雄用武之地。但不知从几时始，国内的应用经济研究渐渐越来越偏离“从问题出发”这一基本研究起点，而对现实问题认识的表象化和空泛化、空谈理论、炒作概念、玩弄模型等现象日渐其盛。

时常有研究生征求我对他们选题的咨询意见，我总是会问，你研究的问题是什么？但得到的回答往往是，我想研究农村公共物品、食品安全、农产品贸易，等等。我说，这不是问题，只是研究领域或方向。当我问学生：你在选题领域具体发现了什么科学问题要研究？你目前对其有怎样的想要论证的看法或观点？他们往往回答说：具体问题？我就是想看看里面有什么问题，然后用计量模型来分析和得出结论。或许他们还在惊诧，还没有进行研究，怎么就问他们要对付的具体问题和要论证的看法，这些不是都要经过研究才知道的吗？于是，我往往就转问他们：你了解你要研究的领域、行业或产品情况吗？他们给出的往往也是众所周知或者人云亦云的片段表象。实际上，他们并不了解所想研究的对象，也往往没有真正去深入了解研究对象的真实状况和主要问题。这种不真正了解研究对象，从而缺乏科学问题的现象并不只是出现在年轻的高校学子身上，在大量的学位论文中、大量的课题申请书中、大量的期刊论文中、大量的专著中，都可以看到这种现象。我认为，产生大量"研究垃圾"的最初原因可能是对研究对象缺乏切实了解。

我每年都会收到不少送审的学位论文、专著或课题报告，这些论文或报告中总有大篇幅的作为研究理论基础的描述，但后面的具体研究内容中往往看不到与前面洋洋洒洒的理论阐述之间的关联性，我戏称这种论文是"两张皮"论文，理论部分往往是教科书上抄来的，后面的研究内容与前面的理论指导部分的阐述没有啥实质的内在关系。更有甚者，有的论文所罗列的理论还可能多达五六种。原来所谓的理论基础在论文中的作用只是"理论摆设"。这种论文虽然未能将理论指导与实际问题分析有效结合起来，但毕竟后面还有一些虽不在理论指导下的研究。还有一些论文，除了通篇源自教科书的理论阐述外，接下来的就是自己的主观发挥了，再也没有实实在在的研究了。这种高谈阔论的所谓理论和研究分析实际上只是空谈泛论，对认识和解决问题丝毫没有贡献。原来还以为这种现象只是普遍发生在"学术研究"中，有一次与一位在中等专业学校工作的老师说起现在的学校教育，她说她所在的中专学校里"会说不会做"现象也越来越严重了，比如年轻教师在课堂上只会对学生照本宣科地教授"发动机的工作原理"、"汽车常见故障"等内容，但实践中自己一点都不会，诸如判断和排除汽车故障等实践课都只能由老教师和技师担任。究其原因,原来年青教师的知识基本来自课堂说教,当年他们的老师照本宣科教学生,教出来的学生也就只会照本宣科教下一代的学生。于是,中专课堂的教学内容和方式也模仿起高校的理论化教学,结果,本应以动手见长的中专毕业生也成了“空头理论家”,在就业市场上“理论”不如高校毕业生,动手不如培训学校出来的修理工。以前提倡的“知行合一”到现在所强调的“理论与实践相结合”,眼下似乎越来越只剩下了“理论”了。事实上,理论不能用来指导实践,也就成了教条主义的死理论,成了唬人的所谓“高深”理论。有时我又戏说,我们教的是“高大上”的“屠龙术”,可惜的是现实世界没有龙,“屠龙术”就英雄无用武之地。理论不能与实践相结合,可能是因为“任督二脉”没有打通,但更可能是对实践一无真知,自然就难以理论联系实践了。如果对实践有了客观真切的了解,理论才可能与实践相结合。

最近20年来,国内的应用经济研究越来越讲究计量模型,都说这是国际接轨。经济研究中大量使用计量分析确实是研究范式的国际接轨,因为国际上在经济研究中目前普遍采用计量分析手段。经济研究中大量使用计量分析也确实是我国经济研究的一个进步,因为计量分析可以使分析结论更为精准,可以从大数据中提出新的问题和引发新的思考,经济学入门时就学到的“恩格尔定律”就是使用时间序列的大数据分析得出来的,可作为计量分析好处的早期例子。计量分析还能大大拓展人类的思维广度与深度,比如部门投入产出模型,绝顶聪明的超级人脑也无法进行现代经济部门间错综复杂的关联分析,但借助于部门投入产出模型,人们就可以较容易地找出不同部门、不同投入产出之间的内在关系。1991年我留学归国时，国内还是普遍采用文字论证的方式讨论经济问题，大量的所谓研究其实多数停留在概念争论、空洞说理或表象叙述，这不仅是因为理论认识方面的不足，也因为分析方法不足，其中就包括计量分析手段的缺失。因此，那时留学归来者几乎都是极力呼吁加强计量经济分析的，希望填补计量经济分析的空白。一些典型的证据如以计量经济学为代表的计量分析课程出现在越来越多的高校的经济学课程名单中，学术期刊中采用计量分析的研究论文发表得越来越多。

不知道从几时起，国内的计量经济分析似乎渐渐变味了，越来越多的"研究成果"看不见对所研究问题的深刻认识，连理性分析也不见了，甚至成了不近人间烟火的"海市蜃楼"，一上来就从主观选择的计量模型出发，接着就往模型中填充年鉴上的统计数据或问卷调查的数据进行计算，然后就依计量模型的运算结果作出判断和建议。很多研究者只是简单地依据运算结果来对现实社会经济关系作出判断，而不去进行理论解释，更不去进行现实印证。原本辅助人类分析问题的工具变成了研究的"主人"，而研究者倒变成了计量模型运算结果的"信徒"，哲学上的"异化"现象、女婢支配主妇的社会现象居然也在经济研究上发生了，人类塑造的"泥菩萨"成了人类顶礼膜拜的主宰。

当前经济学研究的国际主流范式大约可以表述为：问题出发、理论分析、模型构建、计量分析、结果讨论（含理论解释和现实印证）这样一个过程，在此基础上才能对问题作出判断或解释以及后续可能的诸如对策建议等工作。计量分析模型的选择原则是达到分析目的，因此，能达到分析目的的计量分析模型就是适用的计量分析模型;在同样能达到分析目的的前提下,最简单的计量分析模型就是最好的计量分析模型,没有必要用复杂难懂的计量模型来处理原本可以简单处置的东西,否则用百姓的话说就是“大炮打蚊子”、“杀鸡用牛刀”,用上得了台面一点的话说就是“数学游戏”。经济学研究绝不是像国内“计量模型信徒”那样把计量运算结果奉为“至尊”。

如果学生出现这样的误解及误为,我想,老师往往是有责任的,我在不少场合听到过作为老师发出的一种说法:一篇学术论文、学位论文没有计量模型,就是没水平;因此,我也听到过不少学生对我说,学位论文没有计量模型会通不过评审和答辩。天哪!论文质量居然以是否有计量模型以及模型的复杂程度来做认定的,犹如一个人是否有内涵素质竟是由外表装束来评判的。也许一个人具有这样的看法,其负面影响还小一些,但当这种看法成为很多人的看法甚至成为学术界的主流看法时,那就会误导一大批人以致几代学人。有时我在想,这是因为教授经济学的老师没有向学生讲清讲透计量分析手段的工具作用?还是经济学的老师自身缺乏理论教学和范式分析能力,将研究方法论狭隘理解成某些具体研究模型,只能以工具技艺传授学生?抑或还有其他原因?

杨树果博士所著的《产业链视角下的中国大豆产业经济研究》一书,如果依据所谓“理论派”和“计量模型派”的见解,该书中未能见到叠床架屋的理论和高深复杂的计量模型,似乎学术水平不高、学术味道不浓,但我却十分推崇。有位老师说,看完这本书,我对自己以前不知道的中国大豆产业的主要方面和基本情况一下子就比较清楚了。我对本书的推崇正是首先来自于这句话的意思。因为,研究产业问题,希望对这个产业或问题有所解释或进一步提出有所改善的建议，那么首先要清楚了解这个产业或这一问题，否则只是雾镜看花、盲人摸象、隔靴搔痒，甚至会指鹿为马、胡说八道。2004年以来，大豆经济问题无论在国内的学界、政界还是民间都是一个具有较高关注度的话题，但根据我十多年接触大豆产业的经历，尤其是最近五年任国家大豆产业技术体系经济岗位专家专门从事大豆经济研究，深知社会上关于大豆产业的很多言论是基于表象的和片面的，很多言论是意气性的、欠冷静的、经济不可行的，还有不少言论是哗众取宠的，甚至是胡说八道的；很多所谓分析是不客观的、片面的；很多所谓政策建议是一厢情愿的，不可操作的。所以我坚持认为，真正研究问题的人首先一定要先去深入了解和认识所研究的问题，正如毛泽东所提倡的，“你要知道梨子的滋味，你就得变革梨子，亲口吃一吃”。

我初识杨树果博士时，她也是十分崇信学术理论和计量分析模型的，非常佩服虽然不太看得明白但通篇理论与模型表达的论文，并且一直在努力试图使自己的论文充满理论阐述和计量分析模型。她在国家大豆产业技术体系进行了近五年的研究，接触了大豆产业链各个方面、各个环节的众多人员，进行了大量的大豆农户调研、村庄调研、企业调研、政府官员访谈和大豆科技工作者访谈，可以说她了解大豆全产业链及其各环节的基本情况和深层问题；她也多次参加了政府部门关于农产品经济的形势分析会和政策研讨会，还多次参加了农业部农业贸易促进中心与联合国粮农组织共同举办的农业贸易会议，对我国和世界农业经济宏观状况和走势有了较好的全局性了解。正是在大量接触实践的过程中，她渐渐对很多“论文”和“研究”的内容和结论产生了怀疑，进而对以往那种崇信产生了迷茫，开始思考理论认识、计量分析手段和客观现实三者之间的正确关系。此后，以大豆产业链为线条撰写出了中国大豆经济研究专著。该书在内行看来，认为她是真正了解大豆产业情况及其问题的，对中国大豆产业具有系统的、深入的剖析，对于中国大豆产业发展具有清楚的判断；在外行看来，通过阅读该书就能在短时间内系统了解中国大豆产业链各个环节的基本情况，深入了解我国大豆产业的主要问题和发展方向；对杨树果博士本人来说，她完成了系统和深化研究中国大豆经济的至关重要的第一步工作：摸清和梳理实际情况，这是必要的也是不能绕过去的基础工作，正如攻城拔寨一样，先得了解对手、摸清情况、理清外围、备好器械，下一步就可以发起有效的"攻坚战"，与此同时，也给自己打下了一个大豆产业"内行人"的基础。在此，我恭喜杨树果博士行进在研究大豆产业经济的正确道路上，也恭喜她完成了系统完整、贴近现实的中国大豆经济研究专著，祝愿并相信她后续能在此基础上产出一批高质量的大豆经济研究成果。

何秀荣
中国农业大学经济管理学院农业经济学教授
国家大豆产业技术体系产业经济岗位专家
中国农业大学图书馆馆长
2015 年 12 月

摘要

大豆产业链长，大豆产业发展关乎种植业、养殖业、饲料工业和食品工业等多个行业的发展，在国民经济发展中发挥着重要作用。自1996年以来我国大豆进口量逐年不断增加，有关大豆产业发展问题引起了学者们的广泛关注。但现有的研究大部分集中在大豆生产、大豆加工、大豆进口、外资扩张等个别环节和表面观察，系统的大豆经济研究寥寥无几。由于缺乏系统的研究，一方面导致现有的判断过于片面或具有较大的主观性；另一方面，致使很多问题尚不清楚，如大豆经济的运作体系和情况、大豆产业发展的宏观和微观影响因素、规律性认识以及对未来的判断，等等；更为重要的是，对一些重大问题，如大豆产业的竞争力、外资与产业安全、转基因，等等，尚缺乏正确认识和长远判断，以致出现了很多不现实或不客观的观点。因此，本书从产业链的视角，通过历史比较和国际比较，对大豆生产、流通、加工、消费和贸易各环节及相应的产业政策等进行较全面系统的研究，分析了大豆产业各环节发展的影响因素，揭示了我国大豆产业发展演变规律和经济特征，并形成未来我国大豆产业发展变化的趋势判断，提出大豆产业发展的战略措施，以期为推动我国大豆产业进一步发展提供决策参考。

研究结果表明：(1)我国大豆产业的整体发展态势是良好的，尽管2010年以来，大豆生产环节上出现了连续几年的明显滑坡，但消费、贸易、加工几个环节却是一片繁荣，生产上有所滑坡并不等于整个大豆产业的衰退。(2)我国的大豆生产发展是波动的，单产水平是影响大豆生产的关键因素，在资源约束条件下，大豆效益比较低是大豆生产滑坡的主要原因；综合经济和非经济因素，短期内我国大豆种植面积还将减少，但减少幅度有限；国产大豆不具有竞争力，转基因大豆具有明显的经济优势，靠生产保护和非转基因错位发展并不能从根本上解决问题，提高单产是提升我国大豆产业竞争力的关键。(3)收入水平的提高，人口的增长及城镇化发展拉动了大豆消费的快速增长，其他油脂(特别是棕榈油)的替代效应一定程度上可减缓大豆消费增长，但作用有限。因此，短期内我国大豆需求还将呈刚性增长，而国内大豆供给难度加大，仍需主要依靠进口来满足国内需求。(4)我国的大豆流通基本上形成了大豆主产区和东南沿海向全国扩散的格局，大豆加工产品中的豆制品多在本地流通，豆油和豆粕主要由加工产区向销区流通，但大豆流通基础设施落后、流通效率低下。(5)大豆加工以压榨为主，大豆油脂加工业形成了民营企业、外资企业、国有企业三足鼎立的基本态势。国内企业在产能、大豆处理、豆油产量以及蛋白生产方面处于优势，但大豆加工业产能过剩问题仍然突出。(6)大豆进多出少的格局在相当一段时期内不会改变。需求的快速增长与资源可能性是大豆进口不断增加的根本原因，价差因素是近年来大豆进口迅速扩大的主要原因。大豆进口并没有使农民收入因此受到影响，反而在种植结构调整中获益；外资的进入并没有形成对大豆加工业的控制，国内大豆加工企业的综合实力在与外资企业的竞争中得到了提升，因此，大豆产业安全的担忧是不必要的。

基于以上研究结果，充分认识到大豆在我国粮食生产的可持续发展、维护食物安全和改善营养以及农业结构战略性调整中的地位日趋重要，提出采取以下措施实现中国大豆产业的可持续发展：充分利用国际国内两种资源和两个市场来满足国内需求；依靠科技进步提高单产；建立现代耕作制度技术体系稳定种植面积；重点发展高蛋白大豆生产，将转基因大豆生产纳入研究和政策考虑。

关键词：大豆产业，产业链，产业安全，转基因，国际竞争力

目录

图表目录

图 目 录

表 目 录

第一章 引 言

1.1 背景与问题

在从低收入向中等收入和高收入的社会发展过程中，随着收入增长和人民生活水平的提高，必然会扩大对蛋白和脂肪性食物的需求。大多数谷物型农业会发展油料生产和畜牧业，以获得植物性油脂和蛋白或以肉蛋奶为主的动物性油脂和蛋白。中国刚刚完成从低收入向中等收入发展的阶段，在这一阶段中，我国居民迅速提高了对蛋白和脂肪的消费，人均日消费量分别从 1978 年的 51.4 克和 28.4 克提高到 2009 年的 93.8 克和 96.1 克①。目前我国正处于突破"中等收入陷阱"向高收入的发展起步，从国际经验看，还将继续扩大对蛋白和脂肪的需求。

大豆是最重要的提供植物性油脂和蛋白的作物之一。世界上 90%以上的商品大豆被直接用于榨油，以豆油的形式供人类消费；不到 10%的商品大豆被用作植物蛋白食品消费，尤其在亚洲地区以豆制品形式消费；大豆压榨后的副产品豆粕是世界上最重要的蛋白饲料，2012 年，全球豆粕饲料消费达 1.8 亿吨，占蛋白粕饲料消费总量的 67.5%。中国 2012 年共消费大豆约 7000万吨，其中 90%用于榨油；获得的 5000 多万吨的豆粕，除少量出口外(约 2.0%)，其余全部作为蛋白饲料用于畜牧和水产养殖业，间接换取肉奶蛋等动物性蛋白。

正因为如此，我国的大豆需求不断扩大，1996—2012 年，大豆需求从1500 万吨迅猛上升到7000 万吨；人均大豆消费量从 12.3 千克增长到51.7 千克，人

---

① 数据来源于联合国粮农组织。

均豆油消费量从2.18千克增长到8.98千克，人均豆制品消费从4.6千克增长到6.89千克，豆粕消费从789万吨增长到4728万吨。这极大地推动了我国大豆产业经济发展，形成了大豆生产、流通、加工、消费和贸易及相关产业（如畜牧、水产养殖等）庞大的经济产业链条。大豆生产直接关系到农民特别是主产区农民的就业与增收，2009年，我国大豆种植规模为918.4万公顷，大豆产量1490万吨，实现产值807.7亿元，涉及约5.4亿农村劳动力用工量，仅黑龙江一省豆农就超过540万人，大豆种植规模达400.8万公顷，大豆纯收入共计67.4亿元，人均大豆纯收入达1248元①。自1996年起，我国以大豆油脂加工为主的大豆加工业迅速发展，据国家粮食局数据显示，2011年，我国有大豆处理企业329家，豆油精炼企业236家，年加工大豆6911万吨，生产豆油1648万吨，豆粕4789万吨。大豆进口贸易迅速扩大，进口量从1996年的111万吨扩大到2012年的5838万吨，是目前我国大豆供给的主要来源（达82%）。此外，大豆作为重要的工业原料，广泛涉及化工、环保、医药卫生保健、纺织服装、能源、航空航天和军工等其他产业，大豆产业发展在国民经济中发挥着重要作用。

然而，伴随着大豆经济的快速发展，很多问题也凸现出来。

一方面，相对于大豆经济发展而言，我国大豆的生产发展却是缓慢的，大豆自给能力不断下降。从国内来看，尽管我国在统计范畴上将大豆列为粮食作物，但相对于主粮作物的水稻、小麦和玉米而言，大豆生产发展是滞后的，1949—2012年，大豆产量年均增长率仅为1.53%，低于水稻（2.34%）、小麦（3.56%）和玉米（4.63%）。即使在2004年以来我国粮食生产连续实现“九连增”的大好形势下，这一格局不仅没有扭转，反而进一步恶化，大豆在粮食生产中的比重不断下降，粮食播面份额从2004年的9.4%下降到2012年的6.5%，同期产量份额从3.7%下降到2.2%。从国际看，我国曾是世界最大的大豆生产国，1936年我国大豆种植面积（1.34亿亩）和产量（1130万吨，占世界产量91.2%）均居世界第一位，20世纪50年代、70年代和90年代分别被美国、巴西和阿根廷赶超，位居世界第四位，2012年产量仅占世界

① 根据大豆种植面积和《全国农产品成本收益资料汇编》数据计算。

大豆总产量的5.1%。1961—2012年,我国大豆产量年均增长率为1.46%,远远落后于阿根廷(23.72%)、巴西(11.61%)和美国(3.03%)。特别是2010年以来,我国大豆生产规模连续三年持续缩小,我国的大豆生产不仅没有因需求的增长而发展,反而出现衰落迹象,同时,进口大豆和外资的大规模进入,大豆自给率下降至18%,是进口量最大的农产品,引起了国内各界的高度关注。

另一方面,尽管有较多学者对大豆产业发展问题进行研究探讨,但更多的研究集中在大豆生产、大豆加工、大豆进口、外资扩张等个别环节和表面观察,系统的大豆经济研究却寥寥无几,虽然Aubert/朱希刚/王济民(2002)对大豆经济进行了较为系统的分析和阐述,但十年过去了,而这十年我国大豆经济正经历着前所未有快速发展和变化,相比而言,系统的大豆经济研究没有跟上。由于缺乏系统的研究,导致现有的判断过于片面或具有较大的主观性,如在众多学者关心的大豆大量进口和外资扩张对产业发展的影响问题上,就形成了两种截然不同的判断。一种判断是乐观的,认为我国所发生的大豆进口量激增和外资整合大豆加工业的现象,正是我国在土地资源和粮食安全约束下发挥比较优势自发地适应国际农产品产业重新分工的体现(常清等,2007);大豆产业开放不仅没有带来现实威胁,而且对于保障国内粮食安全发挥了积极作用(江涛等,2012)。另一种判断是悲观的,认为盲目进口将危及整个大产业链并影响国家经济安全,可能会引发"三农"问题并影响社会稳定,使国家和大多数加工企业蒙受重大损失,给人民和生态环境带来潜在风险(夏友富等,2003);大豆进口对国内生产和价格造成了过度抑制和挤压,强化了国际农产品市场波动对国内的传导作用,加剧了国内农产品市场的不稳定性;进口与外资相结合不仅对中小企业造成了过度的挤出效应,致使中小压榨企业大量减少(农业部农业贸促进中心课题组,2013);同时也大大削弱了我国对大豆产业控制力和定价话语权,对长期供给安全带来了潜在风险(倪洪兴,2012)。同时,由于系统研究的缺乏,致使很多问题尚不清楚,如大豆经济的运作体系和情况、大豆产业发展的宏观和微观的影响因素、规律性认识以及对未来的判断,等等。

更为重要的是，如前所述，大豆产业链长，涉及的环节、相关产业及相关利益主体较多，面对大豆经济快速发展中出现的各种问题，需要宏观战略的指导，然而，我们在此领域的发展战略却是缺乏的。尽管2002年农业部实施“大豆振兴计划”，以及随后推行《全国优势农产品区域布局规划(2003—2007)》，并继续推行《全国优势农产品区域布局规划(2008—2015)》，对大豆生产有所规划和指导，2008年国家发展和改革委员会制定了《促进大豆加工业健康发展的指导意见》来指导大豆加工业的发展等，但由于没有将大豆产业作为一个整体加以考虑，因而难免各说各话，对整个大豆产业发展所起的作用也是杯水车薪。正因如此，对一些重大问题，如大豆产业的国际竞争力、外资与产业安全、转基因、资源可能性，等等，尚缺乏正确认识和长远判断，以致出现了很多不现实或不客观的观点，如转基因豆油导致肿瘤高发等缪论。

总之，大豆以其“多功能性”在我国三次产业中扮演着重要角色，在国民经济中发挥着重要作用，特别是在全面推进可持续发展的今天，通过大豆轮作和间套作，充分发挥大豆养地肥田的生态友好作用，大大促进了农业生产的持续发展和农业生态环境的不断优化。因此，关于大豆产业经济的研究不仅关乎大豆产业自身、相关产业以及国民经济的发展，更关乎未来农业生态和经济的可持续发展。但是，尽管大豆产业一直被讨论得沸沸扬扬，真正系统研究大豆产业的却并不多，目前所见的较为系统的研究，如Aubert和朱希刚/王济民(2002)分析了我国大豆生产、加工、消费和国内外贸易的历史演变、现状和存在的问题以及未来的走势等，为本研究提供了一定的借鉴，但由于其研究阶段的限制(截止到2001年)，我国大豆产业经济发展变化的很多重大问题(特别是入世后)尚未涉及。除此之外，更多的研究是就表面现象或微观问题而作的，没有从宏观角度来认识大豆产业，从而得出的很多判断和观点是不够全面的，甚至是不客观的以及错误的。因此，本研究的目的是：①对大豆产业发展状况做出系统梳理和阐述，把握大豆产业发展变化的规律，为本研究及其他研究者后续研究奠定基础；②对影响大豆产业经济发展的宏微观因素进行分析，从而明确我国大豆产业的发展方向；③就我国大豆产业发展过程一些重大问题做出分析和判断，为制定我国大豆产业经济政策提供依据；④提出我国大豆产业经济发展的政策建议，为我国大豆产业经济发展战略的制定提供参考。

以上问题都需要通过翔实的调查和系统的研究来加以分析和判断。由于本人来自我国大豆主产区黑龙江，充分发挥得天独厚的人文地理等优势，将有助于本研究调查工作的开展；自2011年起，参与国家大豆产业技术体系工作，充分利用工作中积累的数据和资料以及与各个学科岗位专家沟通交流的便利，将有助于系统研究的开展。

1.2 研究目标

根据上述背景和问题，本书的总目标是：系统梳理我国大豆产业发展演变历程，揭示其发展演变规律和基本经济特征，找出我国大豆产业发展过程中的关键问题，讨论和分析影响我国大豆产业经济发展的宏微观因素，进而对一些重大问题进行分析判断，为我国大豆产业经济发展提供政策依据。

依据上述研究目标，设定本书的分目标如下：

(1)从产业链的视角考察我国大豆产业发展的历史与现状以及产业政策的演变，试图找出其发展演变的规律和趋势，认识其发展演变的环境和条件，与此同时，讨论大豆主产国的产业经济发展与产业政策的共性和差异，从而识别和揭示我国大豆产业发展的基本经济特征。

(2)找出我国大豆产业链各环节发展中存在的关键问题，分析影响大豆产业经济发展的宏微观因素。

(3)对大豆产业经济中的一些重大问题，如我国大豆产业国际竞争力、外资与产业安全、大豆进口与资源可能性等，做出全面的分析和判断。

(4)根据上述研究结果，借鉴主产国大豆产业发展的经验和启示，提出我国大豆产业的发展战略。

1.3 本书结构和研究内容

大豆产业是指一切从事与大豆及其制品的生产、消费、加工、流通、贸易以及提供相关服务的单位或个体及其经济活动的集合（马增林，2009），本书所研究的大豆产业主要包括大豆生产、流通、加工、消费及贸易各环节及其相关产业政策。

依据本书的研究目标，本书主要研究内容如下：

第一部分　引言。主要包括研究背景和问题的提出，研究目标、本书结构、研究方法和技术路线、研究特色与创新说明。

第二部分　文献综述。这一部分将从三大方面进行综述。首先，从文献计量学角度对当前大豆产业经济相关文献进行分析，描画其年代分布、发展阶段、热点问题和研究前沿。其次，从产业链角度，介绍大豆生产、消费、流通、加工和贸易等方面的理论研究和实证研究，讨论以往文献中关注的影响大豆产业发展的主要因素。最后，综述我国大豆产业政策相关文献，重点讨论文献中关注的大豆产业政策实施的效果。

第三部分　中国大豆生产。在回顾中国古代和近代大豆生产发展历史的基础上，将从中国大豆产量、种植面积、单产、生产布局、生产收入和成本以及耕作制度的历史演变来描述中国大豆生产发展历程，进而分析大豆生产在粮食生产和世界大豆生产中的地位变化，揭示中国大豆生产发展演变的规律，并对大豆生产发展的影响因素进行分析。

第四部分　中国大豆流通。在回顾中国近代大豆流通历史的基础上，将从大豆流通体制、流通数量与价格、流通主体与渠道、大豆运输与仓储以及交易方式的历史演变来揭示中国大豆流通的发展变化规律，分析中国大豆流通现状及流通过程中存在的主要问题，总结主产国大豆流通的特点、经验和启示。

第五部分　中国大豆加工。在回顾中国古代和近代大豆加工历史的基础上，将以大豆油脂加工业作为主要研究对象，从豆油产量、油脂产品结构和档次等生产情况，油脂企业数量和所有制结构、生产能力和生产规模、经济效益和社会效益以及不同所有制结构企业发展等加工企业发展状况以及大豆加工业生产布局等方面揭示中国大豆加工业发展演变历程，分析中国大豆加工业发展的特点及存在的问题，借鉴发达国家大豆加工业发展的经验，以明确中国大豆加工业未来发展方向。

第六部分 中国大豆消费。在回顾中国大豆消费历史的基础上，将从全国总体消费(包括总消费和人均消费)、消费结构以及产品消费、供需平衡的历史发展变化判断中国大豆消费发展演变规律，分析中国大豆消费变化的影响因素，结合世界大豆整体消费及主要发达国家大豆消费变化的特点来判断我国大豆消费的发展趋势。

第七部分 中国大豆贸易。将分别从中国大豆进口贸易和出口贸易的历史发展变化以及世界大豆贸易格局的发展演变来揭示中国大豆贸易发展的总体特征，分析中国大豆贸易发展的影响因素以及我国大豆国际贸易竞争力。

第八部分 中国大豆产业政策。将从大豆生产、流通、加工及贸易等方面以时间为序梳理中国大豆产业发展政策，分析其政策效果及存在的问题。同时考察分析主产国大豆产业政策，总结其产业发展的经验，为我国大豆产业政策制定提供借鉴。

第九部分 中国大豆产业经济中的几个重大问题探讨。这部分首先对“大豆产业安全”、“转基因大豆发展”以及“大豆产业竞争力”等问题进行分析判断，然后从大豆产业发展的战略定位、战略选择和战略措施等方面提出中国大豆产业发展战略。

第十部分 结论与展望。这一部分将对本研究进行总结，在此基础上对本书的研究不足和需要进一步研究的问题进行讨论。

1.4 研究方法和技术路线

1.4.1 研究方法

本书将采用定性分析与定量分析相结合的方法。定性分析方面，主要是采用比较分析法和问卷调查法从总体上把握我国大豆产业发展状况，对一些问题进行初步判断；定量分析方面，主要采用描述性统计、文献计量学和模型分析法对上述判断进行验证。具体如下：

(1)比较分析法。比较分析法是农业经济学的特色研究方法之一，通过对现象的比较，逐渐深入到现象的成因比较，从而归纳提炼出共性的东西或规律，或从差异中找出个性的东西，正确认识研究对象的条件和因果关系。本书利用比较分析法，一是对中国大豆生产、消费、流通、加工、贸易等演变情况进行历史角度的比较，找出其发展演变的轨迹和规律，认识发展演变的条件，判断其发展趋势；二是对主要国家的产业发展及产业政策进行横向比较，试图找出其发展的共性特征，揭示中国大豆产业发展的个性特征。

(2)问卷调查法。采用入户调查与问卷调查相结合的方法，对大豆主产区黑龙江省大豆种植户近三年大豆生产、销售等情况和种植意愿进行调查。

(3)描述性统计方法。采用描述性统计方法对上述调研数据进行统计分析。

(4)文献计量学方法。文献计量学是对文献定量化研究的方法，采用数学和统计学的方法，定量地分析相关文献的增长、分布及进展等基本规律。本书利用文献计量分析法客观描述大豆产业的研究进展，重点揭示大豆产业研究的时序变化、研究热度及主题变化等。

(5)模型分析法。采用基于 DEA 的 Malmquist 指数法对大豆全要素生产率进行测算与分解；采用国际市场占有率(MS)、显示比较优势指数(RCA)、显示竞争优势指数(CA)和贸易竞争力指数(TC)来综合衡量我国大豆产业的国际贸易竞争力。

1.4.2　技术路线

本书以产业链的视角，首先从历史发展的角度，梳理中国大豆产业发展演变，认识其变化规律及发展趋势，并对主要国家大豆产业发展状况进行综合比较，揭示中国大豆产业发展的经济特征；之后重点分析中国大豆产业发展面临的突出问题及影响因素，进而对一些重大问题做出分析和判断；最后，根据上述研究结果，在总结主产国大豆产业发展经验与启示的基础上，提出中国大豆产业发展战略。本研究的技术路线如图 1-1所示。

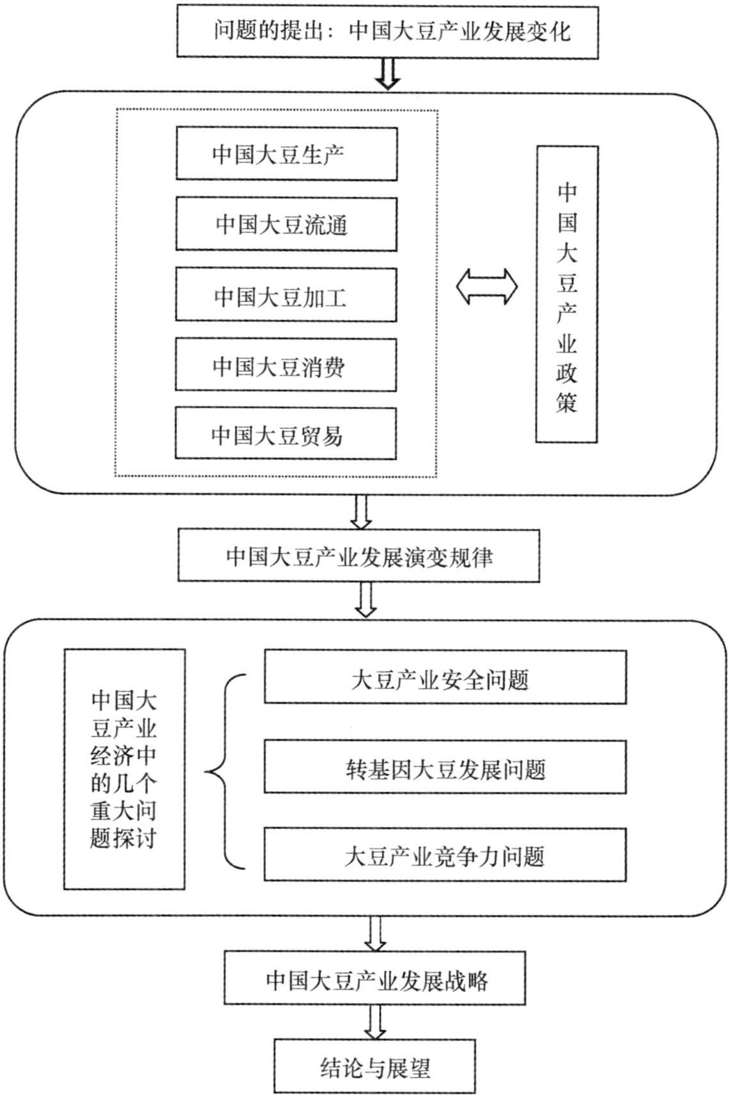

图 1-1 研究的技术路线

1.5 研究特色与创新说明

比较研究法贯穿文章的始终，既有我国大豆产业发展不同历史时期的纵向比较，也有国与国之间的横向比较，同时兼顾全球视角及产业链视角，从大豆生产、消费、流通和加工、贸易等多个维度透视我国大豆产业发展的经济特征。利用文献计量分析法描述大豆产业的研究进展，揭示大豆产业经济方面的研究热度及时序变化也是本书的特色之一。

第二章　文献综述

随着经济全球化的发展以及我国大豆贸易格局的演变，开放较早的大豆产业倍受各界关注。从国家粮食安全、产业安全到食品安全，甚至视其为产业开放致产业沦陷的典型案例，作为其他农产品开放的前车之鉴，大豆产业发展的各种质疑、争议和建议接踵而至，有关这一产业的任何举动都成为社会广泛热议的敏感话题。显然，出现这一现象的根本原因在于人们对我大豆产业发展客观认识的局限。因此，将我国大豆产业发展状况客观、清晰、全面地呈现给公众，已然成为研究工作者义不容辞的责任。1996 年以来，由于大豆贸易领域的重大调整，学术界开始从经济学角度关注并探讨大豆产业发展问题，下面将从我国大豆产业研究进展以及本书研究所涉及的产业链各环节研究现状两大方面对相关文献进行分析和评述。

2.1　中国大豆产业相关研究进展

大豆产业链长，涉及的问题较多，迄今为止，很多研究者以推动大豆产业发展为目标，从经济学的角度对大豆整体产业及其涉及的各种问题进行了研究，也产生了大量有价值的研究成果。然而，本领域的研究成果在数量急剧增加的同时，也产生两个方面的问题：一方面，从整体产业出发的研究相对较全面，使得人们对大豆产业有一个全局的认识，但趋于泛泛；另一方面，对大豆产业涉及的某些具体问题的研究较为深入，但脱离产业大环境过度关注某一问题，又容易误导人们陷入认识误区。因此，有必要对从经济学视角的大豆产业研究的整体状况进行系统的梳理。通过文献计量方法，对 1996 年以来的有关大豆产业文献进行分析，描画其年代分布、发展阶段、热点问题和研究前沿，以期为本研究和后续研究提供有益的参考(图 2-1)。

以中国知网(CNKI)数据库为检索平台，以期刊论文、学位论文和会议论文三种文献类型为检索对象，检索日期截至2012年8月31日，首先采用"主题=大豆 and 主题=产业"的检索式，然后经去重处理，并滤除新闻消息、感想、人物访谈、企业经验介绍、政策解读和释义等非研究性文献，最终获得与本本书主旨关联度较大的文献样本1040篇。

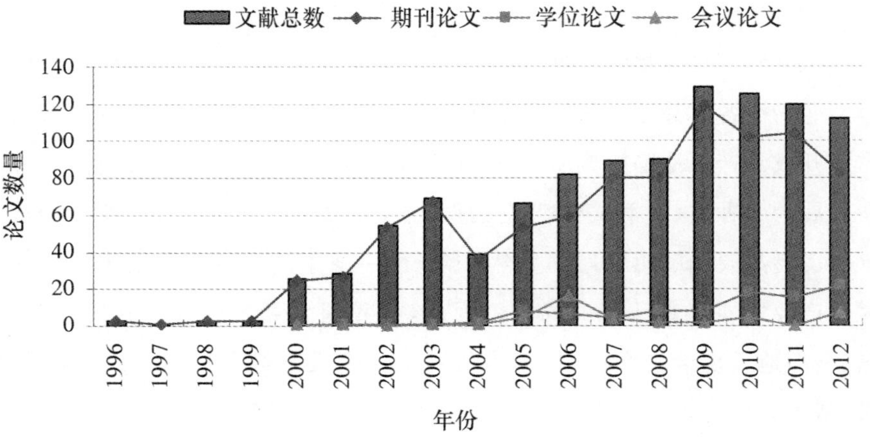

图2-1 中国大豆产业相关文献数量年度变化

年度分布：从图2-1可以看出，自1996年起，我国大豆产业相关论文的数量逐渐不断增加，可分为三个发展阶段：一是1996—2003年的研究初始阶段，这一阶段中论文数量逐年增加，特别是2000—2003年，在中国加入WTO前后，大豆作为开放较早的农产品倍受关注，文献数量迅速增加；二是2004—2009年的快速发展阶段，2009年论文数量达到119篇。自2003年中国成为世界第一大大豆进口国，且进口量逐年递增，在改变世界贸易格局的同时，国内大豆产业格局也随之发生了变化，引发学者们高度关注；三是2010年以来的平稳发展阶段，论文数量均在100篇以上。由于2010年以来，国内大豆生产持续下滑，大豆进口更是迅猛增长，大豆产业发展问题依然是学界关注的焦点。

研究热点：通过图2-2可以看出，中间以"大豆产业"为核心，形成了大豆生产、国产大豆、进口大豆、转基因大豆、大豆价格和大豆市场等为主题词的聚类；左侧以WTO和大豆为核心，形成了比较优势和国际竞争力等主题词的聚类；右侧以大豆蛋白为核心，形成了大豆食品、传统大豆食品和龙头企业等主题词的聚类，这些主题词出现频次较多，是研究者关注的热点主题。由此可见，学者们的研究热点涉及了大豆产业各个环节，大豆生产、大豆贸易、大豆流通(价格与市场)和大豆加工。

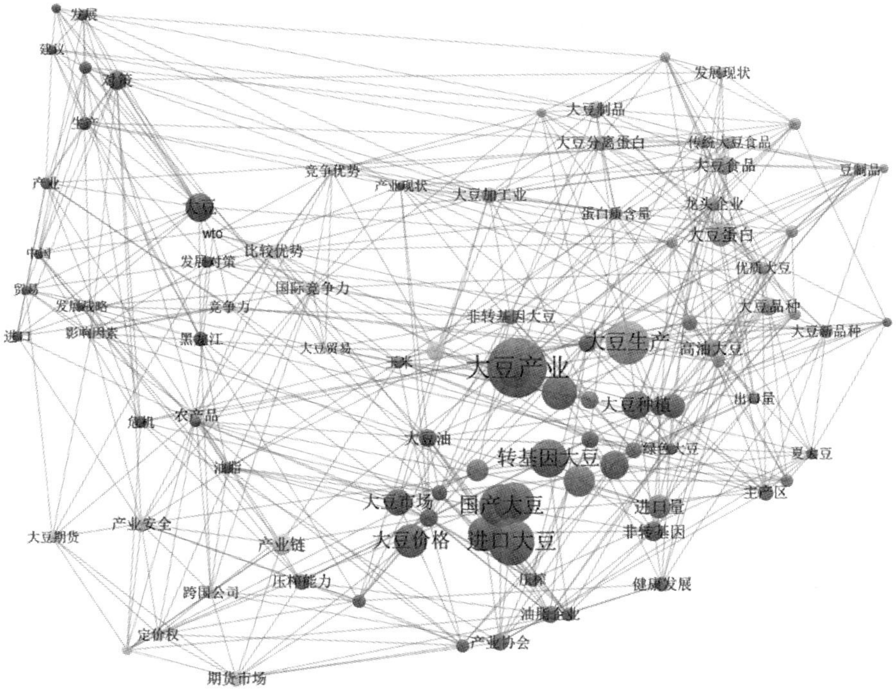

图 2-2 大豆产业研究主题聚类视图

研究主题的变化：从与大豆产业密切相关的高频主题词的变化来看，2003—2007年，大豆生产、进口大豆、转基因大豆、加工企业及大豆加工是主要的研究热点；而近五年来，学者们除继续关注进口大豆、转基因大豆、大豆生产和大豆加工外，大豆价格、产业发展、产业安全成为研究热点(表 2-1)。

表 2-1 大豆产业相关高频主题词的变化

高频主题词	2003—2007年频次	2008—2012年频次	高频主题词	2003—2007年频次	2008—2012年频次
大豆生产	159	67	大豆价格	68	48
进口大豆	153	85	产业发展	59	40
转基因大豆	107	73	大豆市场	44	23
加工企业	74	58	产业安全	1	24
大豆加工	70	32			

2.2 中国大豆产业相关研究综述

2.2.1 大豆的起源与传播

大豆原产于中国，这已为世界各国学者所公认。无论是从学者文献，还是中国的史料(如古代文献，出土文物)及野生大豆分布等资料都充分证明了大豆起源于中国，且栽培已有数千年历史①(王连铮，1985；2007)。然而对大豆的起源地尚存在分歧，形成了以下几种起源说(表 2-2)，充分体现了大豆在我国分布之广。

表 2-2 关于大豆起源的不同观点

大豆起源	代表学者	主要观点
东北起源说	福田(Fukuda)②，1933	依据中国东北半野生大豆分布广、品种多且具有原始性状等特点，认为中国大豆起源于东北地区
北方起源说	Hymowitz，1970	认为大豆起源于中国北部的东半部，辽宁、林和黑龙江，山东以及河南、河北、江苏和安徽省大部分。
	李福山，1994	认为早在 3000 年前后大豆驯化于中国北方地区，特别是河北省的东北部至东北中南部地区可能性较大。
	郭文韬，1996	从文献学和考古学两个方面研究，认为栽培大豆起源于中国北方地区
长江流域及其以南起源说	王金陵等，1973	以短光照性作为判断的标准，发现长江流域及其以南地区的野生大豆在原始性状短光照性方面最强，据此认为大豆起源于长江流域及其以南地区
多中心起源说	吕世霖，1978	认为大豆可能不是起源于同一地区，而是起源于几个地区，即长江流域，黄河流域和东北地区。
	王连铮，1985；2007	从古代文献、考古文物、栽培大豆品种资源以及野生大豆的分布综合来看，认为黄河的中游、河南、山西、陕西等地或长江中下游是最早栽培大豆的地区

① 从《诗经》来看至少有 3000 年的历史，从《史记》看，中国于 4500 余年前就开始种植大豆；王振堂(1980)经史料分析认为我国栽培大豆当于 3500—4000 多年前；郭文韬(2004)则认为春大豆起源于 3000—4000 年以前，夏大豆起源于 2000 年前。

② 转引自王连铮等(2007)。

续表 2-2

	郭文韬,2004	认为春大豆生态类型起源于黄河中下游地区及东北地区;夏大豆(麦豆秋杂二年三熟区)生态类型起源于黄淮地区;夏大豆(稻豆两熟区)生态类型起源于长江流域地区
黄河中下游起源说	王振堂,1980	通过分析古文献及大豆栽培和演进历史,认为起源于西安附近的泾渭两河流域,并根据大豆短日照特性与起源地的关系进一步佐证大豆起源于黄河流域
	徐豹,1983—1986;1993	通过实验多次证明了大豆起源于我国以 35°N 为中心黄河流域的同一结论
	王书恩,1986	从历史古籍、考古发掘、进化演变及植物学等方面初步考证,认为中国栽培大豆起源于黄河中下游的可能性较大。而长江流域和东北地区则可能是进化程度较高的两个变异中心
	常汝镇,1989	从农业起源,古文字记载,考古发现,野生大豆分布,大豆性状演化等方面证明了大豆栽培起源于黄河中下游地区
西南起源说	周新安,1998	根据对中国大豆品种资源遗传多样性的分析,认为栽培大豆起源于西南
南方起源说	赵团结,盖钧镒,2004	通过对现有起源说的评述,支持大豆南方起源说

世界各国栽培的大豆都是直接或间接从我国传播出去的。经文献分析,朝鲜大约在秦朝(前 221 年至前 207)年时代引种大豆,后经朝鲜引入日本,而日本南部的大豆则可能是在六世纪由华东直接引入[①]。欧洲各国引种大豆始于 18—19 世纪,1740 年法国传教士曾将中国大豆引至巴黎试种,1790 年英国皇家植物园首次试种大豆,1873 年以后维也纳人从中国和日本获得品种进行试种。美国最早引入大豆是 1765 年,由东印度公司海员 Samuel Bowen 将中国大豆带到乔治亚州的 Savannah,1770 年美国驻法国大使 Benjanin Franklin 将大豆从法国送到费城,1804 年,James Mease 在美国文献中第一个提到大豆。巴西于 1882 年引种大豆。阿根廷 1862 年始种大豆(王连铮,1985;2007)。但对于各国引入大豆的时间,学术界略有分歧。如何进尚(2009)在国外大豆栽培历史中提到:澳大利亚和匈牙利于 1875 年引入大

① Nagata(1959,1960)认为,中国大豆大约于公元前 200 年自华北引至朝鲜,而后由朝鲜又引至日本。日本南部的大豆,可能在 3 世纪直接由商船自华东一带引去。

豆，苏联于1898年开始从中国引进大豆品种。美国1831年试种大豆成功，1890年大规模引种驯化和选种，1920年开始大面积栽培。巴西1908年开始引种大豆，1919年大面积推广，到目前为止，南美洲大豆栽培具有近百年的历史。

2.2.2 大豆生产

1. 大豆生产发展

我国曾是世界最大的大豆生产国。然而新中国成立以来，大豆作为我国的主要粮食作物，虽取得了一定发展，但发展是缓慢的。1949—2000年，大豆生产总体发展经历了恢复发展（1950—1957）、停滞下滑（1958—1978）、快速增长（1979—1990）和波动型增长（1991—2000）四个时期，大豆生产表现出在粮食生产中的比重相对下降，大豆播种面积波动频繁，单产增加缓慢三大特征（Aubert 等，2002）。入世以来（2001—2010年），我国大豆生产依然在波动中下行（倪洪兴等，2012）。2010—2012年，我国大豆种植面积和产量连续大幅度下降（赵勇等，2012）。

对于大豆生产发展的研究，一个值得关注的重要问题是为什么长期以来我国大豆生产发展缓慢。应该说原因是多方面的，但主要取决于大豆种植面积和单位面积产量。首先，大豆种植面积是大豆生产发展的最大限制因素，增加其他物质和劳动力投入对大豆增产起积极作用，我国大豆生产仍处于依靠物质投入的粗放型经营状态（王济民等，2002）。

大豆种植面积首先受制于耕地资源，由于非农占地增加，中国耕地数量近来不断减少，而大豆受制约更为显著。在耕地资源既定的条件下，农艺技术（如轮作、间作、套作）、比较利益等经济因素和产业政策因素影响了大豆及其与竞争作物之间的耕地分配（余建斌，2008）。第一，大豆与竞争作物的比较效益是决定农民种植意愿的主要因素。由于大豆生产成本逐年攀升，大豆每亩净产值远低于小麦、玉米和水稻，1997—1999年的平均净产值比为1:1.02:1.25:2.53（于爱芝等，2001），因此，农民选择种小麦、玉米和水稻而不愿种大豆。第二，价格因素对种植面积影响很大，特别是大豆与竞争作物的比价。王济民等（2000）通过构造1952—1997年大豆生产的 Nerlovian 供给反应函数发现，大豆播种面积受大豆与玉米比价影响显著，大豆与玉米比价每增加 1 个百分点，大豆播种面积长期内增加的幅度要比短期内增加高 2 个百分点，在遭受外界冲击时由旧的均衡点向新的均衡点调整的速度较快；王永刚(2006)通过建立具有价格适应性预期的供给反应模型对 1990—2004 年的大豆进行估计，得出了基相一致的结论；朱希刚(2003)研究发现大豆与玉米播种面积之比，与大豆和玉米净产值之比的变化是一致的，而且刚好滞后一年。此外，由于国际大豆价格的大幅波动，引发了中国大豆产业的剧烈变动，许多豆农因大豆种植风险太大而放弃了大豆生产(盖钧镒等，2009)。第三，政策因素在粮食种植结构调整中发挥了重要作用。生产者价格支持、生产计划以及税收减免和生产补贴等政策因素影响大豆的种植面积(余建斌，2008)，甚至一些省市为了提高粮食生产总量，政策推动了高产作物置换低产作物的粮食种植结构调整。如 2012 年根据省政府的种植结构调整目标，黑龙江省玉米种植面积达到 9000 万亩，比上一年增加 276 万亩，创历史新高；水稻 5300 万亩，比上一年增加 149 万亩；并适当增加谷糜、高粱、葵花等耐旱作物面积(赵勇等，2012)。

单产增加缓慢是我国大豆生产发展缓慢的另一重要因素。而影响大豆单产的主要因素是生产投入和技术水平。由于大豆品种产量潜力较低，耕作制度不合理，栽培管理粗放，施肥制度不合理，基础研究薄弱，技术服务体系不健全等技术进步缓慢导致大豆单产增加缓慢，但影响程度如何，需采用科学的方法对大豆的全要素生产率进行测算(周新安等，2010)。余建斌(2008)通过建立和估计随机前沿生产函数分析了中国大豆生产的技术进步和技术效率状况及影响因素，认为种子投入对大豆的产出弹性大于其他要素投入(如劳动、化肥和其他直接和间接物质投入)；我国大豆生产在大豆科研和推广、病虫害防治、栽培技术等进步较慢；由于受自然灾害的负面影响，我国大豆生产技术效率损失显著。司伟(2011)借助随机前沿生产函数模型，分析了中国大豆生产全要素生产率、技术效率和技术进步的变动趋势及其空间分布特征。结果表明，25 年来，中国大豆生产全要素生产率呈下降趋势，且没有呈现随时间变化而增长的趋势。

总之，在近半个多世纪的时间里，我国大豆生产总体是发展的，但由于时间跨度较长,从历史的角度看,这种发展是缓慢的。这也引起了学术界的高度重视,但由于学者们对于大豆生产发展阶段的划分各异,也缺乏科学的依据[①],难以准确把握大豆生产变化的规律,对其原因的分析和讨论也有失充分性。长期以来,我国大豆生产的背景和环境(如政策)、生产方式等等也经历了复杂的变化,因此,对大豆生产变化规律和趋势的认识和判断有待于历史的比较和分析,对其生产发展变化原因的探讨有待于进一步的调查和分析。

2. 大豆生产布局

大豆在我国分布较广,从东到西,从南到北,凡是有农作物栽培的地方,几乎都有大豆的种植。关于大豆区域的划分,随着生产的发展、耕作方式及大豆品种的变化,不断地得到补充和修正。王金陵(1943)[②]最早将全国大豆划分为五个栽培区,即春大豆区,夏大豆冬闲区,夏作大豆区,秋作大豆区和大豆两获区,为大豆区划奠定了基础。1966 年《中国大豆育种与栽培》对上述五个栽培区进行了修改并进一步划分了 8 个亚区,即将春大豆区分为东北春大豆、黄土高原春大豆和西北春大豆 3 个亚区;将夏作大豆冬闲区改为黄淮流域夏大豆区,包括黄淮平原夏大豆和黄河中游夏大豆 2 个亚区;将原来的夏作大豆区改为长江流域夏大豆区,下分长江中下游夏大豆,四川夏大豆和云贵高原夏大豆 3 个亚区;秋大豆区;大豆两获区改为冬大豆区[③]。吕世霖(1981)在此基础上进行了完善,依据大豆的分布,气候自然条件,耕作栽培制度,大豆品种生态类型等方面采用 3 个大区,10 个亚区,生态型区三级

---

① 如张照新(2006)的大豆生产阶段划分:1960—70 年代,整体处于下降趋势,1979—1991 年,1992—1996 年,1996—2001 年,2001—2004 年都表现出"增加—回落"的特征;大豆总产自 70 年代以来是逐步增加的,单产也呈现出稳步提高的趋势,但由于气候原因,各地区单产水平有一定差异。孟军等(2008)采用小波分析方法对 1950—2005 年中国的大豆生产阶段划分:即 1952—1956 年,1956—1967 年,1967—1970 年,1970—1974 年,1974—1987 年,1987—1994 年,1994—1999 年,1999—2005 年,认为波动的原因主要是单产的变化。毛学峰(2009)将改革开放以来大豆生产划分为三个阶段:1978—1990 年快速增长阶段;1991—2000 年波动式增长阶段,2001—2006 年稳定增长阶段。杨红旗等(2010)在回顾我国大豆发展历史时,将大豆生产划分为三个阶段:一是大豆净出口阶段(1949—1995 年),包括快速发展期(1949—1957 年),滑坡下降期(1958—1978 年),恢复增长期(1979—1995 年);二是大豆净进口阶段(1996—2002 年);三是大豆进口大国阶段(2003 年至今)。

② 引自文献吕世霖等(1981)。

③ 引自文献卜慕华等(1982)。

区划的结构来反映我国大豆的种植区域分布。三个大区分别是北部大豆区、黄淮大豆区和南方大豆。其中北部大豆区主要包括东北、内蒙古和新疆的春播大豆；黄淮大豆区包括河北、山西、陕西、中部以及黄淮平原的春夏播大豆；南方大豆区包括长江中下游的夏播大豆，湖北、江西、浙江、云南北部以及四川、云贵高原春夏秋播大豆和华南南部四季大豆区。卜慕华，潘铁夫(1982)与吕世霖的大豆区划很是接近，只是在名称上和亚区的划分上略有不同。即北方春作大豆区，黄淮海流域夏作大豆区，南方多作大豆区；将辽东半岛划在东北亚区内；将陕西中北部和甘肃东部划在北方春作大豆亚区；将四川亚区并入长江流域亚区内；云贵亚区改为西南亚区；将东南部和中南部划分为两个亚区，缩小华南多作大豆区的范围，以粤、桂、滇三省南部边缘的热带地区为界。Claude AUBERT 等(2002)和王连铮(2007)将中国大豆种植区域划分为 5 种类型：一是“春播地区”，包括东北的黑龙江、吉林和辽宁，北方的内蒙古，山西、陕西、甘肃和新疆的北部；二是“北方夏播地区”，包括华北平原的河北、河南和山东，以及江苏和安徽北部；三是“南方夏播地区”，即长江中下游地区；四是“秋播地区”，包括浙江、江西和湖南三省的南部，以及长江南岸地区；五是“冬播地区”，即广东和广西南部无霜冻地区。汪越胜等(2000)在卜慕华，潘铁夫划分的基础上提出将我国划分为 6 个大豆栽培区 10 亚区的修正方案。即北方春豆区，包括东北、华北高原、西北 3 个亚区；黄淮海春夏豆区，包括海河流域和黄淮 2 个亚区；长江中下游春夏豆区；中南春夏秋豆区，包括东中南和四川盆地 2 个亚区；西南高原春夏豆区以及华南热带四季大豆区。此后，学者们基本沿用卜慕华、潘铁夫的划分方法。如北方春作大豆区、黄淮海流域夏作大豆区和南方大豆区(姚谨等，1998)；东北春大豆、黄淮海流域夏大豆、长江流域夏大豆等(王济民等，2002；毛学峰，2009)。

在大豆种植规模不断缩小的形势下，合理的生产布局可使大豆生产因地制宜，充分挖掘大豆生产潜力，促进大豆生产发展。农业部 2003 年发布《全国优势农产品区域布局规划(2003—2007)》，以资源条件、生产规模、市场区位、产业化基础、环境质量等作为确定优势产区的主要依据，提出将松嫩平原、三江平原、吉林中部、辽河平原、内蒙古东四盟市 5 个优势产区建设为东北高油大豆带，将东北地区建设为世界上最大的非转基因高油大豆生产区。主要布局在黑龙江、吉林、辽宁、内蒙古等 4 个省区的 30 个地市（盟）127 个县市（旗）。2008 年发布《全国优势农产品区域布局规划（2008—2015）》，规划指出要着力建设东北高油大豆、东北中南部兼用大豆和黄淮海高蛋白大豆 3 个优势区。

《规划》实施确实取得了一定成效，大豆生产日益向优势区域集聚。徐雪高（2011）通过对 1978—2009 年大豆生产区域布局数据的分析发现，我国大豆播种面积和产量“北上”趋势明显，单产增产中心“南下”趋势明显，区域内大豆向优势省份进一步集中。

总的来看，我国大豆生产区域的划分已渐明晰，大豆生产布局优化也取得了阶段性成效。但大豆优势区域的产业化水平并未像玉米、蔗糖和乳品等优势农产品一样明显提高，反而有所下降，其主要原因是我国的大豆生产布局更多的依赖区域自然条件。1826 年，德国经济学家屠能在其撰写《孤立国同农业和国民经济的关系》中提出的农业区位论①以及我国大豆生产布局的变化或许能给我们一些启示。随着大豆生产技术水平的提高，大豆生产布局完全受制于资源条件限制的时代已经过去，已经进入从整体产业发展来考虑的阶段。

2.2.3　大豆消费

与大豆生产相比，大豆消费研究的难度较大（Aubert 等，2002），因此研究成果较少，这在学者中已形成基本共识。原因有二：一是源自我国大豆消费形式的多样性。国内大豆消费形式主要有食用消费、加工消费、饲料消费和种用等，加工消费包括压榨消费、豆制品消费、蛋白消费和其他工业消费，而压榨消费中又包括豆油消费和豆粕消费，等等。学者们试图从多种消费方式的变化来讨论大豆消费情况，如从食用消费，饲用消费，储存和加工等方面（姚谨等，1998），从榨油消费、食用及其他工业（主要为酿造）消费、种用

① 认为在农业布局上，什么地方适合种什么作物，并不完全由自然条件决定，农业经营方式也不是任何地方越集约越好，在确定农业活动最佳配置点时，要把运输因素考虑进来，容易腐烂、集约化程度高的农产品生产要安排在中心城市附近；需粗放经营的可安排在离中心城市较远的地方。

等方面(毕井泉,2003),从生产消费(种子消费)、生活消费(包括直接食用和加工消费)和损耗消费等方面(余建斌,2008),都无法全面反映我国大豆消费的实际情况。二是中国大豆消费统计资料非常不完备,由于依现有数据计算的大豆消费量过低(何杰夫等,2011)①,导致大豆产消量数据不一致(卢峰,1998)②,因而不能真实准确地反映我国大豆消费的实际情况。

尽管如此,学者们还是努力地对大豆消费进行了相关研究。不仅仅是因为中国自古以来就有消费大豆的习惯和传统,更是因为人均热量、蛋白、油脂摄入量的提高是生活水平发展的标志,大豆作为重要的蛋白饲料和食用油原料的地位上升,大豆消费无论是在消费结构,还是消费方式上都发生了重大变化,呈现出新的消费特征。现有研究表明:大豆需求增加主要是榨油需求增加引起的,榨油大豆的需求又是豆粕和豆油需求增加引起的(毕井泉,2003),通过计量模型对食用大豆、豆粕和豆油消费需求的收入弹性和价格弹性进行估计发现,对食用大豆、豆粕和豆油消费影响最显著的因素是收入和价格(王济民等,2002;陈永福,2004),换句话说,中国城乡居民消费水平和消费结构变化引致大豆需求增长,豆类及豆制品消费对大豆需求变化的影响较小,而豆油消费对大豆需求拉动较大,养殖发展导致豆粕需求增加是影响大豆消费需求的主要因素(余建斌,2008)。

大豆消费需求的快速增长某种程度上反映了我国经济的发展和人民生活水平的提高,但同时也使得国内大豆供需矛盾日益突出。因此,从历史发展的角度,总体把握我国大豆消费变化的规律,识别大豆消费变化的特征,对于大豆产业的发展是至关重要的。除考虑经济因素对大豆消费的影响外,对我国这样一个人口众多,城乡差距依然存在,有着悠久传统文化的国家而言,综合考虑人口因素和结构以及消费习惯等因素或许能得到更可靠的结论。此外,由于我国大豆消费以油用大豆消费为主,而食用植物油种类较多,随着人们对食用植物油消费的多元化,其他油料和油脂的替代对于判断未来大豆消费变化趋势可能会有重要影响。

---

① 研究发现:现有的食用植物油消费数据不够全面,缺少对在外餐饮和工业加工环节食用植物油消费量的统计,其结果是根据现有数据计算的植物油消费量过低。

② 以肉类、禽蛋和水产品三种动物产品为例,证实我国若干农产品产消量数据不一致。

2.2.4　大豆流通

1. 流通体制的演变

由于我国一直将大豆作为粮食作物对待，因此其流通体制的演变与我国粮食流通体制的演变是一致的。新中国成立以来，我国的粮食流通体制经历了一个不断调整和改革的过程。但目前学界对于粮食流通体制演变的划分存在分歧，综述如下：陈廷煊(1996)、张雄(2002)将新中国成立以来粮食流通体制的演变大体上分为“1949—1952年，自由购销时期”、“1953—1978年，粮食统购统销时期”、“1979—1984年，对统购统销实行部分改革时期”和“1985年以来为合同定购和国家定购时期”四个时期。赖睦(1999)的划分如下：自由购销阶段(1949—1953年)；统购统销阶段(1953—1984年)；双轨制阶段(1985—1992年)；社会主义市场经济粮食流通的过渡阶段(1993—1999年)。

改革开放以来，我国的粮食流通体制改革进一步深入。郑有贵(1998)认为改革开放以来，我国粮食流通政策的演变大体经历了三个阶段：1979—1984年，继续1953年即开始实行的粮食统购统销制度；1985—1991年，实行合同定购、“双轨制”、“三挂钩”政策；1992—1997年，放开销售和构建粮食宏观调控体系。王海斌(2000)认为经济体制改革以来，我国粮食流通体制经历了：起步阶段(1978—1984年)，即改革粮食统购统销制度的准备阶段；改革阶段(1985—1990年)，即粮食流通“双轨制”的建立和稳定调整阶段；继续市场化改革阶段(1991—1993年)；建立宏观调控体系的探索阶段(1994—1997年)和深化改革阶段(1998年至今)。王德文，黄季焜(2001)将双轨制度定位为粮食定购制度和定价制度两方面，认为1978年开始实行双轨制，而非1985年，并作如下划分：第一阶段(1978—1984年)形成双轨制度。第二阶段(1985—1991年)利用双轨制度。第三阶段(1992年至今)尝试走出双轨制度。王双正(2002)认为1978年以来，粮食流通体制改革大致分为以下五个阶段：粮食流通向计划、市场调节相结合转变(1979—1984年)；合同定购和市场收购并存(1985—1991年)；取消粮食市场双轨制(1992—1993年)；回归“双轨制”(1994—1997年)；粮食购销市场化改革(1998年至今)。

颜波，陈玉中(2009)将改革开放以来的粮食流通体制划分为：1979—1981年，提高粮食统购价格，恢复粮食集市贸易；1982—1984年，实行征购、销售、调拨包干，允许多渠道经营；1985—1992年，取消粮食统购，实行合同定购；1993—1995年探索粮食购销市场化；1996—2000年，推行“三项政策一项改革”措施；2001—2003年放开销区，保护产区；2004年以后，全面实现粮食购销市场化。卢彦超(2010)认为改革开放以来我国粮食流通体制改革经历了6个阶段，1979—1984年，计划为主，市场调节为辅阶段；1985—1990年，粮食流通双轨制阶段；1991—1996年，粮食流通“两条线运行”阶段；1997—1999年，深化完善粮食流通体制改革阶段；2000—2003年，放开销区保护产区阶段；2004年以后，粮食购销市场化阶段。

学者们之所以会有如此差异的阶段划分，是因为对粮食流通体制的理解不同。价格改革和流通主体的确立是粮食流通体制改革的基本问题(李友华等，2003)，这将对认识和理解我国粮食流通体制改革有所帮助。从大豆价格体制来看，1985年前的大豆收购价格一直由国家来确定，1985年后粮食收购实行“双轨制”后，大豆价格存在着国家收购价格、国家议购价格和自由市场价格三种形式(朱希刚等，2002)。

2. 大豆流通渠道

随着粮食流通体制的改革，尤其是大豆保护价放开后，以国有粮食系统为主渠道的大豆流通格局已打破，多渠道流通的局面已形成。目前大豆的购销渠道主要有国有粮食部门、私人商购和集贸市场(朱希刚等，2002)，而且个体私营企业、小商贩收购规模越来越大，与国有粮食系统比较，减少或节省了仓储环节的费用，在大豆的流通中发挥了重要作用。在黑龙江省，个体商贩已经成为大豆进入市场的主渠道。由于农民对成交的价格比较满意、方便、一手交钱一手交货、谈判地位对等等原因，个体商贩深受农民欢迎。这些商贩自然地形成了购销网络，覆盖大豆产区的各个角落。入户收购降低了运输、装卸、存储、管理等流通成本。收购的大豆主要发送到省内的大豆加工企业、外省加工企业在黑龙江省设立的收购点以及华北地区的加工厂(徐志全，2002)。

3. 大豆流通中存在的问题

大豆流通过程中存在的问题主要体现在两个方面：一是由于目前大豆商贩多为个体经营，因此各自为政，组织化程度低（孙东升等，2006），而且这种依靠市场规律的大豆购销格局，在大豆市场价格出现大幅波动时，大豆生产者的利益无法得到有效保障（朱希刚，2002）；二是由于大豆流通格局的变化，即由“北粮南运”的流通格局转变为东北大豆和东南沿海大豆或者下游产品向全国扩散的基本格局，使得大豆运输成本在流通格局中起着重要作用，流通基础设施落后，流通成本高，流通中的交易方式面临商业信誉、三角纠纷等问题（毛学峰，2009），销售服务能力弱等（程昊等，2007）。

2.2.5 大豆加工利用

中国的大豆加工利用历史悠久，始于 2000 多年前以豆腐为代表的传统豆制品加工。战国至秦汉时期，大豆即作为主食，副食（如豆豉、豆腐）、医疗作用，肥料和饲料被加工利用。魏晋南北朝时期在豆豉和豆酱加工方面积累了经验；大豆作青贮料、催肥母鸭产蛋、育猪及治疗疾病等方面得到了发展。隋唐宋元时期，广泛食用豆腐；创始了大豆榨油的方法；发芽豆、豆团、豆粥等豆制品上市销售；食疗方面得到更进一步发展。明清时期，大豆在豆腐和豆酱的加工、豆油的榨制、肥料和饲料利用、医疗等方面有了新的发展。到了 20 世纪 60 年代后期西方国家才开始将大豆蛋白作为一种食物资源开发。大豆的综合开发利用于 20 世纪 90 年代迅速发展起来（王连铮等，2007）。随着人们对大豆营养价值和保健功能的认识逐渐提高，大豆制品越来越受到更多人的青睐。新兴大豆制品的开发、传统大豆生产技术的改造及大豆食品的消费将成为一种趋势，带动我国的大豆制品迅速向产业化发展，形成了传统豆制品加工、以油脂、豆粕、蛋白以及生物活性成分为代表的新型大豆制品加工、高附加值功能性产品加工等多种加工形式（江连洲，2000；朱希刚，2002；盖钧镒，2008）。

20 世纪 90 年代以来，我国大豆压榨业发展迅速，年加工量占国产大豆加工总量的 83%（江连洲等，2003），同时随着外资的进入，我国食用油脂油料加工领域也发生了一些明显变化：传统布局发生了改变，食用油加工区由传统的东北四省区转向从北向南的沿海地区，表现出明显的重心南移特征；规模结构发生了改变，食用油脂加工企业的规模越来越大，并迅速向国际化、大型化、自动化发展；生产技术和工艺获得了明显的进步，大大提高了我国的油料处理能力、生产过程的机械化和自动化程度；延长了产业链、丰富了产品品种、提高了产品质量、提升了产业科技竞争力（何秀荣，2011）。

油脂加工主要分布在黑龙江以及从大连到防城港的海岸线和京沪线山东段一线，大型大豆压榨企业在沿海地区的集中，带来了行业空间集聚程度的提高（王永刚，2006），目前形成五大压榨圈：即东北压榨圈，以加工国产大豆为主；环渤海压榨圈，主要以加工进口大豆为主，也加工部分国产大豆；江浙压榨圈，常年以进口大豆为加工原料；华南压榨圈，多为 2001 年后才快速发展起来；四川、河南等内陆压榨圈，既加工进口大豆，也加工部分国产大豆（钟莉莉等，2010）。

与此同时，大豆压榨业各种问题凸现。沿海大量油脂加工厂的新建，行业壁垒较低，导致我国油脂生产加工能力过剩；大量廉价豆油进口，原料过度依赖进口，使榨油企业生产效益下滑，企业面临的市场风险加大；大豆油市场价格低迷、生产企业加工规模狭小、技术和设备落后、经营机制不顺，政府信息服务落后，国内外商业信息严重不对称等成为制约我国油脂企业发展的瓶颈（朱希刚，2002；王永刚等，2005）。

由于该行业的规模化、集约化、产业链一体化的发展，对资金、风险控制、管理专业化等方面要求越来越高，逐渐形成了强势的国有大型粮油企业、跨国粮油巨头、规模化民营粮油企业三足鼎立的竞争格局（陈刚，2012）。

2.2.6 大豆贸易

我国大豆贸易发生了深刻的变化，经历了净出口和净进口两个阶段，净出口又经历了 1987 年之前的快速增长和 1987 年之后的快速减少阶段；净进口经历了 1977—1982 年之间小幅度净进口和以 1996 年为标志的大规模净进口两个阶段（毛学峰，2009）。

1. 大豆进口

自 1996 年我国成为大豆净进口国后，进口量逐年激增。引起大豆大量进口的原因主要有:①需求增长是根本原因。20 世纪 90 年代以来,随着经济发展和人民生活水平的提高,大大增加了对豆粕和豆油的需求,从而刺激了作为原料的大豆的需求,与此同时沿海地区不断新建大豆加工厂,导致大豆进口不断扩大,而国产大豆难以满足日益增长的需求,供给缺口主要靠进口弥补(毕井泉,2003;夏友富等,2003),或者是由于需求增长引发价格上升,导致国际低价位大豆涌入中国市场,抑制国内大豆价格,国内市场机制失灵(杨卫路,2002)。②贸易政策调整是主要因素。2000 年以前关税和非关税壁垒限制了大豆进口,2000 年大豆进口全面放开,导致大豆进口量猛增(黄季琨,2002)。因此,需求增长只是大豆进口增加的一个必要条件,大豆进口政策、资源竞争性粮食品种进口政策、大豆制成品进口政策、转基因和质检政策、替代产品进口政策等贸易政策调整是推动大豆进口的主要因素(余建斌,2008)。③国产大豆竞争力弱促进了大豆进口。我国大豆不具有生产成本和流通成本优势、含油率低、国内市场价格高于国际市场价格以及中国的贸易政策促进了大豆进口(余建斌,2008);我国未能抓住非转基因大豆的商品特色,未能及时启动大豆最低收购价政策,大豆产业技术开发落后,种植模式和增产技术缺乏国际竞争力是我国成为最大进口国的主要原因(周新安等,2010;瞿商等,2011)。④多种因素的综合影响。马登品(2002)认为市场的短缺、政策的调整、行业的发展、利益的驱动使得国内进口大豆数量猛增。姜长云(2003)认为大豆、豆油及豆粕的国内消费迅速上升,大豆生产的比较利益低,国产大豆的含油率和外在质量指标低,流通环节缺乏竞争力及政策调整等因素刺激了大豆进口。崔春晓等(2007)分析国内大豆需求与供给、进出口政策以及国外大豆价格、品质、用途和中国大豆的生产成本高差异等是影响我国大豆贸易的主要因素。宣亚南等(2007)的研究表明:国内需求是影响中国大豆进口贸易的最主要因,其次是进口大豆的低价优势,转基因安全管理政策对中国大豆进口虽有一定的抑制作用,但作用不大。郭文斌(2007)认为国内大豆的供需缺口过大、我国大豆进口政策、中国大豆的生产成本高是导致中国大豆进口量增大的主要原因。刘秀玲等(2008)采用 Granger 因果检验法证实除国内大豆产量、豆粕和豆油需求、国内外大豆价格比外,大豆技术差异也是造成中国大豆进口增加的主要原因(刘秀玲等,2012)。高颖等(2008)利用引力模型定量分析结果表明:大豆进口价格、贸易伙伴国的产业政策、中国大豆市场开放程度对中国的大豆进口有显著影响。

上述对我国大豆大量进口个别原因的分析不仅没有抓住问题的本质,且容易陷入误区,因此,在某种程度上提出限制大豆进口。而事实上,由于国内大豆存在产销缺口,大豆进口具有客观需求,即国产大豆不能满足植物油加工和消费、豆粕的需求。中国大豆进口的突出问题主要不在数量增长而在管理无序。若限制大豆进口必然促使豆油、豆粕进口激增,将使大豆压榨企业面临停产、关闭的危险,损失大豆压榨行业的产值、利润、税收以及劳动力的就业机会和工资收入以及可能由于不履行大豆进口承诺而引发国际贸易纠纷等一系列不利影响。因此,不应限制有实际需求的大豆进口,要尽快组建压榨行业大豆进口协会,提高对大豆进口管理的有序性,充分利用我国大豆蛋白质含量高和非转基因的优势,另辟蹊径,努力扩大我国在食用大豆国际市场上的占有份额(陈锡文等,2003)。

2. 大豆出口

与大豆进口相比,我国大豆出口量较小,且自 20 世纪 80 年代末以来不断减少。主要出口韩国、日本和朝鲜,另外,中国香港和台湾、比利时、马来西亚、菲律宾、越南、荷兰、美国也是中国大豆出口地。由于出口规模较小,相关研究也不多见,个别研究更关注我国大豆出口的优劣势方面,虽然我国大豆单产低,含油率低,成本高(毕井泉,2003),但为非转基因,蛋白质含量高,一般比进口大豆高 2%～3%(周应恒等,2006),具有距消费市场近的相对优势(刘坚,2002)。此外,1998 年以来,在沿海地区新建的榨油企业周边国家存在较大市场潜力,建设成本和加工成本低,市场优势,出口豆粕在运输方面也有比较优势。

2.2.7 大豆产业政策

为推动大豆产业发展,国家相继出台了一系列大豆产业发展政策,如 2002 年开始推行的大豆振兴计划和 2004 年实施的补贴政策(包括种粮直接补贴、农资综合补贴及良种补贴)等大豆生产政策,2008 年开始实行的临时收储政策，1996 开始调整关税政策和 2001 年开始实施的转基因安全管理政策等大豆贸易政策。

中国政府的补贴对中国大豆产量起了促进作用，而对美国大豆产量起到了抑制的作用。而且当美国大豆生产商选择高价格策略时，中国政府选择补贴国内高技术大豆生产商；当美国大豆生产商选择低价格时，中国政府选择补贴普通豆农（边策等，2008）。因此，通过对中美大豆补贴情况对比，在 WTO 框架下我国依然有必要也有可能增加对大豆产业的补贴（孙亚君，2010）。

2008 年临时收储政策实施后，效果并不理想。2008 年国产大豆与进口大豆之间的大幅价差造成产区产能搁浅，相关品种供应受限。豆农也难以从国家政策中受惠，惜售情绪高涨，产区有价无市一度持续，大豆收储活动进展不顺利（李飞，2010）。同时 2009 年、2010 年临储政策实施以来，东北地区大豆种植面积大幅下滑。同时，从大豆市场的供给方与需求方来看，从农户来讲，永远希望价格继续提升，而从企业角度来看，控制成本也是获利的一大重点，由此看来，政策调控无法协调市场两端（郭清保，2011）。

转基因安全管理政策的实施，一方面，其政策效果并不明显。尽管这一措施是出于食品安全和保护国内生产者的考虑，对美国大豆在中国市场的竞争力产生了一定影响（Marchant 等，2002），但由于中国国内大豆供给严重不足，这一政策对美国向中国出口大豆并没有造成长远的影响（Marchant 等，2005）。尽管从进口成本和转基因大豆的“品质劣势”两个方面限制了大豆进口，但长期来看，这一政策对大豆进口的抑制效果并不明显（宣亚南等，2007）。另一方面，转基因安全管理政策的实施对中国大豆市场产生深远的影响，在控制转基因大豆进口量的同时，提高国内非转基因大豆消费需求量（洪涛，2004），增强对大豆进出口贸易的调控手段，有利于拉大转基因大豆和非转基因大豆之间的价格差，促进国内非转基因大豆的生产和出口，对国内产业进行保护（耿献辉等，2002；马述忠，2003），因此，利用中国大豆的非转基因优势，扩大国际市场份额，就有可能在国际上重新提升中国大豆的竞争力（翟雪玲等，2002）。

而对于关税政策，朱军凯（2010）采用全球贸易分析模型（GTAP）定量分析中国大豆产业贸易政策调整对中国大豆进口、产出、国内价格、国内销售与大豆产业主体，以及 GDP 的影响。研究结果表明，关税削减会对中国薄弱的大豆产业产生全面持久的负面冲击。

2.2.8 大豆产业发展对策

大豆产业的发展重点在于大豆生产的发展，因此有学者提出发挥中国大豆非转基因、高蛋白的优势，提高产品竞争力（万宝瑞，2007），走差异化道路（周应恒，2005），努力拓宽国外市场，扩大大豆出口份额，以新的空间减轻进口大豆压力（栾立明等，2010）。具体来说，稳定和扩大大豆种植面积是重振我国大豆产业的关键环节，依靠科技进步是我国大豆产业发展的根本出路（周新安等，2010）。发挥“产业带及其产业化”优势，转变大豆生产的增长方式和经营方式；发挥“优质名牌”优势，建立市场准入制度，提高大豆产业的市场竞争效益；发挥大豆“多功能”优势，提高大豆的社会效益（刘志澄，2006）；稳定大豆面积，优化产业布局，大力提高单产；加大政策扶持，优化市场环境，为国产大豆创造公平竞争条件；增加科技投入，提高创新能力，为我国大豆产业的发展提供技术支撑；加强农业技术推广工作，提高技术到位率；完善市场体系，做好信息服务，帮助农民和企业规避价格风险，提高市场应对能力。在技术方面，要在实现大豆合理布局的前提下，通过合理轮作、培肥地力、改良品种、连片种植等关键措施来提高大豆单产，降低生产成本，提高大豆综合生产能力（韩天富等，2007）；通过推进大豆产业发展机制创新、完善大豆产业扶持政策、加大对大豆产业的科研投入、建立“东北非转基因大豆保护区”来推动我国大豆产业发展（万宝瑞，2007）。

2.3 文献评述

总体来看，中国大豆产业发展问题已广受关注。学者们的关注重点也从大豆生产、贸易和加工等一般环节逐步转向转基因、产业安全以及产业发展等重大问题，并进行了大量研究，为本研究奠定了基础。但由于学者们的研究多针对大豆产业的个别环节或产业发展的某个时间片断进行考察，不够系统，其研究结论往往过于片面或带有较大主观性，致使大豆产业发展过程中的很多问题尚不清楚，特别是针对目前探讨的重大热点问题尚缺乏正确的认识和长远的判断。因此，弄清中国大豆产业发展的历史和现状是开展大豆产业研究的基础。本书将从产业链的视角，对中国大豆生产、流通、加工、消费和贸易以及产业政策进行系统研究，揭示中国大豆产业发展演变的规律，对未来中国大豆产业发展趋势进行判断，进而对大豆产业经济发展中的几个重大问题进行深入探讨，明确中国大豆产业未来的发展方向。

第三章　中国大豆生产

中国是大豆的原产国，也曾是世界最大的大豆生产国。然而，新中国成立以来，中国的大豆生产发生了剧变。那么，中国的大豆生产究竟经历了怎样的发展过程，在这一过程中，哪些因素影响了大豆生产的发展？本章在简要回顾中国古代和近代大豆生产发展历史的基础上，重点揭示现代中国大豆生产总体状况（包括种植面积、总产量和单产变化）、大豆生产布局、大豆生产收入与成本、大豆生产的地位以及大豆种植制度的发展演变过程，进而对大豆生产的影响因素进行分析。

3.1　大豆生产的历史回顾

3.1.1　古代的大豆生产

中国是大豆的原产国，大豆生产历史悠久。大豆在秦代以前称为“菽”，西汉以后，称为大豆。目前有关大豆生产起源的较早文字记载当属《诗经》，《诗经》中涉及大豆的诗歌有五首：“豳风・七月”、“小宛”、“采菽”、“生民”和“閟宫”，“七月”这首诗写的是西周幽王姬宫湦（公元前 781 至公元前 771 在位）统治时期（董钻，2013）。汉代司马迁（约公元前 145 至公元前 87 年）的《史记》，其第一篇《五帝本纪》中写道：“黄帝者，少典之子，姓公孙，名曰轩辕。轩辕之时，神农氏世衰。诸侯相侵伐，暴虐百姓，而神农氏弗能征。于是轩辕乃习用干戈，以征不享，诸侯咸来宾从。而蚩尤最为暴，莫能伐。炎帝欲侵陵诸侯，诸侯咸归轩辕。轩辕乃修德振兵，治五气，蓺五种，抚万民，度四方，教熊罴貔貅貙虎，以与炎帝战于阪泉之野。”郑玄[①]曰：“五种，黍、稷、菽、麦、稻也。”可见，黄帝时期（约公元前 2550 年）就已种植大豆，距今已有 4500 多年的历史。

古代大豆的种植区域也很广泛，主要分布在黄河中游、东北和长江中下

---

① 郑玄（公元 127—200 年），东汉经学大师、大司农。

游。从商周到秦汉时期，大豆主要在黄河流域一带种植，如《诗经·豳风·七月》中提到人们种植“禾麻菽麦”，“豳”即今陕西西安市西北部。到了汉武帝时，中原地区连年灾荒，大量农民移至东北，大豆随之在东北种植。到了宋代，江南一带开始种植，如《宋史·食货志》记载，宋时江南一带曾遇饥荒，从淮北等地调运北方盛产的豆种子到江南各地种植。据公元前1世纪《汜胜之书》记载，当时中国大豆的种植面积已占全部农作物的2/5。

3.1.2 近代的大豆生产

到了近代，由于1862年3月清政府“许开豆禁”、1873年维也纳万国博览会展出中国东北大豆以及1868年日本明治维新以后轻工业发展急需原料，被称为豆类“三品”的大豆、豆饼、豆油成为世界瞩目的商品，引起了中国大豆种植面积和产量的骤增。大豆种植面积从1914—1918年的499.5万公顷增加到1938—1947年的776.7万公顷，同期产量从432.2万吨增加到832.3万吨，单产水平也从865.2千克/公顷提高到1071.5千克/公顷。特别是在20世纪20年代后期和30年代中期，中国大豆种植面积和产量分别达到1000万公顷以上和1000万吨以上的水平（表3-1）。1929—1933年、1934年、1935年和1936年，中国大豆产量分别占世界大豆产量的89.4%、84.6%、79%和83.3%[①]，是世界大豆第一生产大国。

表3-1 1914—1947年全国二十二省大豆生产情况及东北在全国大豆生产中的地位

单位：万公顷、万吨、千克/公顷

时期	全国面积	全国产量	全国单产	种植面积		产量	
				东北	占全国百分数/%	东北	占全国百分数/%
1914—1918	499.5	432.2	865.2	206.8	41.4	158.0	36.6
1924—1929	1081.6	876.3	810.2	336.4	31.1	510.2	37.1
1931—1937	884.8	1020.2	1153.1	369.9	41.8	419.6	41.1
1938—1947	776.7	832.3	1071.5	401.3	51.7	402.4	48.1

注：由于察哈尔、绥远、宁夏、面康、新疆、台湾、西藏等省各时期有的残缺不全，有的根本没有，所以未列入统计。

数据来源：根据许道夫《中国近代农业生产及贸易统计资料》换算整理，上海人民出版社，1983年。

① 许道夫：《中国近代农业生产及贸易统计资料》，上海人民出版社版，1983年，第182页。

这一时期，中国大豆生产以东北地区为主，据资料统计，1914—1918 年东北四省[①]大豆的种植面积为 206.8 万公顷，产量为 158 万吨，较 1908 年分别增加约 52.5 万公顷和 50.5 万吨[②]。1914—1947 年，东北四省大豆产量占全国产量的比重从 36.6%提高到 48.1%，大豆种植面积比重从 41.4%增加到 51.7%（表 3-1）。

在东北地区，大豆生产在主要农作物生产中也占有较高地位。1914—1947 年，大豆种植面积占主要农作物种植面积的比重平均为 27.7%，水稻平均占 2.5%，小麦平均占 10.5%，包括高粱、玉米、谷子和大麦在内的杂粮平均占 59.4%（图 3-1）。

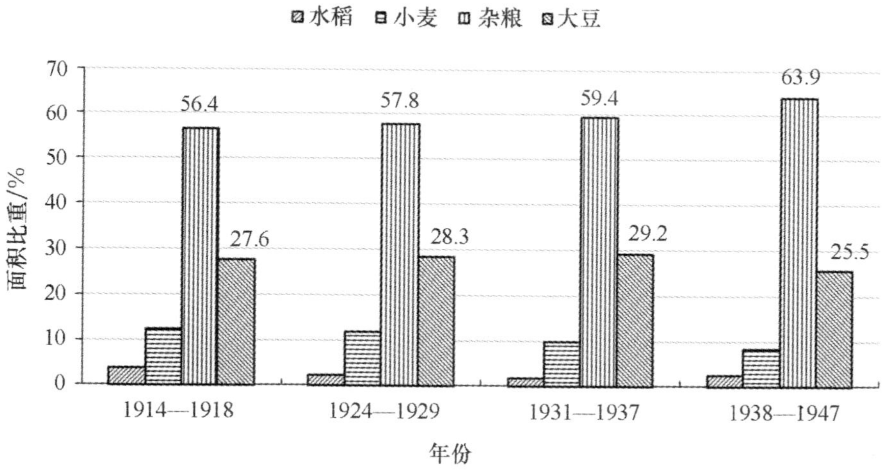

图 3-1 1914—1947 年东北四省主要农作物种植面积比重

数据来源：许道夫《中国近代农业生产及贸易统计资料》，上海人民出版社，1983 年。

3.2 大豆生产发展总况

新中国成立以来，中国的大豆生产经历了一个复杂曲折的发展过程。大豆种植面积、总产量、单产水平都发生了重大变化。

---

① 东北四省指黑龙江、吉林、辽宁和热河省。

② 根据孔经纬《东北经济史》中的大豆产量增长指数折算。

3.2.1 种植面积

总体来看，新中国成立以来的60多年里，中国大豆种植面积呈下滑趋势，从1949年的831.9万公顷减少到2012年的717.7万公顷，减少了15.9%。然而在此期间，大豆种植面积经历了频繁波动的过程。这一变化大体可从1949—1957年的种植规模迅速扩大、1957—1977年的迅速缩小、1978—2004年的低起点快速发展和2004—2012年高位迅速下滑四个阶段来考察。1949—1957年，大豆生产呈现良好发展态势，大豆播种面积由831.9万公顷扩大到1274.8万公顷，扩大了34.7%；1957—1977年，由于国内粮食供给不足，稻谷、小麦和玉米等高产作物种植面积迅速扩大，单产水平较低的大豆种植面积大幅缩减，大豆生产在停滞中下滑，大豆播种面积缩减到1000万公顷以下（除1964年外），由1274.8万公顷直减到684.5万公顷；1978—2004年，大豆面积从714.4万公顷扩大到958.9万公顷；2004—2012年，大豆面积从958.9万公顷减少到717.7万公顷（图3-2）。

图3-2　1949—2012年大豆产量和种植面积的变化情况

数据来源：《新中国五十年农业统计资料》、《改革开放三十年农业统计资料汇编》、《中国农村统计年鉴》及《中国统计年鉴》。

3.2.2 总产量

与大豆种植面积的变化不同，大豆总产量是不断增长的，但波动较大。从1949年的509万吨增加到2012年的1305万吨，增长了1.56倍。这一变化大体可分为四个阶段：1949—1956 年快速增长阶段、1956—1977 年迅速减少阶段、1978—2004 年的低起点快速发展阶段和 2004—2012 年的高位下滑阶段。第一阶段中，大豆产量从 1949 年的 509 万吨迅速增长到 1956 年的 1024 万吨，增长了 1 倍多。第二阶段中，大豆产量迅速减少，从 1956 年的 1024 万吨减少到 1977 年的 726 万吨，其间由于受自然灾害的影响，1965 年产量降到 614 万吨，为新中国成立以来历史最低水平。第三阶段中，由于 1978 年党的十一届三中全会确立了家庭联产承包责任制，实现了土地从人民公社制度到以“大包干”为特征的农户家庭承包制的转变，进一步调动了农民生产积极性，大豆生产在波动中缓慢回升，大豆产量从 1978 年的 757 万吨增产到 2004 年的 1740 万吨，增长了 1.3 倍，达到新中国成立以来历史最高水平。第四阶段中，由于竞争作物比较利益挤压、进口大豆抑价效应、生产成本上涨等因素的影响，中国大豆生产明显下滑，大豆产量从 2004 年的 1740 万吨下降到 2012 年的 1305 万吨，下降了 25%，特别是近三年来连续下降(图 3-2)。

尽管大豆产量是增长的，但这种增长是缓慢的。与其他粮食作物相比，1949—2012 年，稻谷产量从 4865 万吨增长到 2.04 亿吨，增长了 3.20 倍，特别地，同期小麦和玉米产量分别从 1381 万吨和 1242 万吨增长到 1.21 万吨和 2.06 万吨，分别增长了 7.76 倍和 15.6 倍(图 3-3)。

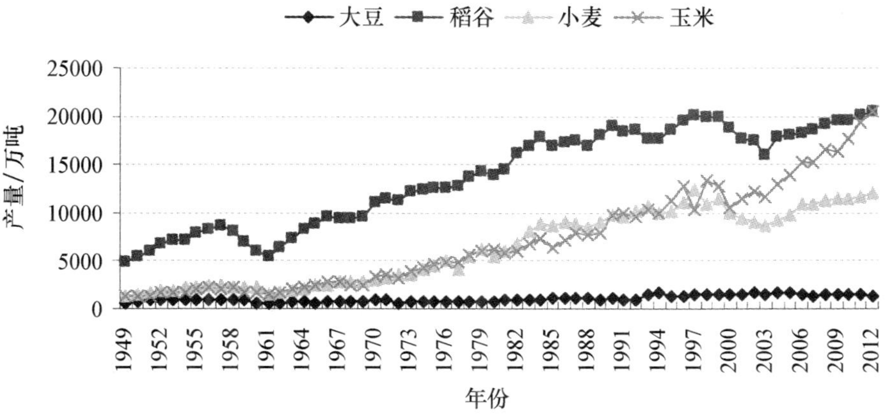

图 3-3　1949—2012 年主要粮食作物产量变化比较

数据来源：《新中国五十年农业统计资料》、《改革开放三十年农业统计资料汇编》、《中国农村统计年鉴》及《中国统计年鉴》。

与世界大豆主产国相比，1961—2012 年间，美国大豆产量从 1848.8 万吨增长到 8205.5 万吨，增长了 3.4 倍，同期中国大豆产量仅增长 1.1 倍；巴西自 20 世纪 70 年代大豆生产迅速发展，大豆产量从 1973 年的 501.2 万吨增至 2012 年的 6570 万吨，增长了 12.1 倍，而同期中国大豆产量仅增长了 55.9%；阿根廷自 90 年代大豆生产迅速发展，大豆产量从 1990 年的 1070 万吨增长至 2012 年的 5150 万吨，增长了 3.8 倍，同期中国大豆产量仅增长 18.6%（图 3-4）。

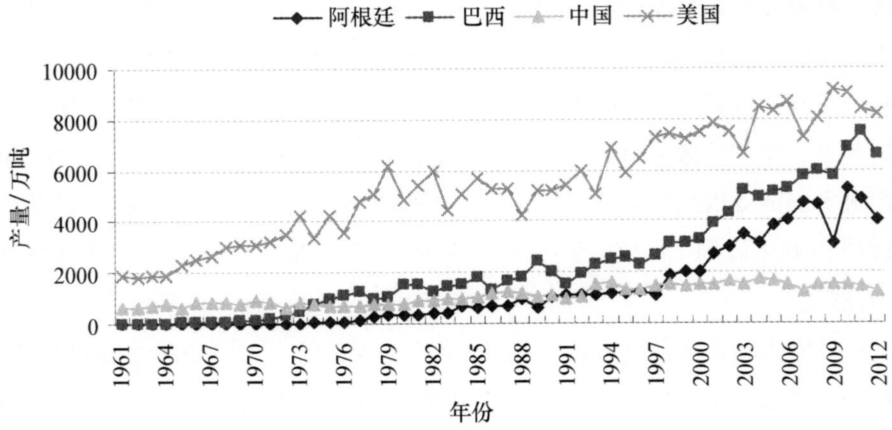

图 3-4 1961—2012 年主产国大豆产量变化比较

数据来源：FAOSTAT

3.2.3 单产水平

单产是决定效益的主要因素之一。新中国成立以来，中国大豆单产水平总体趋势是增长的，但中国大豆不仅单产水平低，而且其增长也是缓慢的。1949—2012 年，大豆单产从 611 千克/公顷增加到 1818 千克/公顷。分阶段来看的话，1949—1977 年，单产在粮食增产中发挥了重要作用，大豆单产从 1949 年的 612 千克/公顷提高到 1977 年的 1061 千克/公顷，年均增长率为 2.06%，但均低于同期玉米（3.62%）、小麦（3.10%）和稻谷（2.43%）。其中，1949—1958 年，大豆单产以年均 5.06% 的增长率上升（由 612 千克/公顷提高到 907 千克/公顷），这一增长率高于同期的玉米（5.05%）、小麦（3.97%）和稻谷（3.71%）；1958—1961 年，大豆单产迅速下降，从 908 千克/公顷下降 624 千克/公顷；1961—1977 年，大豆单产以年均 3.60% 的速率提高(由 624 千克/公顷提高到 1061 千克/公顷),但这一增长率均低于同期的小麦(6. 65%)、玉米(5. 42%)和稻谷(3. 89%)。1978—2012 年间,从农村改革开放以来的整个时期看,大豆单产以年均 1. 65%的速率上升(从 1060 千克/公顷提高到 1818 千克/公顷),这一单产增长速率低于小麦(3. 06%)、玉米(2. 27%),但高于稻谷(1. 63%)。如果分阶段考察大豆单产增产速率的话,大体上可以分为两个阶段:1978—1999 年的低起点快速提高阶段和 1999—2012 年的大幅波动阶段。前一阶段中,大豆单产以年均 2. 78%的速率增长(从 1060 千克/公顷增加到 1836 千克/公顷),这一速率低于同期的小麦(3. 88%)、玉米(2. 88%),但高于稻谷(2. 36%)。后一阶段中,大豆单产不仅没有增长,反而下降,从 1836 千克/公顷减少到 1818 千克/公顷,而同期小麦、玉米和水稻的年均增长率分别为 1. 97%、1. 44% 和 0. 55%,并且这一阶段的大豆单产波动剧烈,2002 年单产水平最高达 1893 千克/公顷(图 3-5)。

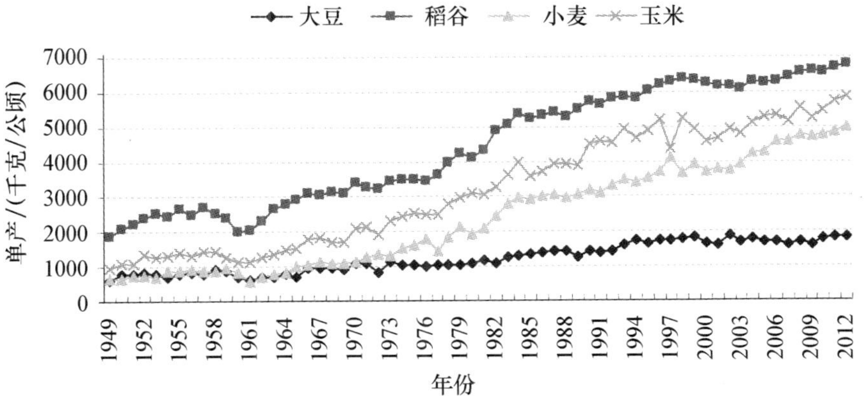

图 3-5　1949—2012 年中国四大粮食作物单产变化

数据来源:根据产量和面积数据计算。

与世界其他大豆主产国的单产增速相比,中国大豆单产增长速度较快。1961—2012 年,中国大豆单产从 624. 3 千克/公顷增加到 1896. 3 千克/公顷,年均增长率为 2. 25%;美国大豆单产从 1690 千克/公顷提高到 2664. 2 千克/公顷,年均增长率为 0. 91%;巴西从 1126. 9 千克/公顷提高到 2636. 6 千克/公顷,年均增长率为 1. 71%;阿根廷从 976. 5 千克/公顷提高到 2281. 4 千克/公顷,年均增长率为 1. 71%;同期世界大豆平均单产水平从 1128. 6 千克/公顷提高到 2303.3 千克/公顷,年均增长率为 1.44%。尽管中国大豆单产增速较快,但单产水平远远低于其他大豆主产国,也明显低于世界平均单产水平(图 3-6)。

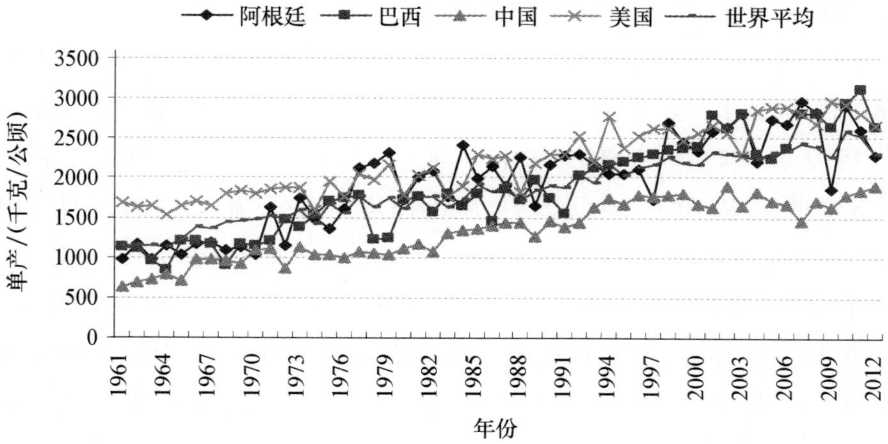

图 3-6 1961—2012 年主产国大豆单产水平变化比较

数据来源:FAOSTAT

3.3 大豆生产布局

3.3.1 大豆生产区划

大豆在中国分布广泛,除青海外,其他各省均有种植。按照大豆的分布,气候自然条件,耕作栽培制度,大豆品种生态类型等,可将中国大豆生产大体划分为三大区域,即北方春作大豆区,包括黑龙江、吉林、辽宁、内蒙古、宁夏、新疆等省(区)及河北、山西、陕西、甘肃等省北部;二是黄淮海流域夏作大豆区,主要包括山东、河南两省和江苏、安徽两省的北部以及河北、山西、陕西、甘肃等省的部分地区;三是南方多作大豆区,包括长江流域和东南的春夏大豆区以及华南四季豆区。

3.3.2 三大种植区

按照我国大豆生产布局区划,将三大生产区域大体上作如下划分:北方春作大豆区，包括黑龙江、吉林、辽宁、内蒙古以及新疆；黄淮海夏作大豆区，包括北京、天津、河北、山西、上海、江苏、安徽、山东、河南、陕西、甘肃和宁夏；南方多作大豆区包括浙江、福建、江西、湖北、湖南、广东、广西、海南、重庆、四川、贵州、西藏和云南。

1978—2012 年，三个大豆种植区大豆播种面积占全国的比重变化较大。北方地区大豆播种面积在 1978—2009 年增加较多，其面积占全国的份额从 39.4%扩大到 60.2%，2010 年面积开始下降，份额也下降到 2012 年的 51.3%；黄淮海地区大豆播种面积持续减少，比重从 43.9%下降到 2009 年的 27.4%，自 2010 年份额开始增加，增加到 2012 年的 32.2%；南方地区大豆播种面积在 1978—2005 年稳步上升，2006 年下降幅度较大，此后缓慢回升，所占份额总体变化不大，基本维持在 10%～20%之间，平均在 16.7%(图 3-7)。

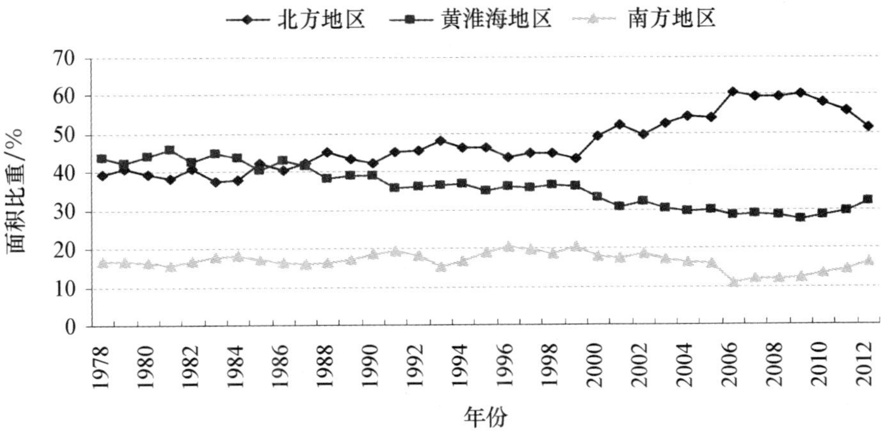

图 3-7　1978—2012 年三大种植区大豆播种面积比重变化情况

数据来源：根据《改革开放三十年农业统计资料汇编》和《中国农村统计年鉴》数据计算。

随着大豆播种面积的变化，从 1978—2012 年，大豆产量也表现出类似的变化。1978 年北方、黄淮海和南方区域大豆产量比 45.3∶37.0∶17.8，2012 年大豆产量比为 52.0∶29.4∶18.6，可见，大豆生产重心进一步向北方集中(图 3-8)。另外，北方产区的大豆生产重心进一步向黑龙江和内蒙古集中，二省区大豆产量占北方总产量的份额从 1978 年的 62.6%扩大到 2012 年的 86.2%，占全国大豆产量的比重从 28.4%扩大到 44.9%。

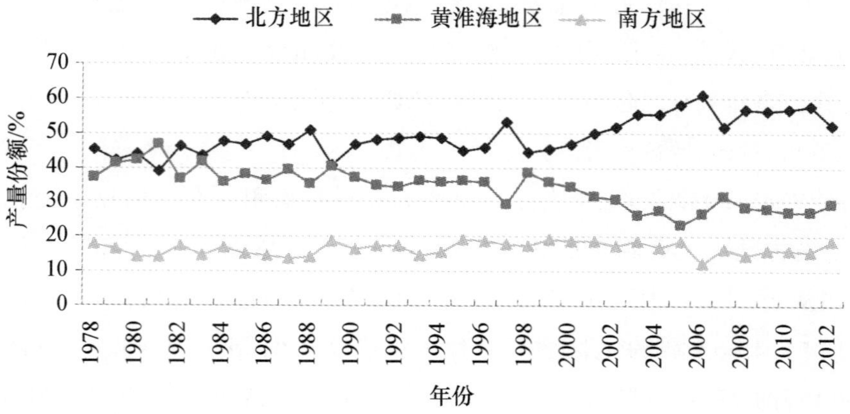

图 3-8 1978—2012 年三大种植区大豆产量份额变化情况

数据来源：根据《改革开放三十年农业统计资料汇编》和《中国农村统计年鉴》数据计算。

从三大区域的单产水平看，1978—2012 年，北方地区大豆单产表现出波动增长，从 1218 千克/公顷增加到 1844 千克/公顷；南方地区大豆单产则持续稳定增长，从 1121 千克/公顷增长到 2053 千克/公顷；黄淮海地区大豆单产也有所增加，从 892 千克/公顷增长到 1661 千克/公顷，但相比而言，其单产水平较低(图 3-9)。

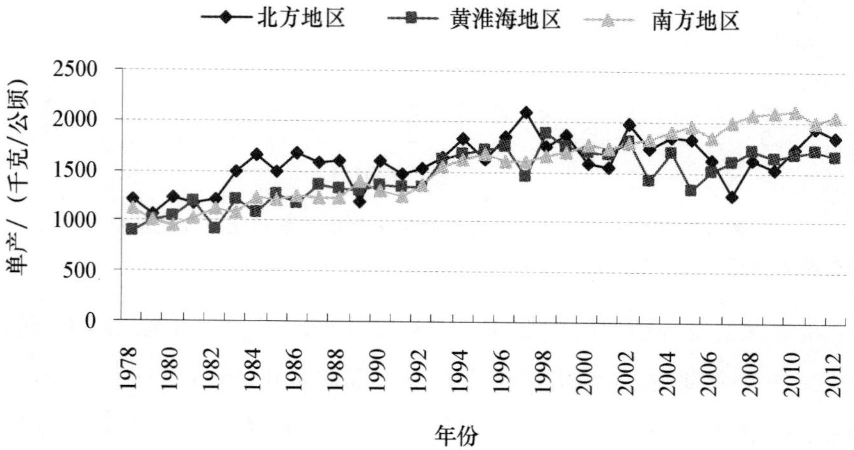

图 3-9 1978—2012 年三大种植区大豆单产变化情况

数据来源：根据《改革开放三十年农业统计资料汇编》、《中国农村统计年鉴》数据计算。

3.3.3　大豆主产省区

1978年以来，大豆产量进入到全国前10名行列的省份有黑龙江、河南、吉林、山东、辽宁、安徽、江苏、河北、湖北、四川、内蒙古、湖南和陕西13个省区，黑龙江、河南、吉林、山东、辽宁、安徽和江苏7省一直保持在全国前10位行列，只是排名略有变动。黑龙江作为全国大豆主产区，其大豆生产在一直占有绝对地位；排名不断前进的省份有：内蒙古、安徽和四川，内蒙古自80年代进入前10行列，地位不断上升，目前是第二大主产区，安徽处在第三位；排名不断退后的省份有：河南、吉林、山东、辽宁、河北（表3-2）。

表3-2　1978—2012年大豆产量排名前10位的省区　　单位：万吨

排名	省区	70年代平均	省区	80年代平均	省区	90年代平均	省区	2000年代平均	省区	2010年代平均
1	黑龙江	199.0	黑龙江	296.8	黑龙江	429.8	黑龙江	561.6	黑龙江	563.0
2	河南	74.5	河南	98.4	山东	107.3	吉林	111.8	内蒙古	152.2
3	吉林	64.5	吉林	81.7	河南	94.9	安徽	111.4	安徽	113.7
4	山东	64.5	山东	81.1	吉林	79.7	内蒙古	101.8	河南	87.2
5	辽宁	55.0	安徽	74.3	内蒙古	72.6	河南	86.7	吉林	82.7
6	安徽	44.0	江苏	54.4	安徽	70.1	山东	64.0	江苏	58.7
7	河北	34.3	辽宁	54.3	河北	68.7	江苏	59.8	四川	50.6
8	江苏	33.3	河北	35.9	江苏	47.5	辽宁	45.9	山东	39.6
9	湖北	28.8	内蒙古	29.6	辽宁	41.7	四川	45.4	陕西	38.7
10	四川	24.0	四川	29.5	湖南	34.1	河北	44.4	辽宁	34.1
合计		621.8	—	836.0	—	1046.4	—	1232.8	—	1220.5
占全国百分数/%		82.7	—	82.0	—	78.6	—	78.3	—	82.5

中国大豆生产集中度较高，排名前10的省区大豆产量占全国总产量的比重均在78%以上。80—90年代集中程度略有下降，产量占全国的比重从70年代的82.7%降至90年代78.3%，但近两年又有所回升，达82.5%（表3-2）。

3.4 生产收入与成本

3.4.1 生产者价格

改革开放以来，中国大豆的生产者价格总体呈增长态势，从 1978 年的 404.8 元/吨增加到 2012 年的 4727.8 元/吨，增加了 10.7 倍。这一变化可分为两个阶段：1978—1997 年的稳定增长阶段，大豆主产品价格从 404.8 元/吨增加到 3005.6 元/吨；1997—2012 年的波动增长阶段，这一时期由于受国际市场大豆价格影响，大豆价格波动较大，经历了三跌三涨，首先从 1997 年的 3005.6 元/吨降到 2001 年的 1935.2 元/吨，而后提高到 2003 年的 2944.6 元/吨，又下降到 2006 年的 2515.2 元/吨，迅速增长到 2007 年的 4141 元/吨，下降到 2009 年的 3683.4 元/吨，增长至 2012 年的 4727.8 元/吨(图 3-10)。

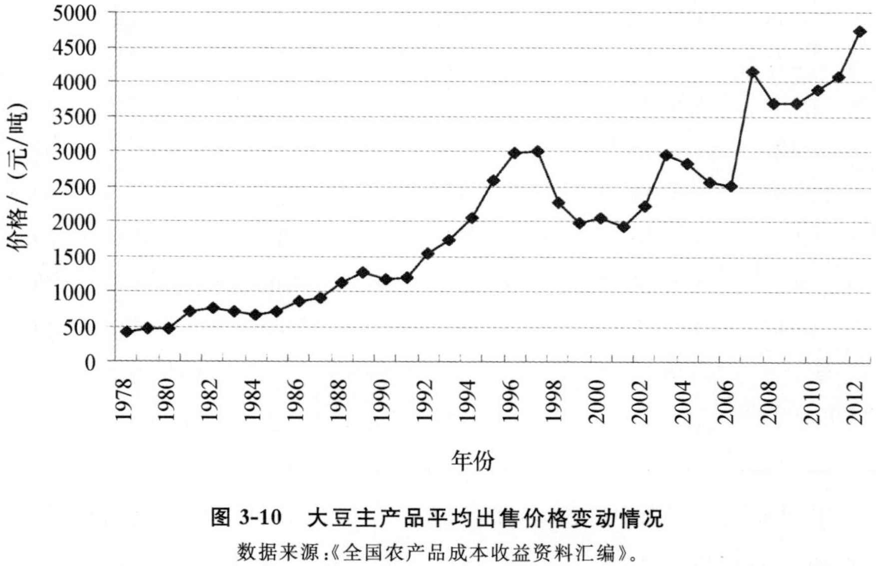

图 3-10 大豆主产品平均出售价格变动情况

数据来源:《全国农产品成本收益资料汇编》。

3.4.2 亩收入

从大豆的亩产值来看，大豆每亩收入从 1990 年的 125.43 元增加到

2012 年的 706. 83 元，增长了 4. 6 倍。大豆亩收入的增加一方面得益于大豆价格的上涨，另一方面是由于大豆单产水平的提高。1990—1996 年，大豆亩收入从 125. 43 元增长到 379. 48 元，而后下降到 2001 年的 244. 09 元，2002—2012 年，大豆亩收入从 309. 08 元增加到 706. 83 元（图 3-11）。

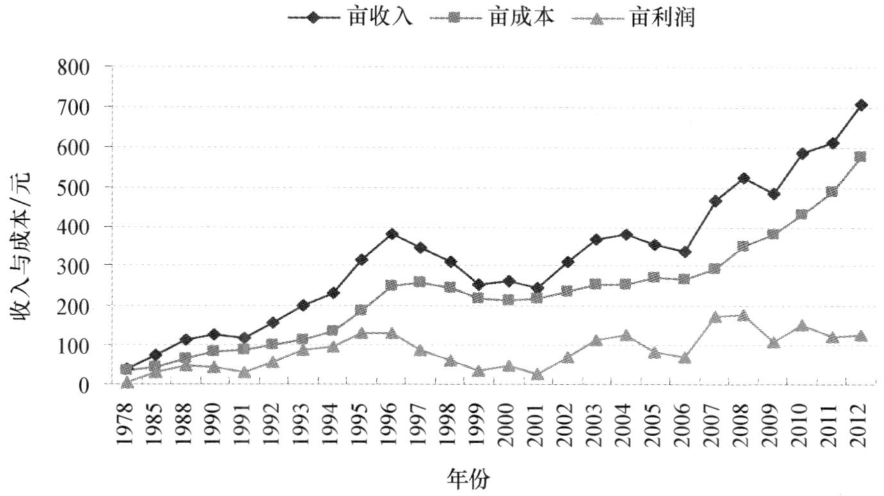

图 3-11　大豆生产收入与成本变动情况

数据来源：《全国农产品成本收益资料汇编》。

3. 4. 3　亩成本

1990—2012 年间，全国大豆平均每亩总成本从 83. 86 元增加到 578. 20 元，增加了 5. 9 倍（图 3-12）。其中物质与服务费用从 40. 41 元增加到 204. 73 元，在大豆总成本中的比重从 48. 2%下降到 35. 4%；人工成本从 34. 8 元增加到 177. 50 元。但随着机械化程度的提高，人工成本在大豆总成本中的比重从 41. 5%下降到 30. 7%；土地成本从 8. 65 元增加到 195. 97 元，在大豆总成本中的比重从 10. 3%增加到 33. 9%（图 3-13）。具体来看，物质与服务费用中，尽管 90 年代以来每亩大豆用种量不断减少，从 1991 年的 7. 32 千克减少到 2012 年的 4. 98 千克，但由于优质高价种子用量的增加，每亩种子费从 9. 92 元增加到 34. 44 元；由于化肥和农药使用量的增加，每亩化肥费和农药费分别从 6. 87 元和 2. 96 元增加到 58. 19 元和 14. 89 元；由于农用柴油价格的上涨和机械作业程度的不断提高，平均每亩大豆机械作业费从 2. 31 元增加到 78. 38 元(图 3-13)。

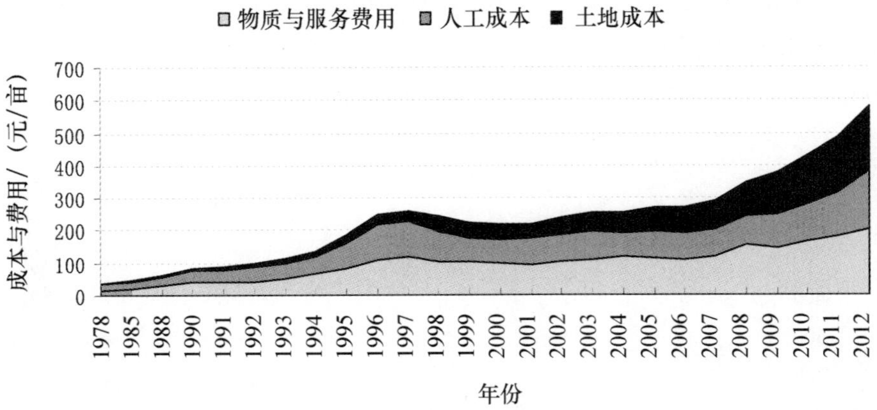

图 3-12　大豆生产成本与费用变化情况

数据来源:《全国农产品成本收益资料汇编》。

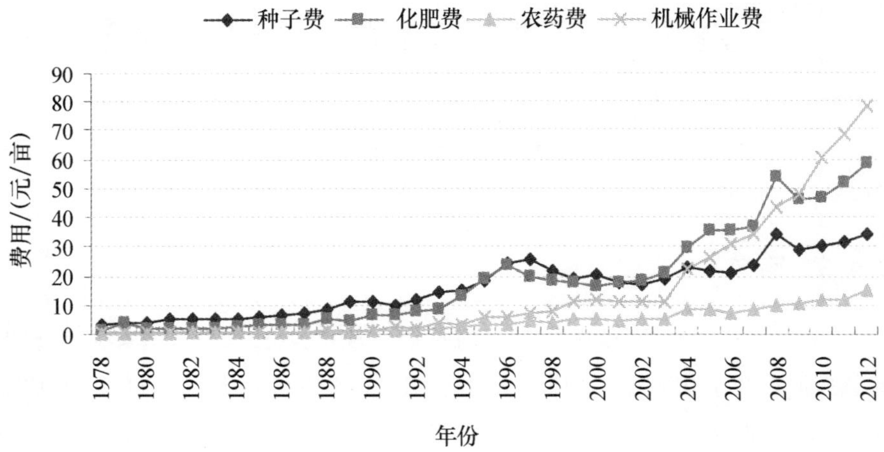

图 3-13　大豆主要物质与服务费用变化情况

数据来源:《全国农产品成本收益资料汇编》。

3. 4. 4　亩利润

虽然大豆价格不断增长,大豆单产水平不断提高,每亩大豆产值不断增加,但是由于大豆成本的增加,大豆每亩净利润增加缓慢,从 1990 年的 41. 57 元增加到 2012 年的 128. 63 元,仅增加 2. 1 倍,而且波动较大(参见图 3-12)。

3.5　大豆生产的地位

3.5.1　在全国粮食生产中的地位

新中国成立以来，中国将大豆列入主要粮食作物，纳入国家种植计划。从播种面积比重来看，1949—2012 年，与其他粮食作物相比，大豆在粮食生产中的比重变化不大，在 5%～10%之间波动，其变化大致可分为 1949—1976 年的波动中下降以及 1976—2012 年的波动中缓慢回升两个阶段。在前一阶段，大豆播种面积占比从 1949 年的 7.6%下降到 1976 年的 5.5%，其中，1949—1957 年，由于 1950 年国家实行以消灭地主阶级为特征的土地改革后，实行农民的土地所有制极大地提高了农业生产力，农民生产积极性提高，粮食生产不断发展，粮食播种面积不断增加，大豆在粮食生产中的比重也由 1949 年的 7.6%增长到 1957 年的 9.5%，1953—1954 年比重曾高达 9.8%。后一阶段，大豆播种面积比重从 1976 年的 5.5%上升至 2012 年的 6.5%，其中 2003—2004 年回升至 9.4%（图 3-14）。从产量比重来看，大豆产量在粮食总产量中的比重呈明显下降趋势，由 1950 年的 6.0%下降至 2012 年的 2.5%（图 3-15）。

3.5.2　在世界大豆生产中的地位

自 20 世纪 50 年代，中国大豆生产在世界大豆生产中的地位不断发生变化。1952 年，美国大豆产量超过中国，成为世界第一生产大国；1974 年巴西大豆产量位居世界第二；自 90 年代阿根廷大豆产量超过中国，位居世界第三，自此中国大豆生产退居世界第四位。1961—2012 年，中国大豆产量占世界大豆总产量的比重从 23.1%下降到 5.3%；美国自 1972 年大豆生产比重也不断下降，从 73.2%下降到 2012 年的 33.9%；巴西与阿根廷大豆生产比重则不断上升，分别从 1961 年的 1%和 1971 年前的 0.1%上升到 2012 年的 27.2%和 16.6%（图 3-16）。

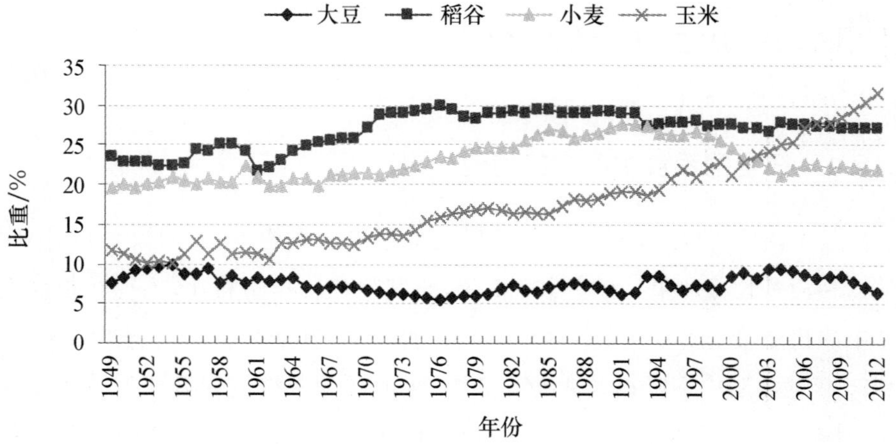

图 3-14　四大粮食作物播种面积在粮食总面积中的比重变化

数据来源：根据《新中国五十年农业统计资料》、《改革开放三十年农业统计资料汇编》和《中国农村统计年鉴》整理计算。

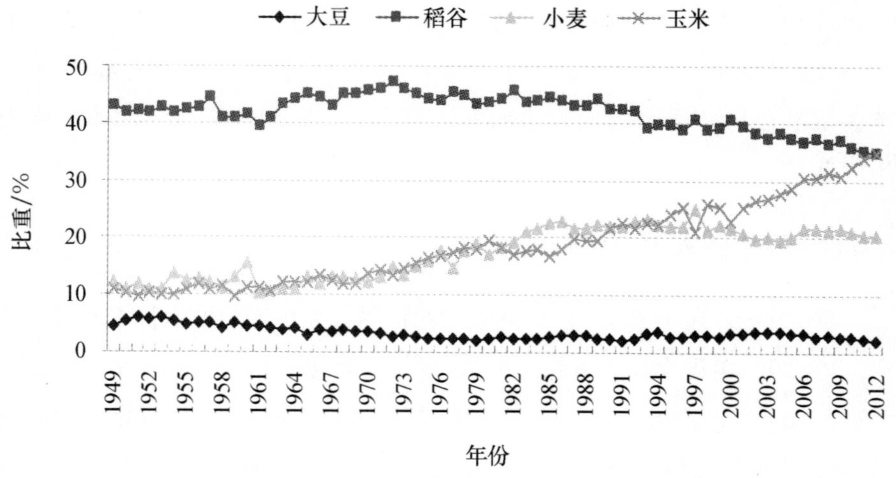

图 3-15　四大粮食作物产量在粮食总产量中的比重变化

数据来源：根据《新中国五十年农业统计资料》、《改革开放三十年农业统计资料汇编》和《中国农村统计年鉴》整理计算。

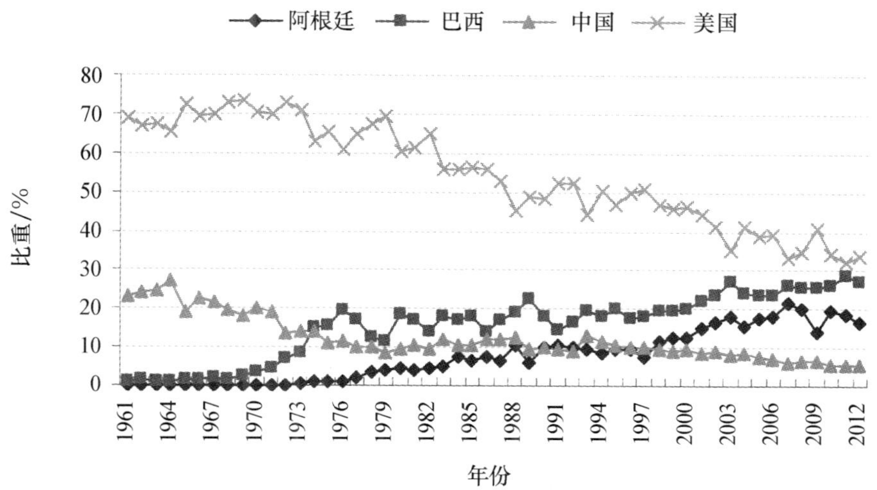

图 3-16　主产国大豆产量在世界大豆总产量中的比重变化

数据来源：FAOSTAT

3.6　大豆种植制度

种植制度是指一个地区或生产单位的作物组成、配置、熟制与种植方式的综合（武兰芳等，2002）。它决定作物种植结构（如种类和比例）、区域的种植安排、种植的次数以及先后顺序，是发展农业生产的战略性农艺措施，合理的种植制度有利于土地、劳力等资源的最有效利用和取得当地当时条件下农作物生产的最佳社会经济效益，有利于协调种植业内部各种作物之间的关系。我国的农业发展经过原始农业，古代农业，传统（近代）农业和现代农业，与之对应种植制度经过了撂荒制、休闲制、连耕制到集约农作制。作物种植制度因各地农业生态环境不同而呈现明显的地域性差异。大豆作为我国广泛种植的作物，其种植方式因地而异，多种多样，单作、间套作和轮作等并存。

3.6.1　大豆单作

单作是指在同一块田地上于同一生长季内只种植一种作物，也称为净作。这种方式由于作物和群体结构单一，全田作物对环境条件要求以及作物生育比较一致，因此便于统一田间管理与机械化作业。世界上多数作物以单作为主，如小麦、玉米、水稻、棉花等，中国的很多作物实行间、套作，但单作仍占较大比重。从大豆生产区域上来说，东北及黄淮大豆主产区多实行单作，也有部分间作为主，如在我国北部高原地区大豆主要与玉米、高粱间作，在西北地区大豆主要与玉米、谷子等间作、混种。从大豆品种上来说，春大豆和秋大豆以单作为主，夏大豆以间套作为主。

3.6.2 大豆间套作

大豆间套作在我国南方大豆产区普遍采用。这种种植方式最大的优点是不与其他粮食作物争地，充分利用生长季节和小气候条件，将地力、空间和光能高效利用，获得增产稳收，实现丰歉互补[①]。

1. 大豆间套作的含义

套作大豆是指在前季作物生长后期，在其株、行间播种的大豆。套作主要分布在一年一熟有余、两熟不足，或两熟有余、三熟不足的地方。套作大豆的共生时间少于全生育期的一半，前作收获后有相当长的时间为净作。与单作大豆相比，在同一季节内，在相同田块上，套作在与前作一起充分利用空间的同时，不会降低共生作物的产量。更重要的是套作延长了大豆的生长季，多收一季，提高了年总产量，是一种集约利用时间和空间的种植方式。

间作大豆是指在同一生长季内，在同一田地上分行或分带相间种植两种或两种以上作物。与套作相比，间作大豆的共生时间多于全生育期的一半，大豆全生育期基本上都要受到共生作物的制约影响，只能集约利用空间。

2. 大豆间套作的发展

大豆与其他作物的间、混、套种[②]的历史很早，北魏《齐民要术》中有大豆和麻子混种，以及和谷子混播作青茭饲料的记载。宋元间的《农桑要旨》说

---

① 大豆-南方大豆间、套作栽培技术，http://www.farmers.org.cn，2010-10-23。

② 混种指在同一时间或不同时间，在同一地块不按特定的行列宽窄等比例，但数量上有一定比例的种植。

桑间如种大豆等作物，可使“明年增叶分”。明朝万历年间的《农政全书》也说杉苗的“空地之中仍要种豆，使之二物争长”，清代《橡茧图说》亦说橡树“空处之地，即兼种豆”，介绍的是林、豆间作的经验。清代《农桑经》说：大豆和麻间作，有防治豆虫和使麻增产的作用[①]。20 世纪 90 年代以后，大豆间作面积不断扩大，出现了麦/玉与豆/苕、麦/玉与豆等间作，有一定的增产、增效作用。近年来，随着麦/玉/豆新型套作在四川丘陵地区取得发展，大豆间套作迅速在南方等地区推广开来，间套作大豆种植面积逐年增大。2010 年四川、云南、广西、贵州、重庆、陕西、广东、江西、甘肃、湖南、湖北和宁夏 12 个省(市、自治区)的大豆总面积达 2799.8 万亩，其中间套作大豆面积 1562.3 万亩，占总面积的 55.8%。四川省的玉米-大豆套作发展最快，种植面积逐年增加，从 2006 年 129 万亩发展到 2010 年的近 500 万亩；云南省间套作大豆面积 395 万亩；广西达到 260 万亩；贵州的间套作大豆为 170 万亩；重庆、陕西也达到 80 万亩；一些省份的面积较小，不到 50 万亩，如广东、江西、甘肃；个别省份有间套作大豆种植，但无面积统计，如湖南、湖北、宁夏(杨文钰，2011)。

3. 大豆间套作的种植模式

由于地区间生态气候的差异，各地区的种植模式类型各异。总体看来，间套作大豆种植模式呈多样化局面，目前有数十种模式。主要有玉米-大豆、幼果林-大豆、甘蔗-大豆、木薯-大豆、马铃薯-大豆、烟草-大豆、高粱-大豆、小麦-大豆、西瓜-大豆、蔬菜-大豆等间套作模式。其中玉米-大豆间套作是当前间套作大豆的主体种植模式，2010 年其种植面积占大豆间套作总面积的 82.1%，主要分布在四川、云南、贵州、广西、陕西和重庆等省(市)区；其次是幼果林-大豆间作占 5.8%，主要分布在重庆，木薯-大豆间作占 3.9%，主要分布在广西，烤烟-大豆套作占 3.2%，主要分布在云南，其他多数模式面积小于 50 万亩，且处于探索试验示范阶段(杨文钰，2011)。尽管如此，大豆间套作因适合品种少、栽培技术滞后，机械化程度低等原因，其推广和发展受到制约。

---

① 大豆栽培史，中华粮网，2009-03-23。

3.6.3 大豆轮作

轮作指在同一块田地上，有顺序地在季节间或年间轮换种植不同的作物或复种组合的一种种植方式，是用地养地相结合的一种生物学措施。中国早在公元前 6 世纪的黄河中下游地区已有大豆和粟、麦、黍稷等较普遍的豆粮轮作制，《齐民要术》中有“谷田必须岁易”[①]、“麻欲得良田，不用故墟”、“凡谷田，绿豆、小豆底为上，麻、黍、故麻次之，芜菁、大豆为下”等记载，不仅指出了作物轮作的必要性，而且记述了当时的轮作顺序。在《战国策》和《僮约》中，已反映出战国时的韩国和汉初的四川很可能出现了大豆和冬麦的轮作。后汉时黄河流域已有麦收后即种大豆或粟的习惯。南宋陈旉《农书》还总结了南方稻后种豆，有“熟土壤而肥沃之”的作用。其后，大豆与其他作物的轮作更为普遍[②]。

1. 大豆轮作的意义

种植大豆不宜重茬和迎茬，也不宜种在其他豆类作物之后，应与其他作物实行 3 年以上的轮作。大豆对前茬作物要求不严格，凡有耕翻基础的均可，以有施肥基础的谷类作物最好。大豆茬被称作“油茬”、“肥茬”。其根瘤固氮及根、枝叶残体增加了土壤中的氮素和有机质，培肥了地力，为后作提供了良好的营养。另外，大豆茬土壤疏松，保水保肥，杂草少，大豆病虫害专一性强，很少危害其他作物，这些对后作均有良好的影响。因此，大豆轮作具有重要意义。

(1)减轻病虫害及杂草发生。以大豆为寄主的各种病虫害，如细菌性斑点病、立枯病、黑斑病、黄枯萎病、线虫病、大豆食心虫等都会因连作而加重。轮作能显著减轻这些病虫害的发生与蔓延。大豆的寄生性杂草菟丝子，专性强，通过轮作会因失去寄主而消除。

(2)防止土壤中营养比例失调。大豆重茬、迎茬后，土壤中有效磷含量减少 2%～16%，有效氮含量却有所增加，过度消耗了土壤中的磷素，造成氮磷比例失调，大豆生长不良。轮作可使营养元素因土壤矿化得到恢复和调节。

---

① 岁易即轮作换茬。

② 大豆栽培史，中华粮网，2009-03-23。

(3)消除根系及微生物分泌物的毒害作用。大豆根系及根际微生物均可产生一些有毒的分泌物,它们能够影响大豆正常营养代谢,使得大豆根系发育不良,根量及根瘤菌数量减少,固氮能力显著下降。轮作则可避免有害分泌物的毒害。

2. 大豆轮作方式

依照全国大豆栽培区域的划分,大豆的轮作方式根据当地气候、作物结构和耕作习惯有所不同,各区域均有相应的轮作方式。

(1)东北春大豆区。该区为一年一熟地区,包括黑、吉、辽三省和内蒙古的部分地区。该区的大豆主要轮作方式有:大豆—春小麦—春小麦;大豆—春小麦(亚麻)—玉米;大豆—高粱—玉米—甜菜(或亚麻);大豆—甜菜(或亚麻)—玉米,大豆—玉米(高粱)—谷子,大豆—谷子—玉米—小麦。

(2)黄淮海流域夏大豆产区。该区大豆的轮作方式是以夏大豆作为冬小麦的前茬,冬小麦收获后种旱粮或夏大豆。实行一年两熟、两年三熟或三年五熟制的大豆轮作体系。

(3)南方大豆产区。该区主要以水稻种植为主,大豆种植的比例不大,多配合水稻茬口种植。大豆轮作方式主要有:冬小麦—夏大豆—冬油菜(一年两熟);早中稻—秋大豆—绿肥或油菜(一年三熟);早中稻—秋大豆—冬小麦或油菜(一年三熟);冬小麦—春大豆—晚稻(一年三熟);冬小麦—春大豆—夏玉米、棉花(一年三熟);冬小麦—水稻—秋大豆(一年三熟);冬小麦套种—夏大豆—育苗扦插甘薯(一年三熟);冬小麦—夏大豆—秋胡萝卜—冬小麦—夏甘薯(两年五熟)。

除此之外,大豆轮作方式的选择在充分运用和发挥高产、高效栽培新技术的前提下,建立以大豆为中心的农牧结合型轮作方式,形成了高产、高效大豆轮作方式。在粮豆产区,实行“玉米(间种牧草)—大豆—小麦(套种牧草)—甜菜或亚麻”轮作方式;在豆麦产区实行“大豆—小麦—大豆—玉米或甜菜”、“大豆—小麦或甜菜—大豆”轮作方式;在玉米杂粮产区实行“玉米—大豆—玉米—杂粮”轮作方式①。

---

① 中国科学院网络化科学传播平台,http://www.soilplant.cn/html/zuo_3_2.html.

3.7　大豆生产的影响因素

从上述统计数据的分析不难看出，60多年来，中国的大豆生产发展是缓慢的，大豆种植面积频繁波动且呈下降趋势，特别是2012年，大豆种植面积竟不及新中国成立初的规模，加之大豆单产水平低且增加缓慢，导致大豆总产量的增长明显落后于其他粮食作物，也落后于其他大豆主产国。从根本上来说，影响大豆生产的因素有两个：一是大豆的种植面积；二是大豆的单产水平。

因此，本部分将从总体上分析影响大豆面积和产量的因素，然后再分别对直接决定大豆种植面积的农户种植意愿和决定单产水平的大豆全要素生产率进行分析。

3.7.1　总体影响因素分析

总体上来说，影响大豆生产的因素有自然因素、技术因素、经济因素和政策因素等。

1. 自然因素

(1)耕地资源。中国大豆的生产总体上受制于耕地资源的变化。同时在耕地资源有限的情况下，在中国四种土地密集型的主要粮食产品中，相对于稻谷、小麦和玉米等高产粮食作物来说，大豆单产水平最低，单位大豆产出需要更多的耕地面积，因此大豆生产受到耕地资源的制约更为显著(余建斌，2008)。

新中国成立以来，我国耕地面积经历了多次变动，有增有减。大体经历了以下阶段：1949—1957年的耕地净增加时期，1957年底，全国耕地总量达到23.3亿亩(合15533万公顷)，为历史上最高水平。自20世纪60年代进入到耕地递减阶段，到90年代，特别是1996年以来，随着经济增长和工业化、城镇化进程的加快，耕地面积大量减少。1996—2008年耕地累计减少832万公顷，累计减幅达6.57%；年均减少69万公顷，年均减幅0.55%(表3-3)。

表 3-3　1996—2008 年中国耕地变化情况

年度	耕地变化		
	数量/万公顷	变化量/万公顷	变化率/%
1996	13004	—	—
1997	12990	-14	-0.11
1998	12964	-26	-0.20
1999	12921	-43	-0.33
2000	12824	-97	-0.75
2001	12762	-62	-0.48
2002	12593	-169	-1.32
2003	12339	-254	-2.02
2004	12244	-95	-0.77
2005	12208	-36	-0.29
2006	12178	-30	-0.25
2007	12174	-4	-0.03
2008	12171.6	-2	-0.02
累计	—	-832	-6.57

注：由于 1996 年以前耕地面积在统计上口径不一致，如 1995 年 94666.7 万公顷，无法进行比较。

数据来源：《中国国土资源年鉴》和《中国国土资源统计年鉴》。

2006 年，十届全国人大四次会议通过《国民经济和社会发展第十一个五年规划纲要》，强调 18 亿亩耕地是未来 5 年一个具有法律效力的约束性指标，是一道不可逾越的红线。根据国土资源部二调数据显示，2009 年，全国耕地 13538.5 万公顷（20.31 亿亩），2012 年达 13513.3 万公顷（20.27 亿亩）①。尽管如此，我国耕地资源的增加仍是有限的，同时在有限的资源条件下，特别国家将大力确保粮食安全作为首要目标的情况下，稻谷、小麦和玉米主要粮食作物与大豆争地的现象日趋严重，而非主粮作物大豆的种植面积增加将受到很大限制。

（2）自然条件。自然条件对大豆的生产分布、产量和品质均有较大影

① 2009 年调查数据增加了 2 亿亩，是由于调查手段和方法的变化引起的，并不意味着我国实有耕地的真实增加。

响。由于大豆对环境有很强的适应性,大豆在我国分布很广,除个别海拔极高的寒冷地区以外均有种植。其自然限制界线大致为全年大于10℃积温在1900℃以下,年降水量在250毫米以下无灌溉设施的地区[①]。

依据我国大豆生产区划,不同产区的自然条件差异较大,经过长期的人工选择和自然选择,形成不同地区适宜的种植制度、栽培措施、品种类型(见表3-4至表3-6)。大豆油脂和蛋白质的含量也呈现出不同的生态地理分布特征:一般来说,随着纬度的升高,大豆含油量会逐渐增加,而蛋白质含量会逐渐少。据分析,东北大豆主产区大豆油脂含量一般为19%～22%,蛋白质含量为37%～41%;黄淮平原大豆产区大豆油脂含量为17%～18%,蛋白质含量为40%～42%;长江流域大豆产区大豆油脂含量为16%～17%,蛋白质含量为44%～45%[②]。

表3-4 北方春大豆区自然条件情况

项目	东北春大豆	黄土高原春大豆	西北春大豆
包括地区	黑龙江、吉林、辽宁以及内蒙古东部四盟	河北北部、山西北部、陕西北部、内蒙古高原一部、河套灌区及宁夏	基本为新疆农区
播种面积	占全国的25%	占全国的4.1%	不足40万亩
无霜期	100～170天(由北向南)	180～220天	110～200天
≥10℃活动积温	1900～4000℃(由北向南)	3000～4000℃	
年降水量	350～1200 mm(由西向东)	200～500 mm	
播种期	4月下旬至5月中旬	4月下旬至5月中旬	4—5月
收获期	9月中下旬	9月	8—9月
品种生育期	105～155天	105～145天	100～150天
品种特点	大部分品质优良、含油量高、种皮黄色、浅色脐、光泽好	品种以耐瘠薄的干旱的黑豆较多	各地都有黄大豆、黑大豆、绿大豆、花腰豆等

① 韩东梅:我国大豆区划,中国农产品预测信息网,2003-10-15。
② 同上。

表 3-5　黄淮海流域夏大豆区自然条件情况

项目	冀晋中部春夏大豆	黄淮海流域夏大豆
包括地区	河北长城以南，石家庄、天津一线以北，陕西省中部和东南部	石家庄、天津一线以南，山东省、河南省大部、江苏省洪泽湖和安徽省淮河以北、山西省西南部、陕西省关中地区、甘肃省天水地区
播种面积	300 万亩左右	占全国的 30%左右
无霜期	175～220 天	180～220 天
≥10℃活动积温	3800～4300℃	4000～4800℃
年降水量	400～800 mm	500～1000 mm
播种期	6 月中下旬	6 月中下旬
收获期	9 月中下旬	9 月中下旬至 10 月初
品种生育期	90～150 天	90～110 天
品种特点	种皮有黄、青、茶、黑等色	种皮多为黄色，也有青色，瘠薄地区还有褐色和黑色，脐多为褐黑色

表 3-6　南方多作大豆区自然条件情况

项目	长江流域春夏大豆	云贵高原春夏大豆	东南春夏秋大豆区	华南四季大平区
包括地区	江苏、安徽两省长江沿岸部分，湖北全省，河南、陕西南部，浙江、江苏、湖南的北部，四川盆地及东部丘陵	云南、贵州两省绝大部分，湖南和广西的西部，四川西南部	浙江省南部，福建和江西两省，湖南、广东、广西大部	广东、广西、云南的南部边缘和福建的南端
播种面积	占全国的 12%左右	占全国的 3%左右	占全国的 5%～6%	2%以下
无霜期	210～310 天	275～350 天	270～320 天	全年几近无霜
≥10℃活动积温	4500～5500℃	—	5500～7500℃	7500～9000℃
年降水量	1000～1500 mm	750～1500 mm	1000～2000 mm	1500～2000 mm
播种期	春作:4 月上旬 夏作:5 月下旬至 6 月上旬	春作:4 月上中旬 夏作:5 月上旬	春作:4 月上旬 夏作:5 月下旬至 6 月上旬 秋作:7 月下旬至 8 月上旬收获	春作:2 月下旬夏作:5 月下旬至 6 月上旬 秋作:7 月上旬 冬作:12 月下旬至次年 1 月上旬

续表 3-6

项目	长江流域春夏大豆	云贵高原春夏大豆	东南春夏秋大豆区	华南四季大平区
收获期	春作:7月中下旬 夏作:9月下旬至10月上旬	春作:8月下旬至9上旬 夏作:8月中旬至9月上旬	春作:7月上中旬 夏作:9月下旬至10月中旬 秋作:11月上旬	春作:6月上中旬 夏作:8月中下旬 秋作:9月下旬 冬作:次年4月下旬
品种生育期	春作:95～110天 夏作:120～150天	100～150天	—	—
品种特点	籽粒以中小粒型居多	种皮多为黄、褐、青、灰等色,脐多为褐色	春大豆多黄色种皮、秋大豆则多青色、黑色种皮	种皮以黄色、黑色为主

2. 技术因素

大豆种植的农艺技术对大豆面积、产量和品质均有不同程度的影响。主要体现在大豆的重迎茬、间套作和轮作等方面。

大豆重迎茬①种植虽然可以保证大豆种植面积,但其对产量和品质的影响已成为大豆生产中面临的愈来愈严重的一个问题。大豆重迎茬种植,会加重病虫害,土壤营养过分消耗,根系分泌毒害物,草荒严重,植株生长发育不良,致使产量降低、品质变劣。大豆重迎茬种植减产6.1%～31.5%,重茬重于迎茬,重茬年限增多、减产幅度加大。迎茬减产5%～10%,重茬一年减产10%～15%,重茬二年减产15%～20%,重茬三年以上减产20%～30%(何志鸿等,2003)。

大豆间套作能够集约利用土地,在不与其他作物争地的情况下,扩大大豆种植面积。不仅如此,大豆间套作在提高大豆产量和效益方面的作用也较为显著。研究显示:由于栽培技术的不断完善,适宜品种的不断推广,使得间套作大豆的产量得到大幅度的提升。在四川,套作大豆的产量由以前的约80千克/亩提升到现在的130千克/亩左右,涨幅达60%,提高了单位面积的收益。2009年,在四川的乐至县,万亩示范片平均亩产143.7千克,创南方套作大豆大面积示范高产纪录,超过了北方大豆主产区平均单产水

① 重茬,也称连作,指在一块田地上连续栽种同一种作物;迎茬,指在同一块地里隔一茬再种相同的作物。

平。效益方面，间套作大豆的经济、生态和社会效益显著。一方面，间套作大豆在不影响主体作物的情况下，增收一季大豆，对农民增收具有显著作用。以四川的“玉米/大豆”为例，该模式以大豆代替传统模式中的甘薯，套作大豆亩产值 362.6 元，亩纯收益 296 元，比甘薯高 106 元；每亩节省用工 4 个，相当于亩增收 60 元。另一方面，间套作大豆由于具有固氮能力，还可培肥地力，具有良好的生态效应，对农业的可持续发展具有积极的作用。以玉米-大豆复合种植模式为例，这一模式采用免耕、秸秆覆盖栽培，有效减少了水土流失，表现出显著的固土、蓄水和肥地作用，较玉米套甘薯模式可减少土壤流失量 10.6%，减少地表径流量 85.1%，增加土壤有机质含量 5.56%；大豆通过根瘤固氮，培肥地力，每亩减少尿素施用量 4.35 千克左右，玉米和大豆的土壤总氮含量提高 4.11% 和 7.29%，玉米氮肥利用率提高 39.21%（杨文钰，2011）。

轮作是解决大豆重迎茬问题的根本途径，是目前普遍采用的大豆种植方式。一方面，大豆轮作可以减轻大豆的病虫草害，协调、改善和合理利用茬口，协调不同茬口土壤养分水分的供应，维持土壤中有机质的平衡，从而提高大豆产量。根据相关学者在黑龙江省庆丰农场的调查试验显示：合理轮作的大豆产量、百粒重明显高于重迎茬大豆，虫食率、病粒率明显低于重迎茬大豆。轮作大豆较迎茬大豆产量平均增加 11 个百分点，百粒重增加 2.5 个百分点，虫食率降低 0.6%，病粒率降低 0.1%；轮作大豆较重茬大豆产量平均增加 20% 以上，百粒重增加近 4%，虫食率降低 1.9%，病粒率降低 0.2%（王乐宝等，2012）。另一方面，如前所述，与大豆轮作的作物主要有玉米、小麦、高粱、水稻、谷子、棉花、花生、油菜等，特别是大豆与玉米、小麦和水稻等主要粮食作物轮作，一定程度上限制了大豆种植面积的扩大。

3. 经济因素

(1)竞争作物的比较收益。在我国大豆主产区，东北地区是农作物一熟区。主要农作物有玉米、大豆、水稻、春小麦、蔬菜、薯类、杂豆、高粱、向日葵等，一般是大豆与玉米、春小麦等作物进行年度轮作；黄淮地区一般是一年两熟制。主要农作物有小麦、玉米、蔬菜、花生、棉花、薯类、大豆等，主要种植制度是：小麦—玉米、小麦—大豆、小麦—花生、小麦—棉花、小麦—薯类及其他杂粮杂豆、春花生、春棉花、蔬菜等(刘爱民等,2005)。可见,很多作物与大豆都有竞争关系,《国家粮食安全中长期规划纲要 2008—2020》再次确立粮食自给率稳定在 95% 以上的目标,提出稻谷、小麦保持自给,玉米保持基本自给。因此从全国来看,大豆的主要竞争作物是稻谷、小麦和玉米这三大主粮。

①主要粮食作物产值比较。从 1978—2012 年作物产值来看,稻谷产值最高,玉米次之,小麦居第三位,大豆产值除个别年度(1992 年和 2002—2003 年)高于小麦外,均处于最低水平。近 5 年来,稻谷平均产值 1104. 11 元/亩,玉米平均产值为 886. 13 元/亩,小麦为 762. 66 元/亩,大豆平均产值 583. 21 元/亩(图 3-17)。

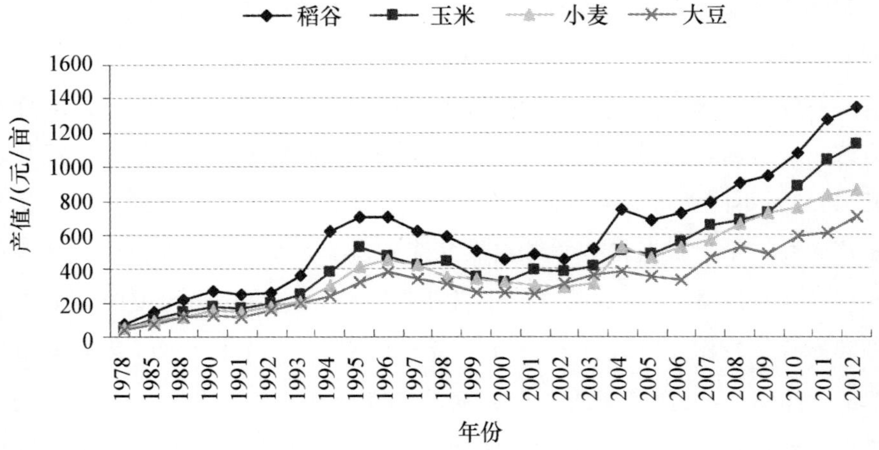

图 3-17 主要粮食作物产值比较

数据来源:历年《全国农产品成本收益资料汇编》,其中稻谷数据取早籼稻、中籼稻、晚籼稻和粳稻平均。

②主要粮食作物成本比较。从 1978—2012 年作物总成本来看,稻谷的亩生产成本最高,玉米次之,小麦的亩生产成本略低于玉米,处在第三位,大豆的亩生产成本最低。近 5 年来,稻谷平均成本达 813. 38 元/亩,玉米 679. 12 元/亩,小麦 645. 38 元/亩,大豆平均成本 444. 87 元/亩(图 3-18)。

③主要粮食作物收益比较。从 1978—2012 年作物收益来看,四种作物收益均波动较大,其中稻谷净利润水平最高,玉米除个别年度净收益低于大豆外,其他年度收益均居第二,大豆处在第三位,小麦的净收益除个别年度

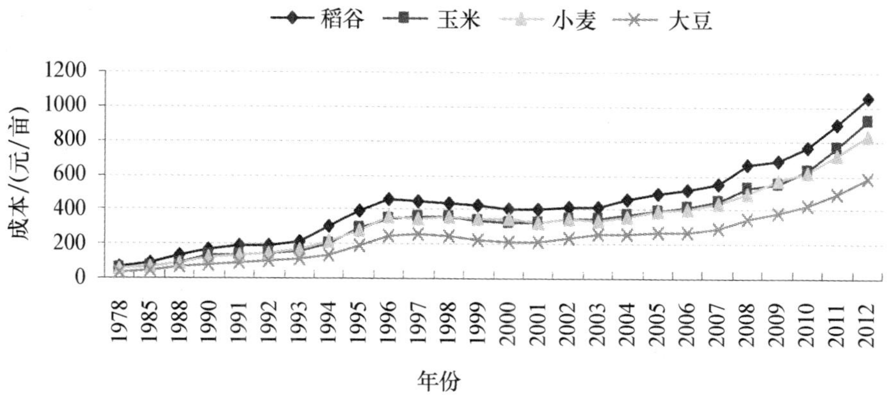

图 3-18 主要粮食作物成本比较

数据来源:历年《全国农产品成本收益资料汇编》,其中稻谷数据取早籼稻、中籼稻、晚籼稻和粳稻平均。

高于大豆外,其他年度均为最低,甚至在 1998—2003 年出现亏损。近 5 年来,稻谷平均净收益为 290.74 元/亩,玉米平均净收益 207.01 元/亩,大豆平均净收益 138.34 元/亩,小麦平均净收益 117.28 元/亩(图 3-19)。

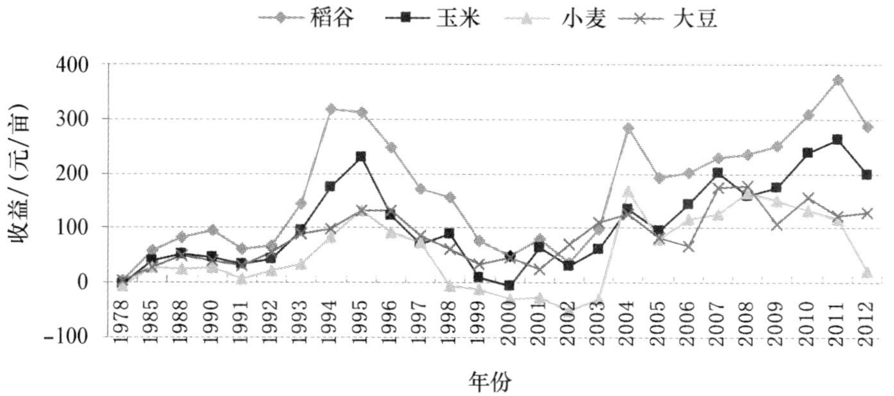

图 3-19 主要粮食作物收益比较

数据来源:历年《全国农产品成本收益资料汇编》,其中稻谷数据取早籼稻、中籼稻、晚籼稻和粳稻平均。

通过上述分析,无论从长期来看,还是短期来看,四种粮食作物中,稻谷的经济效益是最好的,2006—2011 年连续 6 年保持平稳快速增长,近 5 年平均利润分别是小麦的 2.48 倍、大豆的 2.10 倍、玉米的 1.40 倍。但由于受水资源的限制，水稻面积继续扩大的可能性不大。玉米收益虽波动较大，但收益高于大豆，近5年平均利润是大豆的1.50倍。大豆收益相对稳定，小麦收益呈明显下降趋势。因此，在以玉米与大豆进行轮作的东北区域，由于玉米的比较效益高，致使近年来东北地区大豆种植面积连年减少，直接导致全国大豆种植面积的减少；而在以小麦和大豆轮作的黄淮海地区，大豆种植面积增加的潜力很大，但对全国大豆种植面积的影响不是很大。

(2)大豆与其他作物的比价关系。农作物之间的比价变动将影响到种植结构的调整，从而影响作物种植面积。大豆与其他作物(主要是稻谷、玉米和小麦)的比价是对大豆及其他作物种植收益相对强弱的一种简单度量，相对于比较收益而言，比价直接影响着农户的种植决策，进而影响大豆的种植面积。从上述种植收益的比较来看，大豆与稻谷、玉米、小麦的比价存在一个合理比价，即大豆与稻谷、玉米、小麦亩收益相当时的比价。当大豆与稻谷、玉米、小麦比价高于合理比价，在其他条件不变的情况下，则种植大豆的收益高于稻谷、玉米和小麦，农民倾向于种植大豆，大豆面积将会扩大；反之，大豆面积将会缩减。根据种植收益的比较，目前大豆与稻谷、玉米和小麦之间的合理比价大致在2.1、2.3和1.8，实际比价为1.7、2.1和2.2。

①大豆与稻谷比价的历史变化。从大豆与稻谷比价的历史变化来看，尽管大豆与稻谷之间的合理比价呈下降趋势，从1985年的2.85下降到2012年的2.11，但稻谷的价格优势地位没有改变。同时大豆与稻谷的实际比价也远远低于其合理比价，说明种植水稻比种植大豆收益更高(图3-20)。

②大豆与玉米比价的历史变化。由图3-21大豆与玉米的合理比价波动较大，从1985年的2.61下降到2000年的1.89，回复到2007年的2.93，下降到2012年的2.34。实际比价与合理比价总体差异不大，并在个别年度高于合理比价，这也说明玉米是大豆最主要的竞争作物。2009年以来实际比价明显低于合理比价，说明种植玉米能获得更多收益，这与2010年以来我国大豆面积持续减少，玉米种植面积持续增加相吻合。

③大豆与小麦比价的历史变化。大豆与小麦的合理比价总体呈现上升态势，但波动较大。从1985年的1.1上升到1997年的2.1，下降到2002年的1.2，上升到2007年的2.4，下降到2012年的1.8，小麦的价格优势并不

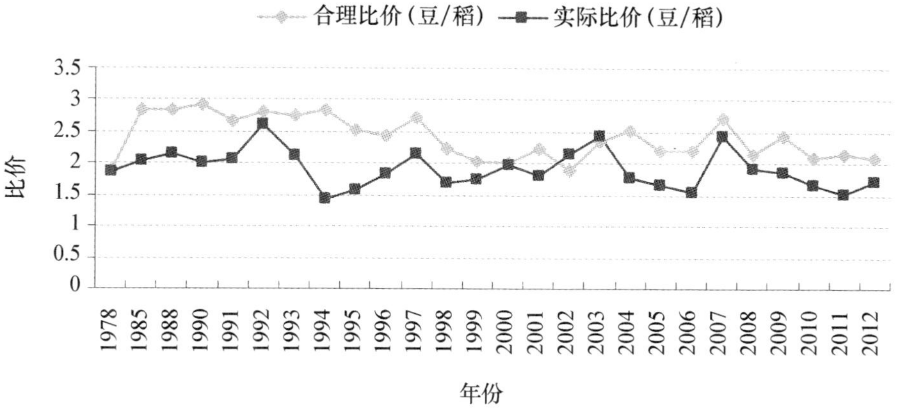

图 3-20　大豆与稻谷比价变化

数据来源:历年《全国农产品成本收益资料汇编》。

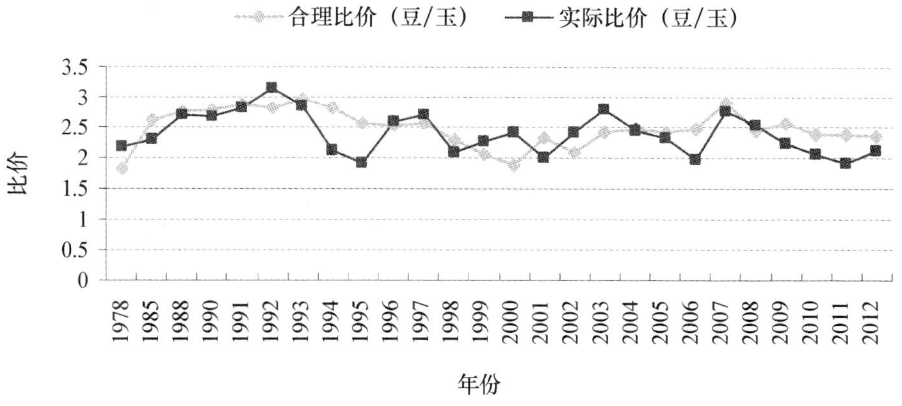

图 3-21　大豆与玉米比价变化

数据来源:历年《全国农产品成本收益资料汇编》。

明显。除个别年度外,大豆与小麦的实际比价高于合理比价,说明种植大豆比种植小麦更有优势(图 3-22)。

4. 政策因素

长期以来,我国实行“以粮为纲”的农业政策导向,大力发展粮食生产,尽管把大豆归入粮食类产品,但是大豆生产并未得到像水稻、小麦和玉米等大宗粮食作物那样的重视和优惠政策,这在一定程度上导致了大豆生产发展缓慢。尽管自 2002 年开始实施大豆发展计划,对大豆生产进行补贴、给予豆农技术支

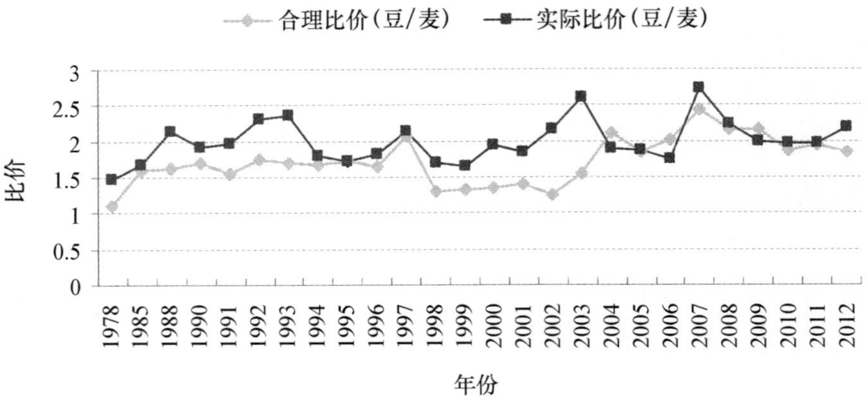

图 3-22　大豆与小麦比价变化

数据来源:历年《全国农产品成本收益资料汇编》。

持等措施来增加国内大豆种植面积,提高单位面积产量,但从政策实际实施效果来看,与其他粮食政策相比,其作用非常有限。因此,大豆生产除受自身产业政策影响外,其他竞争作物的产业政策也会对大豆生产产生影响。关于大豆产业政策将在第八章中进行专门论述,故在此不再赘述。

3.7.2　大豆面积的影响因素分析——基于农户种植意愿的调查

近代以前,农村经济是以家庭为单位的小农经济,农民从事农业生产的目的主要是为了满足自身需求。近代以来,随着农村商品经济的发展,特别是农村市场化的进一步深化,农民对商品市场的依赖性进一步增强,市场利益成为农民种植选择的主要驱动力,农民追求单位劳动时间和单位种植面积收益的最大化,种植什么,种植多少,取决于市场的需求状况。因此,农民往往会以技术、自然气候、经济和政策支持等各方面的因素为依据做出生产决策,由此便直接决定了农作物的种植面积。自 1978 年家庭联产承包责任制以来,我国耕地实行的是一家一户经营,在这种情况下,大豆种植面积就取决于另一重要因素,即农户的种植意愿。

1. 影响农户种植意愿的因素

在一家一户耕地面积既定的条件下,大豆的比较效益、政策因素、自然条件和种植方式等都会对农户的种植决策产生影响。

首先，由于农民对农产品的供求不具备确切且长远的预测能力，他们会以最低的风险来保证自己的收益。因此，农产品的出售价格便成了生产者生产供给行为的最直观和最主要依据。生产者会根据上一年的农产品出售价格预估自己的收益，从而决定下一年的生产行为。同时，这里还有一个比较利益选择的过程，因为农民从事农业生产的对象不是固定的，在不同作物之间，他们可以有多种选择。对于大豆生产者而言，种植稻谷、玉米、小麦、大豆均可获得收益，但是由于各个农产品品种的出售价格不同，加之单位面积产出也有很大差异，收益便会有所不同，农民自然会倾向于对收益多的农产品进行生产，也就是说，作物之间由于比较收益不同而产生的竞争关系直接影响着农民的种植意愿（周艳丽，2012）。

其次，农业政策一方面反映着国家对农业的调整以及对相关产业的扶持力度，另一方面也是调动农民生产积极性的重要手段。国家通过对不同生产规划、价格支持、税费减免和生产补贴等政策来刺激农民生产的积极性，从而影响农民在有限的土地上对作物种植面积的分配。

第三，作物生长的自然条件以及种植方式也是影响农民种植意愿选择的重要依据。由于不同作物生长所需的自然条件不同，因此土壤、温度、光照、水分等自然条件决定了某些地方只适宜种植某一种作物，如黑龙江省北部的某些地区，由于处于高寒低温带，无霜期短，无论什么年景只能种植大豆。另外，轮作、间套作等种植方式也在一定程度上影响着农民的种植选择。

2. 黑龙江大豆农户种植意愿调查

自2010年以来，我国大豆种植面积连续三年减少，特别是主产区黑龙江大豆种植面积大幅少，2010年和2011年与上一年相比减幅分别为11.5%和9.8%，高于同期全国大豆面积减少幅度（7.3%和7.4%）。黑龙江省大豆种植面积减少直接影响全国的大豆生产。而农户种植意愿是大豆种植面积最直接的决定因素，因此，每年利用“五一”假期很多农村学生回乡探亲度假之机，组织招募回乡探亲度假的大学生和研究生在各自家乡的村庄对大豆农户进行当年的大豆种植意愿调查。2013年我们又组织招募了黑龙江八一农垦大学的学生于4月28日至5月2日回村期间进行了2013年大豆农户大豆种植意愿调查。与往年一样，在调查前对参加调查的学生进行了培训，其中部分学生参加过去年的大豆农户调查。本次共回收有效调查问卷113份，调查样本分布于黑龙江的大豆种植区（表3-7）。来自一线的农户调查结果反映了黑龙江大豆农户从事大豆生产的心态和可能行为。

表3-7 调查样本的区域分布情况

项目	地区				
	哈尔滨	齐齐哈尔	大庆	绥化	伊春
村个数	6	6	5	2	2
有效问卷数	30	30	19	11	8

项目	地区				
	黑河	鹤岗	牡丹江	佳木斯	合计
村个数	2	1	1	1	26
有效问卷数	6	5	3	1	113

（1）大豆农户类型的变动。113户调查农户中，2013年打算种植大豆的农户有89户，占调查农户的78.76%；不打算种植大豆的农户24户，占调查农户的21.24%。去年该113户农户中只有1户没有种大豆（今年这一户打算种植大豆），这一调查结果表明完全放弃大豆种植的农户由去年的1户增加至今年的24户，换句话说，放弃大豆生产的农户数由去年的0.88%猛增到今年的21.24%，这一现象值得引起注意。

在打算种植大豆的农户中，打算缩小大豆种植面积（不包括完全放弃大豆种植）的农户有18户（占全部调查农户的15.93%，下同），维持原有大豆种植规模不变的农户有44户（占38.94%），打算扩大大豆面积的农户有27户（占23.89%）（表3-8）。

（2）大豆种植面积变动。2012年该113户调查农户实际共种植大豆5697.7亩，今年打算种植的大豆面积为4891.7亩，今年将比去年减少大豆面积806亩，即减少14.15%。这一减幅是相当大的。其中，减少和放弃大豆生产的农户使大豆面积减少了1 212.5亩，扩大大豆生产的农户使大豆面积增加了406.5亩，因此，今年净减少大豆种植面积806亩（表3-8）。

表 3-8　2013 年黑龙江农户大豆种植意愿

2013 年农户意愿	调查农户数	占调查农户数/%	2012 年种植大豆/亩	2013 年欲种植大豆/亩	变动亩数/亩
合计	113	100.00	5697.7	4891.7	－806.0
不打算种植大豆的农户	24	21.24	730.5	0.0	－730.5
打算种植大豆的农户	89	78.76	4967.2	4891.7	－75.5
缩小面积的农户	18	15.93	1812.0	1330.0	－482.0
面积不变的农户	44	38.94	2199.2	2199.2	0.0
扩大面积的农户	27	23.89	956.0	1362.5	406.5

在打算缩小或退出大豆生产的 42 家农户中，完全放弃大豆生产的有 24 户（占全部调查农户的 21.24%，后同）、减少大豆面积的幅度在 40%～99%的有 7 户（占 6.19%）、减少大豆面积的幅度在 20%～40%的有 8 户（占 7.08%）、减少大豆面积的幅度在 20%以下的有 3 户（占 2.65%）（表 3-9）。

表 3-9　2013 年黑龙江农户大豆种植变动程度

打算缩小或退出大豆种植的农户			打算扩大或加入大豆种植的农户		
变动状况	户数	占全部农户比例/%	变动状况	户数	占全部农户比例/%
完全退出大豆种植	24	21.24	新加入种植	1	0.88
—	—	—	扩大规模在 100%以上	9	7.96
缩小规模在 40%～99%	7	6.19	扩大规模在 40%～99%	4	3.54
缩小规模在 20%～40%	8	7.08	扩大规模在 20%～40%	7	6.19
缩小规模在 20%以下	3	2.65	扩大规模在 20%以下	6	5.31
合计	42	37.16	合计	27	23.89

注：还有 44 家农户（占 38.94%）维持大豆生产规模。

在打算扩大大豆生产的 27 家农户中，去年未种植大豆但今年打算重新种植大豆的有 1 户（占全部调查农户的 0.88%，后同）、扩大大豆生产规模在 100%以上的有 9 户（占 7.96%）、扩大大豆面积 40%～99%的有 4 户（占 3.54%）、扩大大豆面积在 20%～40%的有 7 户（占 6.19%）、扩大大豆面积在 20%以下的有 6 户（占 5.31%）。

(3)影响大豆农户及其种植面积变动的原因。总体上看，影响大豆农户种植意愿的主要因素是作物比较收益(32. 1%)、轮作倒茬(29. 7%)和销路状况(13. 5%)(图 3-23)。

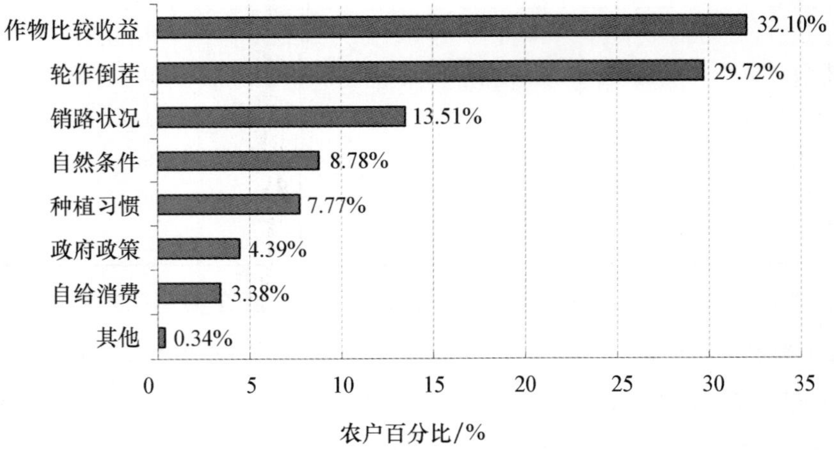

图 3-23 影响大豆农户种植意愿的原因调查

影响农户缩小或退出大豆种植的原因调查中，主要原因是种植大豆的比较效益低(33. 3%)、轮作倒茬(31. 0%)、降水或气温原因(21. 4%)(表 3-10)。

从受影响的种植面积数量看，降水或气温(48. 2%)、轮作倒茬(21. 9%)所涉及的面积比较大，合计占到 70. 1%，换句话说，此次影响种植面积减少主要是技术方面的原因，这与 2012 年大豆种植面积减少的原因有很大的差异，2012 年大豆的比较效益低的影响很大。

表 3-10 影响大豆面积减少的原因调查

原因	户数	户数/%	增减面积/亩	面积/%
比较效益低	14	33. 3	－127. 5	10. 5
轮作倒茬	13	31. 0	－265	21. 9
降水或气温	9	21. 4	－585	48. 2
外出打工	1	2. 4	－100	8. 2
劳力不足	1	2. 4	－20	1. 6
原因不清	4	9. 5	－115	9. 5
合计	42	100. 0	－1212. 5	100. 0

影响农户扩大大豆种植的原因调查中，主要原因是经济因素(37.0%)、轮作倒茬(33.3%)和种植方便(14.8%)(表3-11)。

表3-11 影响大豆面积增加的原因调查

原因	户数	户数/%	增减面积/亩	面积/%
经济收入因素：	10	37.0	156	38.4
大豆价格上升	6	22.2	36	8.9
大豆单产高	3	11.1	20	4.9
希望增加总收入	1	3.7	100	24.6
轮作倒茬	9	33.3	160	39.4
种植方便	4	14.8	42	10.3
参加合作社	2	7.4	13.5	3.3
什么都种点	1	3.7	25	6.2
出售大豆方便	1	3.7	10	2.5
合计	27	100.0	406.5	100.0

从受影响的种植面积数量看，主要影响因素是轮作倒茬(39.4%)、经济收入因素(38.4%)和种植方便程度(10.3%)，三个因素的合计影响达到88.1%。

(4)结论与判断。第一，总体上说，黑龙江的大豆种植面积还将在上年下降的基础上继续下降，这也意味着黑龙江的大豆种植面积将连续第四年缩小。第二，在缩小大豆生产规模的农户中，种植规模的缩小幅度比较大；尤其值得引起关注的是，往年减少大豆面积主要表现为农户虽然减少一点大豆种植面积，但多少还是种植一点大豆，而这次约有五分之一的农户完全放弃种植大豆。第三，2013年大豆种植面积变化的主要原因来自技术方面，即降水或气温、轮作倒茬，这与去年大豆种植面积减少的原因主要是竞争作物的比较效益低有很大不同。这与今年春季降水较多、气温较低有关。第四，也有相当一部分农户愿意扩大大豆生产规模，尤其是经济因素开始吸引部分豆农扩大大豆生产。

这里必须提及的是，上述判断是在113户大豆农户种植意愿调查基础上的初步判断，仅仅反映了当前农户大豆种植意愿的一斑。从统计学意义上说，调查样本数量还不够大。其次是，随着实际种植日期的临近，这一期间的气象状况和其他信息还会发生变化，因此，实际大豆种植面积往往与意愿调查结果之间存在着一定的差距，实际的大豆种植面积有待于播种后的进一步调查分析。

3.7.3 大豆单产的影响因素分析——基于全要素生产率的测算

由于竞争作物比较利益的驱动，农户种豆积极性不高，近年的大豆播种面积连续大幅减少，使其对大豆总产量贡献率呈下降趋势。在这种情况下，大豆产量的增加将主要依赖于大豆单产的提高。因此，对大豆生产的全要素生产率进行测算分析，从而明确影响大豆单产水平的主要因素。

全要素生产率（total factor productivity, TFP）是衡量要素投入效率对生产增长贡献的一个重要变量，也是体现经济能否实现可持续发展的重要指标。自荷兰经济学家丁伯根（J. Tinbergen）1942 年最早提出这一概念之后，引起学术界广泛关注。国外学者多侧重 TFP 的基础理论和方法论方面的研究，从索洛（R. Solow, 1957）、丹尼森（E. Denison, 1962）、乔根森（Jorgenson, 1967）基于生产函数的测算分析，到 Farrell（1957）的生产前沿理论、Aigner（1977）的随机前沿法、Charnes（1978）建立的数据包络分析法（DEA）、Caves（1982）的 Malmquist 指数法（1953 由 Malmquist 提出）等新方法的采用，均取得了开创性的研究成果。国内学者对 TFP 的研究始于 20 世纪 80 年代初，在西方经济增长理论和研究方法的基础上，对各个领域，如总体经济增长（姚平，2010）、工业（杨少华等，2010）、农业（徐小鹰，2010）等，进行了大量的实证研究，为中国经济发展及产业发展决策提供了参考。

从现有理论研究来看，目前学术界关于全要素生产率内涵的界定还有分歧。传统意义上的全要素生产率指各要素（如资本和劳动等）投入之外的技术进步和能力实现等导致的产出增加，是剔除要素投入贡献后所得到的残差，也称索洛残差（Solow, 1957），将全要素生产率看作是技术进步的替代度量指标。随着研究的深入，TFP 概念的内涵得到了进一步拓展。本文的全要素生产率不仅包括技术进步，还包括因规模经济而导致的生产率提高，以及因劳动熟练程度和管理改进而导致的效率改进。

从现有实证研究来看，在全要素生产率测算过程中，测算方法和数据的选择是研究的关键。总体上说，测算方法主要有两大类：参数方法和非参数方法。参数方法包括生产函数法（C-D 生产函数、超越对数生产函数、常替代弹性生产函数）和随机前沿生产函数方法；非参数方法包括数据包络分析（DEA）及指数法（如 Fisher 指数法、Tornqvist 指数法和 Malmquist 指数法）。生产函数法的假设条件比较严格（如索洛余值法），现实经济中往往很难实现；随机前沿生产函数方法虽然允许技术无效率的存在，并将全要素生产率的变化分解为技术进步和技术效率的变化，但严格地说，这种方法主要适用于效率的测算（李双杰等，2008）；超越对数生产函数法、常替代弹性生产函数法、Fisher 指数法及 Tornqvist 指数法所要求的数据无法获取（张艳等，2008）。可见，每种方法都有其适用的特定环境，要根据样本数据的特点进行选择。DEA-Malmquist 指数法有效避免了参数方法中因选择具体生产函数带来和问题，且已经被 Caves 等人证明在一定条件下优于 Tornqvist 指数和 Fisher 理想指数（徐杰、杨建龙，2010）。

近年来学者们也开始关注大豆生产效率，并进行了专门研究，如采用随机前沿生产函数模型对中国大豆生产的技术效率分析（黄武，2004）以及对技术进步和技术效率（全要素生产率）的分析（余建斌等，2007；司伟等，2011），这些研究由于受研究方法的限制，仅对大豆生产的技术效率进行了分析或将大豆全要素生产率分解为技术进步和技术效率。尽管田伟等（2009）采用非参数 Malmquist 指数和数据包络分析法（DEA）方法将大豆全要素生产率分解为技术进步、纯技术效率和规模效率，但其在变量选择上的不科学（一个产出变量，两个投入变量）导致其研究结论令人质疑。因此，将采用适于面板数据的 DEA-Malmquist 指数法，尽可能地考虑多种投入要素，对中国 10 个省 1992—2011 年度大豆全要素生产率的变动进行测算，将大豆全要素生产率分解为技术进步和综合技术效率，并将综合技术效率进一步分解为纯技术效率和规模效率，从而判断和分析中国大豆全要素生产率的变动特征和变动原因。

1. DEA-Malmquist 指数法及模型建立

（1）DEA-Malmquist 指数法。Malmquist 指数法是 Caves、Christensen 和 Diewert 在 Malmquist 数量指数与距离函数概念的基础上发展起来的（章

祥苏、贵斌威，2008）。其基本原理是通过距离函数之比构造生产率指数，即通过每一个数据点相对于普通技术的距离比率来测量两个数据点的 TFP 变化，并将 TFP 的变化因素分解为技术进步变化、规模效率变化和纯技术效率变化三个方面[①]。因此，计算距离函数是 Malmquist 指数法的关键。目前，其计算方法有数据包络分析（DEA）和随机前沿分析（SFA）。如前所述，DEA 方法因有效避免了随机前沿分析（SFA）选择边界生产函数带来的问题而得到广泛应用。

数据包络分析（DEA）方法的本质是通过比较无效的决策单元"偏离"DEA 有效生产前沿面的程度，对各决策单元的相对效率进行评价的非参数统计分析方法。其优点是采用线性规划方法，无须考虑投入产出的函数关系，不需要预先估计参数、也不需要任何权重假设，因而避免了评价结果的主观性；同时对投入产出变量的计量单位无要求，且不需要数据一致性、同向化等预处理。

DEA-Malmquist 指数法是由 Rolf Fare、Grosskopf、Norris 等在 Malmquist 指数法和 DEA 方法基础上于 1994 年构建的，是目前应用比较普遍的全要素生产率测算方法。如郑循刚（2009）对中国农业生产技术效率及其影响因素分析、徐小鹰（2010）对湖北省各地区经济增长的效率分析、李刚（2010）江苏省工业行业全要素生产率分析、杨少华等（2010）对中国电信业生产率变动及其分解、董丽霞（2010）对中国经济增长的因素分析，均采用这一方法。其基本思想是采用 Malmquist 指数法构造距离函数，采用 DEA 方法对距离函数进行测算，根据算得的距离函数值来估算 TFP 的变动。

（2）模型建立。

①构建 Malmquist 生产率指数首先需要定义距离函数。产出指标变量的距离函数定义如下：

$$D_0 = \{\delta(x, y/\delta) \in P(x)\}$$

---

① 规模效率反映的是实际规模与最优生产规模的差距；纯技术效率反映的是在一定规模（最优规模时）投入要素的生产效率；而这构成综合技术效率，综合技术效率是对资源配置能力、资源使用效率等多方面能力的综合衡量与评价。

其中，x 和 y 表示输入变量和输出变量矩阵，δ 表示定向输出效率指标，$P(x)$定义为可能生产集合。如果 y 是 $P(x)$的组成部分，则函数的值将小于或等于 1；如果 y 位于可能生产集合的外部前沿面上，那么函数值将等于 1；反之，如果 y 位于 $P(x)$外部，那么函数值将大于 1(李双杰等，2008)。

② 定义基于产出指标变量的 Malmquist 生产率指数：

$$M_0^t = \frac{D_{0c}^t(x_{t+1}, y_{t+1})}{D_{0c}^t(x_t, y_t)} \tag{3-1}$$

$$M_0^{t+1} = \frac{D_{0c}^{t+1}(x_{t+1}, y_{t+1})}{D_{0c}^{t+1}(x_t, y_t)} \tag{3-2}$$

其中，下标 c 表示不变规模收益(CRS)下的技术；(x_t, y_t)和(x_{t+1}, y_{t+1})分别表示 t 时期和 $t+1$ 时期的投入和产出向量；$D_{0c}^t(x_t, y_t)$和 $D_{0c}^{t+1}(x_{t+1}, y_{t+1})$分别表示根据生产点在相同时间段($t$ 和 $t+1$ 时期)同前沿面技术相比较得到的输出距离函数；$D_{0c}^t(x_{t+1}, y_{t+1})$和 $D_{0c}^{t+1}(x_t, y_t)$分别是根据生产点在混合期间同前沿技术相比较得到的输出距离函数；M_0^t 表示以 t 时期的技术作为参照，从 t 时期到 $t+1$ 时期的技术效率变化；M_0^{t+1} 表示以 $t+1$ 时期的技术作为参照，从 t 时期到 $t+1$ 时期的技术效率变化。

为了避免增加约束或者选取参考技术的随意性，一般来讲，Malmquist 指数计算取两者的几何平均值：即

$$M_0(x_t, y_t, x_{t+1}, y_{t+1}) = \left[\frac{D_{0c}^t(x_{t+1}, y_{t+1})}{D_{0c}^t(x_t, y_t)} \times \frac{D_{0c}^{t+1}(x_{t+1}, y_{t+1})}{D_{0c}^{t+1}(x_t, y_t)}\right]^{\frac{1}{2}} \tag{3-3}$$

如果 $M_0(x_t, y_t, x_{t+1}, y_{t+1}) > 1$，表示从 t 到 $t+1$ 时期的 TFP 增长，反之下降。

对式(3-3)进一步分解整理得：

$$M_0(x_t, y_t, x_{t+1}, y_{t+1}) = \frac{D_{0c}^{t+1}(x_{t+1}, y_{t+1})}{D_{0c}^t(x_t, y_t)}\left[\frac{D_{0c}^t(x_{t+1}, y_{t+1})}{D_{0c}^{t+1}(x_{t+1}, y_{t+1})} \times \frac{D_{0c}^t(x_t, y_t)}{D_{0c}^{t+1}(x_t, y_t)}\right]^{\frac{1}{2}} \tag{3-4}$$

③在规模报酬不变(CRS)的假设下，把式(3-4)分解为技术进步变化(TECH)和综合技术效率变化(EFFCH)。

其中，技术进步变化 $TECH=\left[\frac{D_{0c}^{t}(x_{t+1},y_{t+1})}{D_{0c}^{t+1}(x_{t+1},y_{t+1})}\times\frac{D_{0c}^{t}(x_t,y_t)}{D_{0c}^{t+1}(x_t,y_t)}\right]^{\frac{1}{2}}$ (3-5)

综合技术效率变化 $EFFCH=\frac{D_{0c}^{t+1}(x_{t+1},y_{t+1})}{D_{0c}^{t+1}(x_t,y_t)}$ (3-6)

④在规模报酬可变（VRS）的假设下，进一步把综合技术效率变化（EFFCH）分解为纯技术效率变化（PECH）和规模效率变化（SECH）。

纯技术效率变化 $PECH=\frac{D_{0v}^{t+1}(x_{t+1},y_{t+1})}{D_{0v}^{t+1}(x_t,y_t)}$ (3-7)

规模效率变化 $SECH=\frac{D_{0v}^{t+1}(x_t,y_t)\ /\ D_{0c}^{t}(x_t,y_t)}{D_{0v}^{t+1}(x_{t+1},y_{t+1})/D_{0c}^{t+1}(x_{t+1},y_{t+1})}$ (3-8)

下标 v 表示可变规模收益（VRS）下的技术。

因此，可以把全要素生产率变化写成：

$$\begin{aligned}TFPCH &= M_0(x_t,y_t,x_{t+1},y_{t+1})=TECH\times EFFCH\\ &= TECH\times PECH\times SECH\end{aligned} \quad (3\text{-}9)$$

⑤采用不变规模收益（CRS）产出导向[①]的 DEA 线性规划方法计算 $D_{0c}^{t}(x_t,y_t)$、$D_{0c}^{t+1}(x_{t+1},y_{t+1})$、$D_{0c}^{t}(x_{t+1},y_{t+1})$、$D_{0c}^{t+1}(x_t,y_t)$这四个距离函数。同时在以下四个线性规划中加入约束条件 $\sum_i \lambda_i^t=1$，即可求得可变规模报酬条件的距离函数 $D_{0v}^{t+1}(x_{t+1},y_{t+1})$和 $D_{0v}^{t}(x_t,y_t)$。

⑥依据由 DEA 计算所得距离函数，代入公式（3-5）至公式（3-9），即可得出全要素生产率（TFP）变化情况及其分解。

$$\begin{aligned}&[D_{0c}^{t}(x_t,y_t)]^{-1}=\max\nolimits_{\phi,\lambda}\phi\\ &\text{s. t.}\quad -\phi y_{it}+Y_t\lambda\geqslant 0\\ &\qquad\quad x_{it}-X_t\lambda\geqslant 0\\ &\qquad\quad \lambda\geqslant 0\end{aligned}$$

$$\begin{aligned}&[D_{0c}^{t+1}(x_{t+1},y_{t+1})]^{-1}=\max\nolimits_{\phi,\lambda}\phi\\ &\text{s. t.}\quad -\phi y_{i,t+1}+Y_{t+1}\lambda\geqslant 0\\ &\qquad\quad x_{i,t+1}-X_{t+1}\lambda\geqslant 0\\ &\qquad\quad \lambda\geqslant 0\end{aligned}$$

---

① 对于一个宏观经济体，其可投入的要素禀赋是给定的，规模不可能自行决定；在规模报酬不变假设下，投入导向或产出导向对测算结果没有影响（陈诚，2010）。

$$[D_{0c}^{t}(x_{t+1},y_{t+1})]^{-1}=\max_{\phi,\lambda}\phi$$
$$\text{s.t.}\quad -\phi y_{i,t+1}+Y_{t+1}\lambda\geqslant 0$$
$$x_{i,t+1}-X_t\lambda\geqslant 0$$
$$\lambda\geqslant 0$$

$$[D_{0c}^{t+1}(x_t,y_t)]^{-1}=\max_{\phi,\lambda}\phi$$
$$\text{s.t.}\quad -\phi y_{it}+Y_{t+1}\lambda\geqslant 0$$
$$x_{it}-X_{t+1}\lambda\geqslant 0$$
$$\lambda\geqslant 0$$

2. 变量选择与数据来源

(1)变量选择。考虑到大豆生产的特点和生产成本的实际构成以及样本数据的可获得性,选择每亩大豆产量作为产出变量;选择种子费、农药化肥费(包括农药费和农家肥费)、人工成本(包括家庭用工折价和雇工费用)、机械作业费、其他直接和间接费用(包括其他直接费用和间接费用)5 个指标作为投入变量。产出指标的计量单位采用"千克/亩",各投入指标的计量单位均采用"元/亩"。为消除通货膨胀对价格数据的影响,将投入指标按各省相应年份的农业生产资料价格指数进行折算①。

(2)数据来源。在变量选择的基础上,考虑到数据的可得性,分别采用 1992—2011 年度河北、山西、内蒙古、辽宁、吉林、黑龙江、安徽、山东、河南、陕西 10 个大豆主产省的投入产出数据作为样本。各省大豆每亩产量数据根据《改革开放三十年农业统计资料汇编》和 2008—2012 年《中国农村统计年鉴》中的总产量与面积数据计算,各省大豆成本数据均来源于 1993—2012 年《全国农产品成本收益资料汇编》,各省农业生产资料价格指数和农村居民消费价格指数均来源于 1993—2012 年《中国统计年鉴》。

3. 实证结果与分析

根据前面所建立的 DEA-Malmquist 指数模型及相关投入产出统计数据,采用 DEAP2.1 软件,选择参数为规模报酬不变的产出导向②来计算距离函数,根据距离函数计算得出全要素生产率变动情况及其分解,得到 1992—2011 年度中国及各省大豆平均 Malmquist 指数,如表 3-12、表 3-13 所示。

---

① 种子费按农业生产资料价格总指数折算;农药化肥费按化学肥料价格指数折算;机械费按机械化农具价格指数折算;其他费用按其他农业生产资料价格指数折算;人工成本按农村居民消费价格指数折算。

② 由于是单产数据,因此选择规模报酬不变;同时如前所述,在规模报酬不变条件下,产出导向与投入导向的结果是一致的,本文选择产出导向。

(1)1992—2011 年全国大豆平均全要素生产率变动与分析。见表 3-12。

表 3-12 1992—2011 年全国大豆平均全要素生产率变动及其分解

年度	技术进步变动(TECH)	综合技术效率变动(EFFCH)	纯技术效率变动(PECH)	规模效率变动(SECH)	全要素生产率变动(TFPCH)
1992—1993	0.962	1.031	1.058	0.975	0.992
1993—1994	0.964	0.993	0.985	1.009	0.957
1994—1995	0.735	0.885	0.922	0.959	0.650
1995—1996	0.766	1.053	1.091	0.962	0.806
1996—1997	0.728	0.913	0.917	0.995	0.665
1997—1998	1.210	1.100	1.063	1.036	1.332
1998—1999	1.127	0.862	0.960	0.897	0.971
1999—2000	0.808	1.136	1.151	0.986	0.917
2000—2001	1.016	0.933	0.844	1.106	0.948
2001—2002	1.116	1.043	1.078	0.967	1.164
2002—2003	0.951	0.790	0.871	0.907	0.752
2003—2004	0.784	1.167	1.077	1.084	0.915
1992—2003 年平均值	0.930	0.971	0.990	0.981	0.903
2004—2005	1.117	0.973	0.981	0.992	1.087
2005—2006	1.099	1.229	1.153	1.066	1.351
2006—2007	0.943	0.973	0.970	1.003	0.918
2007—2008	1.095	1.012	0.989	1.023	1.108
2008—2009	0.747	0.961	1.031	0.932	0.718
2009—2010	1.157	1.006	0.950	1.059	1.164
2010—2011	0.984	1.015	0.999	1.016	0.999
2004—2011 年平均值	1.011	1.021	1.009	1.012	1.032
1992—2011 年平均值	0.951	0.998	1.001	0.997	0.949

首先,总体来看(表 3-12),1992—2011 年,TFP 的平均变动值为 0.949,小于 1,表明这一阶段中国大豆全要素生产率下降,平均下降幅度为 5.1%,这一变动来源于技术进步和综合技术效率的共同作用,但以技术进步的变化为主。技术进步平均下降了 4.9%,说明中国大豆生产技术尚需改进;综

合技术效率平均下降了0.2%，由此可以判断中国大豆生产的资源配置能力和资源使用效率等有待进一步的提高和改善。在综合技术效率的变动中，规模效率平均下降了0.3%，中国大豆生产尚未实现最优生产规模，若达到最优规模，投入要素的生产效率（即纯技术效率）是增长的（平均增长了0.1%），可见，综合技术效率的变动主要来源于规模效率变动，未能达到综合有效的根本原因在于其规模无效，因此大豆生产率提高的重点在于如何更好地发挥其规模效益。

其次，在过去的20年里，仅1997—1998年、2001—2002年、2004—2006年、2007—2008年及2009—2010年6个年度TFP呈现增长，分别增长了33.2%、16.4%、8.7%、35.1%、10.8%和16.4%。依据TFP增长（下降）变动情况，将其划分为1992—2003年和2004—2011年两个阶段，发现2003年以前中国大豆TFP是下降的，平均下降9.7%，技术进步与综合技术效率也同时下降，平均下降分别为7.0%和2.9%，这一阶段技术进步的影响更大；2004年以后，TFP呈现增长，平均增长3.2%，来源于技术进步（1.1%）和技术效率（2.1%）的共同作用，但综合技术效率的贡献更大，其中纯技术效率平均增长0.9%，规模效率平均增长1.2%，表明2004年以来随着大豆生产技术的改进，在实现最优规模的前提下，各投入要素的生产效率得到了提高。出现这一变化的原因可能是2004年以来，中国实行农业补贴政策，特别是农机补贴政策，大大推动了农业机械化的快速发展及大规模生产的实现。

最后，从TFP的年度变动来看，中国大豆的TFP变动呈现出明显的波动特征，且波动幅度较大，源于技术进步和综合技术效率的综合作用。但自2006年以来，综合技术效率较为稳定，技术进步的波动对TFP的影响较大，TFP的波动与技术进步的波动基本一致（图3-24）。从综合技术效率的年度变化来看，除2008—2010年外，其波动主要源于纯技术效率的波动，无论是波动方向还是波动幅度都基本一致（图3-25）。由此可以判断，中国大豆TFP的波动主要是由技术进步和纯技术效率波动引起的，这可能是因为不同大豆主产区受自然资源和生产条件的限制，在大豆生产技术，如育种、施肥、密植、灌溉等栽培技术方面以及技术应用与管理方面存在很大差异，地区间大豆产量及各种要素投入量差距较大，且年度间波动较大，导致中国大豆单产波动较大。

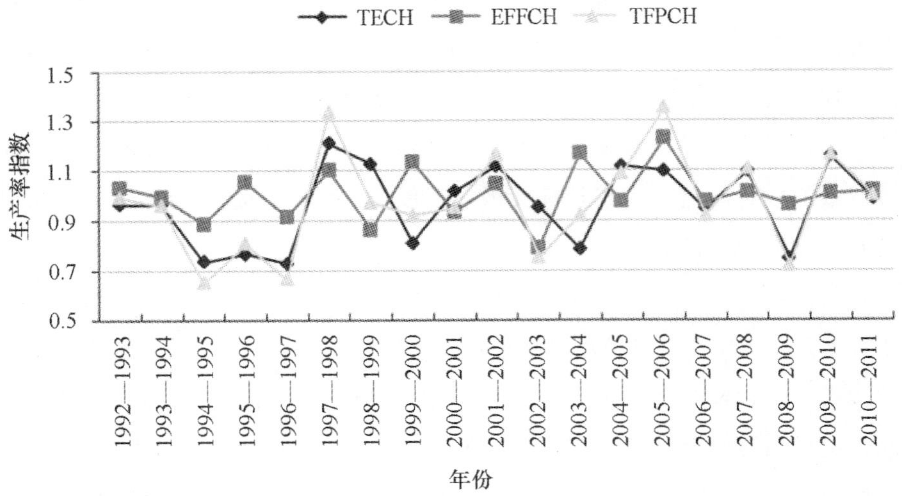

图 3-24 大豆全要素生产率年度变动情况

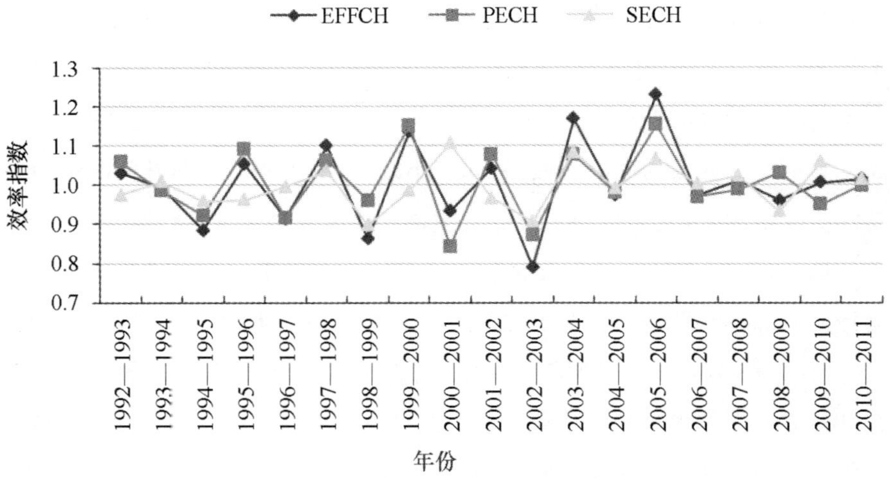

图 3-25 大豆综合技术效率年度变动情况

(2)1992—2011 年大豆主产省的全要素生产率变动与分析。从表 3-13 来看,1991—2011 年,只河南省的大豆全要素生产率呈现增长,平均增长了 4.3%,技术进步发挥了重要作用,规模达到最优,并且在此规模下各投入要素的生产效率运到最优,从而使得其资源配置和资源利用综合有效。其他

9个大豆各主产省的TFP平均变动值均小于1,大豆全要素生产率下降,平均下降了5.4%,其中河北、内蒙古、辽宁、吉林和山东五省,综合技术效率、纯技术效率及规模效率平均变动值均大于1,说明该五省无论是生产规模还是资源利用均综合有效,大豆全要素生产率下降的原因主要是技术进步率的下降,因此改进大豆生产技术将会促进全要素生产率的增长;黑龙江、安徽和陕西三省的纯技术效率平均变动值均等于1,而规模效率平均变动值均小于1,说明如果在规模达到最优的情况下,各投入要素的生产效率将达到最优,该三省大豆全要素生产率下降的原因主要是规模无效,因此改善规模是全要素生产率增长的关键,与此同时,由于技术进步平均变动值也均小于1,因此大豆生产技术的改进仍是全要素生产率增长的主要动力;山西省的综合技术效率平均变动值小于1,说明全要素生产率下降主要是综合技术效率下降导致,因此可通过进一步优化大豆生产规模,改善技术效率来促进全要素生产率的增长。

表3-13　1992—2011年中国大豆主产省平均全要素生产率变动及其分解

大豆主产省	技术进步变动(TECH)	综合技术效率变动(EFFCH)	纯技术效率变动(PECH)	规模效率变动(SECH)	全要素生产率变动(TFPCH)
河北	0.926	1.020	1.019	1.001	0.944
山西	1.007	0.948	0.949	0.999	0.954
内蒙古	0.970	1.025	1.023	1.002	0.994
辽宁	0.950	1.023	1.023	1.001	0.972
吉林	0.952	1.000	1.000	1.000	0.952
黑龙江	0.940	0.995	1.000	0.995	0.935
安徽	0.924	0.977	1.000	0.977	0.903
山东	0.895	1.000	1.000	1.000	0.895
河南	1.043	1.000	1.000	1.000	1.043
陕西	0.910	0.999	1.000	0.999	0.909

4. 结论与建议

利用中国10个省20年的数据,构建DEA-Malmquist模型,在对中国及各省大豆的TFP的变动进行分析的基础上,得出以下结论:第一,运用DEA-Malmquist指数方法来测算大豆全要素生产率的变动,将全要素生产率分解为技术进步和综合技术效率,又将综合技术效率进一步分解为纯技术效率和规模效率,能够清晰地判断导致中国大豆全要素生产率变动的根本原因及变动特征。第二,中国大豆全要素生产率近20年来的变动(无论是增长还是下降)总体上表现为技术进步与综合技术效率的共同作用,即表现出典型的技术推进或效率驱动特征。而在综合技术效率的变动中,规模效率是主要驱动力,因此中国大豆全要素生产率的变动主要源于技术进步和规模效率。第三,中国大豆全要素生产率呈现明显的波动特征,2006年以前表现为技术进步和综合技术效率波动,2006年以后则主要是由技术进步的波动所致。第四,各主产省大豆全要素生产率的变动表现出不同特征:河南省大豆全要素生产率增长,技术进步是主要原因;其余9省大豆全要素生产率下降,其中河北、内蒙古、辽宁、吉林和山东五省大豆全要素生产率的下降源于技术进步率的下降,而黑龙江、安徽和陕西三省大豆全要素生产率的下降源于技术进步率的下降和规模无效,山西大豆全要素生产率下降源于纯技术效率的下降和规模无效导致的综合无效。

根据上述研究结论,为促进中国大豆全要素生产率增长,首先,还是应依靠技术进步,加大大豆生产技术的研究与推广,如优良品种选育技术、农机与农艺紧密结合的栽培技术、肥料精施技术及病虫害检测、预测、科学防治技术等,不断推进品种优质化进程,以适应不同土壤环境,抵御旱、涝自然灾害等不确定因素对大豆产量的影响。其次,改革经营方式,进一步优化大豆生产规模,推进规模化、标准化种植模式,降低生产成本,推进大豆生产机械化进程。再次,国家应继续加大农业政策支持力度,确保良种、农机等的优选与应用,鼓励豆农种豆积极性。最后,因地制宜,充分发挥大豆主产省的资源优势和生产优势,除技术推动外,在黑龙江、安徽、陕西和山西等地应考虑适当优化大豆生产规模,同时合理配置投入要素来提高产量。

3.8 本章小结

本部分从中国大豆生产发展历史演变、国别比较以及大豆生产影响因素的分析中,得出以下结论:

（1）中国大豆生产发展是缓慢的。尽管大豆在我国统计为粮食作物并占有一定地位，但无论是在“以粮为纲”的年代，还是以“粮食安全”为战略目标的新时期，大豆都没有像其他主要粮食作物（水稻、玉米和小麦）一样获得相应的发展。表现为种植面积不断减少，单产水平低且提高幅度小，导致大豆总产量增长缓慢，致使大豆生产在我国粮食生产和世界大豆生产中的地位下降。

（2）东北产区、黄淮海产区和南方产区依然是我国大豆主产区。最近五年中，东北产区大豆面积明显减少、黄淮海产区面积略有减少、南方产区面积略有增加，但没有改变三大产区地位。东北地区又现出进一步向黑龙江和内蒙古两省区集中的趋势。

（3）大豆种植面积总体上受制于我国耕地资源的有限性，但在现有的一家一户分散经营模式下，大豆种植面积取决于农户的种植意愿，国家政策、自然条件、种植制度和农艺技术以及经济效益等都是通过影响农民的种植积极性，进而对大豆种植面积产生影响。而这其中，影响农户种植意愿的最主要因素就是竞争作物的比较收益和种植制度，大豆每亩净收益远低于水稻和玉米，只略高于小麦。

（4）过去20年里，全国大豆全要素生产率呈现下降，其变动主要源于技术进步和规模效益，并呈现明显的波动特征。因此，改进大豆生产技术、优化大豆种植规模是促进大豆单产提高的重要途径。

第四章　中国大豆流通

大豆流通是商品大豆通过买卖的形式，实现从生产领域向消费领域转移的一种经济活动，涉及收购、销售、储存、运输、加工、进出口等经营活动。关于大豆加工和进出口将在第五章和第七章分别进行专门讨论，在此不作探讨。本章首先简要回顾中国近代大豆流通历史；然后重点对现代中国大豆的流通体制、流通数量与流通价格、流通主体与流通渠道、流通环节与交易方式等的发展变化进行分析；接着采用调研数据描述我国大豆流通的现状；最后分析我国大豆流通中存在的问题，并借鉴主产国大豆流通的经验，获得大豆流通发展的启示。

4.1　近代大豆流通历史回顾

4.1.1　大豆市场

中国近代大豆的重要聚散市场有二：一为上海，二为汉口。上海每年集中的大豆均在数百万包（每包重130～170斤不等，1斤=500克，全书同），如1929年估计达750万包，其中半数以上来自东北，其他如皖北及江西亦达200万包左右。大豆的主要出口市场为东北，如营口、大连、安东及哈尔滨。在出口商中有日本商人，欧美商人及华人，但华商经营所占比例很小。

4.1.2　交易方法

东北大豆由农民卖给粮栈（即粮行），小粮栈卖给大粮栈，大粮栈转售给出口商，其交易方法，有不经过经济人自行买卖者，有经过交易所而交易者。东北交易所有两处：一为大连大豆交易所，为日本商人所经营，二为哈尔滨粮食交易所,为华商所经营。交易所中交易分现货和期货两种。现货交易在大连交易所中买卖可不经经济人之手,其交易单位为“车”,每车 350 袋,每袋 140 斤,交货地点为大连码头堆栈,计价以每袋百斤值银若干为准。期货交易必须由经济人成交,交易单位为“车”,豆分五级,计算单位与现货交易单位同。交割日期为每月月底,最长可达 5 个月,交割地点为当时满州铁路埠头仓库,交易税为交易额的万分之一,经济人佣金规定连同特别手续费及交易税每车 15 元,交易保证金每车 80 元。

4.1.3 交易价格

近代早期,由于计量单位不同,因此我们只是关注大豆及其产品的价格变化情况,不与现行价格进行比较。1864—1894 年,以东北牛庄的大豆和豆油价格变化为例,从图 4-1 可以看出,大豆价格基本没有大的变动,平均价格为 0.98 海关两/关担,最高为 1893 年的 1.31 海关两[①]/关担[②],最低为 1874 年的 0.77 海关两/关担;与之相反,豆油的价格波动较为频繁,总体呈下降趋势,从 1864 年的 6.25 海关两/关担降到 1874 年的 2.3 海关两/关担,而后又在波动中回升至 1890 年的 4.5 海关两/关担,最后下降至 1894 年的 3.94 海关两/关担。

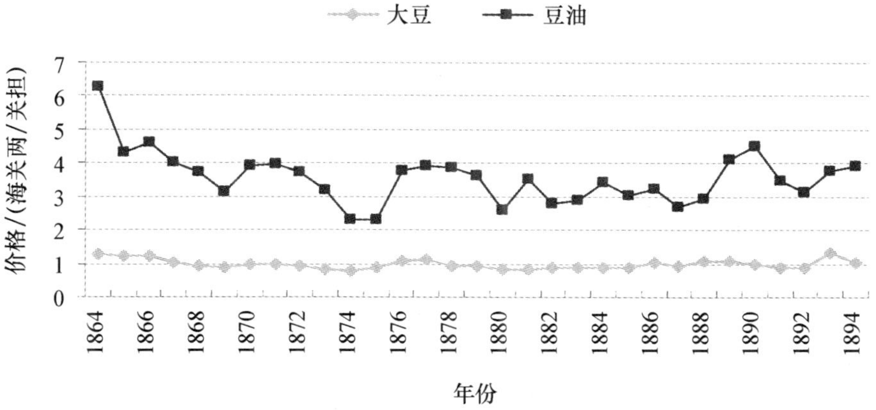

图 4-1 1864—1894 年东北牛庄大豆及豆油价格

数据来源:许道夫《中国近代农业生产及贸易统计资料》,上海人民出版社,1983 年。

① 1 海关两 = 1.558 银元。

② 1 关担 = 119.3632 市斤。

1913—1933 年，以天津市大豆价格变化为例，如图 4-2 所示，大豆价格有了较明显上涨。从 1913 年的 5.89 元/石（合 0.076 元/千克）上涨至 1930 年的 10.72 元/石（合 0.139 元/千克），此后略有下降，降至 1933 年的 7.46 元/石（合 0.097 元/千克），但每斤仍比 1913 年高出 0.01 元。

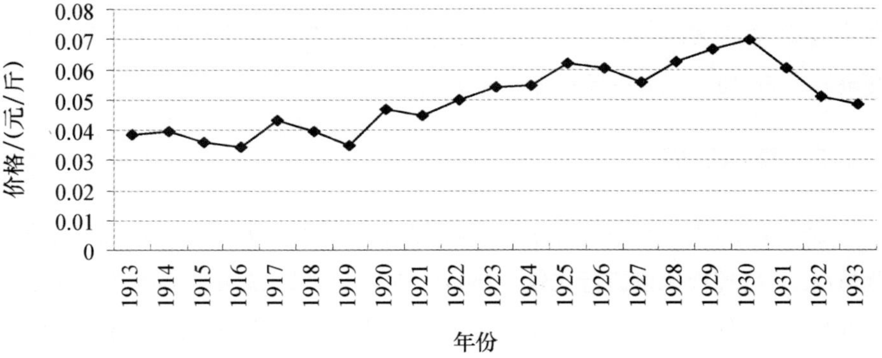

图 4-2　1913—1933 年天津市大豆价格(1 石 = 154 市斤)

数据来源：许道夫《中国近代农业生产及贸易统计资料》，上海人民出版社，1983 年。

1933—1935 年，以大连的大豆及其产品价格为例，大豆和豆粕价格变化不大，大豆平均价格为 4.35 元/桶（合 0.07 元/千克），豆粕平均价格为 1.36 元/枚（合 0.07 元/千克）；而豆油价格变化较大，1933 年为 13.05 元/桶（合 0.215 元/千克），1934 年为 9.05 元/桶（合 0.15 元/千克），1935 年为 14.55 元/桶（合 0.24 元/千克）①。

4.2　大豆流通体制

由于新中国成立后我国在统计上将大豆列为粮食作物，因此大豆流通是随着粮食流通体制变革而演变的。粮食流通体制改革是经济改革的重要内容，新中国成立以来，我国的粮食流通体制大体经历了以下四个时期：1949—1952 年的自由购销时期；1953—1978 年的统购统销时期；1979—

① 根据许道夫《中国近代农业生产及贸易统计资料》，大豆和豆油的计量单位为桶，1 桶 = 60.48 千克；豆饼的计量单位为枚，1 枚 = 28.05 千克。

1992年改革统购统销及实行“双轨制”时期；1993年至今的深化改革时期。

4.2.1　自由购销时期(1949—1952年)

这一时期，逐步确立国有粮食商业的主导地位。新中国成立初期，由于长期的战争破坏，粮食供求矛盾突出；私营粮商在粮食市场上占大多数，由于不法粮商的投机活动，造成粮价全面上涨，从1949年4月至1950年2月，粮食价格发生了4次大的波动。在这种情况下，政府通过粮食储备进行吞吐调节成为稳定市场粮价的一项重要措施。仅在1950—1952年间，政府就向市场抛售了占市场总交易量30%～40%的储备粮，从而稳定了市场粮价。与此同时，政府还运用粮食销售中的各项差价来维持市场的正常运转。在当时6种粮食平均购销差价幅度为20%～25%，季节差价率为13%～18%，批零差价率为10%～12%，地区差价以购销牌价为基准，超过或低于牌价5%时政府就动用储备粮进行干预①。国营粮食商业在稳定粮价的过程中逐步发展壮大，并取得了粮食市场的主导地位。因此，这一时期我国粮食流通上实行国营商业领导下的自由购销，即由国营粮食商业在控制粮食的基础上，允许私营粮商经营粮食的流通制度；在粮食流通管制上，1952年8月中央政府决定在中国粮食公司和粮食管理总局合并的基础上成立中央人民政府粮食部。尽管国营粮食商业在粮食市场上居主导地位，但政府并不完全禁止私人粮商经营粮食。农民在上交公粮之后，可将一部分粮食在市场上销售，粮食流通仍在市场经济制度下运行。

4.2.2　统购统销时期(1953—1978年)

1953年我国开始工业化建设，为保证工业化过程中的粮食需求，政府开始对粮食实行计划购销，即通常所说的统购统销政策。国家先后颁布《中国人民政府政务院关于实行粮食的计划收购和计划供应的命令》、《粮食市场管理暂行办法》①和《农村粮食统购统销暂行办法》等文件对粮食市场进行指导，在收购方面，要求农民除口粮、饲料粮和种子粮外，其余粮食必须按计划

① 中国粮食流通体制改革综述，中华粮网，2008-10-28。

卖给国家粮食部门；销售方面，国家严格控制粮食市场，禁止私营粮商自由经营粮食。在这样的体制下，粮食价格完全由政府部门决定。1966 年以前，统购统销价格曾作过 4 次调整：包括 1957 年和 1966 年两次同时提高统购统销价格、1961 年只提高统购价格以及 1963 年只提高统销价格。1966 年“文革”开始后到 1978 年粮食价格一直未调整①，但实行超购加价政策。

尽管这一时期实行统购统销，但粮食集市贸易也在夹缝中发展。如 1953—1958 年和 1962—1966 年，农民可以在自由市场交易余粮，粮食收购部门可以在集市上收购，实行议购议销。其间由于人民公社的建立以及“文化大革命”，粮食集贸市场曾两度被取消。

4.2.3 改革统购统销、实行“双轨制”时期(1979—1992 年)

20 世纪 70 年代末，随着人民公社的解体和农村家庭联产承包责任制的实行，政府开始对粮食流通体制进行调整和改革。这一改革大体经历了两个阶段：一是从 1979—1984 年的统购统销改革阶段；二是 1985—1992 年的取消统购制度，建立“双轨制”阶段。

1979—1984 年的改革统购统销阶段。改革的主要内容有：①核减粮食征购数量。从 1979 年开始，粮食统购指标，在 1971 年确定的“一定五年不变”的基础上，每年核减 25 亿千克，同时增加进口粮食。②大幅提高粮食统购价格。根据十一届三中全会的指示，国家将提高 18 种农农副产品的收购价格，平均提价幅度为 24.8%，其中粮食统购价格提高 20%，超购部分再加价 50%①。③以国营粮食商业为主渠道，发展了多渠道经营。1983 年中共中央一号文件中指出“对农民完成统派购任务之后的产品(不包括棉花)和非统派购产品，应当允许多渠道经营”，并由国务院办公厅转发《关于完成粮食统购任务后实行多渠道经营若干问题的规定》进行指导①。④恢复和发展粮食集市贸易。1983 年 2 月，国务院发布《城乡集市贸易管理办法》①，粮食议购议销得到长足发展。

1985—1992 年的“双轨制”阶段。1985 年起国家取消了粮食统购制度，

---

① 中国粮食流通体制改革综述，中华粮网，2008-10-28。

代之以合同定购，1985 年 1 月中央一号文件指出："粮食、棉花取消统购，改为合同订购。粮食流通"双轨制"体现在三个方面：一是经营主体，既包括国有粮食部门，也包括其他组织的多渠道经营；二是在国有粮食部门内部，订购统销与议购议销并存；三是价格体系实行计划价格与市场价格并存[①]。1992 年 4 月，中央政府在全国范围推行粮食"购销同价"的改革，从而结束了长期的购销价格倒挂局面。在此基础上，又通过省区分散决策的方式取消了国家定价收购，放开粮食市场经营，规定实行收购保护价格的品种及标准。

4.2.4 深化改革时期(1993—　　)

1993 年以来，中央多次发布加快和深化粮食流通体制改革的相关文件，粮食流通逐步完成市场化改革。大体可分为两个阶段：一是 1993—1997 年的改革探索阶段；二是 1998 年至今的市场化改革阶段。

第一阶段中，1993 年，对于国内粮食购销，国家开始建立粮食收购保护价格制度和粮食风险基金制度[①]；对于粮食进出口则实行总量控制并实行计划配额管理，同时兼顾内外贸联合经营。1994—1995 年，粮食购销实质上还是"双轨制"，1994 年，70%～80%的商品粮必须由粮食部门收购；1995 实行"米袋子"省长负责制，在保证政府能够稳定地掌握一定数量的粮食的前提下，放开粮食市场购销。1996—1997 年粮食定购价格平均提高了 40%以上，销售价格也进行了调整。

第二阶段中，粮食流通体制市场化改革经历了深化、确立和完善的过程。1998—2003 年，粮食流通改革进一步深化，1998 年开始深化国有粮食企业改革；到 2001 年，粮食收购首先在浙江，上海、福建、广东、海南、江苏和北京、天津等省、市相继放开，价格由市场调节；2003 年，同时放开粮食收购市场与价格；2004 年彻底放开粮食购销，粮食流通体制市场化确立，并实行粮食最低收购价政策；2006 年最低收购价政策、直接补贴政策和粮食宏观调控体系得到进一步完善；2008 年国家启动了临时储备粮收购政策，首先执行

① 孙前进．粮食流通体系规划与建设．中国物资出版社，2012 年 11 月，第 157 页。

该政策的是北方地区的大豆、玉米和南方的稻谷，此后在大宗农产品中陆续展开。

4.3 大豆流通数量与价格

4.3.1 大豆流通数量

1. 粮食流通总量

从表 4-1 粮食收购数量的相关变化可以看出，与我国粮食流通体制相对应的，粮食流通数量大致可分成三个阶段：

1949—1952 年为第一阶段。1952 年，我国粮食产量为 16392 万吨，社会收购量为 3903 万吨，占粮食产量的 23.81%，其中国营和供销合作社商业收购量为 3101 万吨，占收购总量的 79.45%。

1957—1978 年为第二阶段。这一阶段粮食流通进入计划经济时代，国营商业垄断了粮食收购，但国家征购粮食占产量的比重有所下降，从 1957 年的 23.30%持续下降到 1978 年的 16.64%，这也表明农民留用的粮食在此期间逐年有所增加。1962 年国营商业收购的粮食占总收购量的 99.26%，这是由于 1958 年的“大跃进”和人民公社人运动，以及 1959—1961 年的自然灾害导致粮食生产下降，供需矛盾突出，因此，1962 年 9 月政府决定放开农村粮食集市贸易，实行粮食议购议销，农民在完成统购任务后，余粮可以到集市上出售，但仍禁止私商参加粮食集市贸易(陈廷煊，1996)。1978 年虽有农民对非农居民销售粮食 120 万吨，但整体购销结构不变，为此，1978 年 3 月，商业部下发《关于控制粮食销售的意见》并经国务院批转，提出控制农村粮食销量，及时收购。

1979—1992 年为第三阶段。这一时期，粮食收购量及其占粮食产量的比重都有所增加，分别从 1980 年的 6129 万吨和 19.12%增加到 1992 年的 13246.4 万吨和 29.92%。1979—1984 年由于国家恢复粮食集市贸，开展议购议销，议购粮食数量逐年增加，粮食部门议购数量从 1979 年的 525 万吨增加到 1982 年的 1750 万吨，议销数量从 225 万吨增加到 1984 年的 2670 万吨

（赵发生，1988）。因此，尽管国营商业粮食收购量仍占主导地位，但占粮食收购量的比重不断下降，从1980年的93.1%下降到1992年的84.1%。而农民对非农居民零售量尽管比例不大，却不断增加，从1978年的120万吨增加到1992年的802万吨。

表4-1 1952—1992年粮食收购量、国营商业收购量、农民对非农居民零售量

单位：万吨，%

年度	粮食产量	社会收购量	国营和供销合作社商业收购量	农民对非农居民零售量	收购量占粮食产量比重	国营收购占社会收购比重
1952	16392	3903	3101	—	23.8	79.5
1957	19505	4544	4544	—	23.3	100.0
1962	15441	3242	3218	—	21.0	99.3
1965	19453	3922	3922	—	20.2	100.0
1970	23996	4649	4649	—	19.4	100.0
1975	28452	5262	5262	—	18.5	100.0
1978	30477	5073	5073	120	16.6	100.0
1980	32056	6129	5707	310	19.1	93.1
1981	32502	6845.5	6323.5	360	21.1	92.4
1982	35450	7805.5	7208.5	425	22.0	92.4
1983	38728	10248.5	9673.5	450	26.5	94.4
1984	40731	11724.5	10748	475	28.8	91.7
1985	37911	10762.8	9061.6	550	28.4	84.2
1986	39151	11516.2	9614.8	630	29.4	83.5
1987	40473	12092	10202	661	29.9	84.4
1988	39408	11995.3	10201	672	30.4	85.0
1989	40755	12138.1	10451.8	618	29.8	86.1
1990	44624	13995	12256.4	604	31.4	87.6
1991	43529	13635.5	11627.5	710	31.3	85.3
1992	44266	13246.4	11146.1	802	29.9	84.1

数据来源：《中国农村统计年鉴》。

2. 大豆流通数量

作为粮食作物，在改革统购统销制度以前，尽管大豆产量占粮食产量的比重不大且呈下降趋势，但在当时的计划经济体制下，大豆流通变化基本上与粮食流通的变化一致。由于缺乏专门的大豆流通数量数据统计，这里可近似地按大豆产量占粮食产量的比重来估算大豆的购销数量。

1952 年，大豆产量占粮食产量的 5.81%，据此计算，大豆收购总量约为 226.7 万吨，国营和供销合作社商业收购量约为 180.1 万吨。1957—1978 年，由于大豆生产比重的下降，从 1952 年的 5.8%下降到 1978 年的 2.5%，大豆的收购量从 1957 年的 234 万吨下降到 125.8 万吨，但几乎全部由国营和供销合作社商业收购(表 4-2)。

表 4-2　1952—1978 年大豆收购量及国营商业收购量

单位：万吨

年度	社会收购量	国营和供销合作社商业收购量
1952	226.8	180.2
1957	234.0	234.0
1962	136.8	135.8
1965	123.9	123.9
1970	168.8	168.8
1975	133.7	133.7
1978	125.8	125.8

注：1978 年有约 3 万吨的农民对非农民的零售量。

数据来源：根据大豆产量占粮食产量比重计算。

改革统购统销并实行“双轨制”时期，国有粮食企业大豆收购量呈增加再减少的变化，从 1979 年的 205 万吨增加到 1988 年的 693 万吨，而后下降到 1992 年的 406.1 万吨，销售量也相应地从 179.8 万吨增加到 406.7 万吨，然后下降到 256.8 万吨。但收购量占大豆产量的比重则不断增加，从 1979 年的 27.5%增加到 1991 年的 60%，1992 年下降到 39.4%(表 4-3)。在这样的流通体制下，国家规定对主产区的大豆实行合同收购。尽管是“合同收购”，“统购统销”并未完全退出大豆流通，但收购量明显减少，国有粮食企业的大豆收购量从 1985 年的 503.3 万吨减少至 1992 年的 406.1 万吨。

自 1993 年市场化改革以来，大豆的商品率不断提高，从 1993 年的 71.3%提高到2011年的95.9%，2012年达96.7%。实行粮食购销市场化，原先国有粮食企业依赖定购保护价收购的优势不复存在，这对国有粮食购

表 4-3　1979—1992 年全国国有粮食企业大豆收购量和销售量

单位：万吨，%

年度	大豆收购量	大豆收购量占产量的比重	大豆销售量
1979	205.0	27.5	179.8
1980	296.5	37.3	204.4
1981	412.6	44.2	239.0
1982	401.7	44.5	271.8
1983	409.8	42.0	288.8
1984	382.4	39.4	355.3
1985	503.3	47.9	322.9
1986	653.7	56.3	321.3
1987	609.7	50.1	355.5
1988	693.5	59.5	406.7
1989	620.0	60.6	346.5
1990	661.2	60.1	341.7
1991	582.2	60.0	1402.6
1992	406.1	39.4	256.8

注：大豆购销数据按粮食年度统计，即从当年 4 月 1 日至翌年 3 月 31 日。

数据来源：《中国粮食年鉴》2012。

销企业是一个极大的挑战。市场化一方面使得大豆购销主体多元化，增加了大豆购销的竞争；另一方面宽松的购销体制使得农民观望，惜售，待涨的心态增强，农民卖豆在时间上有很大的选择余地。因此，总体来看，国有粮食企业大豆收购数量减少，从 1993 年的 606.2 万吨减少到 2011 年的 465.7 万吨，收购量占大豆生产量的比重也从 39.6%下降到 32.1%。其中，1993—2004 年，国有粮食企业大豆收购量逐年连续减少，减到 91 万吨，收购量占产量比重降到 5.2%（表 4-4）。

2008 年国家首次实行大豆临时收储政策，对东北三省和内蒙古大豆进行临时收储。累计下达大豆收购计划 725 万吨，占国内总产量（1550 万吨）的 46%左右。分四次进行，前两次分别收储 150 万吨，第三次 300 万吨，第四次 125 万吨（其中内蒙古 20 万吨、吉林 5 万吨、黑龙江 100 万吨）。其中 150 万吨为中央储备，余下的 575 万吨为临时储备。2009 年大豆临时收储量比较有限，在 200 万吨左右。2010 年大豆收储不限制收购量，但限制收购时间，根据官方数据公布，收储量为 300 万吨左右。2011 年，国家敞开收购大豆，收储量在 300 万吨左右。2012 年，国家敞开收购，截至 2013 年 4 月 5 日国家粮食局统计国内主产区共收购大豆 353 万吨左右，收购期到 4 月 30 日截止。

表 4-4　1993—2011 年全国国有粮食企业大豆收购量和销售量

单位：万吨，%

年度	大豆收购量	大豆收购量占产量的比重	大豆销售量	大豆商品率
1993	606.2	39.6	229.9	71.3
1994	732.2	45.8	234.0	75.2
1995	522.5	38.7	620.3	70.7
1996	437.8	33.1	356.8	76.2
1997	515.2	35.0	429.4	81.6
1998	351.0	23.2	348.6	71.0
1999	246.6	17.3	439.4	77.5
2000	237.9	15.4	645.5	63.9
2001	326.8	21.2	439.2	72.0
2002	140.4	8.5	510.5	74.3
2003	120.3	7.5	422.2	72.4
2004	91.0	5.2	309.3	86.0
2005	506.0	30.9	841.7	85.2
2006	492.2	30.8	847.6	88.6
2007	321.5	23.0	892.8	90.1
2008	313.5	20.2	755.9	91.3
2009	653.0	43.8	1145.7	93.6
2010	648.8	43.0	1662.9	95.4
2011	465.7	32.1	1992.2	95.9

注：购销数据 1993—2002 年按粮食年度统计，即从当年 4 月 1 日至翌年 3 月 31 日；2003—2011 年按日历年度统计。

数据来源：购销数据来自《中国粮食年鉴》2012；商品率来自《全国农产品成本收益资料汇编》。

4.3.2　大豆流通价格

大豆流通价格包括收购价格和销售价格（批发价格和零售价格）。收购价格是批发价格和零售价格的基础。

1. 大豆收购价格

随着大豆流通体制的变化，国家对大豆收购价格体制也作了相应的调整，因此，大豆收购价格的变化大致经历了以下三个阶段：1949—1978 年的牌价制度阶段、1979—1992 年的价格改革与定购价格和议购价格并存阶段以及 1993 年以来的价格市场化阶段。

(1)1949—1978 年的牌价制度阶段。1949—1978 年，无论是自由购销时期，还是统购统销时期，牌价制度是国家对粮食市场进行干预的主要措施，粮食购销价格基本稳定在当时的收购牌价和零售牌价水平，同时取消季节差价，大豆收购价格变动与粮食收购格变动总体保持一致，呈现较稳定增长。

1951—1952 年，大豆的提价幅度低于粮食总体提价幅度。1951 年粮食收购价格提高了 18.3%，1952 年提高了 2.6%。中央(贸易部)管理大豆十六个市场的购销价格(肖淑平，1983)，1951 年大豆价格提高了 11.5%，1952 年提高了 0.9%(图 4-3)。

1953—1978 年，大豆提价幅度均与粮食总体提价幅度差异不大，个别年度高于粮食总体提价幅度。这期间粮食统购价格有 2 次明显地提高，1961

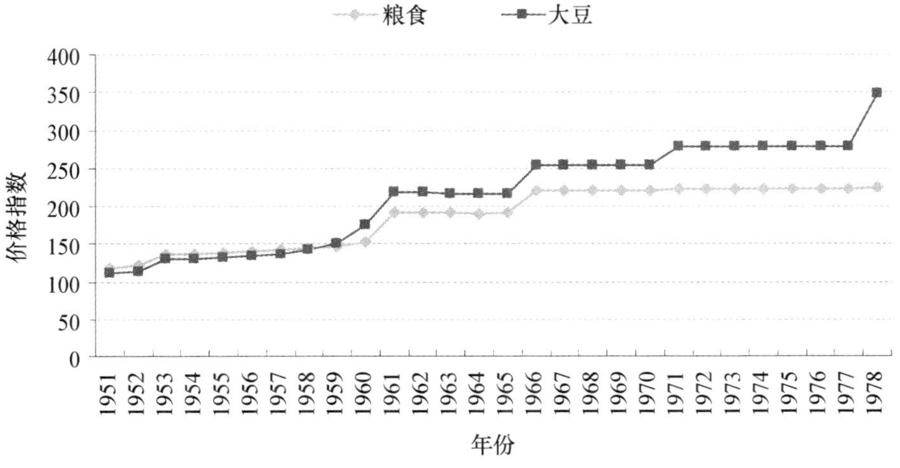

图 4-3　1951—1978 年粮食收购价格指数变化(1950 年 = 100)

数据来源：1993 年《中国统计年鉴》。

年和 1966 年分别提高 26.5%和 15.7%，大豆统购价格分别提高了 23.9%和 16.6%。1966—1978 年，在其他粮食作物价格基本未动的情况下，由于大豆播种面积持续下降，供求紧张，大豆统购价格曾单独作过两次提高，1971 年提高了 9.9%，1978 年提高了 24.7%(图 4-3)。

(2)1979—1992 年的价格改革与定购价和议购价并存阶段。这一时期，大豆收购价格除在 1990—1991 年略有下降外，总体上仍稳定提高。除个别年度外(1981 年)，大豆收购价格的变动也基本与粮食保持一致。

在 1979—1984 年的统购价格过渡阶段，粮食收购价格稳步提高。1979 年粮食收购价提高 20.9%，大豆由于 1978 年提过价，1979 年提价幅度较小，为 14.9%。1981 年对大豆实行提价 50%，取消超购加价的办法(肖淑平，1983)(图 4-4)。

1985—1992 年，国家实行定购价格和议购价格并存的价格体制。1985—1989 年，粮食收购价格提高较快，1990—1991 年大豆收购价格连续下降(图 4-4)，从表 4-6 可以看出，大豆收购价格的下降是由于议购价格下降，而定购价格仍在提高。1992《国务院关于提高粮食统销价格的决定》中《粮食统销价格调整方案》规定主产区大豆的统销价格平均每 500 克提高 8 分，大豆收购价格提高了 19.5%。从表 4-5 来看也可看出，议购价格远远地高于定购价格；从两种收购价格的变动趋势来看，大豆议购价格提高幅度

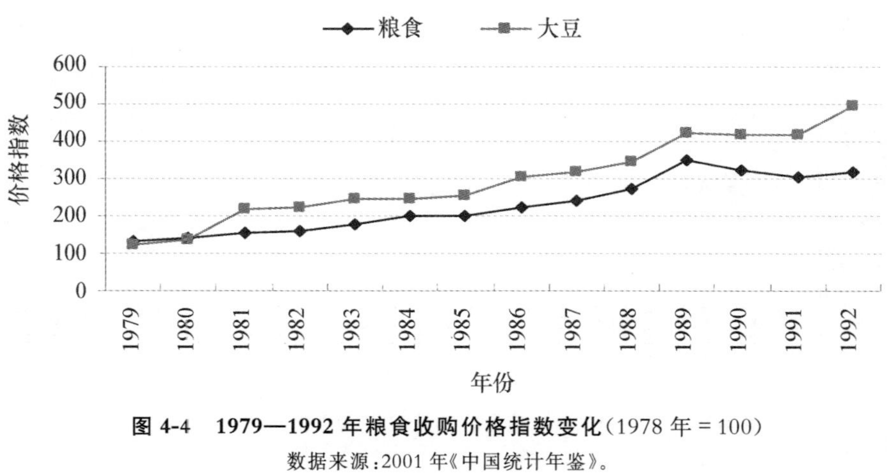

图 4-4　1979—1992 年粮食收购价格指数变化(1978 年 = 100)

数据来源：2001 年《中国统计年鉴》。

较大，年均提高近10%，但波动也较大；而国家定购价格则相对平稳，年均提价在4.5%左右。

表4-5　1985—1992年大豆价格变动情况

年度	定购价格		议购价格		议购价高于定购价百分数/%
	元/千克	指数(上年=100)	元/千克	指数(上年=100)	
1985	0.67	—	0.76	—	13.4
1986	0.70	105.3	0.88	115.2	25.7
1987	0.74	104.9	0.93	106.4	25.7
1988	0.75	101.3	1.03	110.0	37.3
1989	0.78	104.9	1.40	136.1	79.5
1990	0.83	106.0	1.33	95.6	60.2
1991	0.88	106.1	1.26	94.1	43.2
1992	0.91	103.0	1.48	117.5	62.6

数据来源：《中国农业发展报告》，2000。

(3)1993年以来的价格市场化阶段。市场化改革以来，由于受市场供求影响，粮食价格波动较大，大豆收购价格在波动中上升。

1993年国家对大豆实行最低保护价政策，收购标准为每50千克45元。按照1992年4月在全国推行的购销同价原则，大豆的统销价格也由45元提高到55元（每50千克，中等质量标准）（国家计委，1993）。在最低保护价政策指导下，我国大豆收购价格1993年提高了22.7%，以后每年均有提高，1996年大豆价格为105元/50千克①，提高了28.2%，1998年，由于大豆退出了政府保护价范围，收购价格明显下降，下降了14.8%。1999年下降了18.2%（图4-5）。

1998—2012年，大豆收购价格波动更为频繁。2008年起，国家将东北三省和内蒙古大豆纳入临时收储范围，2008—2012年，国标三等大豆临时存储价格分别为：3.90元/千克、3.74元/千克、3.80元/千克、4.00元/千克和4.60元/千克，近3年大豆收购价格持续提高（图4-5）。

① [96]财商字第245：《关于提高国家定购粮食收购价格和粮食政策性销售价格后有关财政财务处理问题的通知》，http://www.cnnsr.com.cn/jtym/fgk/1996/19960909000000013973.shtml

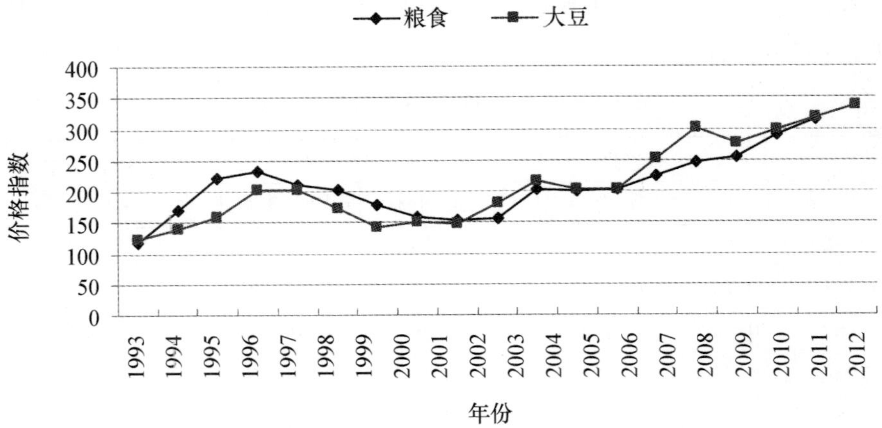

图 4-5　1993—2012 年全国粮食收购价格指数变化（1992 年 = 100）

数据来源：根据《中国统计年鉴》数据计算。

注：2002—2012 年为国家统计局将收购价格指数调整为生产者价格指数，2001 年没有此数据。

2. 大豆销售价格

市场化改革以前，大豆收购价格变动总体上与粮食收购价格保持一致，由于无法获得 1988 年以前的大豆销售价格数据，因此这里以全国粮食零售价格指数来反应这一时期大豆零售价格的一般变化。通过比较发现，相对于收购价格，零售价格的变动相对平稳。1951—1952 年粮食购销价格变动幅度略有差别，体现了自由购销的特点；1953—1984 年粮食零售价格的变动与收购价格的变动基本完全一致，正是统购统销价格体制的体现；1985—1987 年购销价格的偏离是价格市场化改革的结果。

从图 4-6 可以看出，粮食零售价格总体呈上升趋势，但上升幅度不大，年均提高 2.2%。1961 年、1967 年、1985—1987 年提高幅度较大，分别较上一年提高 7.7%、5.8%、10.9%、9.3%和 6.2%。

1988 年以来，大豆市场价格总体呈上升趋势，从 1.29 元/千克提高到 5.59 元/千克。但 1998 年以来波动较大。1998—2001 年大豆市场价格在四年内累计下降 32.7%，2002—2004 年恢复性上涨，并超过 1997 年的价格水平。2005—2006 年又一次下跌，累计下跌 10.8%，2007 开始上涨，2008 年出现暴涨，涨幅达 52.1%，2009 年再次下跌，跌幅达 16.7%，近三年来恢复性上涨，但仍不及 2008 年的价格水平（表 4-6）。

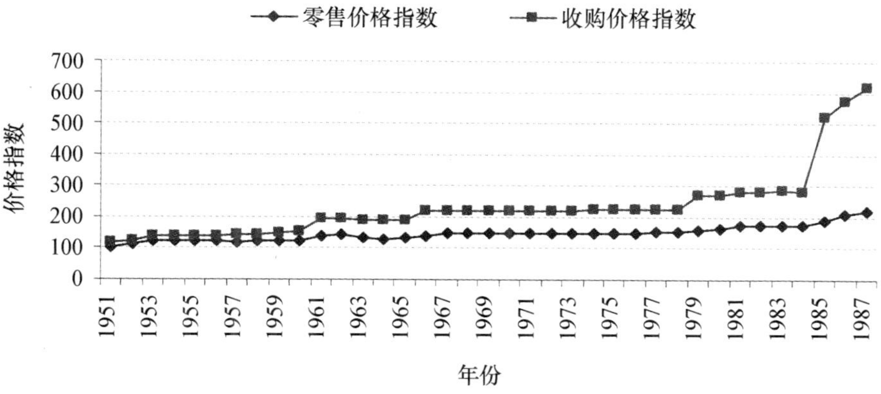

图 4-6　1951—1987 年全国粮食零售价格指数变动情况(1950 年 = 100)

数据来源:1993 年《中国统计年鉴》。

表 4-6　1988—1992 年大豆销售价格变动情况

年度	市场价格(中等)		批发价格(三等)	
	元/千克	指数(上年 = 100)	元/千克	指数(上年 = 100)
1988	1.29	—	—	—
1989	1.78	137.98	—	—
1990	1.59	89.33	—	—
1991	1.49	93.71	—	—
1992	1.80	120.81	—	—
1993	2.20	122.22	—	—
1994	2.47	112.27	—	—
1995	2.66	107.69	—	—
1996	3.21	120.68	3.07	—
1997	3.41	106.23	3.10	100.98
1998	3.07	90.03	2.46	79.35
1999	2.60	84.69	2.13	86.59
2000	2.49	95.77	2.26	106.10
2001	2.41	96.79	2.07	91.59
2002	2.42	100.41	2.11	101.93
2003	2.86	118.18	2.64	125.12
2004	3.68	128.67	3.28	124.24

续表 4-6

年度	市场价格(中等)		批发价格(三等)	
	元/千克	指数(上年 = 100)	元/千克	指数(上年 = 100)
2005	3. 36	91. 30	2. 84	86. 59
2006	3. 29	97. 92	2. 65	93. 31
2007	3. 82	116. 11	3. 28	123. 77
2008	5. 81	152. 09	4. 63	141. 16
2009	4. 84	83. 30	3. 76	81. 21
2010	5. 19	107. 23	3. 89	103. 46
2011	5. 59	107. 71	4. 13	106. 17
2012	—	—	4. 28	103. 63

数据来源:《中国农业发展报告》2003,2009—2011 年市场价格数据来源于《中国农产品价格调查年鉴》中的集贸市场价格。

4. 4　大豆流通主体与渠道

随着我国粮食流通体制的演变,粮食流通主体成分也发生了相当大的变化。粮食购销市场化改革前,粮食市场主体以国有粮食企业为主,伴随着国家粮食购销政策的局部调整,也存在着为数不多的私人粮食加工经营企业和私人粮商;粮食购销市场化改革后,催生了粮食市场主体的多元化,呈现了多种主体成分并存的局面。总体来说,新中国成立以来,我国大豆流通的主体主要有国有粮食企业、供销合作社、私营粮商以及大豆加工企业。除此之外,近年来也出现了大豆专业合作社与经纪人、农村粮食产业化经营企业等新兴流通主体。

4. 4. 1　大豆流通主体

1. 国有粮食企业

国有粮食企业创建于 1950 年,即全国统一的粮食公司系统和粮食局系统,1952 年,粮食公司系统和粮食局系统合并形成全国国有粮食系统(冀名峰,2003),60 多年来,国有粮食企业在我国粮食流通中一直发挥着重要作用。

(1)国有粮食企业的“主渠道”作用。随着我国粮食购销制度的变迁,在不同的历史阶段,国有粮食企业在流通发挥作用的形式、任务、手段各有特点。

一是在1949—1952年政府管制下的自由购销阶段。新中国成立初期,在我国粮食严重短缺的情况下,国有粮食企业通过在“掌握粮源和直接供应”的计划经营以及“平抑粮价和稳定市场”的宏观调控方面逐渐取得了市场主导地位。在收购方面,1950年,国有粮食企业粮食收购数量占社会总收购量的23%,1952年上升到73%左右;在销售方面,1950年国有粮食企业粮食销售量占社会总销售量的20%左右,到1952年上升到51%左右①。

二是1953—1978年统购统销时期。这一阶段,国有粮食企业作为粮食流通中的唯一主体,对国家粮食实行独家垄断经营,除对粮食购销实行严格计划控制外,企业的财务收支、流动资金使用以及盈亏都纳入财政核算。因此,这一时期,尽管名义上叫国有粮食企业或粮食部门,但不是真正意义的企业(曾楚宏,2009)。

三是1979—1992年的逐步改革与“双轨制”时期。改革开放初期,国家实行逐步改革国有粮食企业独家经营的体制,放开搞活粮食流通,一是开放粮食集市贸易,允许农民通过集市进行少量粮食买卖;二是对完成粮食征购、超购任务后的粮食,实行多渠道经营。国有粮食企业经营比重占到80%~90%,仍占据绝对优势的主导地位。伴随着1985年我国粮食购销的双轨制,国有粮食企业的经营也实行双轨制,既计划控制的政策性业务与企业自主经营的商业性业务并存。这一时期,尽管对对粮食实行多种经营,但国家粮食企业仍发挥主渠道作用,即要掌握70%~80%的市场粮源。

四是1993年深化粮食流通体制改革以来,粮食流通逐步形成流通主体多元化和公平竞争的新格局,国有粮食企业在粮食流通中的作用有所减弱,但其经营量占80%以上,仍然发挥着主渠道作用。

(2)参与大豆购销的企业类型。具体到大豆流通,目前参与实际购销活动的国有粮食企业主要有国有粮食储备库、国家普通粮库和国有粮食经营

① 赵发生:《当代中国的粮食工作》,第49页。

企业（公司）（苏慧，2005）。国有粮食储备库一般按国家粮食储备总公司下达的计划进行收购，从2008年开始每年国家出台大豆临时收储政策，执行范围为东北四省区，时限为当年的12月日至次年的4月30日，2008年全国大豆的产量为1550万吨，收储大豆占到全部总量的48%，这些收储任务由中储粮总公司执行。因此，东北四省区的国家粮食储备库收购和储存任务逐渐增多。国家普通粮库一般是按粮食局下达的计划进行收购。目前在大豆市场购销中，国家普通粮库的收购量已不大。但与国家粮食储备库一样，自2008年后，由于国家对东北四省区的大豆临时收储政策，使国家普通粮库的政策性收储任务不断增加。国有粮食经营企业（公司）主要是粮食系统的粮油加工企业和贸易公司，由于大豆购销政策的放开，这些企业也参与大豆的购销经营，在实际大豆购销活动中，收购量也不大，但粮油加工企业，特别是食用植物油加工企业，正成为大豆经营的主体。

2. 供销合作社

供销合作社作为流通领域的综合性的合作社，是在早期消费合作社的基础上发展起来的，距今已有近百年的历史。1949年11月，中央合作事业管理局成立；1950年7月，中华全国合作社联合总社成立；1954年7月，将中华全国合作社联合总社更名为中华全国供销合作总社，建立了全国统一的供销合作社系统；到1957年，供销合作社在全国得到迅速发展；自1958年开始，供销合作社与国营商业经历了三次合并，成了国营商业。其中，1958—1961年，把县以上各级供销社并入国营商业，基层供销社下放给人民公社；1970—1974年，将商业部、粮食部、全国供销合作总社及工商行政管理局四合一；1982年，中央宣布商业部、粮食部、全国供销合作总社又一次合并，组成新商业部（邓玉成，1989），1995年2月，恢复成立中华全国供销合作总社①。

1995年以来，供销合作社获得了较快发展，截至2012年底，全系统有县及县以上供销合作社机关2751个，其中，省（区、市）供销合作社（以下简称省社）31个，省辖市（地、盟、州）供销合作社335个，县（区、市、旗）供销合作社

① 中华供销合作社介绍，中国供销合作网，http://www.chinacoop.gov.cn

2385个，实际从业人员197.9万人。建立农产品类专业合作社66657个，农副产品收购网点1.45万个[①]，在农产品流通体系建设，包括粮食流通体系建设中发挥了重要作用。

3. 私营粮商

新中国成立初期，私营粮商在粮食购销市场上非常活跃，粮食购销量占很大比重。据历史资料记载：1950年私商粮食购销量占公私购销总量的八成左右，后随着国有粮食企业主体地位的确立，私营粮商的地位不断下降，1952年私商粮食购销量占购销总量的比重降到五成左右；到1953年实行粮食统购统销政策的前，据23个省、自治区、直辖市统计，全国有私营粮商7.2万户，从业人员14.7万人[②]。

粮食统购统销时期，国家限制私营粮商的活动。到1954年初只有经营非统购小杂粮的私营粮商971户，从业人员1549人，占原有私营粮商的1%[③]。

随着粮食流通领域市场化改革的不断深入，私营粮商大量涌现而且购销实力不断壮大。经过几年的发展，各类私营粮商以其经营上的低成本和方式上的灵活性以及信息渠道畅通、贴近种粮农户等优势，逐渐占据了大豆流通市场，成了粮食流通市场中的主力军。

具体到大豆流通，以主产区黑龙江省为例，按照经营类型可以将各类私营粮商分为：常年跨省经营的大经销商、常年跨省经营的小经销商、常年坐收坐销商、季节性经销商和运输兼营经销商等（苏慧，2005）。

4. 大豆压榨企业

过去，大豆压榨企业在大豆流通中一般不直接面向农民进行收购。2009年，财政部印发《东北大豆压榨企业收购加工2009年度国产大豆补贴管理办法》，引导东北地区（黑龙江、吉林、辽宁、内蒙古）大豆压榨企业（包括国有企业和民营企业）入市收购2009年新大豆。根据国家粮食数据显示，

---

① 中华供销合作社介绍，中国供销合作网，http://www.chinacoop.gov.cn

② 赵凌云：民营粮油企业的发展及其在粮食流通中作用，中国粮食行业网，2004/9/1。

③ 同②。

2009年有包括了内蒙古、辽宁、吉林和黑龙家四省共126家企业获得了收购补贴进行入市收购，包括国有企业、民营企业和私营企业。其中以主产区黑龙江企业为最多，共81家。

另外，近年来，大豆加工企业也由过去单一大豆加工型企业向集贸、工、农一体化的产业化经营企业转变，如黑龙江九三油脂有限责任公司。通过"公司+农户"、"公司+基地+农户"、"公司+科研+农户"等多种模式，将大豆生产及流通各环节产业链联结起来，取得了良好的综合效益，农户由此也分享到大豆流通效益。因此，产业化经营企业也已经成为当前大豆流通十分重要的市场主体。

5. 大豆专业合作社

大豆专业合作社是近年来方兴未艾的一类大豆市场主体。我国大豆生产面临小生产与规模化、标准化、信息化为特征的大市场之间的矛盾。按照市场经济的要求，把豆农组织起来，或为豆农提供大豆流通中介服务，在大豆购销市场化改革后应运而生的大豆合作社，尤其是大豆专业合作经济组织，逐步成为大豆流通重要的主体，并进一步发展壮大。根据黑龙江省工商总局信息显示，仅黑龙江省目前注册的大豆专业合作社就有9369家。

大豆专业合作社的发展使得农民销售大豆的渠道多元化，提高了农户的组织化程度，在市场上获得话语权，进而从豆价的提高中获得应有的收益。

4.4.2 大豆流通渠道

长期以来，随着我国大豆流通体制的演变，大豆价格体制及流通主体也不断地发生变化，相应地形成了不同的大豆流通渠道。

1. 自由购销时期的流通渠道

这一时期大豆流通的主体主要是国营粮食企业、供销合作社、私营粮商，价格体制上国营粮食商业实行牌价制度，私营粮商经营的大豆则按市场价运行，国有粮食企业和供销合作社在大豆流通中发挥着主渠道作用，由此形成的大豆流通渠道如图4-7所示。

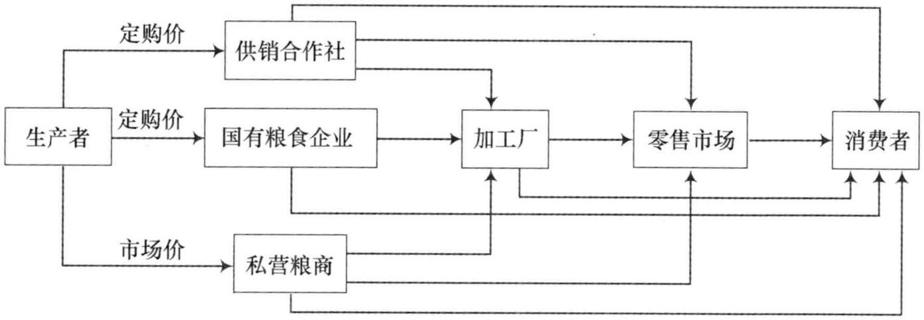

图 4-7　自由购销时期大豆流通图

2. 统购统销时期的流通渠道

这一时期大豆流通主体主要是国营粮食收购企业和供销合作社，大豆价格实行定购价制度，由此形成大豆流通渠道如图 4-8 所示。

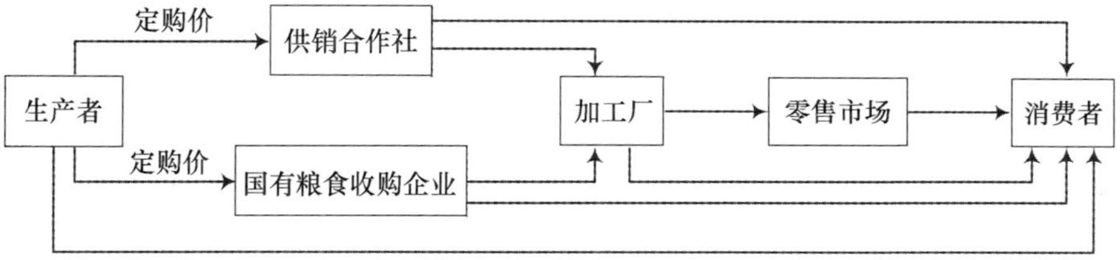

图 4-8　统购统销时期的大豆流通图

3. “双轨制”时期的流通渠道

这一时期大豆流通主体有国营粮食收购企业、供销社合作社以及私营粮商等，价格体制上实行合同价和议购价并存，由此形成的大豆流通渠道如图 4-9 所示。

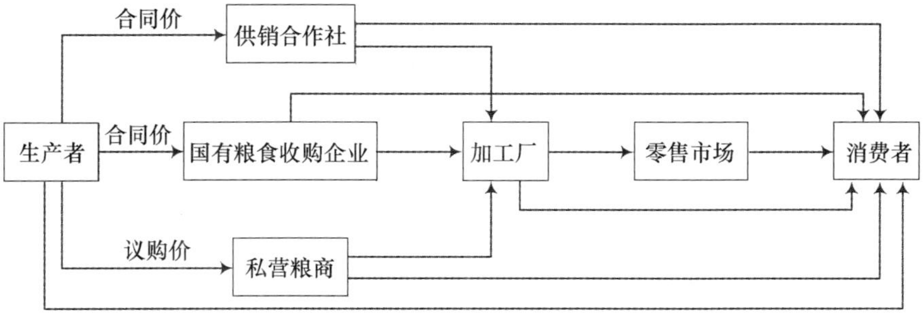

图 4-9　统购统销改革及“双轨制”时期的大豆流通图

4. 深化改革时期的流通渠道

这一时期，大豆流通渠道呈现多样化，大豆流通主体不仅有国有粮食部门（包括粮食收购企业和粮食经营企业）、私人商贩，部分加工企业后来也直接参与大豆的收购。1993—2006 年，但是由于市场化发育还不够快，农民组织化程度低，间接运销仍是主要渠道，即农民生产的商品粮通过收购然后批发给经营企业再销售给零售企业再到消费者手中。2009 年国家引导东北地区大豆压榨企业按临时收储价入市收购，由此形成大豆流通渠道如图 4-10 所示。

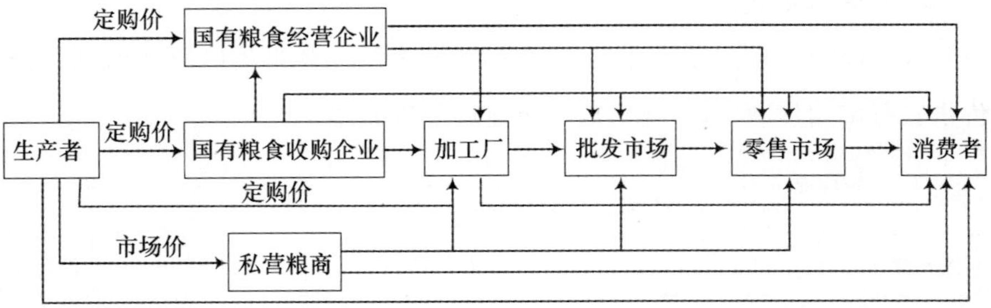

图 4-10　深化改革时期的大豆流通图

4.5　大豆运输与仓储

4.5.1　大豆运输

公路、铁路和水路是目前我国大豆流通的主要运输。一般农民将大豆销售给国有粮库或私营粮商以及相邻地域间的大豆运输以公路运输为主，公路运输快速灵活，可以直接实现门到门的服务，在大豆运输中起到了重要作用；国有粮库按计划向各省的调拨主要是铁路运输，另外，主产区大豆也主要通过铁路运输流向外省；而东南沿海区域的进口大豆主要靠海运。从 2003—2004 年各省区大豆运输情况来看，铁路出省大豆运量除主产区黑龙江居首外，其余主要是沿海省，依次为江苏、山东、天津和辽宁等，其中山东和辽宁省内运量分别占该省总发运量的约 80%和 60%，沿海省大豆运输主要由大豆海铁转运构成；在大豆运入省中，扣除上述省内运输量（山东和辽宁），河北、河南、四川是主要运入区域（左晓戎等，2006）。

4.5.2 大豆仓储

由于大豆本身具有高温易变质，易走油赤变、易受潮以及防虫霉变能力强等特性，因此对于仓储设施和环境的要求较高。目前我国大豆仓储主要有两类：一类农民自己的简易仓储；另一类是中央储备大豆的仓储，中央储备大豆实行总公司统一领导，分公司、承储库分级负责的管理方式。承储库包括直属库、代储库和直管库。2004 年，国家粮食局发布《中央储备粮代储资格认定办法实施细则》，实施粮食代储以来，大豆仓储市场化程度不断提高。据国家粮食局统计，2012 年取得中央储备粮代储资格的企业（粮食类）达 1761 家，取得中央储备粮代储资格的企业（油脂类）达 193 家。

4.6 大豆交易方式

4.6.1 期货交易

在中国商品期货品种交易史上，大豆期货是上市早、持续交易时间长、累计交易量最大的品种，也是交易最规范的品种之一。20 世纪 80 年代末，随着我国期货市场的探索与实践①，大豆期货市场也不断发展和壮大，并在价格发现、套期保值、规避风险以及优化配置社会资源等方面发挥着重要作用。1993 年，大豆和豆粕期货上市，大连、上海、北京、郑州、成都五家交易所将大豆作为交易品种，后不断经过期货市场的宏观经济治理整顿，自 1999 年，大连商品交易所成为国内上市大豆期货品种的唯一交易所。2002 年 3 月，大连商品交易所推出了黄大豆 1 号合约，主要面向国产大豆，完全是非转

① 其标志为：1988 年 3 月 25 日，李鹏在七届人大一次会议《政府工作报告》中指出："加快商业体制改革，积极发展各类批发贸易市场，探索期货交易；1988 年 5 月，国务院决定将小麦、杂粮、生猪和麻作为期货试点品种；1990 年 10 月 12 日，中国第一个商品期货市场——郑州粮食批发市场正式开业。

基因大豆。2004 年 12 月 22 日，又推出黄大豆 2 号合约，主要面向进口大豆、不区分转基因与非转基因。2006 年 1 月，推出豆油期货。大豆、豆粕和豆油期货的陆续推出，为整个大豆产业链提供了相应的期货避险工具①。

1. 大豆及其产品成交量与成交额

1993—2003 年，大豆成交量持续增加，从 222 万手增加到 1.2 亿手，成交额也从 230.36 亿元增加到 3.99 万亿元；2004—2011 年，交易量波动较大，2008 年成交量最高达 2.3 亿手，交易额达 9.5 万亿元，2006 年成交量最低达 2164.46 万手，成交额为 5866 亿元，2012 年成交量和成交额分别为 9097.14 万手和 4.3 万亿元（表 4-7）。

豆粕和豆油期货自上市以来，交易规模不断扩大，2009 年成交量分别高达 3.1 亿手和 1.9 亿手，交易额分别达 8.9 万亿元和 13.8 万亿元，2011 年成交量分别下降到 1.6 亿手和 5801 万手，成交额分别下下降到 5017 万亿元 5.8 万亿元；2012 年豆粕和豆油期货成交量分别为 6.5 亿手和 1.4 亿手，成交额分别达 23.2 万亿元和 12.9 万亿元（表 4-7）。

表 4-7 大豆系列品种期货成交量及成交额

单位：万手，亿元

年度	大豆成交量	大豆成交额	豆粕成交量	豆粕成交额	豆油成交量	豆油成交额
1993	222.35	230.36	—	—	—	—
1994	1456.92	1778.19	—	—	—	—
1995	1308.06	2233.93	—	—	—	—
1996	2323.53	7419.87	795.20	256.40	—	
1997	3505.18	10497.67	480.05	1486.92	—	
1998	2697.36	6754.59	91.83	205.01	—	
1999	3034.15	6421.46	2990.68	6573.64	—	
2000	3381.80	7607.25	114.24	209.97	—	
2001	9077.94	19125.68	382.40	638.98	—	
2002	8800.65	19258.52	880.83	1577.76	—	

① 刘兴强．期货市场在大豆产业发展中的作用，期货日报，2009-08-17。

续表 4-7

年度	大豆成交量	大豆成交额	豆粕成交量	豆粕成交额	豆油成交量	豆油成交额
2003	12004.02	39900.00	—	—	—	
2004	11491.03	36041.83	4950.19	13573.21	—	
2005	8115.36	23422.24	7347.64	18488.05	—	
2006	2164.46	5866.07	6309.93	14719.75	2066.60	11200.64
2007	9490.55	37456.51	12943.89	39138.72	2656.77	21735.86
2008	22744.87	95227.98	16253.09	54157.90	8939.20	83290.12
2009	8507.82	31145.17	31080.81	89116.36	18967.38	137825.81
2010	7481.66	30864.37	25116.38	77303.25	18281.25	155530.42
2011	2525.02	11370.37	5017.03	16267.90	5801.26	57775.73
2012	9097.14	42913.02	65163.79	231698.29	13770.23	128601.03

数据来源：《中国证券期货统计年鉴》和大连期货交易所官网。

2. 大豆期货价格

中国大豆期货自上市以来，大豆期货价格波动幅度较大，经历了 4 次大涨和 3 次大跌，在每个大的变化趋势中，也存在小的波动，表现出一些季节性特征（图 4-11）。

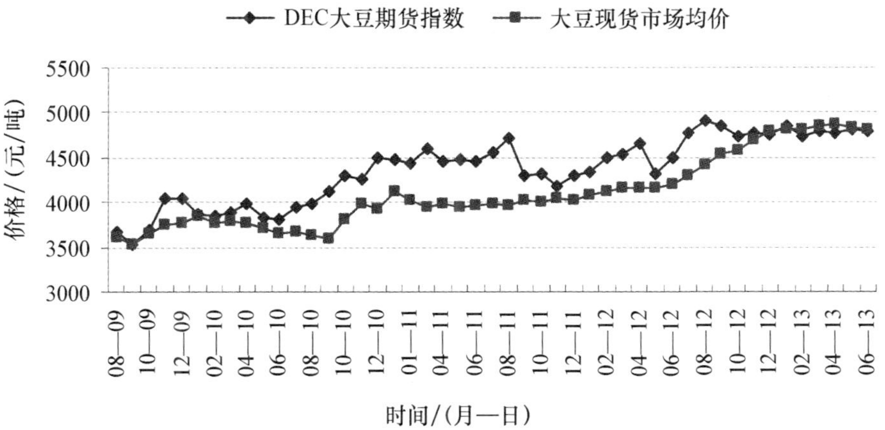

图 4-11　2009 年 8 月至 2013 年 6 月大豆期货和现货价格变化

数据来源：中华粮网数据中心。

一方面，由于大豆种植的季节性所致。我国和美国位于北半球的相近纬度，大豆生长周期几乎一致，一般在5、6月份播种，9、10月份收获。受大豆生长周期的影响，大豆在不同月份的供给和消费差异较大，从而使大豆期货价格表现出季节性波动的特征。一般情况下，每年10月份北半球大豆集中上市产生一个季节性的供应高峰，大豆价格达到最低，10月份到次年2月份，随着供应压力的逐渐减缓以及消费的稳步提高，大豆价格经历一个稳步攀升的阶段。而这段时间南美大豆尚未成熟，大豆消耗主要依靠北半球刚上市的大豆及库存，随着库存的减少，大豆价格也逐步爬升，特别是2月份，因为春节的关系，价格会加速上涨；2—6月份，价格处于高位，因为北半球的大豆逐渐被消耗，而南半球的大豆虽3月下旬已开始收获，但集中上市一般在5月份，再加上海运的时间，到达国内已近6、7月份，加之这段时间大豆处于高消费期，因此价格一直保持高位；7月份为相对低点，随着南美大豆的到港，对大豆价格形成了压力，另外，夏季棕榈油开始出现消费高峰，对豆油的替代作用显现，从而对大豆需求产生一定的抑制作用。

另一方面，投机资金推动大豆价格的季节性变动。由于全球大豆的定价权在美国市场，因此大豆市场呈现的豆价季节性涨跌与国际大资金的推动密切相关。美国大豆销售期限一般在10月份至次年3月份，为保证美国豆农能以较高的价格出售大豆，美国大型粮商和各类基金在新豆上市之际往往会在期货市场多做大豆，推动大豆价格上涨，特预期该作物年度将减产的情况下。但在4月份大豆销售完毕，基金会平掉多头仓位，甚至在7、8月份大豆生长的关键期，发布各种消息打压期价，做空大豆，导致在第三季度大豆期价会显著下降①。

4.6.2　现货交易

由于国内大豆受生产周期的影响，因此国内的大豆现货供应和价格也呈周期性变化。从现货供应来看，一般每年的11月是大豆集中上市的时候，因为北方的春播大豆一般在4—5月份播种，9—10月份收获；南方的夏播大

① 专题报告：大宗商品季节性波动规律研究，中国国际期货有限公司，2011年12月。

豆一般6月份播种,收获季节在9—10月份。但由于北方大豆在收获后,因含水量较高,需要晾后才能外运,因此大豆上市一般在11月份左右。另外,由于受气候因素影响,大豆生产的丰歉将会导致市场价格的变动,这时国储或其他粮食经营主体可能会大量囤积或急售,市场变化难于预测。但一般的规律是:大豆丰收年份,11月至次年1月份市场上大豆供给较多,以后相对较少;相反,大豆歉收年份,11月至次年1月份市场大豆供给相对较少,以后供给相对均匀,这是囤积发挥作用的结果①。

从现货价格来看,正常年份,随着新豆上市,11月份开始大豆价格不断下降,直到1月降到最低,以后一般以每月3%左右的速度回升;如遇减产年份,9—11月份大豆价格上升较多。因此从全年来看,9月至次年1月份是大豆交易最关键的月份,这几个月的大豆价格对全年起着主导作用,代表着大豆价格的变动趋势②。

但由于进口大豆在大豆供需中起到了较好的平衡作用,因此,近年来大豆现货供应和价格的周期性变化越来越不明显。

4.7　大豆流通现状与存在的问题

4.7.1　大豆流通现状——来自黑龙江省大豆农户的调查

为进一步了解大豆流通状况,2012年5月,我们开展了对黑龙江大豆农户大豆销售状况的调查。调查包括大豆收购主体、销售价格、付款方式、收购方式、运输方式及质量检验等基本情况以及大豆销售中存在的问题。

1. 大豆农户基本状况

2011年,总体来看,受访的大豆农户(344户)大豆销售总量占生产总量的比重为94.14%,其余的大豆自留(5.55%)或赠送(0.31%),自留大豆中

① 大豆现货市场概况. http://finance.sina.com.cn/futuremarket/fustudy/20060802/14572785856.shtml,2006-08-02。

② 同上。

3. 27%用于消费,2. 28%留种。

91. 57%的农户进行了大豆销售,另 8. 43%的农户生产的大豆没有销售。销售大豆的农户中,全部销售的农户占 37. 79%,销售大豆 90%以上的农户占 43. 90%,销售大豆 80%～90%的农户占 5. 52%,销售大豆 80%以下的农户占 4. 36%(表 4-8)。

表 4-8　2011 年受访农户基本情况

	农户数	占农户比例/%
销售大豆	315	91. 57
其中:全部销售	130	37. 79
销售 90%以上	151	43. 90
销售 80%～90%	18	5. 52
销售 80%以下	14	4. 36
未销售大豆	29	8. 43
合计	344	100

2. 2011 年大豆销售情况

(1)主要大豆收购商。目前,当地的大豆收购商主要是国家粮站、合作社、流通企业、加工企业及私人。其中 81. 69%的农户当地有私人商贩,27. 03%的农户所在地有国家粮站,11. 05%的农户所在地有流通企业,7. 56% 的农户当地有合作社,7. 27%的农户当地有加工企业。

(2)销售给不同收购商的情况。2011 年,81. 81%的农户将大豆卖给私人商贩,占销售总量的 84. 32%,7. 5%的农户卖给国家粮站,占销售量的 6. 74%,5. 31%的农户卖给流通企业,占销售量的 5. 78%,2. 50%的农户卖给合作社,占销售量的 2. 43%,1. 88%的农户卖给加工企业,占销售量的 0. 73%(表 4-9)。

从平均销售价格来看,卖给加工企业价格最高 4. 30 元/千克,国家粮店的价格最低 3. 90 元/千克。私人商贩的价格差异最大,最高与最低价差 2. 88 元/千克,合作社的价差最小,仅为 0. 40 元/千克(表 4-9)。

农户销售大豆的付款方式均是现金,销售方式都是一次性销售(表 4-9)。

表 4-9 2011 年黑龙江农户大豆销售情况

项目	国家粮站	合作社	加工企业	流通企业	私人商贩
农户比例	7.5%	2.50%	1.88%	5.31%	81.81%
销售量比重	6.75%	2.43%	0.73%	5.78%	84.31%
销售价格区间/(元/千克)	3.60～4.20	3.90～4.30	3.90～5.00	3.66～4.60	2.72～5.60
平均销售价格/(元/千克)	3.90	4.00	4.30	4.06	4.06
付款方式	现金	现金	现金	现金	现金
销售方式	一次性销售	一次性销售	一次性销售	一次性销售	一次性销售

(3)销售给某一类收购商的原因。农户将大豆卖给私人商贩的主要原因是方便(31.48%)、价格合理(25.94%)、质量要求较松(15.66%)和有合同关系(13.87%)等;卖给国家粮店主要是因为价格合理(35.19%)、方便(33.33%)和结算方式好(14.81%)等;卖给流通企业主要是由于价格合理(32.43%)、方便(29.73%)和习惯(10.81%)等;卖给合作社主要是因为价格合理(30.77%)、结算方式好(23.08%)、被他垄断(19.23%)和方便(11.54%)等;卖给加工企业主要是因为方便(23.53%)、服务态度好(23.53%)、价格合理(17.65%)、结算方式好(17.65%)以及质量要求较松(11.76%)等(表 4-10)。

表 4-10 农户将大豆卖给不同收购商的原因 单位:%

原因	私人商贩	国家粮站	流通企业	合作社	加工企业
价格合理	25.94	35.19	32.43	30.77	17.65
质量要求较松	15.66	7.41	2.70	3.85	11.76
方便	31.48	33.33	29.73	11.54	23.53
服务态度好	1.96	3.7	8.11	3.85	23.53
有合同关系	13.87	1.85	—	—	—
结算方式好	—	14.81	8.11	23.08	17.65
被他垄断	0.98	3.70	2.70	19.23	—
习惯	6.85	—	10.81	3.85	5.88
都差不多	1.96	—	5.41	3.85	—
其他(如国营粮店不收)	1.31	—	—	—	—
合计	100	100	100	100	100

(4)不售给其他收购商的原因。农户将大豆卖给私人商贩以外的收购商的原因主要是不方便(31.62%)、质量要求严格(22.38%)、压价(15.20%)和压级(11.91%)等;不卖给国家粮店以外的收购商的原因主要是压价(46.15%)、信誉差(15.38%)和不能一次现金结清(12.82%)等;不卖给流通企业以外的收购商的原因主要是压价(31.03%)、不方便(27.59%)和质量要求较严(17.24%)等;不卖给合作社以外的收购商的原因主要是压价(23.08%)、质量要求较严(23.08%)和不能一次现金结清(23.08%)等;不卖给加工企业以外的收购商的原因主要是压价(23.53%)和不方便(17.65%)等(表 4-11)。

表 4-11　农户将大豆不卖给其他收购商的原因　　单位:%

原因	非私人商贩	非国家粮站	非流通企业	非合作社	非加工企业
价格不合理(压价)	15.20	46.15	31.03	23.08	23.53
质量要求较严	22.38	2.56	17.24	23.08	11.76
压级	11.91	5.13	—	—	5.88
服务态度差	4.93	—	6.90	—	11.76
不能一次现金结清	3.70	12.82	6.90	23.08	11.76
不方便	31.62	7.69	27.59	7.69	17.65
信誉差	1.23	15.38	3.45	19.23	5.88
习惯	7.19	5.13	3.45	3.85	11.76
其他(粮店不收/谁收卖谁)	1.85	5.13	3.45	—	—
合计	100	100	100	100	100

(5)大豆售卖地点。大豆售卖主要是上门收购(86.05%),其次是村中设点收购(5.26%)和短途运售(5.26%),极少数是长途运输(0.31%)。另外,由于由购商不同,售卖地点差异较大,卖给私人商贩(75.84%)、国家粮店(4.95%)、流通企业(4.02%)和加工企业(0.93%)的大豆主要是上门收购,卖给合作社的主要是村中设点收购(1.86%)(表 4-12)。

上门收购时,绝大多数是收购者装车(73.45%),部分由农户负责装车(21.82%),也有部分是农户与收购商共同装车(4.73%)。

49.22%的农户不会考虑自己到外面去卖大豆,50.78%的农户有外出卖大豆的经历或者会考虑出去卖,其中 31.78%的农户会考虑用自家运输车或借用运输车等，19.0%的农户会雇佣汽车运输。

对于大豆的质量检验，私人商贩多是根据外观，如色泽，颗粒大小及饱满度等，或品尝来判断大豆的质量，一般不分等级；个别商贩会抽一部分到粮库检验以确定等级。国家粮店一般通过仪器检验来划分等级。合作社一般是通过过筛或水分检测仪器进行检验。加工企业检验较严格，要求直径要符合标准，饱满无杂质，无瘪粒小粒，大小均匀等。流通企业一般也是通过外观来确定等级。

表 4-12 农户售卖大豆的地点 单位：%

售卖地点	私人商贩	国家粮站	流通企业	合作社	加工企业	合计
上门收购	75.84	4.95	4.02	0.31	0.93	86.05
村中设点收购	1.55	0.62	0.93	1.86	0.31	5.26
附近集市或收购点	2.48	—	—	—	0.31	2.79
短途运售	3.41	1.55	—	0.31	—	5.26
长途运售	0.31	—	—	—	—	0.31
其他	—	—	0.31	—	—	0.31

3. 大豆销售中存在的主要问题

调查发现，大豆流通中存在的主要问题是大豆收购价格低(36.07%)、流通渠道单一(31.05%)和交通不便(17.81%)(图 4-12)。

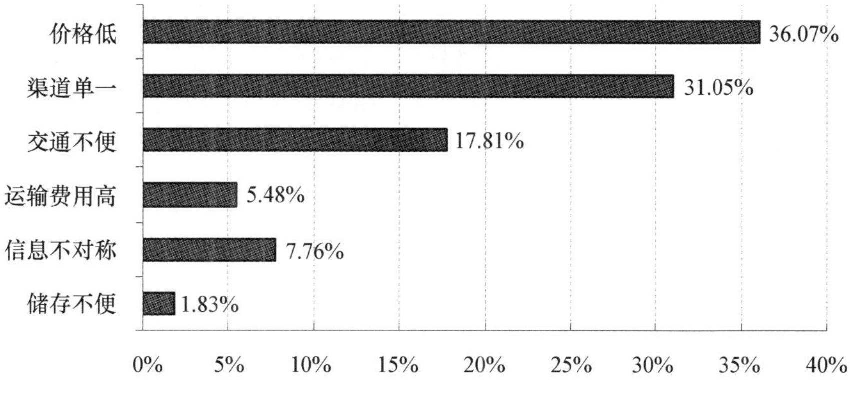

图 4-12 大豆销售中存在的问题调查

经由上述调查分析可见，大豆收购主体呈现多元化，私营商贩以其上门收购提供方便、收购价格高和质量要求松等优势在大豆流通中发挥着主导作用。但对农户而言，大豆收购价格低、渠道单一以及交通不便仍是大豆销售中面临的主要问题。

4.7.2 大豆流通存在的问题

我国大豆流通存在的突出问题是大豆种植区与大豆加工区不一致。北方尤其是东北地区是我国大豆主产区，而大豆加工区则多集中在东南沿海及南方发达地区，因而长期以来形成了“北豆南运”的流通格局。但自1996年以来，大豆的大量进口使这一流通格局发生了改变，进口大豆从海上直接运输到南方港口，进而运往全国的大豆加工厂，因此，形成了大豆从主产区和东南沿海向全国扩散的流通格局（杜玉涛，2013）。

1. 仓储设施落后且分布不均

仓容不足、仓储设施落后对粮食的中转、调运和流通效率会产生不利影响。为解决这一问题，国家在20世纪90年代先后三次对粮食存储设施进行大规模建设，基本解决了仓容不足的问题。但由于平房占到了80%，60%的仓库储粮条件较差，不能适应大豆存储的机械化和自动化，大豆中转调运和流通效率较低。尽管2008年以来，在国家流通领域国债项目储备资金支持下，大豆仓储设施得到扩建，但设施仍有缺陷，致使大豆在仓储过程中损耗严重，如2012年中粮新沙粮油工业（东莞）有限公司，在存储进口大豆的10库中，至少有3个大豆仓库由于热损发生霉变、碳化，其主要原因是这批豆仓均建于2002年，没有搅拌装置，风机设计也有缺陷，所以尽管公司安排及时倒仓，但仍然无法避免出现三个豆仓发生热损情况。另外，仓储设施主要分布在大豆产区，相比之下销区仓容明显不足，同时，大豆从主产区运往销区往往受到交通条件的制约，应急能力较差。

2. 大豆流通成本高

大豆流通成本居高不下，主要来自于以下几个方面：一是长期以来，由于“重生产，轻流通”的思想造成流通业发展缓慢，现有的大豆流通企业多以分散的中小企业为主，缺乏竞争力，不能形成规模效益，因此流通业的总体水平偏加大了我国大豆流通成本；二是流通环节过多，流通效率低下增加了流通成本。如前所述各时期的流渠道图，参与者众多，层层加价，致使大豆价格较高，但利益往往被中间环节获取，农民并未得到实惠；三是运输费用过高造成大豆流通成本居高不下。据国家统计局农村社会经济调查总队(2002)在黑龙江的调查显示，公路和铁路运输因地理位置、季节和运输距离不同，其成本存在较大差异。公路运输每吨价格平均为 0.54 元/千米，铁路运输运费收费标准为每吨 0.112 元/千米。大豆从产地三江平源经佳木斯运到中转地大连，每千克增加运费 0.15 元，相当于大豆生产者价格的 10%；而从富锦向杭州经铁路运输，每千克的大豆运费为 0.36 元。仅运费一项，导致大豆批发价格比生产者价格高 20%左右。

3. 铁路运输能力不足，大豆跨区流通不畅

运输成本相对较低是铁路运输的优势，但运力不足也是制约我国铁路运输的瓶颈。国内大豆从产区运往销区主要采用铁路运输和铁水运的形式，即主要以铁路为主。但由于铁路运输能力不足，往往造成两方面的问题：一方面，主产区的大豆不能及时运出，甚至造成产区存储大豆不能及时出库，如前所述产区大豆仓容有限，因此，农民不得不降低价格销售大豆，导致利益受损；而另一方面，大豆主销区的大豆需求又不能得到及时的满足。

4. 体制原因影响大豆流通

自 1993 年开始，我国一直在不断探索粮食市场化的改革。2004 年以来，粮食收购市场全面放开，呈现出粮食购销市场化和市场主体多元化的特点，可以说，粮食市场化改革取得了很大成效。但由于我国粮食企业数量众多，但规模不大且功能单一，分散经营，难以在市场上形成主体地位，因而大批量的散运和厂库联运的难度较大。此外，不同地区和部门分管物流资源，导致仓库、运输工具和中转设施等不能有效衔接，资源不能充分共享。此外，不同功能的粮库比例不协调，导致资源闲置与不足情况并存。

4.8 国外大豆流通的借鉴与启示

4.8.1 美国的大豆流通

1. 美国大豆流通环节[①,②]

(1)大豆收购。美国拥有世界四大粮商中的三家,这三家公司在长期的发展过程中,依托粮食主产区,建立了大量的粮食收购站,与当地农户建立了密切的合作关系,特别是嘉吉公司、ADM公司总部就在大豆主产区,更是具有得天独厚的大豆收购地理优势。因此三大粮商在美国大豆收购中发挥着重要的作用。另外以大型农场主为核心的农业供销合作社由于其分布的广泛性也是收购主体之一。这样在大豆主产区内,往往同一区域内有着隶属于不同收购主体的收购站,形成了收购竞争的局面。使得农户在价格和服务上能够得到更大的实惠。而在农产品收购环节上,美国政府一般更多的是发挥市场机制作用,自身不参与收购。

(2)大豆销售。美国大豆销售具有两个显著特点,一是出口占比较高。一般大豆总收购量的35%用于出口,另外有60%被用于国内加工;二是具有显著的季节性特点。大豆收购以后,在6个月内的销售量就占总销售量的70%,其中10月份销售量就占了1/4。

(3)大豆运输。以水路运输为主是美国大豆运输最显著的特点。由于美国的大豆产地毗邻五大湖地区,因此水路运输在大豆的内陆运输上成本最低,也成为主要的运输方式,运输大豆量占整个运输量的66%。对于大豆出口而言,水路运输也起着至关重要的作用。主产区用于出口的大豆一部分通过内河水路等运输系统运至密西西比河沿岸的仓储设施,在通过由驳船组成的船队运送至墨西哥湾港口,然后由此运往世界各地。这部分出口

① 蔡捍东,冀雪梅. 美国大豆运销体系简介,http://futures.jrj.com.cn/2004/12/000000973547.shtml,2004-12-21

② 美国农业生产与农产品国际贸易概况,http://www.sdny.gov.cn/art/2004/11/8/art_1189_86956.html,2004-11-08

量占整个出口的80%，因此墨西哥湾港口也成为美国最大的粮食出口港口，世界最大的大豆转运中心。另外一部分大豆通过大湖区的圣罗伦斯河和大西洋港口出口到世界各地，这部分占出口总额的16%。

(4)大豆仓储。美国大豆农场主和农业供销合作组织不但在产地建有各自的收购站，同时也大量建有各自的仓储设施。大豆收获以后农场主根据价格的变化决定直接售出还是储存起来。即使决定储存，农场主也可根据自身的条件采取自储或是由其他仓储商代储。对未来大豆的价格走势预期是决定仓储规模的一个重要影响因素。近年来，随着中国进口的大幅增加，美国豆农在仓储设施上进行了较大的投入，使自有粮仓数量大幅上升。

2. 美国大豆流通的特点

(1)大豆产地集中，区域化程度高。美国大豆生产主要集中在三大区域：一是大湖区西南部及周围地区，主要包括衣艾奥瓦、伊利诺、明尼苏达、印第安纳、俄亥俄、威斯康星等；二是中西部地区，主要包括内布拉斯加、南达科他、堪萨斯等；三是东南部地区，主要包括阿肯色、田纳西、佐治亚等。

(2)大豆销地相对分散，但交通发达。得益于美国发达的道路交通条件，大豆能被迅速运往各大城市并形成城市集散市场。美国国内大豆交易市场可分为产地批发市场、销地批发市场和零售市场三类。其中，产地批发市场一般位于生产地的中心，生产者在大豆收获后先把大豆运往批发市场，然后再让批发市场里的装卸企业利用设备工具对大豆进行干燥、包装和储存，最后组织发货。也有大的农场主有自己的仓储设施，他们一般直接跟大豆加工商或大豆出口商进行交易。美国的销地批发市场又称为车站批发市场，一般位于城里，来自周边各地的大豆都先在车站批发市场进行集中，然后再由流通商们在这里进行面对面的讨价还价，双方谈妥后，通过车站批发市场将大豆发送全国各地[①]。

(3)大豆流通渠道短、环节少、效率高。由于美国大豆生产区域化程度高，多数大豆由产地批发市场或大农场主直接与零售商协商完成。因此，大

---

① 美国农产品流通体系及政府支持，http://finance.sina.com.cn/j/20070515/16333594364.shtml，2007-5-15

多数大豆从产地经过配送中心，直接到零售商或大豆加工商，少数是通过车站批发市场进行销售的，由于大豆流通渠道短、环节少，使得大豆从生产者到消费者的流通速度较快，不仅有效地降低了流通成本，而且大大提高了大豆流通效率。

(4)大豆流通的服务机构齐全。美国有各种行业协会，美国大豆协会于1920年在印第安纳州召开的第一届“农业州大豆会议”上成立（雷天龙，2000），协会的成员非常广泛，不仅有大豆生产者，也有加工商、批发商、零售商以及进出口商等在内的农业公司。协会的职责范围也很广泛，一是推广服务，即在全球范围内推广利用大豆及大豆制品；二是协调交流，如组织大豆流通，举办交易、展示会增进会员间信息交流，开展国际交流与合作促进出口等；三是信息服务，一方面向会员介绍最新流通政策和法规，另一方面向国会及政府反映会员意见等。

(5)大豆期货市场发达。美国大豆期货市场是世界上最早形成的大豆期货市场，同时也是最主要的市场，自1936年10月5日美国芝加哥期货交易所(CBOT)正式上市大豆期货以来，目前已发展成全球最成功的衍生品交易市场之一。CBOT大豆期货市场经过充分竞争形成的期货价格，弥补了现货价格瞬时性和滞后性的不足，成为美国大豆生产、流通和贸易的价格轴心。在生产环节，生产者会根据期货价格科学调节种植结构，合理确定种植品种和播种面积，大豆生产与市场有机结合。在销售和贸易环节，农民根据每天的CBOT报价决定是当期出售还是远期销售，同时各大粮商和粮食加工企业通过参照期货价格，制定采购和销售计划①。

(6)政府政策支持。除了生产，美国政府对农业市场流通环节的支持力度也是很大的。由于美国大豆生产劳动生产率高，大豆面临的最主要问题就是农场主所生产的大豆得以顺利出售，获得合理的收入，稳定生产，一方面，政府采用价格支持等多种形式的支持手段帮助生产者出售大豆；另一方面，政府采取多种措施开拓国外市场，如中国就是美国成功开拓的大豆出口市场之一。美国农业部1953年设立海外农业局对促进大豆出口发挥了重要

① 世界主要国家大豆期货市场的发展对我国的启示，郭晓利，http://www.doc88.com/p-892118744324.html

作用。其职能之一便是负责收集、整理、分析和发布美国各类农产品的进出口情况，世界各国和地区农业生产、农产品进出口、相关政策调整与变化等情况，为国内大豆生产者、加工者和进出口商提供决策参考。

4.8.2 巴西的大豆流通

1. 巴西大豆流通环节

(1)大豆收购。巴西的大豆收购商主要有压榨厂、出口商和贸易公司。巴西最大的4家大豆收购商和出口商均是美国资本的跨国企业，即AMD公司、Bunge/Ceval公司、Cargil公司和Dreyfus/Coinbra公司。2006年，巴西政府对10个大豆生产州，包括南马托格罗索州、米纳斯吉拉斯、巴伊亚、皮奥伊、马拉尼昂、托坎廷斯、巴拉那、朗多尼亚州等制定了最低收购保护价。根据巴西政府的方案，马托格罗索州北部地区的大豆最低保护收购价为每袋(60千克)22.5雷亚尔，该地区可按照该保护价提供25万吨大豆；该州南部将提供8.35万吨大豆，最低收购保护价为23.52雷亚尔；此外，戈亚斯州大豆的保护价为24雷亚尔[①]。

(2)大豆销售[①]。巴西的大豆销售由于大豆生产区域的不同而存在较大差别，主要有两种方式，一是“订单农业”的方式。主要被中西部和北方地区的大型农场采用，每年大豆播种前，农场主直接与收购商或出口商签署当年的交易合同，合同中的大豆价格以美国芝加哥农产品期货交易市场的价格依据。收购商一般会预付30%～50%的订金或提供部分贷款，为农场主提供生产所需资金。大豆收获后，收购商按合同前来收购大豆，因此，这些大农场大多与跨国公司有着长期而密切的合作。二是委托农业合作社代为销售。这是南方的家庭农场采用的主要销售方式，南方三洲大豆总产量的近50%由合作社销售。合作社由户数不等的家庭农户组成，农户只负责大豆的生产，农业合作社负责大豆销售，其主要任务是联系收购商和出口商并签订供销合同。

---

① 巴西对大豆收购提供补贴，http://news.aweb.com.cn/2006/6/29/10120863.htm，2006-06-29

(3)大豆运输[①]。巴西大豆运输以公路为主,各个产区的大豆超过60%通过公路运往各地的加工厂或经港口出口,水路和铁路的运输量仅占5%和28%。巴西农业合作社、大型农场主、谷物商和贸易商一般与运输公司签订运输协议,用卡车从产地将大豆散运到码头,每辆卡车最大装载量30吨(两个装货斗),到码头经计量检验后在液压翻板上卸车。

巴西境内大豆出口主要有四个通道:①从中西部大豆主产区马托格罗索州通过公路运输到朗多尼亚州首府波多韦柳,沿亚马孙河支流马代拉河顺流而下,到达帕拉州首府圣塔伦港装船运至国际市场;②从中北部大豆产区通过公路运输、内河运输至北部贝伦港及伊塔基港出海;③从东北部产区通过公路运输到东部的塞尔瓦多港、维多利亚等港口出口;④从中部、南部大豆主产区利用公路运输至南部桑托斯、巴拉那瓜港、南圣弗朗西斯科港、里奥格兰德等港口出海,这四个港口的大豆出口量占巴西大豆出口总量的60%。

(4)大豆仓储。大豆仓储的主要作用是烘干、分级、储藏。巴西国内大豆的仓储可分为农户自行仓储和合作社等代储两种方式。由于中西部大规模的大豆生产者一般都拥有烘干和仓储设施,所以大豆自行储存,而南部以及中西部的中小规模大豆生产者由于一般没有烘干和仓储设施,因此,需要在合作社进行烘干和储藏。除不同规模的种植户和合作社外,部分贸易商和谷物商也是大豆仓储环节中的重要参与者。

出口大豆的仓储一般要经过农场库、收纳库、港口库及转运库等四个环节。农场库,是指一些大中型农场自建的仓储库,一般每座仓库的仓容在500吨左右,主要用于大豆收获后的临时储存;收纳库,收纳库一般建在合作社,仓容量在1000吨以上,大的达3万吨以上,在大豆流通过程中主要起连接生产者和市场的作用。除此之外,一些贸易商和谷物商,也在大豆产区集中建设收纳库,用来存储收购的大豆;转运库,一般由合作社或贸易商在内河或铁路终点站修建经营,主要接收中西部地区通过铁路转运的大豆,随后再通过公路运输转运到港口库;港口库,大的农业合作社、跨国粮商、专业粮

---

① 巴西大豆生产流通调研报告,http://www.chinairn.com/doc/70280/33051.html,2005-08-01

食转运公司等在港口修建港口库，来连接大豆的陆路和水路运输（强文丽等，2011）。

（5）大豆加工。巴西生产的大豆约55%的大豆用于压榨，40%用于出口。压榨产品为豆粕与豆油，豆油的国内消费量及出口量各占1/2，豆粕产量的65%用于出口，其余作为畜禽饲料。

2. 巴西大豆流通存在的问题①

（1）大豆产销地距离较远，运输不便。巴西大豆生产区主要分布在中西部的马托格罗索州、南部的南马托格罗索州、南里奥格兰德州（也称南大河州）、巴拉纳州和圣保罗州等，2009年，中西部地区大豆种植面积约占全国的45%，南部地区约占38%，其中马托格罗索州是最大的大豆产区，东南部、东北部和北部地区大豆种植面积分别占全国的6.5%和7.5%。而巴西大豆出口的四个主要港口均位于巴西南部，分布较集中，但中西部大豆主产区至出口港距离较远，这就对大豆收获后的集中运输带来了较大的不便。

（2）大豆流通基础设施落后。巴西大豆以公路运输为主，但国内公路建设落后，运力偏低。巴西公路基本上是建于20世纪70年代，公路基础设施年久失修，72%的公路存在着各种缺陷（31.8%的公路处于轻度缺陷，22%的公路中度损坏，18.2%的公路是严重损坏），2011年巴西好和非常好的公路占42%，其余57%部分的公路条件都一般甚至非常差。另外，运输车辆破损严重，限制了巴西大豆的运输，特别是巴西最大大豆种植州——马托格罗索州位于巴西内陆地区，大豆外运不便。为改善巴西运输状况，2009年，巴西政府已制定了国家物流与运输计划（PNLT），将铁路运输与水路运输所占份额分别提高到35%、29%，将公路运输所占份额缩减到30%，通过建立以铁路和水路为主的巴西复合运输系统，改善国内物流状况。

另一方面，巴西粮食运输水运资源利用不充分。由于巴西农业由南向北发展，产量大增，但是北方地区的港口建设远不同步，北部产区通往北部港口的道路条件差，港口不能得到充分的利用，造成南方港口压力大，集港

① 巴西大豆运力存疑或将限制期价跌幅，http://www.cofeed.com/soybean/1302968302.html，2013-2-1

运距过远。

(3)大豆运输成本高。一方面,长期以来,由于运输基础设施落后,且公路运输速度慢、时间长、路途损耗大,导致运输成本较高;另一方面,2012 年 7 月 17 日,巴西政府通过了第一个司机工作时间条例,强制减少了卡车司机在 24 小时内的工作时间,增加了运输成本。该条例规定,卡车司机在 24 小时内的最大工作时间为 13 小时,其中包括了开车时间不超过 10 小时,每开车 4 小时休息 30 分钟,吃饭时间 1 小时,对于以公路运输为主的巴西大豆来说,却变相提高了大豆的运输成本。据马托格罗索的大豆生产协会称,预计今年运输成本将大约上升至大豆价格的 30%,其中卡车司机工作时间的限制将是导致运输成本大幅增加的主要驱动力。

(4)仓容分布不均,北部地区和农场自有仓容紧缺。仓容分布不均,特别是北部地区缺少仓容,是巴西大豆流通中的一个十分突出的问题。2009 年,巴西谷物仓储容量达 1.37 亿吨,但仓容分布不均。巴西南部和东南部是传统农业产区,谷物总仓储能力为 7680 万吨,占巴西谷物总仓储能力的 57%;中西部地区谷物仓储能力为 4730 万吨,占巴西谷物总仓储能力的 35%;而北部和东北部地区的仓储能力只有 1130 万吨,仅占全国谷物总仓储能力的 8%,仓库容量严重不足。巴西南部和中西部地区大豆仓储设施拥有者的结构特点明显不同。如表 4-13 所示,南部地区的南里奥格兰德州、圣卡塔琳娜州和巴拉那州农户种植规模比较小,合作社是大豆仓储的主体,合作社的大豆仓储能力超过总仓储能力的 50%,其中在圣卡塔琳娜州,合作社大豆仓储能力占总仓储能力的比重达到 72%。而中西部地区的南马托格罗索和马托格罗索的大豆仓储中,贸易商和谷物商的大豆仓储能力占总仓储能力的 30%左右。由于马托格罗索大豆生产者的种植规模比较大,农场的大豆仓储能力占总仓储能力的比例最高,达到 27%(强文丽,2011)。

北部地区仓容不足的主要原因是由于国际粮食市场需求的影响,中北部地区的耕地得到开发利用,正在成为粮食主要产区,但相应的仓库建设却没能跟上,导致仓容缺口较大。同时,巴西的农场拥有的仓容量很少,只有 5%的农场自己拥有仓库(而美国为 80%,阿根廷为 20%)。因此农民必须在收获季节出售粮食或在收获前就预售粮食,而不能通过储存待机销售。

为此,巴西政府为鼓励农场主自行投资建设仓库,提供了低息贷款,并进行贴息。目前巴西商业贷款利率14%,农民获得贷款的利率为8.75%,息差由政府补贴;但单个农户贷款限额60万巴币。巴西政府提供的用于仓储建设的低息贷款,重点放在北部地区①。

表4-13 各州大豆仓储拥有者结构 单位:%

州	贸易商	合作社	谷物商	生产者
南里奥格兰德	5	64	22	9
圣卡塔琳娜	4	72	14	10
巴拉那	8	52	33	7
南马托格罗索	29	25	29	16
马托格罗索	35	7	31	27

资料来源:强文丽等,2011(根据国家供应公司(CONAB)和巴西地理数据局(IBGE)数据整理)。

4.8.3 阿根廷大豆流通

1. 大豆运输方式

阿根廷于1990年开始了稳定经济和开始实行经济自由化改革。在流通方面的改革主要是通过撤销垄断出口贸易的政府商品机构,实行流通基础设施私有化,如农产品营销设施(包括粮食和油料中转设施)、通讯部门、运输部门(包括主要港口设施、铁路和水路运输)都已完成私有化变革。因此,阿根廷的流通基础设施多数都是私人企业或与外资合资企业所有。阿根廷运输体系由公路、铁路和水路组成。阿根廷本身的地理条件很好,有5条铁路线,也有很好的出海口和港口,国内有多条大河,并且与出海港口相通,其中主要是巴拉那(Parana)河,巴拉那-巴拉圭水道。但阿根廷的西部是安第斯(Andes)山脉,阻碍了阿根廷西部地区就近利用智利的出海口,所以一般都是将农产品运到东部的海港进入南美以外的国际市场。从大豆运输的距离来看,阿根廷主要大豆产区离主要的海港口罗萨里奥(Rosario)和布宜诺

① 巴西、阿根廷粮食流通体制考察报告,http://www.chinagrain.gov.cn/n16/n1092/n2037/n81205/83584.html,2007-10-14

斯艾利斯(Buenos Aires)的距离都在300公里之内,这一运输特点大大优于美国和巴西(何秀荣等,2002)。

2. 大豆港口运作模式①

阿根廷罗萨里奥的粮食码头属于美国嘉吉公司的全资子公司,位于阿根廷第二大城市罗萨里奥市的巴拉那河岸,与阿根廷主要产粮区直接相连,是阿根廷第二大粮食港口。码头拥有5万吨级装船码头(水深-10米)、5000吨级卸船码头各一个,另有一个油脂装船码头和化肥卸船码头。粮食装船能力为每小时2000吨/时(2条1000吨/时的输送线),卸船能力为750吨/时。油脂码头装船能力为800吨/时。年粮食中转能力为600万吨。粮食装船码头丰水期最大装载量为5万吨,一般情况下装载量3～4万吨,拥有筒仓24万吨仓容,房式仓36万吨仓容。其中3万吨房式仓和9万吨房式仓各三座。房式仓进出粮均为机械化作业。拥有8.4万吨仓容的大豆油储罐。该公司每年约5%的仓容会临时对外出租,没有仓容闲置情况。码头建有烘干设施,能力为320吨/时。主要烘干货种是大豆。各种设施占地35公顷,布局紧凑。但是该港由于缺乏必要的除尘设施,致使作业区粉尘很大,设备覆盖有很厚的尘土。在码头区建有日处理能力9000吨的大豆油脂加工厂,共有三条生产线,最大一条线加工能力4650吨/日。主要产品为毛豆油和豆粕,97%出口到国外,附近30公里处建有另外两个大豆油脂加工厂。

该码头的集港方式有两种,一种是卡车集港,一种是驳船集港,无铁路。卡车集港是由农场主或嘉吉公司租用私人卡车从产地将粮食散运到码头,每辆卡车最大装载量30吨(两个装货斗),到码头经计量检验后在液压翻板上卸车。日接卸卡车1000辆。驳船集港是由巴拉那河上游沿岸的农场主一般采用驳船将粮食运到码头,在码头用抓斗卸下由皮带机输送入仓。每天可接卸12条驳船,卸船量15000吨。

罗萨里奥市建有多个粮食码头,除嘉吉公司粮食码头外,还有法国路易达孚粮油码头(上游)、美国邦吉(跨国公司)粮油码头和阿根廷农民协会粮

---

① 巴西、阿根廷粮食流通体制考察报告,http://www.chinagrain.gov.cn/n16/n1092/n2037/n81205/83584.html,2007-10-14

油码头(下游)等。位于罗萨里奥上游的圣马丁港是阿根廷第一大粮港(年中转量992万吨,它也是世界第三大粮食港口,第一位的是美国新奥尔良的圣路易斯安娜港,第二位的是大连北良港)。

3. 大豆流通政策环境

阿根廷政府实行完全市场化的粮食政策,政府对农业生产、流通及市场不作任何干预,也不对农业生产及流通的任何环节提供政策支持。经济生产部是阿根廷政府重要的综合经济管理部门。下设一个农业食品局,局内设农业、林业、水产处。农业食品局作为政府机构,主要是农业生产和流通的"观察者",其主要职责是控制农产品质量和卫生指标①。同时,与农业基金会等非政府机构组织合作,举办展览会等宣传政策、推广新技术、促进对外贸易的活动。除此之外,还向中小生产者提供一些财务、技术和组织支持,向农民提供利用期货市场的咨询支持,以期农民利用现代交易手段来规避市场价格风险。

4.8.4 启示与借鉴

1. 改善运输环境和方式,降低运销成本,提高运输效益

我国的大豆产销区域分布现状使大豆面临着严重的运输瓶颈,国内一般的铁路和公路运输不能保证原料的及时供应。从国际经验来看,长距离运输中,水路运输成本比铁路和公路都要低,这点对于低值大宗农产品尤其重要。即使是美国这样交通运输条件极其发达的国家,在运输低值大宗农产品时,也是充分利用水路运输。可以想象将黑龙江的大豆用卡车、火车或万吨轮船运至南方省份的单位运输费用差别。同时,借巴西和阿根廷的大豆流通启示我们,在国际贸易中,港口建设是极其重要的,因此,可以发挥我国长江、珠江以及其他一些河流的相当河段的水路优势(何秀荣等,2002)。

现代企业规模对传统的运输方式提出了挑战。近年来,一批大型大豆加工厂在南方纷纷建立起来,而且规模日益扩大,日压榨量一般在1000～

① 巴西、阿根廷粮食流通体制考察报告,http://www.chinagrain.gov.cn/n16/n1092/n2037/n81205/83584.html,2007-10-14

3000吨，最大的在5000吨。大豆加工企业如此大的吞吐量对交通运输提出了新的要求。以铁路运输为例，一列50节的火车也只能运输2500～2800吨的大豆，这还满足不了加工企业一天的压榨量，与此同时，在保证主要粮食运输的情况下，为某个企业安排专列来运输大豆也不现实。因此解决规模以上大豆加工企业的运输问题只能依靠水路(何秀荣等，2002)。

因此，改善北部的港口条件和充分利用水运(内河运输和海运)不仅有利于大豆的运输，也有利于其他农产品和非农产品。特别对于作为我国重要的农产品供应基地的东北来说，提高运输能力、缩短运输时间、降低运输成本是东北农业持续发展的重要环节。

2. 加强市场行情研究，建立信息情报分析机构

与国外相比，我国在市场行业方面的研究差距较大。目前我国的农产品市场行情研究主要依靠厂商和咨询公司。由于厂商规模、经验以及信息渠道和手段等的限制，市场行情研究滞后。对于咨询公司来说，经济利益是首要目标，其所提供的信息均是价格较高的有偿服务，这不仅容易造成信息封锁，对于国内的小厂商来说，也需要一个适应过程。因此，应当考虑由国家或者是行业协会来提供信息服务，通过会员制的方式收取一些信息费用，提供较为完整的信息服务。鉴于行业协会本身不具研究能力，可以选择长期的委托单位进行信息收集(何秀荣等，2002)。这方面美国的经验值得我们借鉴，美国行业协会就是在服务功能上发挥了极大的作用，包括出口市场的整体开拓也是行业协会的主要工作内容之一，典型的案例如美国大豆协会开拓中国市场。

4.9 本章小结

(1)我国的大豆流通体制经历了从自由购销、统购统销、双轨制以及市场化改革四个阶段，与之相适应的，大豆价格体制也经历了“定购价——定购价、议购价和市场价并存——市场价和临时收储价并存”的演变，大豆流通主体也由单一的国营商业发展为以国营商业为主导，其他主体并存的多元化形式，流通渠道也从单一渠道发展为多渠道流通。

(2)我国大豆流通的基本格局：油用大豆基本上是由国外进口，除沿海地区内流通自用外，从东向中西部流通；食用大豆以各地自产大豆为主，部分由东北产区向南流动；食品豆制品多数在本区域流通；豆油和豆粕流通与油脂加工企业布局相对应，主要由加工产区向销区流通，特别是豆粕流通与我国农区畜牧养殖业布局密切相关。

(3)我国大豆流通仍存在仓储设施落后、流通成本高、铁路运力不足等问题，大豆流通尚未形成现代物流的完整系统。因此，借鉴大豆主产国大豆流通发展的经验，我国应进一步改善大豆流通基础设施，降低运输成本，提高运输效益；同时加强市场行情研究，建立信息发布机制。

第五章　中国大豆加工

大豆加工是实现大豆产业链价值增值的重要环节。总体上来说，大豆加工可分为大豆食品加工①，油脂加工和大豆生化提取②。食用油加工消耗大豆最多，约消耗86%的原料大豆；其次是豆制品加工，约消耗12%的原料大豆；用于生化提取的大豆消耗量较少，约占1%。由于油脂加工是大豆加工的最主要形式，因此，本章在简要回顾大豆加工业发展历史的基础上，将着重对大豆油脂加工业进行分析。首先对油脂产量、油脂企业、加工布局等发展概况进行较全面的描述，然后分析中国大豆油脂加工的特点和存在的问题，最后对国际大豆加工业发展经验进行总结，并获得借鉴和启示。

5.1　中国大豆加工发展历史回顾

5.1.1　中国古代的大豆加工

中国大豆加工历史悠久，早在先秦时期就有大豆的简单加工，一是以煮的方式食用，《周礼》中的"糗，熬大豆与米也"；二是入药，如唐代贾公彦疏的《周礼注疏》卷五中提到"五谷之中有麻、豆之等有入药分是也"。到了西汉

---

① 大豆食品加工主要指以大豆为主要原料，经工厂化生产加工制成的食品，包括传统豆制品和新型豆制品。传统豆制品指发酵豆制品类（豆酱系列、腐乳系列）和非发酵豆制品类（豆腐系列、豆干系列、素制品系列）；新型豆制品有豆粉、豆乳粉系列产品及冰淇淋、炼乳、豆奶系列产品。

② 大豆生化提取主要指大豆深加工产品，包括磷脂制品类（如卵磷脂、脑磷脂、肌醇磷脂、氢化磷脂、酵素磷脂、改性磷脂等），豆制品副产品加工制品类，如食品系列（大豆低聚糖、大豆皂甙、大豆异黄酮、大豆膳食纤维等）、医药系列（大豆Ⅱ价铁、大豆甾醇、大豆干酪素、大豆维霉素等）、精细化工系列（大豆活性炭、大豆脱模剂、大豆脂酸、大豆干酪素等）产品。

时期，除大豆简单加工外，大豆还被制成醋、酱、豆豉等调味品及土特产，如史游在《急就篇》中所记“饼饵麦饭甘豆羹，芜黄盐豉醯酢酱”。大豆发酵工业、大豆制醋及加工豆豉的工艺在魏朝前后取得较快发展。隋唐以后，大豆油分得到开发利用，宋代的《物类相感志》中就有“豆油煎豆腐，有味”。到了明清时代，大豆蛋白和油脂加工得到初步发展。明代宋应星在《天工开物》中介绍，作为制油原料，“胡麻、莱菔子、黄豆、菘莱子为上。苏麻、芸薹子次之。……黄豆每石得油九斤。吴下取油食后以其饼充豕粮。……法具，凡取油，榨油而外，有两镬煮取法以治蓖麻与苏麻；北京有磨法，朝鲜有舂法，以治胡麻。其余则皆从榨出也”，提出了豆油的出油率及压榨方法。到了清代，由于榨油工艺的不断改进，大豆的出油量为每石 11 斤，比明朝时多出 2 斤；同时与其他的制油原料相比，大豆的出油率较低，据《致富奇书广集》记，“豆饼，榨油之豆渣也。芝麻、菜籽，油多饼少。豆子榨油，油少饼多”。到了清末，大豆的多功能性得到了进一步开发，如黄世荣《味退居随笔》“大豆功用”所记，“大豆富含乳质、油质，故可为滋养之食品。代血肉而有余。大豆富于磷、钾等质。特别是豆脐，含磷量很高，其功用与西药之磷质相同”（顾和平，1992）。

5.1.2　近代中国的大豆加工

到了近代，大豆油脂加工得到了充分发展，特别是东北地区的油脂加工迅速发展。1910 年，东北有豆油厂 55 个，主要分布在大连、貔子窝、金州、普兰店，其中中国独资 50 个，中日合资 2 个，日本独资 3 个，资本达 1518 银元和 960 日本金元，生产豆油 252 千担（合 1.26 万吨）、豆饼 2699 千担（合 13.5 万吨）；到 1923 年，东北油坊数和豆饼的生产能力有所提高，油坊数量为 606 个，分布在大连、南满各地、营口、安东、哈尔滨及北满各地，生产豆饼 615 千张；1925 年油坊数减少至 448 个，豆饼生产能力降至 532 千张；1929 年，油坊数回升至 472，豆饼加工能力也回复至 570 千张；到 1931 年，油坊数和豆饼生产能力分别减少至 400 个和 514 千张。1945 年，东北地区榨油业分布在吉林、辽宁、辽北、安东、合江、松江、嫩江、黑龙江、兴安和大连等地，油坊数为 954～964 家，压榨机 11392 台，压榨能力 2560 公吨（1 公吨 =

1 吨)，其中开业油坊 654～664 家，压榨机 9374 台，压榨能力 2126 公吨[①]。

5.2 大豆加工业生产概况

新中国成立后，在大豆的加工中，油脂加工仍是大豆加工的主要形式，因此，这里主要探讨大豆油脂加工状况。另外，由于油脂企业榨油设备上的基本通用性，很多指标上无法准确确定大豆油脂加工的具体数值，在这种情况下，就以油脂加工业总量来反映一斑，因为食用植物油加工行业中大豆的比重最大、产油量最大，特别是大豆的含油率低导致每吨食用油所耗费的油料也更大。

5.2.1 油脂产品产量

由于统计数据来源和统计口径不同，同时结合食用植物油的产量变化，将其划分为缓慢发展(1953—1978 年)、较快发展(1979—2002 年)和迅速发展(2003 年至今)三个阶段。

1. 1953—1978 年的缓慢发展阶段

新中国成立后到改革开放前，由于国家对粮油实行定量供应，因此，油脂加工业的发展受到了一定的限制，发展缓慢。新中国成立初期，随着经济的恢复与发展，油脂加工业也取得了一定发展，食用植物油产量也有所增加，从 1949 年的 44 万吨增加至 1959 年的 150 万吨，年均增长率为 14.6%。此后的三年自然灾害，导致包括油料作物在内的农作物全面减产，食用油生产量也大幅下降，从 1959 年的 150 万吨下降到 1961 年的 69 万吨。1962—1978 年，油脂工业恢复性发展，但发展仍较缓慢，食用植物油产量从 76 万吨增加至 177 万吨，年均增长率也仅为 5.8%。其主要原因是在处于农业以粮为纲的计划经济时期，油料生产与其他非粮作物一样让位于粮食生产。这一时期，大豆作为粮食作物，其在油料中发挥的作用也明显低于油菜籽等，在食用植物油产量中，大豆油产量平均占 25%左右，且产量绝对量增幅不

① 许道夫:《中国近代农业生产及贸易统计资料》，上海人民出版社，1983 年 1 月。

大,从 1961 年的 23.5 万吨增加到 1978 年的 36.7 万吨,年均增长率仅为 2.8%(图 5-1)。

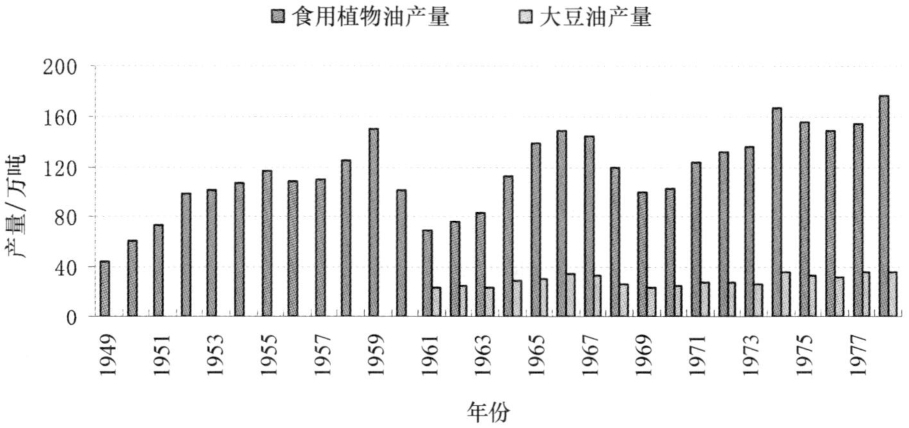

图 5-1 1953—1977 年中国食用植物油及大豆油产量

数据来源:食用植物油产量来自《中国工业经济年鉴》,大豆油产量根据 FAO 数据计算的相应比例折算。

2. 1978—2002 年的较快发展阶段

改革开放后,我国油脂加工业迅速发展,1979—2002 年,食用植物油产量从 214 万吨增加到 1531.2 万吨,年均增长率达 9.4%。由图 5-2 可以看出,1979—1992 年,食用植物油产量实现了较平稳增长,但 1993—2002 年,产量波动较大。这一时期我国油脂加工业经历了缓慢发展(1993—1995 年)—调整(1996—1998 年)—快速发展阶段(1999—2002 年)。1993—1995 年,食用植物油产量从 965.4 万吨增加到 1144.5 万吨;1996—1998 年,食用植物油产量从 946.54 万吨减少到 602.48 万吨;1999—2002 年,食用植物油产量从 733.79 万吨迅速增加到 1531.22 万吨。

20 世纪 80 年代,豆油生产的增长是缓慢的,年产豆油 50～70 万吨。因为这一时期我国大部分大豆是作为食物消费掉的,只有少量用于榨油,榨油大豆约占大豆总产量的 15%～20%[①]。进入 90 年代,大豆油产量迅速增长,

① 李科,20 世纪 90 年代以来我国豆油市场基本状况及入世前景分析,http://www.chinafeed.org.cn/cms/_code/business/include/php/64776.htm

从 1993 年的 140.3 万吨增长至 2002 年的 477.2 万吨，年均增长率达 16.5%（图 5-2），在食用植物油中的比重也不断提高，从 14.5% 提高到 29.2%（根据 FAO 数据计算）。原因有三：一是 1990 年国家为了促进大豆生产，以缓解供需矛盾，提高大豆、豆油和豆饼的定购价格，这大大刺激了大豆生产和大豆加工业的发展；二是 1993 年油料市场的放开后，国内油脂供应不足，价格上升，进一步促进了榨油业的发展；三是进入 90 年代以后，我国畜牧业迅速发展，对豆粕等蛋白饲料的需求急剧增加，也拉动了豆油加工的增长。

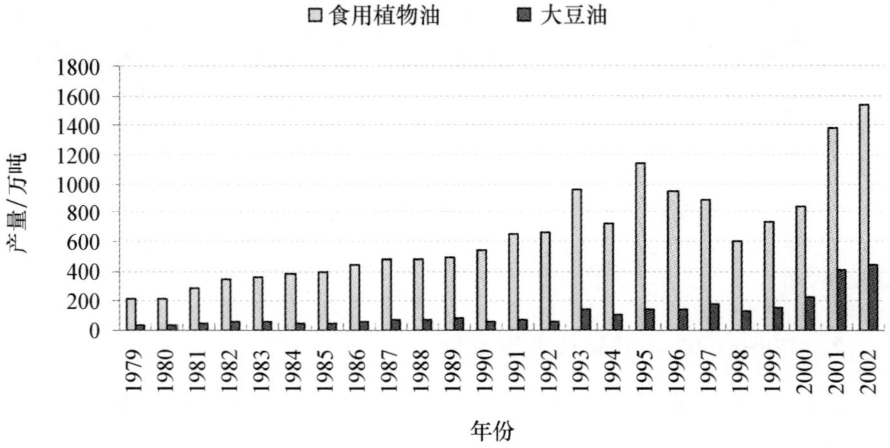

图 5-2　1978—2002 年中国食用植物油及大豆油产量

数据来源：食用植物油产量来自《中国工业经济年鉴》，大豆油产量根据 FAO 数据计算的相应比例折算。

3. 2003 年至今的迅速发展阶段

2003—2004 年食用植物油产量较上一年度明显有所下降，这可能是由于统计数据来源不同所致。2003—2012 年，食用植物油产量从 953.1 万吨增加至 3975 万吨[①]，年均增长率为 19.5%（图 5-3）。

大豆油产量也从 2003 年的 391.9 万吨直增至 2012 年的 1935 万吨，年均增长率为 22.1%。自 2004 年以来，大豆油生产在食用植物油中的比重一直保持在 50%左右，在食用植物油生产中居主导地位，其次是菜籽油，占

① 为保持口径一致，食用植物油和大豆油产量数据包括“外购国内原油精炼量”和“外购国内成品油分装量”，2012 年食用植物油实际产量为 2685 万吨，大豆油实际产量 1316 万吨。

20%左右(图 5-3)。

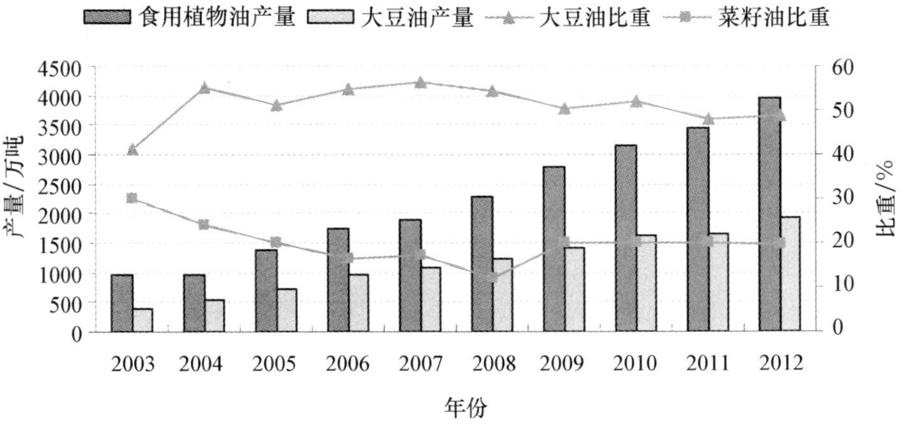

图 5-3　2003—2012 年食用植物油和大豆油产量变化

数据来源:国家粮食局。

5.2.2　油脂产品结构和档次

2003—2007 年,食用植物油以一级油为主,且在油脂产量中的份额不断提高,从 2003 年的 37%提高到 2007 年的 61.4%;2007 年以来,一级油比重有所下降,降至 2012 年的 45.8%,但仍是食用植物油中最主要的产品(表 5-1)。

表 5-1　不同档次食用植物油的比重变化　　单位:%

级别	年度									
	2003	2004	2005	2006	2007	2008	2009	2010	2011	2012
一级油	37.0	36.4	52.3	53.4	61.4	50.7	45.0	42.9	45.7	45.8
二级油	7.1	22.2	8.6	9.8	5.0	3.9	3.0	2.9	2.4	1.7
三级油	9.2	7.2	5.8	5.7	5.8	6.7	6.2	5.9	5.6	6.2
四级油	27.5	20.0	21.6	16.9	17.7	16.2	20.3	20.4	25.1	1.9
毛油	—	—	—	—	10.1	13.0	14.1	15.9	13.6	14.7

注:2003 年的一级油即色拉油,二级油即高级烹调油。

数据来源:国家粮食局。

大豆油中,以一级大豆油产品为主。近五年来,一级油产量均占大豆油总产量的 50%以上(表 5-2)。

表 5-2 不同档次大豆油的比重变化 单位：%

级别	年度				
	2008	2009	2010	2011	2012
一级油	57.3	56.2	53.7	58.8	58.0
二级油	2.1	1.2	0.8	0.8	0.6
三级油	4.8	6.1	7.0	6.6	6.3
四级油	16.2	17.7	15.9	15.0	14.9
毛油	18.9	18.9	22.6	18.7	20.2

数据来源：国家粮食局。

5.3 大豆加工业发展概况

1993—1995 年，国内放开油脂油料的生产加工，全国各地纷纷建立油厂，食用植物油加工企业数量一直保持在 5200 个以上，1995 年达 5623 个；企业生产总值、产品销售收入均有所增加，分别从 308.57 亿元和 282.18 亿元增加到 552.34 亿元和 509.18 元；企业生产能力也不断增强，1995 年，新增日处理油料能力超过 10 万吨，新增日精炼能力超过 2 万吨(表 5-3)。即便如此，国内植物油生产仍不能满足需求，需进口大量植物油。因此，这一时期，以进口食用植物油为主，油料进口相对较少，1995 年食用植物油供给量达 1286.6 万吨，供给相对过剩。

1996—1998 年，由于食用油供给相对过剩，加之毛油进口猖獗，非常不利于油脂加工行业的发展，整个行业进入调整维持阶段。加工企业数量从 5260 个迅速减少到 1453 个，新增生产能力也急剧下降，新增日处理油料能力和日精炼油能力分别从 11036 吨和 3087 吨降至 7155 吨和 2398 吨，虽然总产值和产品销售收入仍在增长，但整个行业处于亏损状态(表 5-3)。

1999—2002 年，国家对食用油走私实施严厉打击，限制毛油进口、鼓励油料进口，并出台“稳粮压棉扩油”政策，在这样的形势下，东南沿海以及内地的一些港口城市建设了许多大型油脂加工企业，国内植物油加工业得到了快速发展。尽管总体上加工企业数量减少，从 1396 个减少到 1186 个，但生产总值、销售收入和利润均大幅增长，分别从 688.04 亿元、636.5 亿元和

4.5 亿元增加到 941.25 亿元、935.3 亿元和 18.66 亿元，整个行业处于快速发展阶段(表 5-3)。

表 5-3　1993—2002 年食用植物油加工业发展状况

单位：个，亿元，吨

年度	企业数量	亏损企业数量	产值	销售收入	利润	新增生产能力	
						日处理油料	日精炼油
1993	5301	664	308.57	282.18	4.76	16919.95	7184.8
1994	5219	486	496.89	375.96	9.81	8002.99	3451.17
1995	5623	867	552.34	509.18	1.72	142021	20653
1996	5260	868	623.75	548.63	−5.31	11036	3087
1997	4677	860	681.99	610.8	−5.32	5987	2663
1998	1453	595	606.31	555.43	−9.14	7155	2398
1999	1396	473	688.04	636.3	4.5	—	—
2000	1321	416	729.82	696.33	4.71	—	—
2001	1228	375	795.5	759.52	9.03	—	—
2002	1186	281	941.25	935.3	18.66	—	—

注：新增生产能力包括基本建设新增和更新改造新增两部分。

数据来源：1994—2003 年《中国食品工业年鉴》。

5.3.1　企业数量和所有制结构

2003 年全国入统食用植物油加工企业 1493 家，2004 年，由于受国际大豆价格波动影响，部分油脂企业濒临破产，国内油脂企业并购重组加速，油脂加工企业数量大幅减少，减幅达 40.39%，产业集中度提高。2004—2012 年，全国入统食用植物油加工企业数量不断增加，从 890 个增加至 1734 个。其中民营企业数量占有绝对地位，并保持稳定增长，成为油脂加工业的主导力量，民营企业数量从 643 个增加到 1486 个，占总数的比重从 72.25% 上升到 85.70%；国有及国有控股企业数量不断减少，从 201 个减少至 2012 年的 137 个，比重也从 22.58% 降到 7.90%。这得益于市场经济的发展、粮食流通体制改革的深化以及国有企业改制重组。另一方面，随着市场开放的扩大，外商及港澳台投资企业数量有所增加，从 46 个增加至 111 个，比重也相应地从 5.17% 增至 6.40%(图 5-4)。

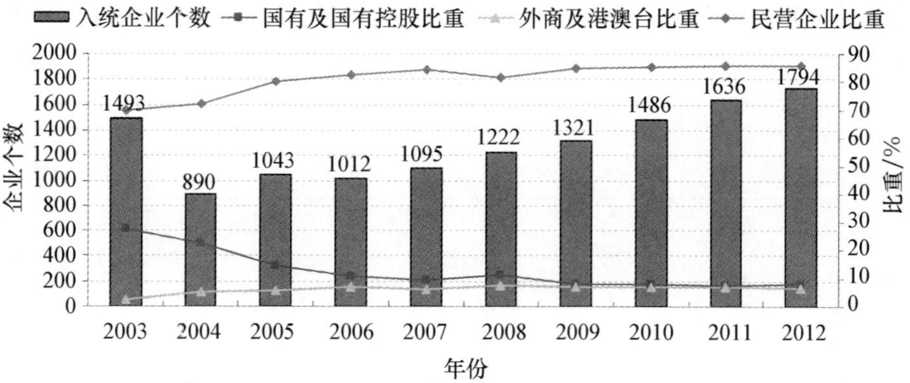

图 5-4 历年入统食用植物油企业数量

数据来源：国家粮食局。

小规模企业仍占多数，但规模化企业比重不断提高。2004—2012 年，日生产能力 1000 吨以上的企业占油脂企业总数的比重从 5. 3%增加到 10. 1%，日生产能力 400～1000 吨的企业比重从 8. 3%增加到 11. 1%，日生产能力 200～400 万吨的企业比重从 12. 0 增加到 22. 3%；相应地，小规模企业比重不断下降，日生产能力 100～200 吨的企业比重从 21%下降到 18. 2%，日生产能力 100 吨以下的企业比重从 53. 4%下降到 38. 3%(表 5-4)。

表 5-4 不同生产规模企业数量

年度	企业总数/个	生产能力规模/(吨/天)				
		＜100(%)	100～200(%)	200～400(%)	400～1000(%)	＞1000(%)
2003	1493	1095(73. 3)	224(15. 0)	87(5. 8)	50(3. 3)	37(2. 5)
2004	890	475(53. 4)	187(21. 0)	107(12. 0)	74(8. 3)	47(5. 3)
2005	1043	524(50. 2)	220(21. 1)	151(14. 5)	85(8. 1)	63(6. 0)
2006	1012	468(46. 2)	225(22. 2)	145(14. 3)	75(7. 4)	99(9. 8)
2007	1095	528(48. 2)	233(21. 3)	144(13. 2)	190(17. 4)	
2008	1222	598(48. 9)	235(19. 2)	211(17. 3)	86(7. 0)	92(7. 5)
2009	1321	523(39. 6)	251(19. 9)	278(21. 0)	146(11. 1)	123(9. 3)
2010	1486	519(34. 9)	314(21. 1)	344(23. 1)	163(11. 0)	146(9. 8)
2011	1636	596(36. 0)	344(21. 0)	351(21. 5)	173(10. 6)	172(10. 5)
2012	1734	664(38. 3)	316(18. 2)	386(22. 3)	192(11. 1)	176(10. 1)

注：规模分类中含下限数在内，但不含上限数。

数据来源：国家粮食局。

入统企业中，2009—2012 年，油料处理企业数量从 1137 个增加 1458 个，油脂精炼企业数量从 838 个增加到 991 个。2010 年，新增小包装食用油生产，且企业数量不断增加，从 171 个增加到 2012 年的 391 个（表 5-5）。

表 5-5 油料处理和油脂精炼企业数量 单位：个

类别	2009	2010	2011	2012
油料处理	1137	1304	1428	1458
油脂精炼	838	885	950	991
小包装灌装油脂	—	171	235	391

数据来源：国家粮食局。

从大豆油脂加工企业数量来看，近年来，大豆处理企业数量变化不大，2009—2012 年，具有大豆处理能力的企业从 311 个增加到 2011 年的 329 个，2012 年减少到 317 个，占全国油料处理企业总数的比重从 27.4%下降到 21.7%；豆油精炼企业从 248 个减少到 2010 年的 231 个，而后增加到 240 个，占全国油脂精炼企业总数的比重从 29.6%下降到 2010 年的 24.8%，又提高 25.4%；大豆食品加工企业从 215 个增加到 308 个，增加了 43.3%；2011 年，油脂企业进一步进行大豆分离蛋白和浓缩蛋白等精深加工，但企业数量较少（表 5-6）。

表 5-6 大豆加工企业数量 单位：个

企业分类	年份			
	2009	2010	2011	2012
处理大豆	311	325	329	317
占全国油料处理企业百分数/%	27.4	24.9	23.0	21.7
精炼豆油	248	231	236	252
占全国油脂精炼企业百分数/%	29.6	26.1	24.8	25.4
大豆食品加工	215	253	276	308
大豆分离蛋白	—	—	14	8
大豆浓缩蛋白	—	—	7	5

数据来源：国家粮食局。

5.3.2　企业生产能力和生产规模

尽管2004年食用植物油加工企业数量大幅度减少,但随着企业生产规模的扩大,生产能力有所增强。2004—2012年,食用植物油加工业年油料处理能力从5138.8万吨提高到16076万吨,年均增幅17.7%,油脂精炼能力从1460.5万吨增加到5101万吨,年均增幅19.6%。小包装油脂灌装能力从2010年的822万吨增加到1606万吨(表5-7)。

表5-7　食用植物油加工企业生产能力　　单位:万吨

年度	油料处理能力	油料精炼能力	小包装油脂灌装能力
2003	4175.5	1309.0	—
2004	5138.0	1460.5	—
2005	5731.5	1761.2	—
2006	7177.4	2166.2	—
2007	7003.5	2346.3	—
2008	7865.7	2728.6	—
2009	10978.9	3389.9	—
2010	13111.1	3972.5	853.4
2011	15081.0	4504.0	962
2012	16076.0	5101.0	1606

数据来源:国家粮食局。

生产能力进一步向规模企业集中。日处理油料1000吨以上的企业油料处理能力和油脂精炼能力分别从2008年的4472万吨、917万吨增加到2012年的9736万吨和1896万吨,占生产能力总量的比重分别从56.8%和33.6%提高到60.6%和37.2%;新增小包装灌装能力从2011年的255万吨增加到2012年的585万吨,占灌装总量的比重从26.5%提高到36.4%(表5-8)。

表 5-8　不同生产规模企业生产能力占总生产能力的比重　　单位:%

项目	年度	生产能力规模/(吨/天)							
		100～200	比重/%	200～400	比重/%	400～1000	比重/%	＞1000	比重/%
油料处理能力	2008	705	9.0	1231	15.6	1020	13.0	4472	56.8
	2009	750	6.8	1701	15.5	1821	16.6	6345	57.7
	2010	982	7.5	2160	16.5	2060	15.8	7466	57.1
	2011	1071	7.1	2276	15.1	2205	14.6	9093	60.3
	2012	983	6.1	2433	15.1	2483	15.4	9736	60.6
油脂精炼能力	2008	290	10.6	485	17.8	649	23.8	917	33.6
	2009	472	13.9	559	16.5	829	24.5	1025	30.3
	2010	550	13.8	636	16.0	932	23.5	1330	33.5
	2011	652	14.5	675	15.0	1312	29.1	1356	30.1
	2012	680	13.3	847	16.6	1177	23.1	1896	37.2
小包装灌装能力	2010	70.4	8.2	156.6	18.4	125.8	14.7	407.5	47.8
	2011	98	10.2	243	25.2	251	26.1	255	26.5
	2012	150	9.3	305	19.0	375	23.3	585	36.4

数据来源:国家粮食局。

从大豆油的生产能力来看,1996 年我国大豆压榨能力约 3000 万吨,2000 年达到 3850 万吨,2006 年底已达 7000 万吨(盖钧镒,2008);2009—2012 年,全国年大豆处理能力从 6080.2 万吨增加到 8012 万吨,但占油料处理能力总量的比重从 55.4%下降到 49.8%;大豆油精炼能力从 1665.2 万吨增加到 2070 万吨,但占油脂精炼能力总量的比重从 49.1%下降到 40.6%;2012 年生产分离蛋白和大豆浓缩蛋白能力均在 10 万吨左右;大豆食品处理能力 55 万吨(表 5-9)。

表 5-9　油脂企业大豆生产能力　　单位:万吨

项目	2009	2010	2011	2012
大豆处理	6080.2	7063.6	8106	8021
精炼豆油	1665.1	1660.2	1857	2070
生产大豆分离蛋白	0.4	12.3	6.5	10.3
生产大豆浓缩蛋白	2.3	9.9	15.8	9.2
大豆食品处理	—	—	—	55

数据来源:国家粮食局。

5.3.3　企业经济效益和社会效益

2003—2012 年，食用植物油加工业总产值和产品销售收入均呈现快速增长，分别从 841.5 亿元和 862.7 亿元增加到 6008.2 亿元和 5972.2 亿元。利润总额虽总体呈现增长，从 21.9 亿元增至 91.0 亿元，但 2004 经济效益大幅下降，部分企业亏损严重，食用植物油加工业实现利润总额 3.7 亿元，比上年减少 18.2 亿元，减幅达 83.1%。主要是受国际大豆市场价格波动影响，部分企业对国际大豆市场价格走势判断失误，盲目进口导致相当一部分进口大豆价格过高所致。2008 年，由于食用油市场价格大涨大落，导致国内中小型企业亏损严重，行业利润率较低。尽管如此，食用植物油加工业在拉动就业方面仍显示出较大的社会效益，年末从业人员从 2003 年的 9.94 万人增至 2012 年的 19 万人，增加了 91.1%（表 5-10）。

表 5-10　食用植物油加工业经济效益和社会效益

单位：亿元，万人

年度	工业总产值	产品销售收入	利润总额	年末从业人员
2003	841.5	862.7	21.9	9.94
2004	1136.6	1166.2	3.7	11.7
2005	1410.9	1446.9	19.1	9.9
2006	1737.2	1739.7	46.8	10.7
2007	2515.1	2554.4	104.5	11.3
2008	3435.4	3429.4	44.8	—
2009	3690.8	3622.0	81.6	15.4
2010	4345.9	4304.6	104.6	17.9
2011	5112.9	5158.6	78.1	18.6
2012	6008.2	5972.2	91.0	19.0

数据来源：国家粮食局。

5.3.4　不同所有制结构企业状况

1. 油脂企业总体状况

近五年来，在数量上占有绝对地位的民营企业，除工业总产值的比重略有下降外，生产能力、油脂产量、销售收入和利润在油脂企业中的比重都不断提高。工业总产值比重从 46.6%降至 46.3%，油料处理能力比重从 58.1%增至 64.1%，油脂精炼能力比重从 49.9%增至 58.3%，食用植物油产量比重从 38.8%增至 47.6%，销售收入比重从 38.4%增至 45.3%，利润比重从 40.7%增至 65.6%(表 5-11)。

外资企业虽数量不多，但规模较大，40%以上的外资企业日生产能力在 1000 万吨以上，其生产能力和各经济指标也占有相当比重，但从近五年的变化来看，各项指标均呈下降趋势。2008—2012 年，工业总产值比重从 44.5%降至 36.9%，油料处理能力比重从 29.4%降至 24.1%，油脂精炼能力比重从 39%降至 31.1%，食用植物油产量比重从 54%降至 40.1%，销售收入比重从 54.7%降至 40.2%，利润比重从 49.7%降到 24.3%(表 5-11)。

国有企业在数量上明显优于外资企业，但其生产能力等各项指标则远远低于外资企业。油料处理和油脂精炼能力所占比重呈下降趋势，分别从 2008 年的 12.5%和 11.1%下降到 2012 年的 11.8%和 10.6%。小包装灌装能力比重从 2010 年的 8.5%提高到 2012 年的 11.6%，产品产量比重从 2008 年的 7.2%提高到 12.3%，工业总产值和销售收入比重分别从 8.9%和 6.8%提高到 14.2%和 14.5%，利润比重波动较大，从 9.6%下降至 2010 年的 4%，2011 年处于亏损状态，占油脂企业利润总额的 1.9%，2012 年提高到 10.1%(表 5-11)。

表 5-11 不同所有制结构企业各指标在行业中的比重 单位：%

项目	企业类型	2008 年	2009 年	2010 年	2011 年	2012 年
油料处理企业数量	国有及国有控股企业	—	8.2	7.2	6.7	7.6
	外商及港澳台投资企业	—	5.0	5.4	5.3	5.0
	民营企业	—	86.8	87.4	87.2	87.4
油脂精炼企业数量	国有及国有控股企业	—	7.3	7.8	5.9	7.2
	外商及港澳台投资企业	—	9.1	8.8	9.2	8.0
	民营企业	—	83.7	83.4	84.9	84.9
小包装灌装油脂企业数量	国有及国有控股企业	—	—	10.5	8.9	8.2
	外商及港澳台投资企业	—	—	9.9	12.3	11.0
	民营企业	—	—	79.5	77.9	80.8

续表 5-11

项目	企业类型	2008 年	2009 年	2010 年	2011 年	2012 年
油料处理能力	国有及国有控股企业	12.5	8.3	8.9	11.9	11.8
	外商及港澳台投资企业	29.4	26.4	27.3	27.6	24.1
	民营企业	58.1	65.4	63.9	60.5	64.1
油脂精炼能力	国有及国有控股企业	11.1	10.2	9.0	11.9	10.6
	外商及港澳台投资企业	39.0	36.9	36.0	34.9	31.1
	民营企业	49.9	53.0	55.1	53.2	58.3
小包装灌装能力	国有及国有控股企业	—	—	8.5	11.5	11.6
	外商及港澳台投资企业	—	—	19.8	36.1	39.2
	民营企业	—	—	71.7	52.4	49.3
产品产量	国有及国控股企业	7.2	7.5	8.1	9.5	12.3
	其中：油料处理	—	8.4	7.6	9.1	13.7
	油脂精炼	—	8.5	8.4	9.9	13.0
	小包装油脂灌装	—	—	0.9	5.9	5.8
	外商及港澳台投资企业	54.0	46.3	44.3	46.5	40.1
	其中：油料处理	—	38.9	39.5	41.5	34.0
	油脂精炼	—	50.3	48.3	52.4	40.7
	小包装油脂灌装	—	—	35.8	63.5	54.8
	民营企业	38.8	46.2	47.7	43.7	47.6
	其中：油料处理	—	52.7	52.9	48.8	52.3
	油脂精炼	—	41.2	43.3	37.4	36.9
	小包装油脂灌装	—	—	63.3	30.4	39.4
工业总产值	国有及国有控股企业	8.9	9.2	9.7	10.5	14.2
	外商及港澳台投资企业	44.5	47.1	44.3	46.7	39.6
	民营企业	46.6	43.7	46.0	42.8	46.3
销售收入	国有及国有控股企业	6.8	9.2	10.7	11.0	14.5
	外商及港澳台投资企业	54.7	48.5	45.0	47.7	40.2
	民营企业	38.4	42.3	44.4	41.3	45.3
利润	国有及国有控股企业	9.6	8.7	4.0	−1.92	10.1
	外商及港澳台投资企业	49.7	50.0	42.2	48.2	24.3
	民营企业	40.7	41.3	53.8	53.7	65.6

数据来源：国家粮食局。

2. 大豆油脂企业状况

大豆油脂加工企业中，民营企业在数量上居主导地位，但比重有所下降，而外资企业和国有企业比重有所提高。大豆处理企业中，2009—2012年，民营企业数量比重从83.6%下降到77.3%；外资企业占比从9.6%提高到12.9%，国有企业占比从6.8%提高到9.8%；豆油精炼企业中，民营企业数量占比从75.0%下降到69.8%，外资企业占比从16.9%提高到18.3%，国有企业占比从8.1%提高到11.9%（表5-12）。

生产能力方面，民营企业在大豆处理能力方面居主导地位，外资企业在豆油精炼能力上略强，但均有所下降。2009—2012年，民营企业大豆处理能力占总量的比重从60.7%下降到50.9%；外资企业豆油精炼能力占总量的比重从47.2%下降到41.9%（表5-12）。

表5-12　大豆油脂加工业不同所有制结构企业各指标比重　　单位：%

项目	企业类型	2009	2010	2011	2012
大豆处理企业数量	国有及国有控股企业	6.8	7.1	8.5	9.8
	外商及港澳台投资企业	9.6	12.3	13.4	12.9
	民营企业	83.6	80.6	77.8	77.3
豆油精炼企业数量	国有及国有控股企业	8.1	7.8	11.0	11.9
	外商及港澳台投资企业	16.9	21.2	21.6	18.3
	民营企业	75.0	71.0	67.4	69.8
处理大豆能力	国有及国有控股企业	9.7	12.4	15.5	17.4
	外商及港澳台投资企业	29.5	36.7	41.5	31.7
	民营企业	60.7	50.8	43.1	50.9
精炼豆油能力	国有及国有控股企业	11.2	11.2	18.2	15.6
	外商及港澳台投资企业	47.2	47.4	48.6	41.9
	民营企业	41.6	41.4	33.2	42.5
生产大豆分离蛋白能力	国有及国有控股企业	5.7	8.1	33.3	60.0
	外商及港澳台投资企业	86.2	2.4	—	10.0
	民营企业	8.1	89.5	66.7	30.0
生产大豆浓缩蛋白能力	国有及国有控股企业	—	—	56.3	33.3
	外商及港澳台投资企业	13.0	42.6	—	55.6
	民营企业	87.0	57.4	43.8	22.2

续表 5-12

项目	企业类型	2009	2010	2011	2012
大豆食品处理能力	国有及国有控股企业	—	—	—	—
	外商及港澳台投资企业	—	—	—	9.1
	民营企业	—	—	—	90.9
产品产量—大豆处理	国有及国有控股企业	9.8	10.7	13.2	21.0
	外商及港澳台投资企业	48.5	54.6	58.6	46.8
	民营企业	55.7	42.5	28.2	32.2
产品产量—豆油精炼	国有及国有控股企业	11.8	12.1	12.7	18.4
	外商及港澳台投资企业	53.2	59.6	66.6	55.7
	民营企业	34.9	28.2	20.7	25.9

数据来源：国家粮食局。

从大豆加工产品产量来看，国内企业在大豆处理上居主导地位，外资企业在豆油精炼上仍占据优势地位。2009—2012 年，外资企业处理大豆产品产量占大豆产品总产量的比重从最高的 58.6%下降到 2012 年的 46.8%，民营企业和国有企业共占 53.2%；外资精炼豆油产品产量占豆油精炼产品总产量的比重虽有所下降，但 2012 年仍占到 55.7%，处优势地位(表 5-12)。

5.4 大豆加工业生产布局

5.4.1 油脂加工总体布局

由于 20 世纪 90 年代中期以前我国食用植物油加工以国内油料为主，因此加工企业多分布在油料主产区。这一时期，我国的油料作物主要是大豆、油菜籽、花生、芝麻等。大豆主要产区在东北地区；油菜籽在南方各省均有种植，主要是湖北、安徽、江苏、四川和湖南等地；花生主要产在山东、河南、河北等省；芝麻主要分布在湖北、河南和安徽等省。

90 年代初，东北地区既是我国的大豆主产区，也是大豆尤其是豆油的主要加工区，仅黑龙江、吉林和辽宁三省的豆油产量就达 35 万吨左右，占全国豆油总产量的 50%以上。除此之外，华北及黄淮地区也是豆油的主要产区。

90 年代中期以后，东北地区油脂加工逐渐衰落，大豆油产量所占比例也不断减小,而华东地区由于新建一批大豆压榨厂,并陆续形成生产能力,加工所用大豆原料及豆油产量都明显增长,豆油产量在全国豆油总产量中所占的比重也逐渐增大。

20 世纪 90 年代末,由于华南地区饲料工业和饲养行业的发展,迅速扩大豆粕需求,一批大豆加工企业得到新建和扩建,因此,大豆压榨重心逐渐向华南地区转移。同时,由于 1998 年国家加大打击食用油走私的力度,华南地区的大豆压榨业取得了可观的经济效益,极大地推动了大豆加工能力和豆油产量的增长,华南地区成为我国大豆压榨业新的增长点。

与此同时,沿海地区纷纷建厂,加工原料以进口大豆为主,由于进口大豆出油率高并且供给相对稳定,而且随着进口大豆数量的连续增长,华东和华南地区日益成为豆油生产布局中所占份额明显提高①。

2000 年以来,我国油脂加工业基本形成了以油料主产区和沿海港口为主的产业布局。根据 2012 年国家粮食局印发的《粮油加工业"十二五"发展规划》,当前,我国食用植物油加工业主要分布在五大区域:一是以东北三省、华东沿海和华南沿海为主的区域,主要加工大豆;二是长江中下游和西部为主的区域,主要加工油菜籽;三是黄淮海地区,主要加工花生;四是以广西、湖南和江西等为主的区域,主要加工油茶籽;五是以新疆为代表的区域,主要加工棉籽,基本形成了沿海进口大豆加工产业带和东北国产大豆加工产业群、长江中下游油菜籽加工优势产业带、黄淮海花生加工区以及黄河和长江流域棉区的棉籽加工区。目前我国大豆油脂加工业布局已从以产区为主转变为主产区、沿海港口并存且后者趋于主导的格局。

5.4.2　油脂产量区域分布

1. 食用植物油产量省区分布

我国食用植物油产量呈现进一步向沿海省区集中的趋势。1983—2002 年,山东、江苏、四川、安徽、湖北、河南和黑龙江 7 省的食用植物油产量分别

① 李科,20 世纪 90 年代以来我国豆油市场基本状况及入世前景分析,http://www.chinafeed.org.cn/cms/_code/business/include/php/64776.htm,2001-01-09

位于前五位，前五位省区食用植物油产量合计占全国总产量的45%以上（表5-13）。2009—2012年，江苏、山东、广东、湖北和天津等省区食用植物油位于前五位，该五省用植物油产量合计占全国总产量的50%以上（表5-14）。

表5-13 1983—2002年食用植物油产量排名前10位的省区

排名	1983—1986年平均			1990—1995年平均			1996—2002年平均		
	省区	产量/万吨	占总量的百分数/%	省区	产量/万吨	占总量的百分数/%	省区	产量/万吨	占总量的百分数/%
1	山东	41.6	10.5	山东	100.9	14.3	山东	143.5	15.8
2	江苏	40.5	10.2	江苏	81.1	11.5	江苏	116.0	12.8
3	四川	40.2	10.2	湖北	60.6	8.6	湖北	69.3	7.7
4	安徽	30.0	7.6	安徽	58.3	8.2	河南	57.6	6.4
5	黑龙江	26.5	6.7	四川	49.9	7.1	黑龙江	52.0	5.7
6	河北	24.0	6.1	黑龙江	44.7	6.3	安徽	49.9	5.5
7	湖北	23.5	5.9	广东	44.2	6.3	辽宁	43.3	4.8
8	河南	17.8	4.5	河南	42.3	6.0	浙江	40.3	4.5
9	浙江	16.4	4.1	辽宁	29.9	4.2	新疆	39.6	4.4
10	湖南	15.9	4.0	河北	28.1	4.0	湖南	33.7	3.7
合计		276.5	69.8	合计	540.0	76.3	合计	645.1	71.2

数据来源：历年《中国食品工业年鉴》。

表5-14 2009—2012年食用植物油产量排名前10位的省区

排名	2009年		2010年		2011年		2012年	
	省区	占总量的百分数/%	省区	占总量的百分数/%	省区	占总量的百分数/%	省区	占总量的百分数/%
1	江苏	18.4	江苏	17.1	江苏	15.0	江苏	15.4
2	山东	13.2	山东	12.9	广东	12.6	广东	11.8
3	广东	9.8	广东	11.9	山东	11.9	山东	11.6
4	天津	6.6	湖北	7.0	湖北	7.1	湖北	9.0
5	湖北	6.6	天津	5.6	天津	6.9	天津	6.7
6	福建	4.4	河北	4.7	上海	4.3	广西	4.2
7	上海	4.4	上海	4.6	河北	4.1	福建	4.0
8	河北	4.3	福建	3.7	广西	4.0	湖南	3.7
9	黑龙江	3.6	广西	3.5	福建	3.7	上海	3.7

续表 5-14

排名	2009 年		2010 年		2011 年		2012 年	
	省区	占总量的百分数/%	省区	占总量的百分数/%	省区	占总量的百分数/%	省区	占总量的百分数/%
10	广西	3.5	辽宁	3.4	河南	3.4	辽宁	3.5
合计		74.8	合计	74.5	合计	73.0	合计	73.7

数据来源:国家粮食局。

2. 大豆油产量省区分布

从大豆产品产量的区域分布来看,大豆油产量主要分布在沿海地区,以江苏、山东和广东为主。2009—2012 年,三省的大豆油产量合计占全国总产量的 40%以上;黑龙江大豆油生产排名呈明显下降,天津和辽宁则不断上升(表 5-15)。此外,大豆分离蛋白和大豆浓缩蛋白产量主要集中在山东,2010 年产量分别为 8.2 万吨和 3.2 万吨,分别占总量的 68.9%和 88.9%。

表 5-15 2009—2012 年大豆油产量排名前 10 位的省区

排名	2009 年		2010 年		2011 年		2012 年	
	省区	占全国的百分数/%	省区	占全国的百分数/%	省区	占全国的百分数/%	省区	占全国的百分数/%
1	江苏	17.5	江苏	19.1	江苏	16.5	江苏	18.9
2	山东	14.0	山东	13.3	山东	15.0	山东	15.0
3	广东	11.2	广东	11.7	广东	11.6	广东	11.1
4	福建	6.9	河北	7.1	天津	9.1	天津	9.2
5	黑龙江	6.8	天津	6.5	河北	6.4	辽宁	6.3
6	天津	6.6	黑龙江	6.1	广西	5.9	福建	5.6
7	广西	6.2	福建	5.6	福建	5.6	广西	5.3
8	辽宁	6.0	广西	5.6	辽宁	5.3	河北	5.2
9	河北	5.7	辽宁	5.6	黑龙江	4.9	黑龙江	3.9
10	河南	4.0	上海	5.0	浙江	3.3	上海	3.1
合计		85.1	合计	85.5	合计	83.7	合计	83.5

数据来源:国家粮食局。

5.4.3 加工企业区域布局

从食用植物油加工企业区域分布来看，主要集中在黑龙江、湖北、新疆及江苏和山东等沿海地区，且集中度较高，2009—2012 年排名前 10 的省区食用植物油加工企业数量占全国总量的比重基本在 70%左右。另外，除黑龙江省外，其他省区的企业数量近四年都呈增加趋势(表 5-16)。

表 5-16　2009—2012 年食用植物油加工企业数量排名前 10 位的省份

排名	2009 年			2010 年			2011 年			2012 年		
	省区	企业数量	比重/%	省区	企业数量	比重/%	省区	企业数量	比重/%	省区	企业数量	比重/%
1	黑龙江	160	12.1	湖北	164	11.0	湖北	179	10.9	湖北	188	10.8
2	湖北	117	8.9	黑龙江	156	10.5	黑龙江	160	9.8	黑龙江	160	9.2
3	新疆	113	8.6	新疆	119	8.0	新疆	138	8.4	新疆	157	9.1
4	江苏	98	7.4	江苏	110	7.4	江苏	128	7.8	江苏	129	7.4
5	山东	95	7.2	山东	107	7.2	山东	116	7.1	山东	124	7.2
6	四川	76	5.8	安徽	92	6.2	安徽	102	6.2	安徽	106	6.1
7	安徽	73	5.5	四川	85	5.7	四川	91	5.6	四川	102	5.9
8	广东	59	4.5	湖南	75	5.0	河南	82	5.0	湖南	90	5.2
9	河南	58	4.4	河南	65	4.4	湖南	81	5.0	河南	80	4.6
10	河北	40	3.0	广东	63	4.2	广东	70	4.3	广东	58	3.3
合计		889	67.3	合计	1036	69.7	合计	1147	70.1	合计	1194	68.9

数据来源：国家粮食局。

5.4.4 生产能力区域分布

1. 食用植物油加工业的产能分布

食用植物油的油料处理能力主要分布在江苏、黑龙江、山东、湖北、广东和新疆等省区，油脂精炼能力主要分布在江苏、山东、湖北、天津和黑龙江等省。近年来产能呈现进一步向沿海港口地区集中的趋势(表 5-17，表 5-18)。

表 5-17 2009—2012 年食用植物油加工业油料处理能力前 10 位的省区排名

排名	2009 年			2010 年			2011 年			2012 年		
	省区	油料处理	比重/%	省区	油料处理	比重/%	省区	油料处理	比重/%	省区	油料处理	比重/%
1	江苏	1473.3	13.5	江苏	1770.4	13.5	江苏	2227	14.8	江苏	2147	13.4
2	黑龙江	1463.9	13.4	山东	1722.7	13.1	山东	1880	12.5	山东	1900	11.8
3	山东	1421.6	13.0	黑龙江	1471.4	11.2	黑龙江	1580	10.5	湖北	1451	9.0
4	湖北	746.5	6.8	湖北	1134.5	8.7	湖北	1394	9.2	黑龙江	1417	8.8
5	新疆	682.6	6.2	新疆	727.3	5.5	广东	881	5.8	新疆	1001	6.2
6	广东	679.0	6.2	广东	721.6	5.5	新疆	824	5.5	广东	991	6.2
7	辽宁	632.4	5.8	河北	583	4.4	河南	682	4.5	广西	724	4.5
8	河北	529.1	4.8	辽宁	562	4.3	辽宁	631	4.2	河南	717	4.5
9	广西	415.7	3.8	广西	516.2	3.9	广西	585	3.9	辽宁	697	4.3
10	安徽	334.0	3.1	安徽	488.1	3.7	河北	584	3.9	河北	577	3.6
合计		8378.1	76.5	合计	9697.2	74.0	合计	11268	74.7	合计	11622	72.3

数据来源：国家粮食局。

表 5-18 2009—2012 年食用植物油加工业油脂精炼能力前 10 位的省区排名

排名	2009 年			2010 年			2011 年			2012 年		
	省区	油脂精炼	比重/%	省区	油脂精炼	比重/%	省区	油脂精炼	比重/%	省区	油脂精炼	比重/%
1	江苏	577.2	17.0	江苏	617.2	15.5	江苏	773	17.2	江苏	838	16.4
2	广东	370.1	10.9	广东	489.9	12.3	湖北	526	11.7	山东	536	10.5
3	山东	321.8	9.5	湖北	398.2	10.0	广东	430	9.5	湖北	500	9.8
4	湖北	244.4	7.2	山东	362.2	9.1	山东	408	9.1	广东	440	8.6
5	黑龙江	197.8	5.8	天津	220.8	5.6	天津	261	5.8	天津	338	6.6
6	天津	180.8	5.3	黑龙江	201	5.1	河南	185	4.1	福建	243	4.8
7	新疆	149.0	4.4	新疆	164.7	4.1	新疆	171	3.8	新疆	218	4.3
8	辽宁	129.2	3.8	湖南	137.8	3.5	黑龙江	169	3.8	黑龙江	190	3.7
9	河南	116.4	3.4	安徽	135.9	3.4	安徽	157	3.5	湖南	189	3.7
10	河北	115.6	3.4	河北	122.1	3.1	广西	148	3.3	河南	162	3.2
合计		2402.3	70.9	合计	2849.8	71.7	合计	3228.0	71.7	合计	3654	71.6

数据来源：国家粮食局。

2. 大豆压榨企业产能分布

从大豆生产能力区域分布来看，2002 年，按压榨能力排序，处于第一位的是山东，其次分别是黑龙江、江苏、辽宁、广东、浙江、吉林等（表 5-19）。2009—2012 年，大豆处理能力主要分布在黑龙江省和沿海港口地区，黑龙江、山东、江苏和广东居前（表 5-20）；豆油精炼能力主要分布在沿海地区和黑龙江，但进一步向沿海集中。江苏、山东、广东、天津等省居前，黑龙江、辽宁排名不断下降，天津排名不断提升（表 5-21）。

表 5-19　2002 年大豆压榨能力排名前 10 位省区

排名	省区	压榨能力/（吨/日）
1	山东	30 000
2	黑龙江	2 0000
3	江苏	18 000
4	辽宁	14 500
5	广东	12 000
6	浙江	8 000
7	吉林	7 000
8	河北	6 500
9	河南	5 500
10	安徽	5 200

数据来源：刘爱民，中国大产业布局与大豆进口政策，中国农业信息，2003(2)：9-11。

表 5-20　大豆处理能力全国前 10 位省区　　单位：万吨

排名	2009 年			2010 年			2011 年			2012		
	省区	大豆处理	比重/%	省区	大豆处理	比重/%	省区	大豆处理	比重/%	省区	大豆处理	比重/%
1	黑龙江	1367.3	22.5	黑龙江	1442.1	20.4	黑龙江	1455	17.9	黑龙江	1361	17.0
2	江苏	774.0	12.7	山东	1030.8	14.6	山东	1289	15.9	山东	1260	15.7
3	广东	635.0	10.4	江苏	881	12.5	江苏	1218	15.0	江苏	1181	14.7
4	山东	745.4	12.3	广东	622.5	8.8	广东	755	9.3	广东	843	10.5
5	辽宁	620.4	10.2	辽宁	519.6	7.4	辽宁	538	6.6	辽宁	594	7.4
6	河北	422.6	7.0	河北	456.6	6.5	广西	525	6.5	广西	563	7.0
7	广西	288.8	4.7	广西	425	6.0	河北	470	5.8	福建	355	4.4

续表 5-20

排名	2009年			2010年			2011年			2012年		
	省区	大豆处理	比重/%	省区	大豆处理	比重/%	省区	大豆处理	比重/%	省区	大豆处理	比重/%
8	天津	225.0	3.7	天津	232.5	3.3	天津	325	4.0	河北	296	3.7
9	福建	225.0	3.7	浙江	242.5	3.4	浙江	260	3.2	天津	282	3.5
10	吉林	216.8	3.6	吉林	249	3.5	吉林	260	3.2	浙江	260	3.2
合计		5520.3	90.8	合计	6101.6	86.4	合计	7095	87.3	合计	6735	87.2

数据来源：国家粮食局。

表 5-21 豆油精炼能力全国前 10 位省区 单位：万吨

排名	2009年			2010年			2011年			2012年		
	省区	豆油精炼	比重/%	省区	豆油精炼	比重/%	省区	豆油精炼	比重/%	省区	豆油精炼	比重/%
1	广东	286.6	17.2	广东	262.7	15.8	江苏	326.0	17.6	江苏	455	22.0
2	江苏	282.0	16.9	江苏	239.8	14.4	山东	263.0	14.2	广东	224	10.8
3	黑龙江	178.8	10.7	黑龙江	187.1	11.3	广东	205.0	11.0	天津	195	9.4
4	山东	161.0	9.7	山东	155.0	9.3	天津	148.0	8.0	山东	193	9.3
5	辽宁	120.5	7.2	天津	128.9	7.8	黑龙江	142.0	7.6	黑龙江	164	7.9
6	天津	113.9	6.8	辽宁	107.7	6.5	辽宁	108.0	5.8	河北	115	5.6
7	河北	81.7	4.9	广西	100.0	6.0	广西	104.0	5.6	福建	108	5.2
8	广西	72.5	4.4	河北	84.1	5.1	河北	94.0	5.1	辽宁	95	4.6
9	河南	65.7	3.9	浙江	62.3	3.8	浙江	68.0	3.7	吉林	84	4.1
10	浙江	62.3	3.7	河南	59.8	3.6	湖北	68.0	3.7	上海	78	3.8
合计		1425.0	85.6	合计	1387.4	83.6	合计	1526.0	82.2	合计	1711	82.7

数据来源：国家粮食局。

5.4.5 原料处理量区域分布

从大豆实际处理量区域分布来看，排名在前的主要是山东、江苏、广东、黑龙江和广西，2009—2011年，这五省大豆处理量合计占全国大豆处理总量的60%左右，排名前10位的省份大豆处理量占全国大豆处理总量的80%以上，进口大豆处理量占进口大豆处理总量的90%以上。其中黑龙江省完全处理国产大豆，其他各省以处理进口大豆为主，处理量均在70%以上，浙江省高达 99. 1%(表 5-22)。

表 5-22　大豆实际处理量全国前 10 位省份　　单位:万吨

排名	2009 年			2010 年			2011 年		
	省区	大豆处理	进口大豆	省区	大豆处理	进口大豆	省区	大豆处理	进口大豆
1	山东	998. 8	569. 2	山东	1177. 1	824. 2	山东	1294. 0	811. 0
2	江苏	979. 1	668. 3	江苏	992. 2	848. 7	江苏	1041	733
3	广东	603. 5	402. 3	广东	743. 3	657. 2	广东	808	690
4	黑龙江	532. 4	—	黑龙江	547. 5	—	广西	462	435
5	广西	398. 7	395. 7	广西	459. 6	431	黑龙江	423	—
6	河北	350. 1	284. 6	辽宁	401. 5	303. 9	福建	405	231
7	福建	330. 7	147. 1	河北	394. 1	339. 4	河北	399	291
8	辽宁	318. 5	222. 5	福建	377. 7	257. 3	辽宁	398	300
9	天津	219. 1	114. 2	天津	299. 2	278. 6	天津	331	305
10	浙江	173. 6	170. 1	浙江	222. 8	220. 9	浙江	228	220
合计		4904. 5	2974	合计	5615	4161. 2	合计	5789	4016
占比/%		87. 3	93. 2	占比/%	86. 2	92. 9	占比/%	83. 8	91. 8

数据来源:国家粮食局。

5. 4. 6　油脂产量企业分布

从食用植物油加工企业产量排名来看,2003 年,黑龙江九三油脂集团和中粮集团产量分居第一、二位,产量分别为 113. 8 万吨和 106. 8 万吨,占全国油脂总产量的 23. 1%。自 2004 年起,中国粮油食品(集团)有限公司和嘉里粮油(中国)有限公司逐渐跃居前列。2009—2011 年,益海嘉里(中国)、中粮集团有限公司和九三粮油工业集团有限公司一直排在前 3 位,2012 年中国储备粮食管理总公司跃居第 3 位。但从排名前 10 位企业产量占全国总产量的比重来看,从 2010 年的 63. 4%下降到 2012 年的 46. 9%(表 5-23),食用植物油产量在企业的分布集中度下降。

表 5-23　2010—2011 年食用植物油产量前 10 位集团企业情况

单位:万吨

排名	2010		2011	
	企业名称	产量	企业名称	产量
1	益海嘉里集团	665.6	益海嘉里集团	769
2	中粮集团有限公司	246.3	中粮集团有限公司	316
3	九三粮油工业集团有限公司	107.9	九三粮油工业集团有限公司	113
4	嘉吉(中国)公司	72.3	嘉吉(中国)公司	104
5	中国中纺集团公司	71	中国中纺集团公司	72
6	三河汇福粮油集团有限公司	63	上海良友(集团)有限公司	60
7	上海良友(集团)有限公司	58.9	三河汇福粮油集团有限公司	58
8	邦吉(上海)管理有限公司	50.9	中国储备粮管理总公司	57
9	中国储备粮管理总公司	48	邦吉(上海)管理有限公司	55
10	东莞市富之源饲料蛋白开发有限公司	38.8	山东鲁花集团有限公司	39
	前 10 位小计	1422.7	前 10 位小计	1643
	行业合计	2242.5	行业合计	3436
	前十位占比/%	63.4	前十位占比/%	47.8

数据来源:国家粮食局。

5.5　大豆加工业发展的特点与存在的问题

根据上述分析不难看出:大豆加工业总体上取得了快速发展,企业规模也不断扩大,加工企业产能快速增长,大豆压榨量迅速增加,大豆食品及深加工业也得到较快发展。但近年来,我国大豆加工业处于调整、洗牌的巨变时期,布局上,已由产地加工为主向沿海加工为主转变,并基本形成了以主产区和沿海港口为主的产业布局,进口原料加工为主的沿海企业集群;规模上,由中小企业为主向大型企业为主转变,国内分散的中小型企业遭遇兼并或破产;产权上,外国独资、控股的企业数量减少,国产企业份额增加,外资控制格局逐步减弱。

5.5.1 中国大豆油脂加工业发展的特点

1. 形成了外资、国有、民营“三足鼎立”的产业格局

随着国家不断深化国有企业改革，食用植物油加工企业改革成效显著，国有企业数量迅速减少，民营企业数量迅速增加，在整个行业中居处于主导地位，并不断得到巩固和加强。油脂加工业打破了外资在我国大豆压榨业一统天下的局面，形成了外资、国有、民营“三足鼎立”的产业格局。国内企业（包括国有企业和民营企业）在产能上已全面占优，在实际产品产量上，国内企业在总体的原料处理和油脂精炼上明显占优；在分项的大豆处理、豆油精炼和小包装油脂灌装上略优；生化深加工方面，国内企业占有七成的大豆蛋白产量。

2. 油脂加工企业生产集中度提高

一是加工企业生产能力规模化集约化水平提高。2012 年，日生产能力 400 吨以上的食用植物油加工企业数量为 368 个，较 2004 年增加了 247 个，增加了 2.04 倍，其中 1000 吨以上的企业 176 个，较 2004 年增加了 129 个，增加了 2.74 倍；油料处理能力和油脂精炼能力占比分别达 76.0% 和 60.2%，小包装油灌装能力占比达 59.8%；食用植物油产量占比达 80.6%。

二是加工业区域集中度很高。无论是加工企业数量、生产能力及原料处理、油脂产量等都呈现出进一步向沿海省区集中的趋势，近四年来，排名前 10 的省区油脂产量占比达 70% 以上，大豆油产量集中度更好，占比达 80% 以上；企业数量占比近 70%；油料处理和油脂精炼能力占比在 70% 以上，大豆处理能力和豆油精炼能力占比更高，分别在 85% 和 80% 以上；大豆处理量占比达 85 左右，其中处理进口大豆占大豆处理总量的 50% 以上，占进口大豆处理总量的 90% 以上。

3. 大豆加工业总体产能利用率逐步提高

21 世纪初，由于盲目投资和重复建设，食用植物油加工企业产能扩张过快，全行业开工率逐年降低，2004 年底，全国日处理大豆 200 吨以上的大豆压榨企业共有 169 个，总加工能力为日处理大豆 23.37 万吨，按 300 个工作日计算，折合年加工能力 7010 万吨。其中，日处理大豆 1000 吨以上的加工企业有 90 个，平均日加工能力达 2192 吨，等于年加工能力 5920 万吨，占全部大豆压榨能力的 84.4%，大豆压榨业的年综合平均开工率不足 40%，我国的大豆压榨能力严重过剩。

2007 年以来，产能利用率不断提高，2007 年食用植物油加工业油脂精炼产能利用率达 72.7%，较 2006 年提高了 4.1%。2008—2012 年，尽管食用植物油加工业的产能利用率不断下降，油料处理产能利用率从 2010 年的 59.2%下降到 2012 年的 52.8%，油脂精炼产能利用率从 2008 年的 75%下降到 2012 年的 52.6%。但全国大豆处理产能利用率却不断提高，2009—2012 年均在 85%以上，2009 和 2010 两年均在 92%以上。

5.5.2　中国大豆加工业发展存在的问题

1. 产业布局不尽合理，大豆压榨能力仍严重过剩

90 年代以来，我国大豆压榨行业取得了快速发展。1999 年，外资开始大举进入国内大豆压榨行业，数据显示，2000—2008 年，我国日压榨大豆 300 万吨以上的油厂从 100 家左右迅速增加到 2006 年的 170 家以上，年加工能力从 1000 万吨增加到 2008 年的近 9000 万吨，日压榨能力从 6.4 万吨增长到 30 万吨，增长了 3.7 倍①，大豆压榨产能严重过剩。

尽管国家发改委在 2008 年《促进大豆加工业健康发展的指导意见》中明确提出“大豆油脂加工能力 2010 年控制在的 7500 万吨/年，2012 年控制在 6500 万吨/年”的目标，但 2012 年大豆压榨行业设计产能则达到 1.39 亿吨/年②，较 2009 年增加 0.45 亿吨/年，增幅达到 47.87%。我国大豆油脂加工业产能过剩现象仍然突出，而主产区黑龙江更为严重。目前我国大豆加工业基本形成了沿海进口大豆加工产业带和东北国产大豆加工产业群。但在东北大豆产区，大豆加工业存在严重的一港多厂、一地多厂现象，导致大豆

---

① 当前国内植物油产能现状研究，http://www.gxbaogao.com/html/mianfeibaogao/yinshiyanjiu/200808/22-3540.html，2008-08-22。

② 吕爱丽，2012 年我国大豆压榨产业格局概述，http://www.feedtrade.com.cn/soybean/2013-01-17，大豆论坛

压榨产能仍严重过剩。尽管大豆加工行业整体产能利用率不断提高，但作为大豆加工主要产区的黑龙江省，2009—2012 年，其大豆压榨能力位居全国第一，但大豆处理量却位居全国第四甚至第五，大豆处理产能利用率分别为平均仅为 35%，远远低于全国平均水平。

2. 外资在产业中仍占有重要地位

尽管整个食用植物油产业外资企业数量比重在下降，但大豆加工业外资企业比重仍较大。外资企业经多年发展，已在国内形成多方面的优势。第一，外资产能较大。2010 年，我国植物油供应量 2822 万吨（实际产量与进口量之和）中，近 2/3 受几家跨国粮商直接或间接控制。2012 外资大豆压榨企业压榨能力分别占全国的 31.7% 和 41.9%，其加工数量的变化仍对市场供应状况和价格有重要影响力。2010 年进口大豆中外资进口量超过 50%，前三位外资企业进口量超过总量的 30%，对市场价格变化有重要影响力。第二，外资市场竞争力和抗风险能力强。在国内投资的主要外资企业均有百年以上历史，已经形成多元化产业链经营模式。外资在国内业务范围涵盖从原料种植、收购、仓储、运输、加工、贸易，到产成品销售等产业链的各个环节，上、下游产业联系紧密，市场竞争力和抗风险能力强。第三，外资产品市场占有率高。外资企业经营的食用植物油已在国内食用植物油市场中占据主导地位。2010 年益海嘉里、嘉吉、来宝、托福国际和邦基等前五位外资企业大豆油产量为 352 万吨，占当年总产量的 34.6%。特别是在小包装食用植物油市场上，受今年初开始实行的限价政策影响，益海嘉里小包装食用油市场份额不断扩大，市场占有率超过 50%①。

3. 大豆原料对外依存度过高，物流环节增加风险

自 20 世纪 90 年代中期以后，进口大豆逐步取代国产大豆成为大豆加工业的主要原料来源。2011 年，我国油脂加工业处理大豆 6911 万吨，其中处理进口大豆 4375 万吨，占大豆处理总量的 63.3%，占我国当年进口大豆总量的 83.3%。与此同时，由于外资的大量介入，而且在大豆收购、储存和运

---

① 我国食用植物油供需现状、前景与对策，http://www.hbzyw.gov.cn/News.aspx? id=9554，2012-09-28

输上已形成完整产业链条，在油脂加工市场上具有高效和低成本的优势，迅速在全球范围内形成油脂加工布局，因此，在国际大豆贸易中享有定价权①。

进口大豆运输到国内一般需要一个月以上的时间，因此企业的大豆采购在时间上往往更要提前，这使得企业必须承担2～3个月的时间风险，即使看到价格下跌，物流上也已不可逆转。虽然企业可以借助期货市场来套期保值，但一方面由于大豆的定价权掌握在CBOT市场，而豆粕及豆油价格又不完全跟随国际大豆走势，由于国内外条件的制约，大豆产业上下游价格传导不畅；另一方面，国内市场受政策调控影响较大，企业不能够完全通过套期保值来转移现货市场价格波动风险，就会影响企业的生产经营，从而使整个行业的不稳定性增加②。

4. 传统大豆食品加工和大豆深加工发展缓慢

我国大豆加工主要是豆油加工，传统大豆食品加工发展较慢。我国非转基因大豆蛋白含量高，适宜加工优质蛋白食品，在国内外市场上具有品质和价格优势。发展大豆食品是未来的重点。但是目前国内大豆食品加工业小企业和小作坊占主导，设备简陋，工业化和标准化程度低，产品质量不稳定。大豆分离蛋白和浓缩蛋白等深加工优质产能不足，加工层次低，系列产品少，应用范围窄，因此导致辞大豆副产品的利用率较低，大豆加工产品主要是豆油和豆粕，大豆分离蛋白和浓缩蛋白的产量较少，大部分豆粕用作饲料。

5. 内资加工企业产业链较短

国外油脂加工企业大多拥有包括种植、收购、储存、运输、加工、贸易、风险管理等各环节的完整产业链，业务多元化、国际化程度高，竞争力、抗风险能力强。与国际巨头相比，内资企业还有很大差距：大多数企业只从事单一油脂加工业务，产业链短，产品品种单一；企业缺乏稳定的原料供应渠道和必要的仓储设施，油料收购、加工期短，产能利用率低；缺乏有效的风险管理

---

① 国家发展与改革委员会.《促进大豆加工业健康发展的指导意见》，2008年8月。

② 我国油脂行业发展现状及未来方向探讨，http：//info. food. hc360. com/2011/06/141641517912-3. shtml，2011-06-08。

工具和意识，期货市场也不成熟，相关交易品种少，不能满足企业进行套期保值的需要。

5.6 国际大豆加工业发展的借鉴与启示

5.6.1 国际大豆加工业的发展状况

从历史来看，国际大豆加工业大致经历了三个阶段。第一阶段：20 世纪以前，基本上呈现中国一枝独秀的状态。众所周知，中国是大豆的原产地国，也是世界上最早利用大豆进行加工的国家，西汉时期就出现了豆浆与豆腐的加工技术，明清时期，大豆油脂出现在中国人的餐桌上；第二阶段：20 世纪 20 年代，欧洲和美国大豆加工业兴起。1920 年欧洲各国开始将大豆作为食用原料，而美国的大豆压榨业得到迅猛发展；第三阶段：20 世纪 50—70 年代，大豆加工业在世界范围兴起。各国开始纷纷建设本国的大豆加工业，亚洲的日本、南美的巴西和阿根廷、北美的加拿大以及澳大利亚等开始发展大豆加工产业。与此同时，大豆的加工利用在广度和深度上迅速得到拓展，大豆蛋白被很多国家，如俄罗斯、南非、英国、西班牙等广泛应用到各种肉类制品中，改善了肉制品的口味，提高了蛋白的利用率。特别值得注意的是，大豆加工业在发展中国家的迅速崛起，在印度、乌干达和尼日利亚，大豆的加工利用对于改善儿童蛋白摄入不足，提高儿童营养方面，发挥了重要的作用。

而目前国际大豆加工业存在的主要问题是发展很不平衡。这种不均衡主要体现为深加工能力不均衡。传统的油脂加工还主要集中在大豆的主产国，如美国、巴西、阿根廷等，而国际大豆深加工能力主要在美国、欧洲和日本，尤其是美国和日本在大豆蛋白改性及深度开发方面居世界领先地位（江连洲，2003）。

1. 美国的大豆加工业发展状况

美国不仅是大豆主产国，而且在大豆加工和新产品研发上都居世界领先地位。

美国大豆加工具有两个显著特点：一是企业规模大，加工能力强。油脂加工方面，美国的一般油脂加工企业日处理油料量为在3000吨左右，最大的日加工量超过6000吨。大豆食品加工方面，全国有200多个大型浸出油厂与1000多个大中型豆制品综合加工厂，虽然加工企业不同，但是生产标准都是采用美国颁布的国家质量标准，有明确的产地标示，而且质监部门定期进行检测，保证豆制品的质量。大豆蛋白加工方面，美国的生产规模也是世界上最大的，其显著的特点一是加工企业众多，不但有大型的跨国公司，也有一些中小型企业；二是产品呈现序列化和多样化，如食品系列中，包括豆奶类、脱脂豆粉、浓缩蛋白、分离蛋白、组织蛋白和酶活豆粉等多种大豆蛋白产品（盖钧镒，2008）。

美国大豆加工业的另一个特征是技术先进，创新能力强。一方面得益于美国拥有的先进生产设备和实验设备，另一方面借助于美国拥有的世界上最先进和最成熟的研发体系，美国大豆加工业显示出极强的创新能力。除了在传统上对大豆进行直接加工，更多的加工企业对大豆进行深加工，主要是通过提取大豆中的某些特定成分来生产，豆奶、酸豆奶、大豆炼乳、大豆乳酪等。还可以利用上述产品作为原料生产特定口味的干酪、甜点、布丁、冰淇淋等（江连洲，2000）。尤其是20世纪70年代以来，美国在大豆磷脂的研发上，走在了世界的前列。利用大豆磷脂生产的磷脂类胶囊、冲剂、口含片等相关产品销售量迅速上升已经与蛋白质的销售量并列保健品销售的第二位，成为大豆深加工产品最具代表性的特色产品之一（江连洲等，2007）。

2. 日本的大豆加工业发展状况

日本虽不是大豆主产国，但在大豆加工利用方面一直走在世界前列。20世纪50年代，日本油脂加工和传统豆制品加工开始兴起，借助于日本不断进步的设备制造水平和先进的加工工艺，到80年代取得了快速发展，特别是在油脂产品和传统大豆产品方面不断取得突破。

日本的大豆加工业的发展主要有两个特征：一是以油脂加工和传统豆制品加工为主，加工规模小，但质量高。与中国北方人相似，在食用植物油方面，日本人也是以豆油为主，年消费大豆油约占食用植物油总量的50%。日本的油脂加工采用浸出工艺，浸出制油能力占90%以上，远高于一般国家的水平，其中大豆的来源是美国大豆和中国大豆。豆腐的制作方法从唐朝传到日本以后，大豆制品就一直是日本人餐桌上的传统食品之一。在历史发展过程中，日本的传统豆制品从豆腐扩展为豆酱、酱油以及极具日本特色的纳豆等。每年用于豆腐加工的大豆在 46.5 万吨左右，与中国类似日本豆腐生产企业也多为作坊似的小厂。酱油是日本传统的调味品，深受日本人的喜爱。多年来日本人在酱油的消费量上一直保持稳定，一直保持 8 升左右。日本人对酱油的品质要求非常高，因此原料都选高蛋白质的大豆，主要采用日本自产的十胜大豆和中国大豆。纳豆也是在唐朝传入日本的，成了日本人民最喜欢的传统保健品之一。日本生产纳豆每年需大豆原料 10 万吨左右，大部用于国内消费。

日本大豆加工的另一个特点是新型大豆制品蓬勃发展，生产规模不断扩大。除了传统的食品和油脂加工外，近年来日本在新兴蛋白制品工业上也不断取得突破。随着健康饮食理念的不断普及，植物食品在预防高血压、肥胖病等方面的作用不断得到消费者的重视，大豆相关制品，如人造肉(大豆蛋白肉)等正日益在日本民众中日益受到重视。除此之外，大豆磷脂加工方面发展也十分迅速，目前日本的相关企业与韩国、中国和新加坡等企业合作共同生产蛋白及磷脂等产品。

3. 巴西与阿根廷的大豆加工

巴西的大豆加工主要是大豆压榨业。巴西大豆约 49%用来加工成豆粉和豆油，加工量每年增加 9%。由于生物柴油方面的强烈需求，柴油里面 5%必须要用生物柴油，豆油的增长越来越大。

2009 年巴西大豆日压榨能力为 16 万吨，仅次于美国和中国，位居全球第三。其大豆压榨企业主要分布在大豆主产区，各州压榨能力所示(表 5-24)。其中，马托格罗索州和巴拉那州的大豆压榨能力分别为 3.50 万吨和 3.45 万吨，分别占全国大豆压榨能力的 21.9%和 21.6%。巴西大豆压榨商既有国际跨国公司，也有本土压榨商，其中，ADM，邦基、嘉吉、路易·达孚等跨国公司的日压榨能力分别为 12650 吨、24100 吨、11500 吨和 8600 吨，分别占总压榨能力的 7.9%、15.1%、7.2%和 5.4%。巴西非转基因大豆压榨所产豆粕主要出口到欧洲。

表 5-24　2009 年巴西各州大豆压榨能力　　单位：吨/日，%

州	日压榨能力	比例	大豆产量占总产比例
马托格罗索州（MT）	35000	21.9	27.3
巴拉那州（PR）	34500	21.6	20.5
南里奥格兰德州（RS）	22700	14.2	14.9
戈亚斯州（GO）	20000	12.5	10.7
南马托格罗索州（MS）	10600	6.6	7.7
圣保罗州（SP）	10350	6.5	2.3
米纳斯吉拉斯州（MG）	9200	5.8	4.2
巴伊亚州（BA）	6700	4.2	4.5
圣卡塔琳娜州（SC）	4740	3.0	2.0
其他州	6200	3.9	6.0
总计	159990	100.0	100.0

资料来源：强文丽等，2011（根据巴西植物油协会（ABIOVE）数据整理）。

阿根廷的大豆加工业也主要是浸油业，以国际集团加工自己建立的农户基地的大豆为主。自 20 世纪 80 年代到 21 世纪初，大豆加工量稳中有升，加工量由 1985 年的 110 万吨增加到 2001 年的 200 万吨（江连洲，2003）。自 2003 年以来，世界畜牧业的发展，阿根廷大豆加工业也迅速发展。阿根廷大豆加工量在 2003 年到 2011 年之间增加了 54%，2012 年略有下降，降为 3300 万吨（表 5-25）。

表 5-25　2005—2012 年阿根廷大豆加工量变化　　单位：万吨，%

年度	大豆加工量	增长幅度
2005	2870	-
2006	3270	13.94
2007	3630	11.01
2008	3170	−12.67
2009	3040	−4.10
2010	3680	21.05
2011	3730	1.36
2012	3300	−11.53

数据来源：《油世界》报告。

除国际集团外，阿根廷还相继建设了一些规模较大的油脂加工厂，日处理油料能力在5000吨左右。2005年，阿根廷罗萨里奥的码头区建有日处理能力9000吨的大豆油脂加工厂，共有三条生产线，最大一条线加工能力4650吨/日。主要产品为毛豆油和豆粕，97%出口到国外。嘉吉公司在其附近30千米处筹建另外两个大豆油脂加工厂。

5.6.2 借鉴与启示

纵观世界大豆加工业发展，其发展随着时代的发展主题也发生了较大变化。经历了从20世纪70以美国为主的大豆蛋白加工，80年代以中国为主的大豆浸出油为主，90年代以东南亚为主的大豆磷脂加工为主，直到2000年以来，以美国、中国和日本为主的“大豆异黄酮、皂苷、低聚糖活性物质”的深加工。而在这一过程中，无论是美国、巴西和阿根廷原料主产国大豆加工业务的发展，还是日本非主产国大豆加工业的突破，都为我国未来大豆加工业发展提供了借鉴和参考。

1. 淘汰落后产能，压缩油脂加工业产能到合理规模

借鉴美国大豆油脂加工企业数量少，规模大的发展经验，淘汰落后产能。事实上，近年来，无论是国家的大豆加工业指导意见，还是食品工业或粮油加工业的发展规划，都将压缩大豆加工业产能放在促进大豆加工发展的首位。因此，一方面需要政府的管制，另一方面，要利用市场机制来优化资源配置，从而实现大豆加工业的优化重组①。

2. 优化内资企业结构，延长产业链

“产业链一体化，产品序列化和多元化”是国际大豆加工业发展的又一特点。我国应借鉴国际经验，对国内的大豆加工业进行兼并重组，着力打造和培育生产、加工和销售一体化的加工企业集团，延长产业链，不断增强内资企业抗风险能力和市场竞争力。

---

① 我国油脂行业发展现状及未来方向探讨，http://info.food.hc360.com/2011/06/141641517912-3.shtml，2011-06-08。

3. 注重高附加值和高科技产品的开发

大豆精深加工已成为世界大豆加工业的发展趋势。大豆精深加工可实现大豆的多层次利用，使大豆在加工过程中实现价格增值，大豆产品也从中间产品逐步走向终端产品。因此，我国应以豆粕、豆油为原料，进行深度精深加工（江连洲等，2003），开发磷脂制品类，如卵磷脂、脑磷脂、肌醇磷脂、氢化磷脂、酵素磷脂、改性磷脂等，豆制品副产品加工制品类，如食品系列（大豆低聚糖、大豆皂苷、大豆异黄酮、大豆膳食纤维等）、医药系列（大豆Ⅱ价铁、大豆甾醇、大豆干酪素、大豆维霉素等）、精细化工系列（大豆活性炭、大豆脱模剂、大豆脂酸、大豆干酪素等）等高附价值的深加工产品。

5.7 本章小结

（1）大豆加工以榨油加工为主、食品加工次之、生化加工少量。进口大豆基本油用加工，国产大豆多数食用加工。

（2）食品豆制品加工基本以人口数量和消费习惯分布，榨油和生化加工以沿海地区和大城市为主。

（3）以油脂加工为主的大豆加工业获得了迅速发展。表现在加工企业数量的增加，企业生产规模的扩大和生产能力的增强，油脂产量和质量的提高，利润的不断增长以及从业人员的大幅增加等方面。

（4）我国大豆加工业形成了国内民营企业、外资企业、国有企业三足鼎立的基本态势。国内企业在产能上已全面占优；在实际产品产量上，国内企业在总体的原料处理和油脂精炼上明显占优，在大豆处理上略优，占有七成的大豆蛋白产量；外资企业在豆油精炼产量和小包装油脂灌装产量上占优。

（5）我国大豆加工业仍存在产能过剩、大豆原料对外依存度高、传统豆制品和大豆深加工发展缓慢，以及内资产业链短，外资在产业中仍占有重要位置等问题。

（6）借鉴美国、日本、巴西和阿根廷等国的大豆加业工发展经验，我国的大豆加工业发展应尽快淘汰落后产能，并不断优化内资企业结构，在高附加值和高科技产品的开发上进一步加强。

第六章　中国大豆消费

自古以来，中国人就有喜食大豆的习惯，大豆在中国居民的日常膳食消费中发挥着重要作用。20 世纪 90 年代以来，随着国民经济的持续快速发展和居民收入的稳步增加，人们的食物结构也发生了变化，营养型食品的比重逐步上升，这一变化有两个显著标志：一是食用油的消费大大提高，二是肉禽蛋奶的消费迅速增加。大豆加工后的两个主要产品，豆油用于人们消费植物油，豆粕用于饲料，从而间接获得肉蛋奶等产品。因此，近十几年来，中国大豆消费数量、消费结构及相关产品消费等都发生了较大变化。本章在简要回顾中国大豆消费历史的基础上，重点对我国大豆总体消费和人均消费变化、消费结构变化、豆油和豆粕等产品消费变化以及供需平衡进行分析，揭示影响大豆消费的主要因素，综合国际比较的基础上，对中国未来大豆消费进行初步判断。

6.1　中国大豆消费的历史回顾

大豆是蛋白质和食用油脂的重要来源，自古以来，我国居民就有直接食用、加工豆制品、压制豆油和用作饲料等多种消费方式。我们的祖先食用大豆的文字记载最早见于《诗经・豳风・七月》，其中写道“七月烹葵及菽”。战国时期，大豆作为普通百姓的主食和药用食材载以及牲畜饲料载入史册。如《管子・重令》中的“菽粟不足，末生不禁，民必有饥饿之色”；《墨子・尚贤》中的“耕稼树艺，聚菽粟，是以菽粟多而民足乎食”；《孟子・尽心上》中的“菽粟如水火，而民焉有不仁者乎”；《战国策・韩策一》中的“民之所食，大抵豆饭藿羹”等；《周礼・天官・疾医》：“以五味、五谷、五药养其病。”《荀子・正论》中的“狗彘吐菽粟”，《战国策・齐策四》中的“君之厩马百乘，无不被绣衣而食菽粟者”,《韩非子·外储说左》中“韩宣子曰:吾马菽粟多矣”等,都体现了大豆作为狗、猪、马的饲料。到了西汉,除了简单食用外,人们已经开始进行大豆的加工,制成豆酱、豆豉等调味品以及豆腐等豆制品。西汉元帝时代的史游在《急就篇》中就记载有:“芜荑盐豉醯酢酱”;淮南王刘安被认为是“豆腐”的创始人;到了北宋,人们开始利用大豆压制豆油,苏轼的《物类相感志》中就有了“豆油煎豆腐,有味”的记载。到了明清时代,大豆在豆制品加工、豆油的榨制以及用作饲料等方面的消费更为普遍。

6.2 大豆总体消费

大豆作为粮食的重要组成部分,新中国成立初期,在粮食供给不足的情况下,大豆的消费随供求的变化而变化,90 年代以来,大豆作为油脂和蛋白来源的功能日益凸现,大豆消费随着收入水平提高而增加。

6.2.1 总消费量变化

由于我国消费数据的不完备,本部分将采用历年全国大豆可供消费的数量来替代大豆消费量,来反映我国大豆总体消费情况。具体算法是:国内大豆消费量 = 期初库存量 + 国内生产量 + 大豆进口量 - 大豆出口量 - 期末库存量。由于相对于我国大豆消费量的变动来说,历年大豆库存量变动不大[①],因此这里将不考虑库存变动情况,采用以下简易算法,即:国内大豆总消费量 = 国内大豆产量 + 大豆进口量 - 大豆出口量。

新中国成立后至 90 年代初,国内大豆消费在波动中缓慢增加,由于大豆进出口贸易量不大,大豆消费量基本随着国内生产量的波而变化。其中 1949—1971 年,我国生产的大豆除部分出口外,其余均用于国内消费,1972—1992 年,大豆进出口贸易基本处于平衡阶段,因此国内大豆消费量在低于产量的水平上随着产量的变化而变化,消费量基本在 1000 万吨以内波对动(1987—1988 年超过 1000 万吨)。其中,1983—1991 年,由于出口量明

---

① 根据中华粮网数据,自 1998 年以来,大豆平均库存变动不到 1%。

显地高于进口量，大豆消费在低于产量的水平上随产量变动(图 6-1)。

90 年代中期以来，国内大豆消费迅速增长，从 1996 年的 1414.4 万吨持续增长到 2012 年的 7111 万吨，年均增长率达 11.4%。而同期，尽管国内大豆生产量也呈现前所未有的增长，但增速缓慢，即便是在 1996—2004 年增长最为迅速的时期里，年均增长率也仅为 4.0%，远远赶不上消费的增长，因此，国内大豆消费量与生产量偏离程度越来越大(图 6-1)，迅速增长的国内需求只能依靠进口来解决，大豆消费总量中，进口大豆占比从 1997 年的 16.2%迅速提高到 2012 年的 82.1%。

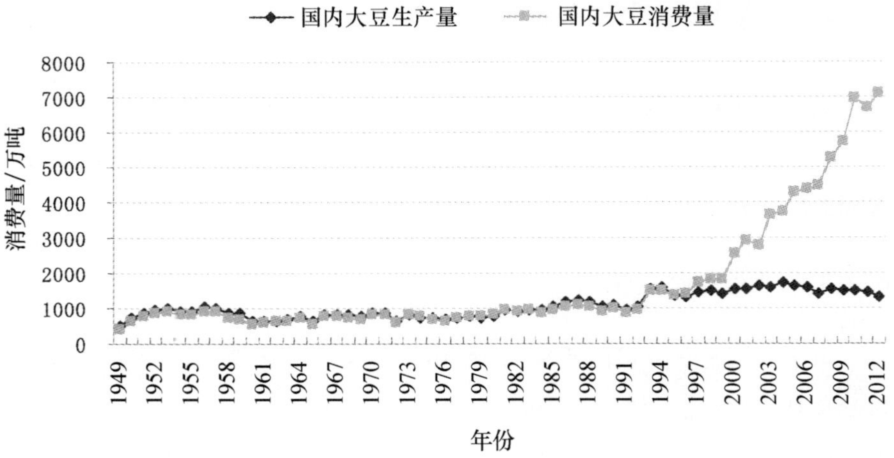

图 6-1　大豆总消费量的变化

数据来源：根据大豆生产、进出口数据计算。

6.2.2　人均消费量变化

我国大豆人均占有量①的变化大体经历这样两个阶段：一是 1965—1992 年的低水平阶段，二是 1993—2012 年的快速增长阶段。在第一阶段，人均大豆占有量处于较低水平，基本在 6.5～10 千克之间波动。90 年代以来，随着国内生产量和进口量的扩大，居民的大豆消费量得到了明显的改善，大豆人均占有量从 1993 年的 12.7 千克持续增加到 2012 年的

① 人均占有量是大豆总供给量与人口数的比值，因此，人均占有量要高于人均消费量。

52.5 千克(图 6-2)。

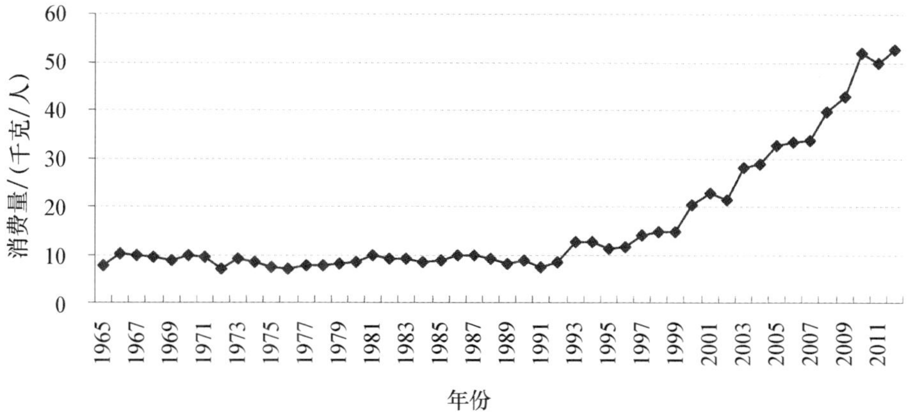

图 6-2　全国大豆人均占有量(消费量)变化

数据来源:根据总消费量和人口数量计算,人口数据来源于《中国统计年鉴》。

6.3　消费结构

国内的大豆消费主要有食用消费、加工消费、饲料消费、种用消费、损耗和其他等消费形式。食用消费指大豆直接食用的消费;饲料消费指大豆直接用作饲料的消费,不包括豆粕消费。由于损耗消费和其他消费在大豆总消费中的比例很小且相对稳定(约占 2%),因此,这里仅探讨食用消费、加工消费、饲料消费和种用消费这四种主要消费形式。

总体来看,如图 6-3 所示,加工消费和食用消费是我国大豆消费的主要形式,两项消费平均占大豆总消费的 85%以上。1980 年以前,以食用消费为主,食用消费占大豆总消费的 50%左右,加工消费占大豆总消费的 35%左右;1980 年以后,加工消费逐渐成为我国大豆消费的最主要形式,2009 年占我国大豆总消费量的 73.9%。种子消费和饲料消费平均分别占到 8%和 4%左右。

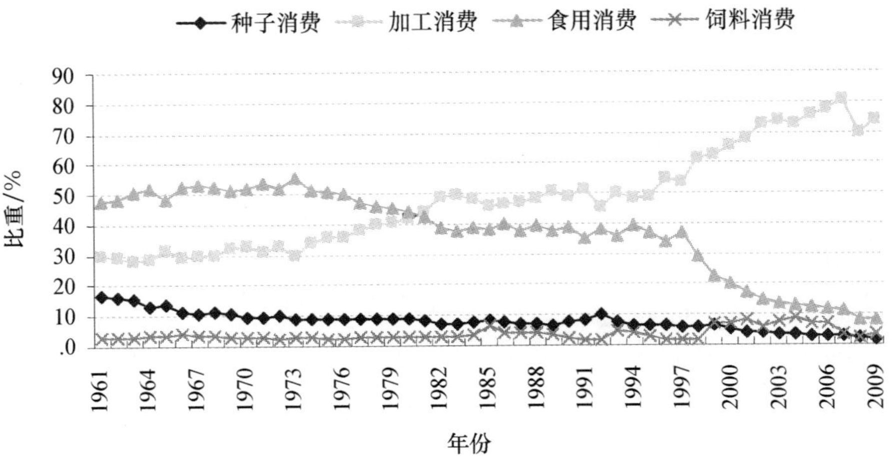

图 6-3　1961—2009 年不同消费形式在总消费中的比重变化

数据来源：根据 FAOSTAT 数据计算①。

6.3.1　加工消费

大豆加工消费总体上变化较大，消费绝对量不断增长，从 1961 年的 179.9 万吨增长到 2009 年的 4411 万吨，年均增长率为 7.0%；在大豆总消费中的比重也不断提高，从 29.6%提高到 73.9%。其中，1961—1980 年间，加工消费量平稳增长，从 179.9 万吨增加到 392.2 万吨，年均增长率为 4.4%，占大豆总消费量的比重也从 29.6%提高到 41.5%；1981—1996 年间，加工消费量较快增长，消费量在 456.3 万吨增长到 991.1 万吨，年均增长率为 5.7%；占大豆消费量比重从 44.1%提高到 55.1%；1996—2009 年间，加工消费量持续迅速增长，从 1072.1 万吨增加到 4411 万吨，年均增长率达 12.5%，占大豆总消费量的比重也从 53.4%提高到 73.9%（其中 2007 年达 80.7%），是我国大豆消费的最主要形式（图 6-3，图 6-4）。2010 年以来，根据 FAO 提供的大豆油产量，若按 18%的出油率折算的话，大豆加工消费中压榨消费量进一步增长，2012 年达 5688.3 万吨，占大豆总消费量的 80%。

① 此数据中包括中国台湾的数据，由于台湾大豆消费在中国（包括台湾）总消费中比重不大（约 3%），且消费总量与各消费形式均比较稳定，如近年来消费量在 230 万～270 万吨波动，食用消费在 26 万～30 万吨之间波动，压榨消费在 200 万～230 万吨之间波动，饲料、种用和损耗比重很小，基本稳定在 1%以内。故可采用此数据来判断中国大豆消费结构变化趋势。

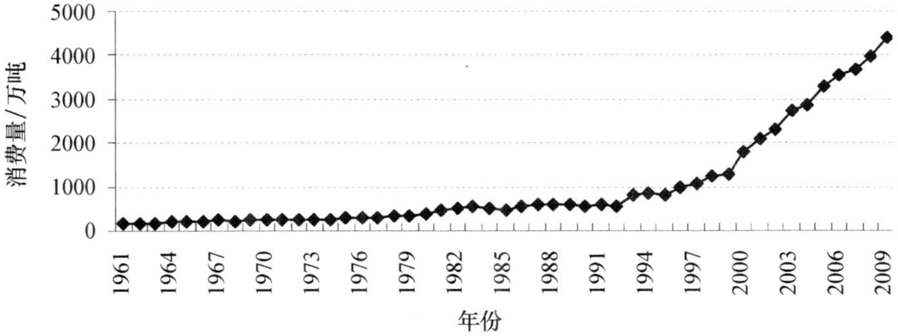

图 6-4　1961—2009 年大豆加工消费量变化

数据来源:FAOSTAT

6.3.2　食用消费

食用消费量总体呈现增长,从 1961 年的 290.9 万吨增长到 2009 年的 499.3 万吨,年均增长率仅为 1.2%;在大豆消费中的比重不断下降,从 47.9%下降到 8.4%。其中 1961—1973 年,食用消费量稳定增长,增长到 459.6 万吨,年均增长率为 4.2%,大豆消费中的比重也从提高到 55.4%;1974—1992 年,食用消费量相对稳定,基本在 400 万～500 万吨之间,但在大豆总消费中的比重从 51%下降到 38.1%;1993—1997 年食用消费量出现了短暂增长 581.1 万吨增长到 744.1 万吨,在大豆消费中的比重也从 35.7%提高到 37%;1997—2009 年,食用消费量呈明显下降,下降到 499.3 万吨,在大豆总消费的比重也迅速下降到 8.4%(图 6-3,图 6-5)。

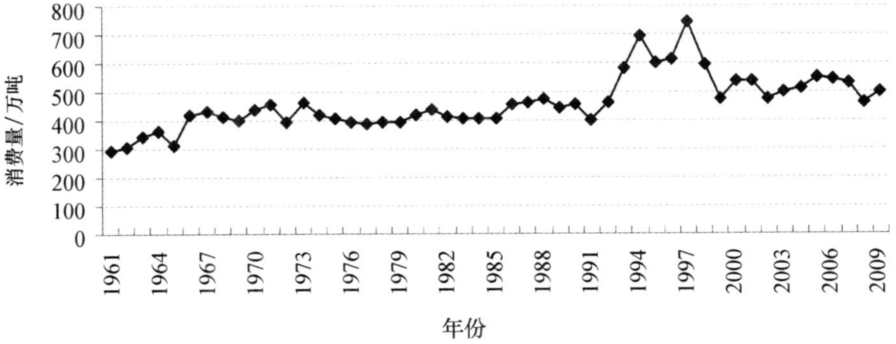

图 6-5　1961—2009 年大豆食用消费量变化

数据来源:FAOSTAT

6.3.3 饲料消费

饲料消费量在1984年以前较为稳定，基本在20万～40万吨，占大豆消费总量的2%～4.5%；1984以后，消费量在波动中呈上升，从1985年的70万吨增加到2009年的202.1万吨，占大豆消费量的比重在波动中下降，从6.6%下降到3.4%。其中，消费量先下降到1992年的20万吨，又增加到1993年的80万吨，又下降到1998年的40万吨，随后增长到2004年的359.4万吨，之后下降到2009年的202.1万吨，相应地，占大豆总消费的比重从1985年的6.6%下降到1998年的1.5%，上升到2004年的9.1%，之后下降到2009年的3.4%（图6-3，图6-6）。

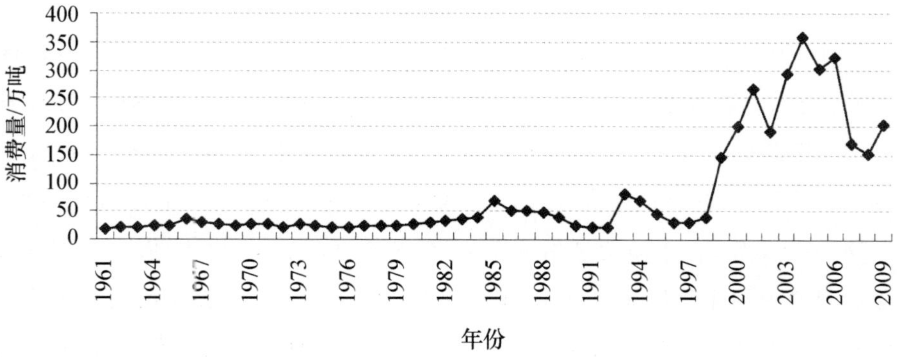

图6-6　1961—2009年大豆饲料消费量变化

数据来源：FAOSTAT

6.3.4 种用消费

种用消费总体上变化不大，1961—1975年间，种用消费量从近100万吨下降到70.5万吨，在大豆消费中的比重也从16.4%下降到8.8%；1975—2000年，种用消费量呈现增长，增长到139.3万吨，但在大豆消费中的比重下降到5.2%；2000—2009年，种用消费量不断下降，下降到123.2万吨，在大豆消费中的比重也下降到2.1%（图6-3，图6-7）。近三年来，由于受大豆播种面积减少影响，种用消费量进一步下降，根据《全国农产品成本收益资料汇编》数据计算，与2009年相比，2012年种用消费量减幅约为24%。约占大豆消费量的1.3%左右。

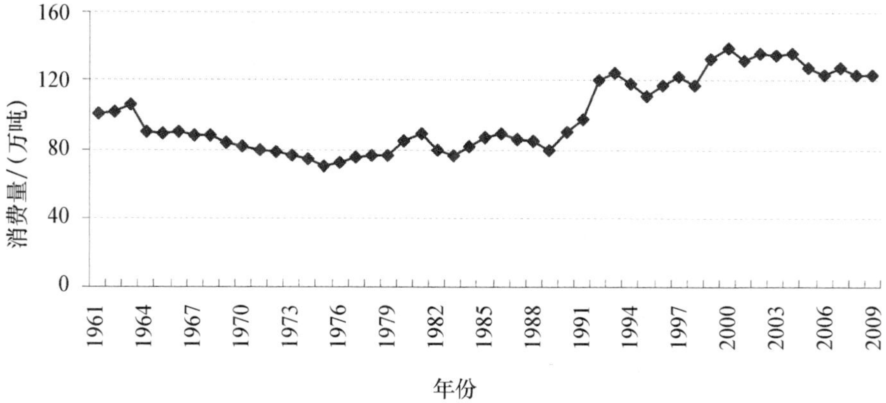

图 6-7 1961—2009 年大豆种用消费量变化

数据来源:FAOSTAT

6.4 大豆产品的消费

从上述大豆消费结构分析中可以看出,压榨消费是大豆消费中的最主要形式,大豆通过压榨,生产出供人类食用的豆油和供家畜饲料用的豆粕。近些年来,随着人们生活水平的提高以及畜牧养殖业的发展,豆油和豆粕消费都发生了较大变化。

6.4.1 豆油消费

1. 豆油总消费

这里同样采用的豆油可供消费量的变化来反映我国大豆油消费总量的变化。算法同大豆总消费,即豆油可供消费量 = 豆油生产量 + 大豆油进口量 - 大豆油出口量。

我国大豆油总消费量的变化大致可分为两件阶段:一是 1961—1993 年的缓慢增长阶段;二是 1994—2012 年的快速增长阶段。在第一阶段中,大豆油总消费量从 1961 年的 25.4 万吨增加到 1993 年的 100.3 万吨,年均增长率仅为 4.5%;在第二阶段中,大豆油总消费量从 1994 年的 199.6 万吨迅速增长到 2012 年的 1204.4 万吨，年均增长率达 11.2%(图 6-8)。

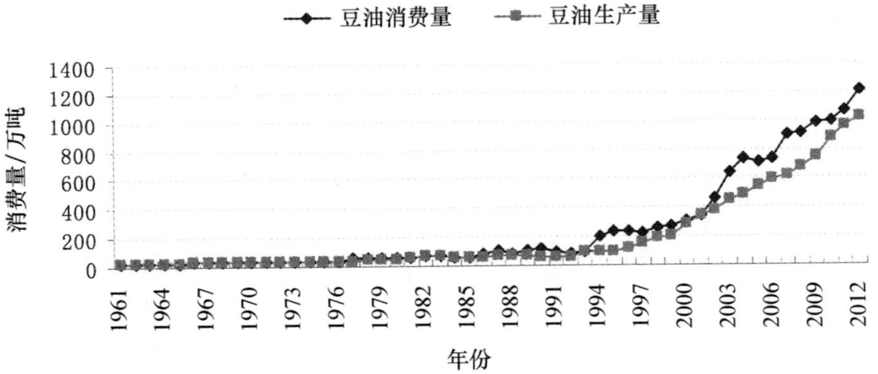

图 6-8 大豆油消费总量变化

数据来源：根据 FAOSTAT 的大豆油生产、进口和出口数据计算。

2. 豆油人均消费

90 年代以前，我国人均豆油消费量长期处于较低水平且增长缓慢，人均占有豆油从 1961 年的 0.4 千克增加到 1987 年的 1 千克，随后下降到 1993 年的 0.85 千克；1994 年以来，人均豆油消费量持续快速增长，人均占有量从 1994 年的 1.67 千克增长到 2012 年的 8.9 千克(图 6-9)。

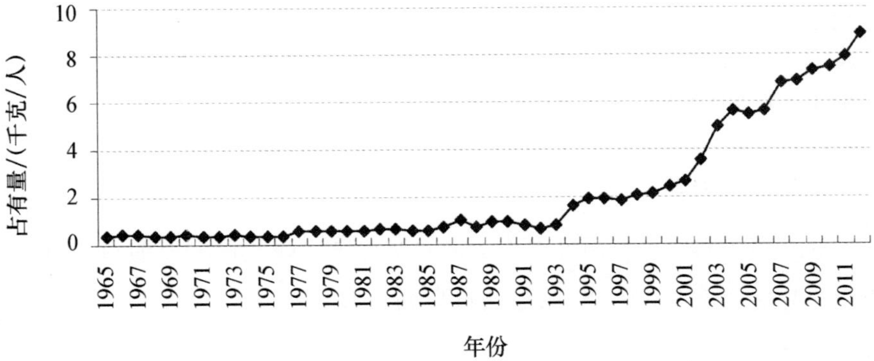

图 6-9 人均豆油占有量变化

数据来源：根据豆油总消费量与人口数计算，人口数据来源于《中国统计年鉴》。

6.4.2 豆粕消费

豆粕是大豆提取豆油后的一种副产品，是我国主要植物蛋白粕（除豆粕外，还有菜籽粕、棉籽粕、花生粕及葵籽粕等）中产量最多、用途最广的一种。目前，豆粕产量占国内植物蛋白粕生产总量的70%以上，是畜禽和水产养殖的主要饲料来源。

1. 豆粕生产量变化

与豆油的生产发展一样，豆粕生产自20世纪90年代开始迅速发展。在90年代前期，随着国内豆油需求量的快速增长和饲料行业的快速发展，我国大豆压榨数量的增长速度也加快，豆粕产量每年都在显著增加。根据中国饲料工业信息网的数据显示：90年代以来，随着油脂工业和饲料行业的发展，我国豆粕产量迅速增加，大体可分为三个阶段：一是1990—1994年的快速发展阶段，豆粕产量从400多万吨增加到700万吨；二是1995—1997年的徘徊不前阶段，豆粕产量在700万吨左右徘徊；三是1998年以来的迅速发展阶段，1998年豆粕产量超过800万吨，1999年超过900万吨，2000年超过1000万吨，2004/2005年度超过2000万吨，2008/2009年度超过3000万吨，2010/2011年度超过4000万吨，2012/2013年度突破5000万吨[①]。

2. 豆粕消费量变化

随着生活水平的逐步提高，我国居民的肉蛋奶及水产品需求不断增加，这大大促进了对蛋白饲料的需求。20世纪90年代以来，我国豆粕年消费量基本上以每年超过100万吨的速度增长，从1992年的400万吨迅速增加到1999年的1000多万吨[②]。此后，豆粕消费量持续增长，2003年超过2000万吨；2008年度超过3000万吨，2009年达到3500万吨（图6-10）。

---

① 近几年我国豆粕产量趋势图，中国饲料工业信息网，http://www.feedtrade.com.cn/sbm/trend/2017804.html，2012-12-21。

② 我国豆粕的产量变化及供求状况分析，饲料广角，2000(20)：1-2。

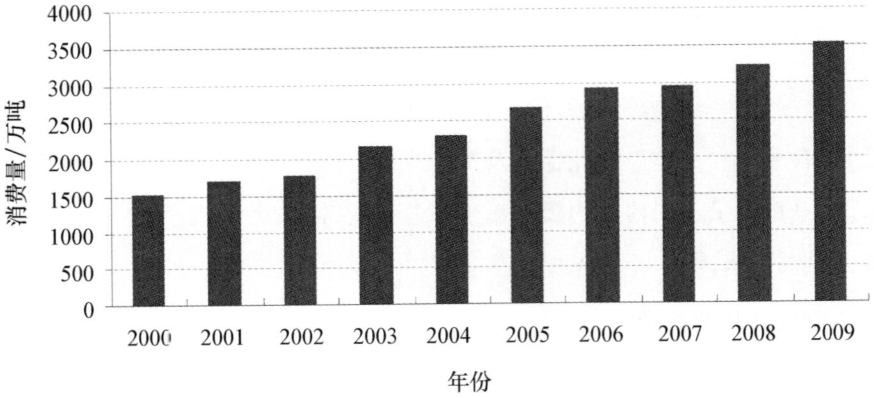

图 6-10 2000—2009 年豆粕消费量变化

数据来源：FAOSTAT ①

6.5 大豆供需平衡分析

6.5.1 大豆供需平衡表

总体来看，我国大豆供给与需求均呈迅速增长态势。从大豆总供给来看，供给量从 1998 年的 2522.2 万吨增长到 2012 年的 9099.9 万吨，年均增长率为 10.4%。1998—2002 年，我国大豆供给还主要依靠国内生产，生产量占大豆总供给量的 50%以上，2003—2012 年，则主要依靠进口，且进口量在总供给中的比重逐年提高，从 51.1%提高到 64%。

从大豆需求来看，需求量从 1998 年的 1858.6 万吨增长到 2012 年的 7206.2 万吨，年均增长率为 11.0%，快于大豆总供给的增长。如前所述，大豆压榨需求是国内大豆需求增长的主要动力源，占需求总量的 80%以上，而压榨主要采用进口大豆，据中国粮油市场分析报告数据显示，进口大豆占压榨消费量的 90%以上。

从期末库存的变化来看，我国大豆期末库存量 1998—2007 年间呈下降

---

① 数据中包括中国台湾的消费量，但由于 2000 年以来，台湾豆粕消费相对稳定，基本保持在 160 万吨左右，且在中国总消费中的份额很小，因此台湾的数据不影响我国豆粕消费的变化趋势。

趋势且波动较大，从 646.6 万吨下降到 2004 年的 320.6 万吨，又回复到 2007 年的 646.9 万吨；2008 年以来库存量快速增加，2008 年达到 1171.9 万吨，较 2007 年增加了 525 万吨，此后也不断增加，从 1171.9 万吨增加到 2011 年的 1956.9 万吨，2012 年略有下降，降至 1861.9 万吨（表 6-1）。

表 6-1 1998—2012 年中国大豆供需平衡表

单位：万吨

年份	国内总供给	期初库存量	产量	进口量	国内总需求	出口量	期末库存量
1998	2522.2	687.8	1515.2	319.3	1858.6	17.0	646.6
1999	2503.5	646.6	1425.1	431.9	1825.8	20.4	657.3
2000	3240.3	657.3	1541.1	1041.9	2649.7	21.1	569.6
2001	3504.3	569.6	1540.7	1394.0	3236.0	24.8	243.4
2002	3025.5	243.4	1650.7	1131.4	2554.5	27.6	443.5
2003	4057.0	443.5	1539.4	2074.1	3797.7	26.8	232.6
2004	3996.0	232.6	1740.4	2023.0	3581.7	33.5	380.8
2005	4674.8	380.8	1635.0	2659.0	4314.6	39.7	320.6
2006	4741.0	320.6	1596.7	2823.7	4317.2	37.9	385.9
2007	4867.6	385.9	1400.0	3081.7	4175.1	45.7	646.9
2008	5945.5	646.9	1555.0	3743.6	4727.1	46.5	1171.9
2009	6917.0	1171.9	1490.0	4255.1	5205.5	34.7	1676.9
2010	8666.7	1676.9	1510.0	5479.8	6748.4	16.4	1901.9
2011	8601.5	1901.9	1450.0	5249.6	6623.7	20.8	1956.9
2012	9099.9	1956.9	1305.0	5838.0	7206.2	31.8	1861.9

数据来源：期初库存量和期末库存量数据来自中华粮网数据中心。

注：由于期初库存量和期末库存量为跨年度数据（如 1998/1999），因此国内大豆需求量会与实际需求量略有差异。

6.5.2 大豆库存消费比变化

近十五年来，大豆库存消费比呈现出先下降，而后迅速上升的特点。1998—2004 年，库存消费比从 35.7%下降到 5.6%，2005—2011 年，迅速回升，从 8.5%上升至 27.2%，2012 年大豆库存消费比较 2011 年下降 0.5%，为 26.6%，近三年来库存消费比均在保持在 25%以上，供需相对稳定

(图 6-11)。

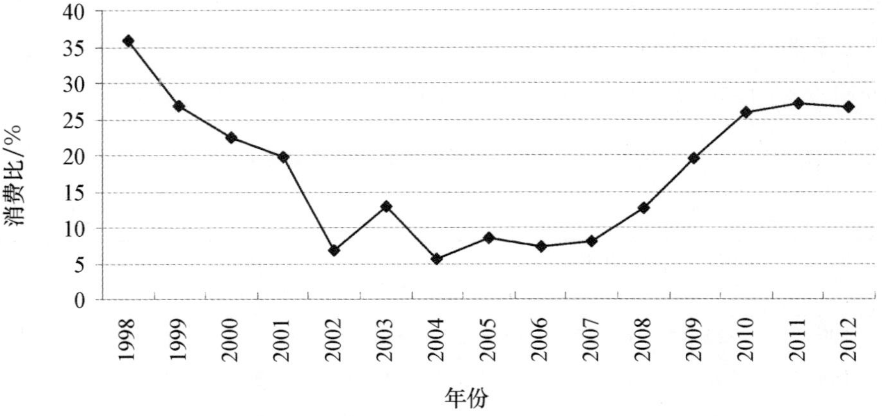

图 6-11 1998—2012 年大豆库存消费比变动

数据来源:中华粮网数据中心。

可见,当前我国大豆供求的基本格局是国产大豆供给远远不能满足国内的大豆需求,大豆进口成为主要的总量平衡手段。由于受我国的水土资源条件的制约、粮食安全压力和生态安全压力,这种格局在未来相当长一段时期内基本不会发生实质性的改变,也就是说,我国大豆的总量平衡需要依靠国内和国外两方面的供给,并且主要依靠国际供给来平衡我国的大豆供求总量。国产大豆与进口大豆形成了一个明显的用途分工,进口大豆主要用于榨油,国产大豆逐年越来越多地用于豆制品为主的食用加工和提炼生物制品的深加工。

6.6 影响中国大豆消费的主要因素

经上述分析可以看出,中国大豆的消费增呈显著增长,而这一增长主要来自于压榨消费的增长,对于大豆压榨产品豆油和豆粕需求的增长是大豆消费增长的关键。因此,从这两个方面来看,影响大豆消费的主要因素是人口规模及人口结构,收入水平、畜牧和水产养殖业的发展以及其他油脂油料的替代效应。

6.6.1　人口规模及人口结构

人口规模直接影响到大豆及其衍生品的需求规模，因而人口增长是决定大豆消费需求的最基本因素。新中国成立以来，尽管我国人口年均增长率呈现逐步下降趋势，1949—1981 年间为 2.0%，1981—2005 年间为 1.2%，2005—2012 年间为 0.6%，但由于人口基数大，人口绝对数量呈现平稳快速增长，1981 年超过 10 亿，2005 年超过 13 亿，到 2012 年底，人口达 13.54 亿。同时随着十八届三中全会“单独二胎”政策的启动，未来人口还将继续增长。因此，人口增长对大豆消费的拉动作用仍然强劲。

城乡居民食品消费模式差别是普遍存在的，尤其在像我国这样的发展中国家。城镇化的发展带推动了我国城乡人口结构的变化。新中国成立以来，我国城镇人口增长较快，特别是进入 20 世纪 90 年代以来，随着城镇化的发展，城镇人口增长更为迅速，从 1993 年的 3.32 亿增加到 2012 年的 7.12 亿，年均增长率为 4.3%，同期占全国人口的比重也从 27.99% 增加到 52.57%（图 6-12）。城镇居民在生活模式和饮食结构上不同于农村居民，特别是在肉蛋奶和食用植物油的消费方面。以食用油为例，1981 年，我国城镇居民人均年消费食用植物油为 4.8 千克，而农村居民年人均消费食油仅为 1.9 千克，2012 年，城镇居民人均年消费量提高到 9.1 千克，而农村居民为 6.93 千克（图 6-12）。

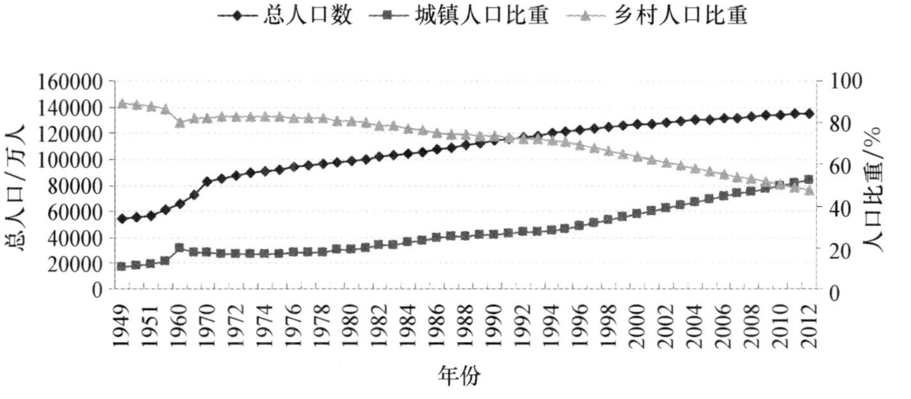

图 6-12　中国总人口及城乡人口结构变化

数据来源：中国统计年鉴。

6.6.2 收入水平

在中国大豆消费的众多影响因素中，收入水平是主要影响因素之一。收入水平的提高对大豆消费需求的拉动作用是非常明显的。一方面引起消费总量的增加，另一方面引起消费结构的改变。20 世纪 90 年代以来，随着人们生活水平的提高，大豆成为人们满足动植物蛋白需求、改善食物结构和提高营养水平的重要产品，食用大豆及豆油的消费均有大幅度的增长。

受生理因素决定，人对食品的消费需求存在饱和点。食品消费需求与收入之间的变化规律通常表现为：当消费水平低时收入增长对需求有很强的拉动作用(需求的收入弹性大)，但随着消费水平的提高，这种拉动作用逐步减弱(收入弹性下降)，当消费接近饱和水平时，需求的收入弹性会逐步趋近于零(田维明，2013)。

因此从总体上看，对于大豆及大豆油来说，由于我国食用植物油的消费仍处于较低水平，大豆消费与收入之间的关系处于第一阶段，即随着收入的增加，大豆及大豆油的消费也是增加的。城乡之间食用植物油的消费差距一定程度上反映了收入水平对大豆油消费的影响。改革开放以来，我国城镇居民人均可支配收入由 1978 年的 343.4 元增加到 2012 年的 24564.7 元，年均增加 712.4 元，农村居民人均可支配收入由 133.6 元增加到 7916.6 元，年均增加 228.9 元。伴随着收入的增加，城乡居民对生活质量的要求越来越高，导致食用植物油消费需求不断增长。1981 年城镇居民人均食用植物油消费量为 4.8 千克，2008 年增至 10.3 千克，增加了 1.1 倍；农村居民的消费量则从 1978 年的 1.3 千克增至 2012 年的 6.9 千克，增加了 4.3 倍(图 6-13)。虽然城乡居民消费水平均有较大增长，但由于城镇居民的收入水平远远高于农村居民，因此，城乡居民人均植物油消费量仍存在较大差距。

另一方面，不同组收入城市居民的大豆及其制品的消费差距也反映了收入对大豆消费的影响。如表 6-2 反映了不同收入组城镇居民对大豆、豆油和豆腐的消费变化情况。从纵向来看，1996—2001 年间，城镇居民人均大豆和豆油的消费量随收入增加而增加，而豆腐人均消费量随收入的增加而减少，但由于大豆与豆腐的比例关系平均为 1∶3，总体上看豆腐消费的减少被

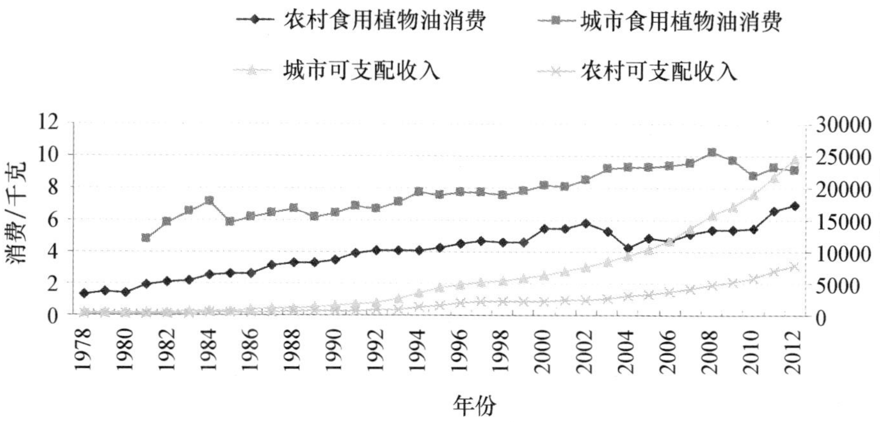

图 6-13　城乡居民人均食用植物油消费量变化

数据来源：中国农业发展报告、中国农村统计年鉴和中国统计年鉴。

大豆和豆油的消费增加所抵消，因此总体上大豆消费是增加的；从横向来看，不同组收入居民大豆、豆油和豆腐消费均表现出随人均收入的提高人均消费量不断增加的特点。

表 6-2　1996—2001 年不同收入组城镇居民人均大豆及其制品购买量

单位：千克/年

品类	年度	平均	困难户	最低收入户	低收入户	中等偏下户	中等收入户	中等偏上户	高收入户	最高收入户
大豆	1996	0.28	0.23	0.24	0.22	0.26	0.28	0.30	0.30	0.40
	1997	0.29	0.25	0.26	0.27	0.29	0.28	0.31	0.34	0.32
	1998	0.35	0.29	0.27	0.31	0.30	0.35	0.39	0.42	0.42
	1999	0.33	0.27	0.29	0.27	0.36	0.29	0.32	0.36	0.42
	2000	0.33	0.26	0.29	0.32	0.3	0.35	0.33	0.38	0.43
	2001	0.37	0.22	0.25	0.35	0.40	0.37	0.37	0.41	0.46
豆油	1995	2.28	2.00	2.11	2.34	2.20	2.25	2.35	2.3	2.54
	1996	2.30	2.16	2.17	2.26	2.31	6.01	6.45	6.58	7.41
	1997	2.36	2.29	2.34	2.6	2.46	2.4	2.22	2.18	2.22
	1998	2.45	2.31	2.40	2.58	2.58	2.48	2.37	2.39	2.29
	1999	2.49	2.37	2.48	2.6	2.65	2.47	2.39	2.32	2.47
	2000	2.66	2.77	2.80	2.78	2.82	2.72	2.53	2.36	2.42
	2001	2.56	2.68	2.74	2.7	2.71	2.75	2.35	2.16	2.27

续表 6-2

品类	年度	平均	困难户	最低收入户	低收入户	中等偏下户	中等收入户	中等偏上户	高收入户	最高收入户
豆腐	1995	5.33	4.59	4.70	5.03	5.07	5.25	5.40	5.95	6.58
	1996	6.1	5.54	5.42	5.55	5.79	2.34	2.37	2.32	2.31
	1997	5.82	4.92	5.04	5.15	5.33	5.77	5.99	6.99	7.40
	1998	5.67	4.85	5.00	5.29	5.38	5.6	5.76	6.43	6.93
	1999	5.50	4.9	4.97	5.06	5.26	5.44	5.62	6.02	6.71
	2000	5.19	4.48	4.57	4.75	4.99	5.16	5.36	5.67	6.32
	2001	5.26	4.71	4.74	4.98	5.04	5.29	5.32	5.59	6.40

数据来源:《中国价格及城镇居民家庭收支调查统计年鉴》。

表 6-3 反映了 2002—2012 年不同收入组城镇居民人均食用植物油购买量的变化情况①。可以看出,中等收入组的人均食用植物油消费量最高,甚至超过了高等收入组,这主要是因为高收入组的户外消费较多,而统计数据中并未包括户外消费。因此事实上,表中的数据上低估了高收入组的食用植物油消费水平(王永刚,2006)。

表 6-3　2002—2012 年不同收入组城镇居民人均食用植物油购买量

单位:千克/年

年度	平均	最低收入户	困难户	低收入户	中等偏下户	中等收入户	中等偏上户	高收入户	最高收入户
2002	8.52	8.18	7.84	8.81	8.80	8.71	8.46	8.45	7.79
2003	9.20	8.45	8.69	9.36	9.60	9.20	9.39	9.05	8.49
2004	9.29	8.41	8.87	9.43	9.59	9.40	9.47	9.2	8.39
2005	9.25	8.26	8.69	9.19	9.39	9.62	9.58	8.97	8.39
2006	9.38	8.23	8.7	9.39	9.75	9.82	9.38	9.25	8.46
2007	9.63	7.7	8.13	9.06	9.68	10.05	10.22	9.93	9.61
2008	10.27	8.26	8.69	9.8	10.3	10.72	10.73	10.81	10.37
2009	9.67	7.98	8.26	9.38	9.61	10.09	10.22	9.73	9.92
2010	8.84	7.48	7.82	8.41	9.01	9.14	9.15	9.08	8.74
2011	9.26	8.00	8.40	8.79	9.46	9.70	9.50	9.31	8.89
2012	9.14	8.17	8.28	8.70	9.30	9.68	9.24	9.29	8.92

数据来源:《中国价格及城镇居民家庭收支调查统计年鉴》。

① 由于 2002 年后无大豆、豆油和豆腐消费的统计,因此用食用植物油的消费来替代反映大豆的消费变化情况。

另外，我国食用植物油的消费呈现出明显的地区偏好，大豆油比较受东北地区居民的喜爱，菜籽油在长江流域更受欢迎，花生油则在山东、北京和广东等地消费较多。Cheng Fang 和 John Beghin(2000)①的研究恰恰证明了这一点，其研究结果显示，在地区食用植物油的消费中，主食油的价格弹性和收入弹性相对较小，非主食油价格弹性和收入弹性相对较大。由此看来，除东北地区外，其他地区的大豆油消费潜力很大，因此大豆油消费还将随着收入的增长而增加，从而拉动大豆的消费增长。

6.6.3　豆制品工业及畜牧养殖业的发展

豆制品工业的发展有力地促进了大豆消费的增长，1997 年，传统豆制品加工企业 1764 家，新兴豆制品加工企业 136 家，传统豆制品年耗豆 45 万吨，年产各类豆制品 11215 万吨；新兴豆制品年平均耗豆(或豆粕)65 万吨，年产蛋白类产品 10 万吨，豆乳粉(豆奶)160 万吨。另外，生产分离蛋白的厂家共有 17 家。到 2010 年，用于传统豆制品加工业的大豆达到 600 万吨，用于新型豆制品加工业的大豆达到 400 万吨(江连洲，2000)。

近年来由于人们对肉、蛋、奶类食品的需求不断上升，畜牧养殖业已进入平稳发展时期，畜牧养殖业的发展拉动了饲料用豆粕的消费，豆粕的消费也进入了高速增长期，从 1992 年的 208.1 万吨增长到 2012 年的 4832 万吨，年均增长率达 18%(根据 USDA 数据计算)。

6.6.4　其他油脂的替代效应

食用植物油是人们日常生活的必需品，其中大豆油是我国居民消费的最主要品种，目前占食用植物油消费总量的 40%以上(根据 USDA 数据计算)，而菜籽油、棕榈油和花生油在食用植物油消费中占 50%左右，因此对大豆油具有一定的替代性。其替代程度除受消费偏好和消费习惯等因素影响外，最重要的就是价格，而价格对食用植物油的消费量影响较小，但对消费

① 转引自王永刚(2006)。

结构的影响相对较大。1998—2012年,我国大豆油平均批发价格为7652.83元/吨,花生油为11816.05元/吨,菜籽油为7504.68元/吨,棕榈油为6350.91元/吨(表6-4)。近年来,棕榈油以价格低的优势在国内食用植物油消费中的份额不断扩大,2009年其消费份额达30.4%,超过大豆油的26.6%,对大豆油产生了较强的替代效应。相反,花生油的价格最高,因此其替代性较弱(图6-14)。

表6-4 主要食用植物油的批发价格变化

单位:元/吨

年度	棕榈油	花生油	菜籽油	大豆油
1998	—	9143.49	7486.91	8205.48
1999	7318.75	9373.67	7286.59	7400.00
2000	—	8547.92	5550.63	6065.00
2001	4624.40	7305.64	4829.17	4985.46
2002	4697.78	6801.96	5109.75	5170.10
2003	5111.14	8358.78	6313.05	5843.02
2004	5060.00	9664.61	6732.62	8163.49
2005	—	8663.12	5726.45	6537.43
2006	—	9013.78	5743.76	6089.91
2007	—	10341.50	8572.51	8345.87
2008	8383.33	17275.00	11453.11	11348.61
2009	6103.23	14087.94	8027.89	7800.71
2010	—	18235.52	8703.97	8689.84
2011	8312.22	20280.00	10315.48	10350.51
2012	7547.33	20147.85	10718.34	9797.06
平均	6350.91	11816.05	7504.68	7652.83

数据来源:中华粮网。

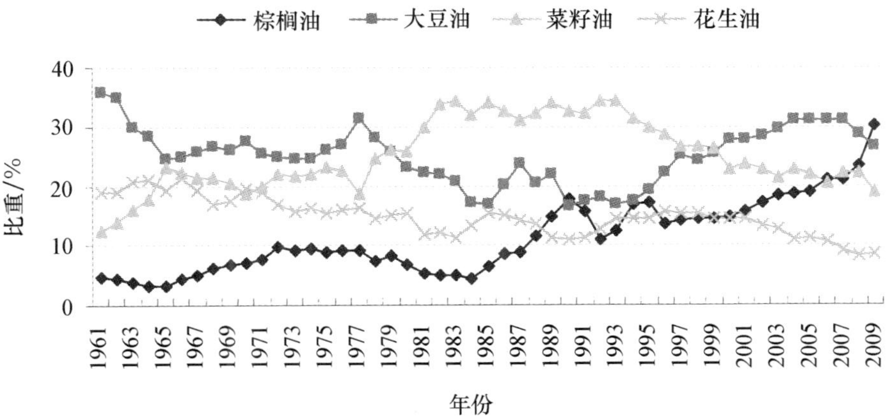

图 6-14　不同种类食用植物油的消费比重变化

数据来源:根据 FAOSTAT 数据计算。

6.7　大豆消费的国际比较

6.7.1　世界大豆消费概况

随着越来越多的国家步入经济快速发展阶段,人均热量、蛋白、油脂摄入量的提高是一个生活水平发展规律,大豆作为重要的蛋白饲料和食用油原料的地位上升,大随着人口的增长以及畜牧业、榨油业、加工业等发展,近年来世界大豆的消费需求获得了迅猛的增长。

全球大豆消费呈迅速增长,从全球大豆消费呈迅速增长,从 1961 年的 2486.3 万吨扩张到 2009 年的 2.35 亿吨,年均增长率为 4.89%。其中 1973 年超过 5000 万吨,1987 年超过 1 亿吨,1998 年超过 1.5 亿吨,2004 年度超过 2 亿吨(图 6-15)。

6.7.2　世界大豆消费结构与特点

世界大豆的基本消费形式是压榨消费、食用消费和饲料消费,以及少数的生物提取深加工。长期以来,大豆消费结构也发生了一些变化。

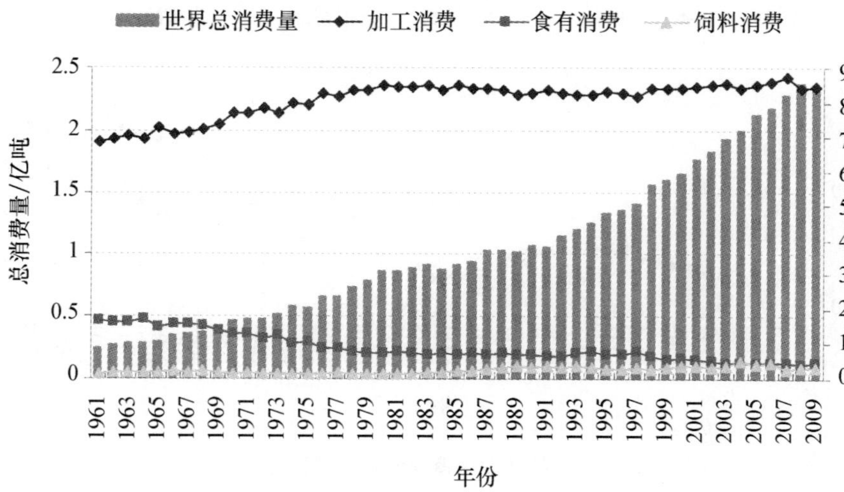

图 6-15 世界大豆消费量及消费结构比重变化

数据来源:FAOSTAT

1. 加工消费仍是最主要的消费形式

加工消费一直都是世界大豆消费的最主要形式,由于世界对豆油、豆粕的需求持续快速增长,加工消费量增长迅速。1961—2009 年,从 1708.6 万吨增加到 1.98 亿吨,年均增长率为 5.4%。加工消费在总消费中的比重最高并稳定上升,从 1961 年的 68.7%提高到 2009 年的 83.9%,2007 年高达 87.4%(图 6-15)。80 年中期以前,除美国、中国和巴西外,日本和德国在也是主要的加工消费国;80 年代中期以后,大豆加工消费大国依次是美国、中国、阿根廷和巴西等,2009 年该五国的大豆加工量分别占世界总加工量的 23.3%、23.3%、18.2%、15.1%,合计达 78.8%。其中,巴西加工份额自 1977 年以来变化不大,基本保持在 16%左右;阿根廷消费份额提高较为迅速,从 1977 年的 1.1%提高到 2009 的 18.2%,并在 2006 年超过巴西;美国的加工比重下降较为明显,从 1961 年的 64.7%降到 2009 年的 23.3%;中国的加工比重在波动中增加显著,从 1961 年的 10.5%下降到 1980 年的 5.3%,此后迅速增加到 2009 年的 23.3%(图 6-16)。

2. 亚洲仍是世界最大的食用大豆消费地

世界大豆食用消费量从 1961 年的 420.3 万吨增加到 2009 年的 1083.1

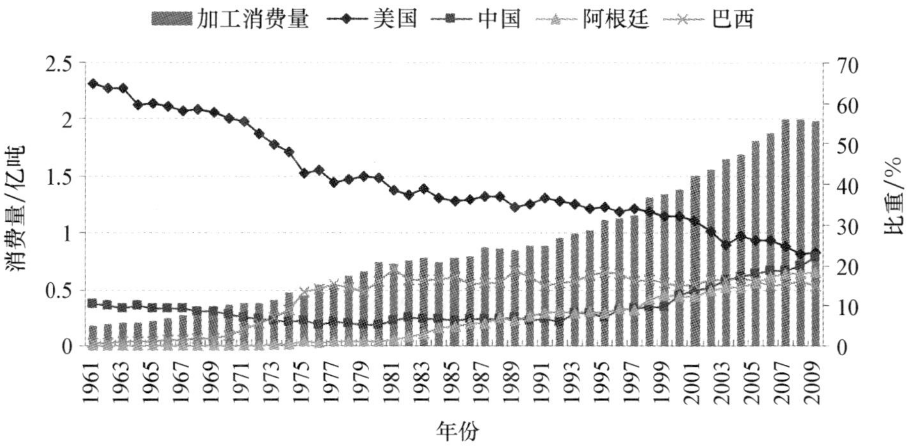

图 6-16 世界大豆加工消费量及主要消费国比重变化

数据来源:FAOSTAT

万吨,年均增长率为 2.03%;食用消费在总消费中的比重呈持续下降趋势,从 16.9%下降到 4.6%(图 6-15)。亚洲一向是大豆食用消费的最主要区域,这是世界大豆消费的一个显著特点。近半个世纪以来,亚洲大豆食用消费量平均占全球大豆食用消费的 90%以上,尤其是东亚和东南亚,其中以中国、日本、印度、朝鲜和印度尼西亚最为典型,2009 年度该 5 国大豆食用消费占世界大豆食用消费的比重分别为 46.1%、11.3%、9.1%、3.4%、2.3%,合计达 72.2%。除此之外,但巴西、土耳其和尼日利亚等国大豆食用消费量不断增加。

另外,世界大豆饲料消费量从 1961 年的 36.8 万吨增长到 814.9 万吨,年均增长率达 6.8%。饲料消费在总消费中比重不大,但呈现出"上升下降"的波动,从 1.4%上升到 2004 年的 5.2%,又下降到 2009 的 3.5%(图 6-15)。美国、中国和墨西哥等国是大豆饲料的主要消费国,2009 年,3 国大豆饲料消费占世界大豆饲料消费的比重分别为 27.1%、24.8%、11.6%,合计达 63.5%。

6.7.3 中国在世界大豆消费中的变化

上世纪 60 年代中期至 70 年代中期,中国大豆消费位居世界第二位。这一时期,世界主要的大豆消费国依次为美国、中国、日本、德国和巴西,美国和中国大豆消费份额呈下降趋势,分别从 1961 年的 51.6%和 24.5%分别下降到 1976 年的 40. 4%和 12. 1%；日本大豆消费份额相对稳定，平均在 6%左右；德国大豆消费份额略呈上升趋势，从 4. 3%上升到 5. 3%；巴西大豆消费份额呈上升趋势，从 0. 8%上升到 12. 8%，其中 1974 年超过日本，位居第三（图 6-17）。

上世纪 70 年代中后期至 90 年代末期，中国大豆消费退居世界第三位。这一时期，主要大豆消费国有美国、巴西、中国、日本和阿根廷。美国消费份额继续下降，从 1977 年的 37. 6%下降到 1999 年的 30. 9%；巴西和中国消费份额相对稳定，平均分别占总消费量的 14. 8%和 12%；阿根廷消费份额不断提高，从近 1%年高到 11. 1%，并在 1987 年超过日本（平均占 4. 6%），位居第四（图 6-17）。

2000—2009 年，中国大豆消费发生了从世界第二位跃居第一位的转变。这一时期，大豆消费大国有美国、中国、巴西和阿根廷。美国的大豆消费份额下降幅度较大，从 2000 年的 29. 8%下降到 2009 年的 21. 9%；而中国的消费份额则不断上升，从 16. 4%上升到 25. 4%，并于 2008 年度超过美国，成为第一消费大国；巴西消费份额相对稳定，平均在 14%左右；阿根廷消费份额不断提升，从 10. 8%提高到 15. 9%，并在 2006 年超过巴西，成为世界大豆第三消费大国。2009 年，该四国大豆消费量占世界大豆总消费量的 76. 8%（图 6-17）。

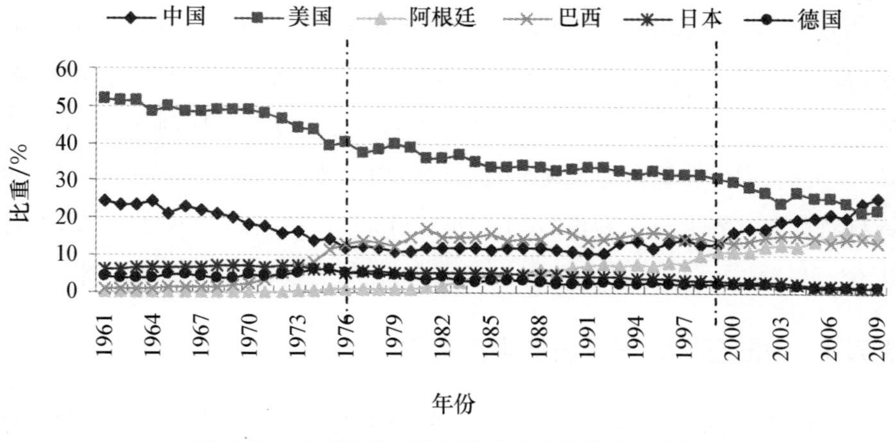

图 6-17 主要消费国大豆消费在世界的比重变化

数据来源：根据 FAOSTAT 数据计算。

6.7.4　食用油消费的国际比较

由于大豆消费中主要是油脂消费，而豆油消费又是食用植物油中最主要的产品。世界不同收入水平国家在经济发展过程中，食用植物油消费都呈现出不同程度的增长，中国刚刚进入中等收入国家行列，未来大豆油的消费是否仍是增长的，除上述对国内影响因素的分析外，这里将借助国际比较，以此来初步判断未来我国大豆消费变化的走向。

1. 全球食用植物油消费状况

半个世纪以来，世界植物油食用消费呈现稳步增长，从 1961 年的 1433.2 万吨增长到 2009 年的 7678.7 万吨，年均增长率为 3.64%。从食用植物油消费结构来看，大豆油、棕榈油、菜籽（与芥籽）油以及葵花籽油是主要的消费品种[①]，2009 年四种植物油合计占总消费量份额的 75.3%。其中大豆油一直都是最主要的食用植物油，但在食用植物油消费的份额呈现出"上升—下降"的趋势，从 1961 年的 18.4%上升到 1982 年的 33.4%，然后下降至 2009 年的 29.3%；棕榈油和菜籽（与芥籽）油的份额上升较快，分别从 1961 年 9.9%和 6.7%上升 2009 年 21.5%和 12.7%；葵花籽油份额从 11.2%上升至 1969 年的 15.5%，后下降至 2009 年的 11.8%（图 6-18）。

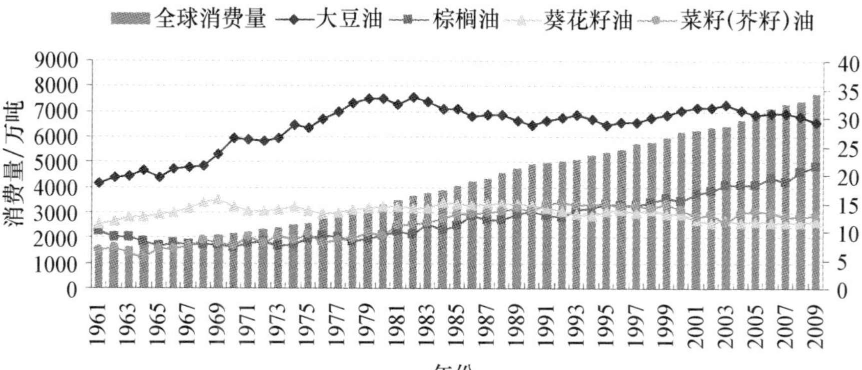

图 6-18　全球食用植物油消费量及消费结构

数据来源：FAOSTAT

① 除此之外，食用植物油还包括花生油、棉籽油、椰子油、橄榄油、芝麻油、玉料胚芽油、米糠油及其他植物油。

2. 全球及主要国家食用植物油人均消费

从食用植物油人均消费来看，无论是高收入国家(美、日、韩)、还是中等收入国家(中国)、中低等收入国家，食用植物油消费量都呈增长趋势。1961—2009年，美国食用植物油人均消费量从12.3千克增长到28.1千克，年均增长率为1.77%；日本人均消费量从3.7千克增长到15.1千克，年均增长率为3.04%，但2004年以来略呈下降趋势；韩国人均消费量从0.4千克增长到17.3千克，年均增长率为8.34%；印度人均消费量从4.1千克增长到8.7千克，年均增长率为1.61%；中国人均消费量从1.3千克增长到9.1千克，年均增长率为4.23%，但仍低于世界人均消费11.3千克的水平(图6-19)。

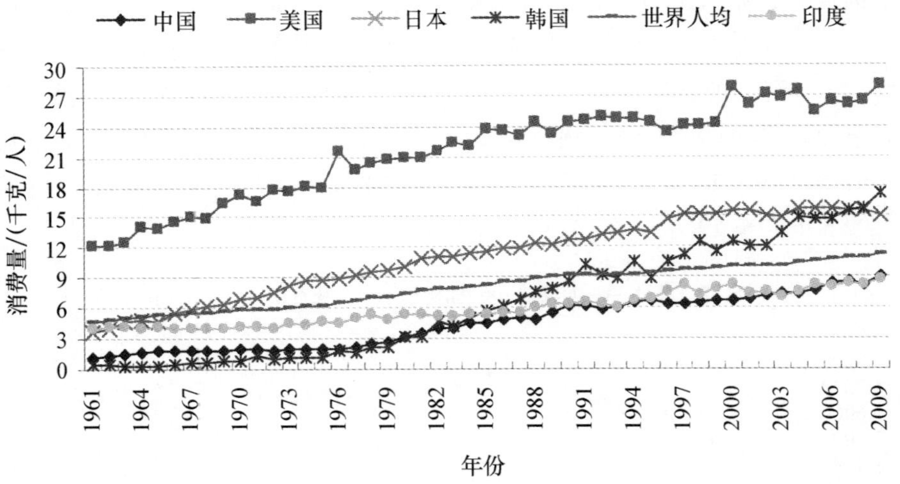

图6-19 食用植物油人均消费量比较

数据来源：FAOSTAT

可见，随着收入的提高，食用植物油的人均消费是增长的。单就人均国民收入而言，我国刚刚进入中等收入国家行列，还将继续扩大对蛋白和脂肪的需求，因此食用植物油的消费还将持续增长。根据美国农业部提供的数据推算，2012年，中国人均食用植物油消费量约为22.1千克，已经超过世界食用植物油人均年消费量20千克的水平，但相比之下，美国的人均食用油消费量已经超过35千克，欧盟接近40千克，与我们饮食结构最为接近的中国香港地区人均食用油消费量在26千克左右。因此，随着经济的发展以及生活水平的不断提高，中国食用油消费水平还有较大上升空间①。

6.8　本章小结

尽管由于统计资料的不完备，大豆消费的研究较为困难，但长期来看，上述分析基本可以大体上反映中国大豆消费的特点和发展变化趋势。

(1)20世纪90年代是中国大豆消费变化的转折点，随着人们收入水平的提高，中国大豆消费量迅速增长，消费结构也由过去的食用消费为主转变为压榨消费为主。

(2)大豆供需矛盾突出，油料供给还将依赖国际市场。一方面是国内大豆需求的刚性增长，另一方面是国内大豆生产日渐萎缩。假设仅按新增1000万吨食用植物油需求来计算，以当前我国的油脂消费结构，约需要400万吨大豆油，按照18%的出油率计算，约需大豆2200万吨，而我国历史上大豆产量最高也不过1740万吨，近年来更是呈现萎缩，因此长期来看还将依靠大量进口来满足大豆的需求。

(3)由于大豆消费中，最主要的是豆油和豆粕消费，因此人口规模和人口结构、收入水平、豆制品工业及畜牧养殖业的发展和其他油脂的替代效应是影响大豆消费的重要因素。

(4)豆油消费方面，从国际经验来看，在我国由中等收入国家向高收入国家过渡阶段，食用植物消费还将呈刚性增长，豆油作为食用植物油的主要消费品种，消费还将继续扩大。但我们也看到，近年来棕榈油、菜籽油消费增长迅速，对豆油消费的替代效应越来越明显，因此，豆油消费增长速度会逐步放缓。

(5)豆粕消费方面，未来随着我国养殖业的大规模增长，豆粕需求将继续扩大。根据中国肉类协会的统计资料，截至2010年中国人均肉类占有量只有58.8千克左右，实际可食用的消费量还要少于此数目。而发达国家平

① 我国油脂行业发展现状及未来方向探讨. http://www.feedtrade.com.cn/, 2011-6-8。

均在 100 千克以上[①]。根据国际经验,未来我国的肉类消费将持续增长,那么伴随着肉类消费的增长,我国养殖业也必将面临较大的规模增长,豆粕需求量也将不断扩大。

另外,随着我国人口的增长(每年以 600 万人左右的速度增长)及城镇化水平的提升,即便从当前人均消费水平来看,油、粕两个方面的需求量都将刚性增长,因此大豆消费仍将继续增长。

① 我国油脂行业发展现状及未来方向探讨. http://www.feedtrade.com.cn/,2011-6-8。

第七章　中国大豆贸易

中国曾经不仅仅是世界最大的大豆生产国，也曾是世界最大的大豆出口国，目前更是世界最大的大豆进口国和消费国。大豆贸易已成为中国大豆产业发展中倍受关注的环节，因此，对于整个大豆产业发展而言，了解中国大豆贸易历史与现状，对中国大豆贸易有一个清晰的认识显然是必要的。本章首先从总体上回顾中国大豆及其主要产品（豆油和豆粕）贸易的发展历程，然后分别对中国大豆及其主要产品出口贸易（包括出口量和出口市场）、进口贸易（包括进口量和进口市场）以及进出口价格进行分析，接下来在了解世界大豆进出口贸易格局发展变化的基础上，对中国大豆贸易（主要是进口贸易）的影响因素进行分析，最后综合判断中国大豆国际贸易竞争力。

7.1　中国大豆贸易总体发展历程

中国的大豆贸易始于近代东北的大豆出口贸易，尽管1862年清政府“许开豆禁”，允许外国商船到中国港口从事“大豆三品”（大豆、豆饼和豆油）的转口贸易，但此时外商只是取得了贩运“大豆三品”的权利，大豆主要运销于中国本土的华南、华中，大豆并未出口国外（胡雪梅，2003）。1869年，清政府解除了大豆外运的禁令，东北大豆开始向日本和南洋等地输出，大豆贸易开始成为国际贸易。近140年来，中国大豆贸易经历了从“世界最大的大豆出口国”到“世界最大的大豆进口国”的巨大转变。

7.1.1　近代中国的大豆贸易

近代中国的大豆贸易全部是出口贸易，尤其以东北大豆的出口贸易为主。当时中国不仅是世界最大的大豆生产国，也是世界上大豆及大豆制品出口量最多的国家，最初只向国际市场出口大豆，后来开始向国际市场出口豆饼，1911 年前后开始出口豆油①，1870—1928 年，“大豆三品”出口量从 578 千关担（约合 3. 45 万吨）增加到 69407 千市担（约合 347 万吨），大豆在中国出口商品中的地位不断提高，“大豆三品”出口额占全国商品出口总额的比重从 1911 年的 10. 1%提高到 1928 年的 19. 8%，大豆成为中国最重要的出口农产品之一（图 7-1）。至新中国成立前，中国大豆（三品）出口贸易基本可划分为四个阶段：起步阶段（1869—1895 年）、发展阶段（1895—1914 年）、繁荣阶段（1814—1931 年）和衰退阶段（1931—1945）。

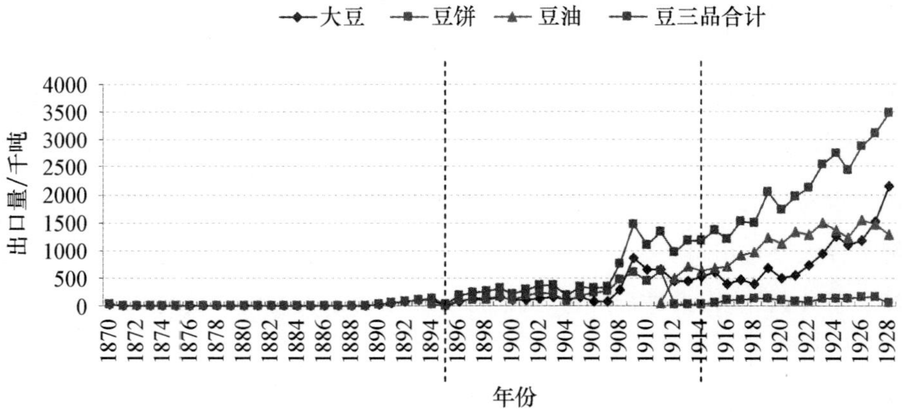

图 7-1　1870—1928 年大豆三品出口情况

数据来源：许道夫《中国近代农业生产及贸易统计资料》，上海人民出版社，1983 年。

起步阶段（1869—1895 年）：1868 年日本明治维新后，丝织工业兴起，东北豆饼作为物美价廉的饲料和肥料，备受日本青睐。1873 年东北大豆在奥地利万国博览会参展，其知名度陡增并从营口输出。这一时期，由于大豆贸易刚刚起步，其出口对象仅限于日本和南洋诸岛，也只有营口一个对外口岸，出口产品是大豆和少量豆饼②，两项合计年均出口量为 329 千关担（约合 1. 96 吨），平均出口总值为 389 千关两，平均出口价格为 0. 99 两/担，1894 年出口量最高，达 2097 千关担（约合 12. 5 吨），1877 年出口量最低为 5 千关担

① 根据许道夫《中国近代农业生产及贸易统计资料》数据推断。

② 1877—1886 及 1893 年，豆饼出口量统计在大豆当中。

(约合 298 吨)[1],大豆和豆饼出口价格在 0.7～1.7 两/担之间波动[2]。

发展阶段(1895—1914 年):甲午战后,中国的大豆贸易得到了发展,在东北形成了以辽南三港(营口、大连和海参崴)和哈尔滨为中心的南北两个相对独立的贸易区;进入 20 世纪,东北大豆出口港除营口外,又相继开放了安东、大连、大东沟、满洲里、瑷珲、哈尔滨、龙井、绥芬河等 10 余个通商口岸,贸易条件日益完善(于亚莉,2007),中国大豆(三品)出口量进一步增加,从 1895 年的 234 千关担(约合 1.40 万吨)增加到 1914 年的 23668 千市担(约合 118.34 万吨),1909 年高达 24526 千关担(约合 146.37 万吨),出品总值从 389 千关两增加到 46601 千关两,出口价格从 1.66 两/担提高到 1.97 两/担。这一时期,大豆的出口市场也不断扩大,由东亚扩大到东南亚,1908 年大豆进入欧洲市场,随后又扩大到澳洲、美洲等 30 多个国家和地区。欧美国家主要包括英、俄、荷兰、美,亚洲国家主要是日本和朝鲜。大豆的多功能性也不断增强,在欧美和日本,豆油经过提炼精制,取代橄榄油和棉籽油,作为食品加工的原料;普通豆油则用来代替亚麻仁油,作为油漆、涂料和肥皂等化工原料。豆饼除用作肥料和牲畜饲料外,也是食品加工的原料,如利用其丰富的蛋白质制作豆粉,烘制面包,制造酱油和味精等。大豆在食品和化学工业方面的广泛用途,使大豆一跃成为世界性商品。

繁荣阶段(1914—1931 年):这一时期,大豆出口量和出口市场都不断扩大,是中国大豆贸易的繁荣时期,大豆三品的出口量从 1914 年的 23668 千市担(约合 118.34 万吨)增加至 1928 年的 69407 千市担(约合 347.03 万吨),出口总值从 46601 千关两增加到 196210 千关两,出口价格从 1.97 两/担增加到 2.83 两/担。欧洲、日本、俄国成为中国大豆三品贸易的主要市场。第一次世界大战后,由于欧洲各帝国主义国家忙于扩军备战,造成生活必需品短缺以及与军事有关联的工业生产日益扩大,对大豆的需要量也随之扩大,除英国大量进口大豆外,中国大豆还畅销于荷兰、意大利等欧洲国家,英、荷、意三国的大豆三品平均进口量为 2311 千市担(约合 11.56 万吨)。日本始终是我国大豆的输入大国,也是豆饼的最大输入国。一战以后,日本从中

---

① 1 关担≈1.1936 市担,1 市担 = 0.05 吨,1 关担≈0.05968 吨。

② 价格数据根据许道夫《中国近代农业生产及贸易统计资料》数据计算,下同。

国进口大豆的数量很惊人，平均进口量达 21429 千市担(107.15 万吨)，在此之后，日本进口中国大豆的数量一直保持这个水平，但因日本榨油业比较发达，因此进口豆油较少。俄国也是进口中国豆货的大国，一战期间，俄国由其控制的中东铁路将北满大豆东运海参崴出口，虽然俄国进口的大豆和豆饼数量远不及日本，平均进口量为 10321 千市担(约合 51.6 万吨)，但相对于其他国家，俄国仍然是输入我国大豆产品仅次于日本的大国。

衰退阶段(1931—1945 年)：1931 年"九·一八"事变后，东北三省沦陷为日本的殖民地，大豆的种植和豆制品的生产，逐渐地受到了削弱，中国大豆贸易的繁荣也逐渐消逝。仅东北地区大豆及其加工品输出数量就由从 1934 年的 197.9 万吨减少至 1943 年的 78 万吨，这一时期大豆三品的重要输出地主要是日本和德国。

7.1.2 现代中国的大豆贸易

新中国成立后，较过去单纯的大豆出口贸易而言，中国大豆的进口贸易也逐步发展。这一时期，提及中国的大豆贸易，很多人认为 1996 年是一个重要的分水岭，并将这一年作为中国大豆贸易的转折点，即中国大豆从净出口转为净进口。然而事实上，在过去的 63 年里，中国大豆贸易并不是简单地从净出口转变为净进口，而是经历了从净出口(1949—1973 年)到净进口(20 世纪 70 年代中期至 20 世纪 80 年代初)，再到净出口(1983—1995 年)，再到净进口(1996 年至今)的曲折发展阶段。目前中国是世界上最大的大豆进口国，大豆也成为中国进口量最大、用汇最多的农产品。

1949—1973 年的净出口阶段：这一时期，中国大豆贸易总体上是出口贸易，只有个别年度有进口，如 1952—1954 年，每年进口近 100 吨，1973 年进口 12.79 万吨，但中国大豆贸易仍处于净出口阶段。20 世纪 50 年代，中国是世界上最大的大豆生产国和出口国，年均出口量为 107.2 万吨，并且大豆出口逐年上升，从 1949 年的 90 万吨上升至 1959 年的 172.7 万吨；1959—1973 年，大豆出口呈下降趋势，从 172.7 万吨降至 40 万吨。

20 世纪 70 年代中期至 20 世纪 80 年代初的首次净进口阶段：1974 年是中国大豆贸易发展的第一次转折，中国大豆进口量 71.19 万吨，出口量 40.1 万吨,中国大豆第一次出现净进口,净进口 24.1 万吨,对外依存度为 3.1%。在随后的几年里,1977 年和 1979—1982 年相继处于净进口状态,但净进口规模不大,平均在 35.7 万吨,对外依存度平均为 4.1%。尽管从长期来看,这一现象并未对中国大豆贸易的发展产生重大影响,但相对于中国历时百年的大豆出口而言,这种变化在中国大豆贸易发展史上显然是不容忽视的(表 7-1)。

1983—1995 年的净出口阶段:这一时期中国大豆贸易恢复净出口、贸易顺差。其中 1983—1987 年,中国的大豆贸易呈现回升态势,净出口量从 1983 年的 34.8 万吨回升至 1987 年的 143.7 万吨,净出口额从 8991 万美元增加至 3.1 亿美元;20 世纪 80 年代末至 20 世纪 90 年代中期,大豆净出口量再次呈下降趋势,降至 1995 年的 8.1 万吨,净出口额减少至 2418 万美元,至此也结束了中国大豆净出口的历史(表 7-1)。

1996 年至今的净进口阶段:这一时期,由于中国政府开放了国内油料市场,同时随着经济发展和人民收入水平的提高,国内对食用植物油的需求快速上升,大豆加工效益可观,从而刺激了我国榨油工业的发展,促使国内主要油料大豆的需求大幅度提高,与此同时,1996 年我国对农产品贸易政策进行了调整,当年 4 月 1 日起,在对小麦、玉米和大米实施关税配额的同时,取消了针对大豆的贸易限制,大豆的进口关税也降至较低的 3%水平,由于需求和政策的双重驱动,中国大豆进口量迅速增加,而大豆出口量却变化不大,自此,中国大豆贸易彻底逆转,从大豆净出口再次变为大豆净进口,大豆净进口量从 1996 年的 91.6 万吨迅速增加至 2012 年的 5806.2 万吨,净进口额从 2.5 亿美元增加至 347.2 亿美元,对外依存度也从 6.5%提高到 81.9%(表 7-1)。

表 7-1 1973 年以来中国大豆进出口贸易情况

单位:万吨、亿美元、%

年度	出口量	进口量	净进口量	出口额	进口额	净进口额	国内产量	对外依存度
1973	40.00	12.79	−27.21	—	—	—	837	−3.4
1974	47.10	71.19	24.09	—	—	—	747	3.1
1975	40.50	3.68	−36.82	—	—	—	724	−5.4
1976	20.00	2.95	−17.05	—	—	—	664	−2.6
1977	13.00	33.07	20.07	—	—	—	726	2.7
1978	21.30	19.03	−2.27	—	—	—	757	−0.3

续表 7-1

年度	出口量	进口量	净进口量	出口额	进口额	净进口额	国内产量	对外依存度
1979	22.90	57.95	35.05	—	—	—	746	4.5
1980	10.00	53.39	43.39	—	—	—	794	5.2
1981	13.83	56.83	43.00	0.5164	1.7684	1.2520	933	4.4
1982	14.85	36.21	21.36	0.4283	1.1206	0.6923	903	2.3
1983	34.80	0.02	−34.78	0.8998	0.0007	−0.8991	976	−3.7
1984	84.00	0.00	−84.00	2.5287	0.0000	−2.5287	970	−9.5
1985	113.57	0.06	−113.51	2.6790	0.0020	−2.6770	1050	−12.1
1986	136.82	29.09	−107.73	3.0020	0.6398	−2.3622	1161	−10.2
1987	171.00	27.31	−143.69	3.6750	0.6123	−3.0627	1218	−13.4
1988	148.00	15.19	−132.82	3.8097	0.3708	−3.4389	1165	−12.9
1989	117.00	0.08	−116.92	3.6561	0.0028	−3.6533	1023	−12.9
1990	94.03	0.09	−93.94	2.2830	0.0032	−2.2798	1100	−9.3
1991	111.00	0.08	−110.92	2.6221	0.0026	−2.6195	971	−12.9
1992	65.82	12.07	−53.75	1.5963	0.2870	−1.3093	1030	−5.5
1993	37.32	9.86	−27.46	1.0195	0.2619	−0.7576	1531	−1.8
1994	83.18	5.16	−78.02	2.2244	0.1368	−2.0876	1600	−5.1
1995	37.51	29.39	−8.12	0.9967	0.7549	−0.2418	1350	−0.6
1996	19.17	110.75	91.58	0.6618	3.2035	2.5417	1322	6.5
1997	18.57	287.59	269.02	0.7325	8.4293	7.6968	1473	15.4
1998	16.99	319.25	302.26	0.6339	8.0477	7.4138	1515	16.6
1999	20.44	431.86	411.42	0.6169	8.9030	8.2861	1425	22.4
2000	21.08	1041.91	1020.83	0.6414	22.7024	22.0610	1541	39.8
2001	24.84	1393.95	1369.11	0.7713	28.0952	27.3239	1541	47.1
2002	27.59	1131.44	1103.85	0.7668	24.8284	24.0616	1651	40.1
2003	26.75	2074.10	2047.35	0.8700	54.1686	53.2986	1593	56.2
2004	33.46	2023.00	1989.54	1.4493	69.7917	68.3424	1740	53.3
2005	39.65	2659.00	2619.35	1.6958	77.7832	76.0874	1635	61.6
2006	37.90	2823.69	2785.79	1.4594	74.8887	73.4293	1597	63.6
2007	45.65	3081.70	3036.05	1.9648	114.7328	112.7680	1400	68.4
2008	46.51	3743.63	3697.12	3.5108	218.1528	214.6420	1555	70.4
2009	34.65	4255.11	4220.46	2.3708	187.8453	185.4745	1490	73.9
2010	16.36	5479.75	5463.39	1.1825	250.9339	249.7514	1510	78.3
2011	20.83	5249.57	5228.74	1.6154	297.4944	295.8790	1450	78.3
2012	31.80	5838.00	5806.20	2.6913	349.8800	347.1887	1305	81.6

资料来源:《中国海关统计年鉴》、《中国统计年鉴》、《中国农村统计年鉴》和粮油信息网。

在大豆贸易发展变化的同时，大豆的主要加工品豆油和豆粕的贸易也不断地发展变化。自 20 世纪 80 年代以来，中国豆油一直是净进口，但年度波动较大。1981—1995 年，净进口量从 4.2 万吨增加到 141.6 万吨，净进口额从 2528 万美元增加到 9.8 亿美元；而后净进口量下降到 2001 年的不到 1 万吨，净进口额也减至 70 万美元；随后又在波动中增加，净进口量增至 2007 年的 275.7 万吨，净进口额增加至 20.9 亿美元；接着再次下降，净进口量降至 2011 年的 109.2 万吨，净进口额减少至 12.5 亿元；2012 年净进口回升至 180.6 万吨，贸易逆差达 22.5 亿美元（表 7-2）。

表 7-2　1981—2012 年中国豆油进出口贸易情况

单位：万吨、亿美元

年度	出口量	进口量	净进口量	出口额	进口额	净进口额
1981	0.05	4.22	4.17	0.0051	0.2579	0.2528
1982	0.05	4.61	4.56	0.0034	0.2304	0.2270
1983	0.21	0.95	0.74	0.0155	0.0428	0.0273
1984	0.15	1.03	0.88	0.0109	0.0400	0.0291
1985	0.48	3.21	2.73	0.0554	0.1900	0.1346
1986	0.11	17.12	17.01	0.0072	0.7000	0.6928
1987	0.69	34.55	33.86	0.0330	1.2100	1.1770
1988	0.06	15.42	15.36	0.0041	0.6600	0.6559
1989	1.05	38.96	37.91	0.0487	1.4400	1.3913
1990	0.73	52.49	51.76	0.0381	2.4700	2.4319
1991	0.02	11.09	11.07	0.0026	0.5300	0.5274
1992	0.36	22.31	21.95	0.0363	1.0000	0.9637
1993	1.49	7.57	6.08	0.1192	0.3800	0.2608
1994	7.27	106.35	99.08	0.4901	6.5100	6.0199
1995	6.58	148.18	141.60	0.4756	10.2400	9.7644
1996	12.71	129.54	116.83	0.8608	7.6400	6.7792
1997	55.58	122.52	66.94	3.6861	6.8500	3.1639
1998	18.59	83.17	64.58	1.3475	5.2300	3.8825
1999	5.34	80.37	75.03	0.3433	4.2100	3.8667
2000	3.53	30.76	27.23	0.1705	1.2600	1.0895
2001	6.00	6.99	0.99	0.2330	0.2400	0.0070

续表 7-2

年度	出口量	进口量	净进口量	出口额	进口额	净进口额
2002	4.73	87.03	82.30	0.2163	4.0800	3.8637
2003	1.06	188.43	187.37	0.0649	10.1500	10.0851
2004	1.94	251.65	249.71	0.1330	15.4900	15.3570
2005	6.30	169.43	163.13	0.4010	9.0800	8.6790
2006	11.77	154.26	142.49	0.7215	8.0000	7.2785
2007	6.57	282.29	275.72	0.5735	21.4600	20.8865
2008	13.39	258.56	245.17	1.8489	33.3400	31.4911
2009	6.93	239.08	232.15	0.7588	18.4200	17.6612
2010	5.93	134.07	128.14	0.6508	12.0300	11.3792
2011	5.11	114.32	109.21	0.7433	13.2400	12.4967
2012	1.90	182.45	180.55	0.2580	22.7200	22.4620

资料来源:《中国海关统计年鉴》、《中国统计年鉴》、《中国农村统计年鉴》和粮油信息网。

豆粕(饼)除少数年度净进口外(1996—2000 年和 2006 年),基本处于净出口状态。1981—1991 年间,由于这一阶段出口增加,而进口量很小且变化不大,因此净出口量增加较快,从 14.45 万吨增加到 268.6 万吨,净出口额从 3277 万美元增加到 4.8 亿美元;1991—2000 年,由于出口的减少,净出口量呈下降趋势,特别是 1996—2000 年,随着国内畜牧业的迅速发展,豆粕(饼)进口迅速增加,这一期间处于净进口,净进口达 345 万吨,贸易逆差达 8.6 亿元;2001—2012 年,随着大豆进口量的迅速增大,大豆榨油业为国内提供了丰富豆粕(饼)的供给,豆粕(饼)贸易处于净出口相对稳定增长状态(除了 2006 年外),2012 年,豆粕(饼)净出口 109.8 万吨,贸易顺差达 6 亿多美元(表 7-3)。

表 7-3　1981—2012 年中国豆粕(饼)进出口贸易情况

单位:万吨、亿美元

年度	出口量	进口量	净出口量	出口额	进口额	净出口额
1981	14.46	0.01	14.45	0.3280	0.0003	0.3277
1982	28.03	0.15	27.88	0.5568	0.0033	0.5535
1983	63.00	0.21	62.79	1.0751	0.0033	1.0718
1984	59.80	—	59.80	1.2800	—	1.2800

续表 7-3

年度	出口量	进口量	净出口量	出口额	进口额	净出口额
1985	88. 19	0. 14	88. 05	1. 2400	0. 0027	1. 2373
1986	129. 63	0. 00	129. 63	2. 0200	0. 0000	2. 0200
1987	197. 57	0. 11	197. 46	3. 3100	0. 0027	3. 3074
1988	217. 57	0. 02	217. 55	4. 2900	0. 0007	4. 2893
1989	165. 15	2. 63	162. 52	3. 8000	0. 0832	3. 7168
1990	195. 78	0. 02	195. 76	3. 9200	0. 0006	3. 9195
1991	268. 61	0. 04	268. 57	4. 8400	0. 0012	4. 8388
1992	82. 74	3. 75	78. 99	1. 7200	0. 0921	1. 6279
1993	36. 35	5. 48	30. 87	0. 8100	0. 1200	0. 6900
1994	115. 07	0. 14	114. 93	2. 3800	0. 0016	2. 3784
1995	90. 18	0. 10	90. 08	1. 7000	0. 0020	1. 6981
1996	6. 84	187. 65	−180. 81	0. 2100	5. 1955	−4. 9855
1997	1. 97	346. 95	−344. 98	0. 0600	9. 8040	−9. 7440
1998	1. 85	372. 23	−370. 38	0. 0500	8. 6188	−8. 5688
1999	1. 35	57. 18	−55. 83	0. 0200	1. 0031	−0. 9831
2000	2. 90	50. 53	−47. 63	0. 0500	1. 0594	−1. 0094
2001	31. 51	5. 37	26. 14	0. 6200	0. 1168	0. 5032
2002	101. 32	0. 07	101. 25	1. 9300	0. 0025	1. 9275
2003	77. 06	0. 18	76. 88	1. 7200	0. 0058	1. 7142
2004	65. 80	5. 55	60. 25	2. 0900	0. 1460	1. 9440
2005	55. 30	20. 26	35. 04	1. 5100	0. 4932	1. 0169
2006	38. 15	67. 42	−29. 27	1. 0000	1. 5126	−0. 5126
2007	85. 00	10. 49	74. 51	2. 4900	0. 3314	2. 1586
2008	53. 49	22. 03	31. 46	2. 7300	0. 8867	1. 8433
2009	112. 32	13. 28	99. 04	5. 0600	0. 4719	4. 5882
2010	101. 60	18. 77	82. 83	4. 2700	0. 8042	3. 4658
2011	40. 63	22. 42	18. 21	1. 9400	0. 9598	0. 9803
2012	114. 24	4. 46	109. 78	6. 2500	0. 2113	6. 0387

资料来源:《中国海关统计年鉴》、《中国统计年鉴》、《中国农村统计年鉴》和粮油信息网。

7.2 大豆及其产品出口贸易

尽管近代中国大豆出口贸易的绝对优势一直延续到20世纪50年代末，但新中国成立后大豆出口在中国粮食出口贸易中的地位不断下降，从1950年的74.5%下降至2003年的1.5%，近年来缓慢回升至2012年的11.5%[①]。60年代，随着国内大豆生产的下滑，中国大豆出口在国际贸易中的地位也逐渐减弱，大豆出口量占全球大豆总贸易量的比重从1965的8.4%下降到1995年的0.5%，此后略有回升，回升至1987年的5.7%，而后持续下降，降至2012年的3%[②]。

7.2.1 大豆及其产品出口总量

1. 大豆出口

新中国成立以来，中国大豆出口呈现规模总体缩小、年际波动较大的特点。一方面，从20世纪50年代的百余万吨缩减至20世纪90年代以来的平均不足40万吨；另一方面，大豆出口经历了“上升—下降—再上升—再下降”的过程，1996年以来处于较平稳状态。根据大豆出口量的年际波动可将其划分为五个阶段：1949—1959年、1959—1980年、1980—1987年、1987—1996年和1996—2012年的平稳发展阶段。新中国成立后的前10年，大豆出口量出现了短期的增加，从1949年的90万吨增加到1959年的172.7万吨，这是新中国成立以来出口量最多的一年；随后迅速减少，减至1980年10万吨，也是中国大豆贸易史上出口量最少的一年；然而，在此后的7年里，大豆出口又呈现短期迅速的恢复性增长，增加到1987年的171万吨；之后再次减少，减至1996年的19万吨。1996—2012年，大豆出口相对较为平稳(50万吨以下)，年均出口量在28万吨左右，2012年出口量31.8万吨(图7-2)。

20世纪80年代至2003年，大豆出口总额也随着出口量的变化基本同

① 根据《中国商务年鉴》和《中国粮食年鉴》数据计算。

② 根据USDA数据调整计算。

步变动，出口额从1981年的5164万美元增加到1988年的3.8亿美元，随后又减少到2003年的7668万美元。但自2003年以后，由于大豆出口价格的迅速上涨，大豆出口额的增长要快于出口量的增长，年均出口额在1.9亿美元左右，2012达2.7亿美元(图7-2)。

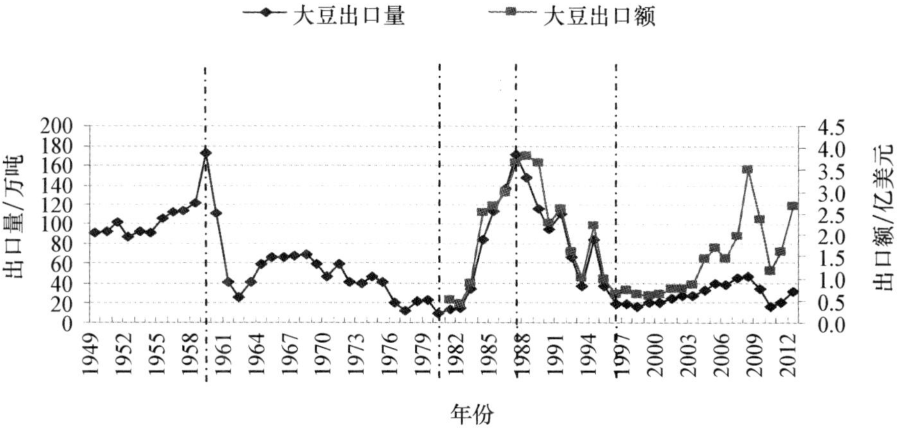

图7-2 1949—2012年大豆出口量和出口额变化情况

数据来源:《中国海关统计年鉴》、《中国统计年鉴》、《中国农村统计年鉴》和粮油信息网。

2. 豆油和豆粕(饼)出口

20世纪80年代以前，豆油和豆粕(饼)的出口量很小，进入20世纪80年代以来，作为大豆主要产品的豆粕(饼)和豆油逐渐增加出口。

豆油的出口大体经历两个阶段：一是1981—1997年的增长阶段，出口量从500吨增加到55.6万吨，出口总额从51万美元增加至3.7亿美元；二是1997—2012年的下降阶段，出口量降至1.9万吨，出口总额也相应降至2580万美元(图7-3)。

豆粕(饼)出口经历了三个阶段：一是1981—1991年的快速增长阶段，豆粕出口量从14.46增加到268.6万吨，出口总额也从3280万美元增加至4.8亿美元；二是1991—1999年的迅速下降阶段，出口量从268.6万吨减少至1.35万吨，出口总额从4.8亿美元降至200万美元；三是2000年以后缓慢回升阶段，至2012年达114.2万吨，出口总额从500万美元回升至6.3亿美元(图7-3)。

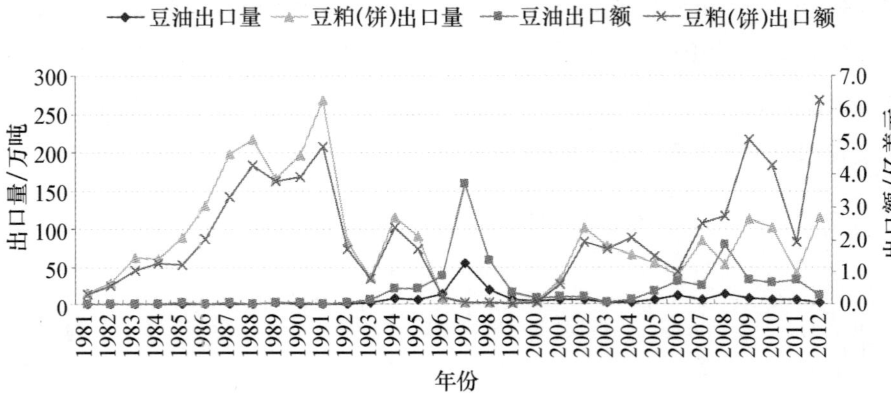

图 7-3 1981—2012 年豆油与豆粕(饼)出口量和出口额变化情况

数据来源:《中国海关统计年鉴》、《中国统计年鉴》、《中国农村统计年鉴》和粮油信息网。

7.2.2 大豆及主要产品的主要出口市场

1. 大豆主要出口市场

中国大豆出口市场分布较为广泛,自 20 世纪 80 年代,主要出口到苏联、日本、印度尼西亚、朝鲜、马来西亚、韩国、美国等,但不同阶段也发生了一些变化。1987—1990 年,以苏联、日本、印度尼西亚、朝鲜和马来西亚为主,对这几国的年均大豆出口量合计占出口总量的近 90%。其中苏联在 80 年代末曾是中国大豆出口最多的国家,连续三年(1987—1989 年)出口量占中国大豆总出口量的 34%以上;1991 年苏联解体后,进口量迅速减小,逐渐淡出中国大豆的出口市场。1991—1995 年,以日本、印度尼西亚、朝鲜和马来西亚为主,1995 年后对印度尼西亚和马来西亚的大豆出口减少。1996—2003 年,日本、朝鲜和韩国是中国大豆的主要出口市场,2004—2012 年,则以日本、朝鲜、韩国和美国四国为主。

从各主要出口市场来看,日本和朝鲜一直都是中国大豆的主要输出地,其中日本在 1992—1993 年和 1995—2006 年间是最大的中国大豆出口市场,中国对其出口大豆占大豆总出口量的 50%以上,特别是 1996 年,中国大豆出口的近 87%输入日本,尽管 2007 年以来这一比重有所下降,但仍是中国大豆的主要出口市场之一。中国对朝鲜的大豆出口量不是很大,但较为稳定，1987—2012年年均出口量在中国大豆总出口量的10%以上。自1998年起，对韩国的大豆出口增加，且出口比重不断上升，2007年以来(2010年除外)一直是中国最大的大豆输出地。自2004年以来对美国的大豆出口增加，出口比重也不断增加，2012年，对其出口量达28.4%，成为中国大豆第二大出口市场(表7-4)。

表7-4　2004—2012年中国大豆主要出口市场及其比重　　单位:%

年度	日本	朝鲜	韩国	美国	合计
2004	55.48	10.53	19.06	8.15	93.22
2005	46.12	9.81	23.26	9.71	88.9
2006	39.84	9.33	19.25	11	79.42
2007	29.66	9.44	35.86	8.66	83.62
2008	18.52	6.49	53.34	10.43	88.78
2009	14.6	7.45	48.63	14.52	85.2
2010	28.8	15.75	26.38	9.06	79.99
2011	20.61	9.21	46.48	8.23	84.53
2012	13.20	9.69	41.5	28.4	92.79

数据来源:根据FAOSTAT数据整理计算，2012年数据来源于《2013中国农产品贸易发展报告》。

2.豆油和豆粕(饼)主要出口市场

豆油出口相对集中在周边国家和地区，主要对朝鲜、日本和新加坡和中国香港等出口。由于豆油出口量很小，2002年以前主要是对朝鲜和中国香港出口，如1988—1989年和1992—1993年对朝鲜的出口量最高达99.3%，最低达63.5%(1993年24.6%出口到俄罗斯)，1990年和1994—2002年对中国香港的出口量最高达98.9%，最低达76.6%。2003年对两国出口比重分别为33.4%和54.3%，2004年分别为7.9%和68.6%(另有10.2%对韩国出口)。2005—2008年，朝鲜、日本和中国香港是中国豆油的主要出口市场；自2009年起，新加坡进入到中国豆油主要出口市场行列；2012年，中国对四国出口豆油分别占豆油出口总量的70.5%、14%、8.1%和6.1%，朝鲜仍是中国豆油第一大出口市场(表7-5)。

表 7-5　2005—2012 年中国豆油主要出口市场及其比重　单位：%

年度	朝鲜	日本	中国香港	新加坡	合计
2005	26.03	44.21	11.53	—	81.77
2006	33.39	39.79	24.01	—	97.19
2007	45.06	37.73	10.64	—	93.43
2008①	24.11	21.76	12.33	—	58.20
2009	49.13	30.58	8.87	6.29	94.87
2010	52.11	12.02	16.44	7.54	88.11
2011	69.97	10.09	6.18	8.24	94.48
2012	70.50	14.00	6.10	8.10	98.70

数据来源：根据 FAOSTAT 数据整理计算，2012 年数据来源于《2013 中国农产品贸易发展报告》。

豆粕(饼)出口市场相对较为分散，且年度变化较大。1988—1996 年，主要出口到日本、中国香港、新加坡、泰国、韩国、马来西亚、菲律宾和德国等地；1997—1999 年，主要对日本、中国香港、马来西亚、越南和朝鲜出口；2000—2011 年，日本和韩国是中国豆粕(饼)较大的稳定出口市场，同时也对马来西亚、越南、朝鲜、荷兰、韩国、美国和英国等少量出口。

日本一直是中国豆粕(饼)的最主要输出地，特别是 2001 年以来，年均输入豆粕(饼)占中国豆粕出口总量的 70%以上(表 7-6)。

表 7-6　2001—2011 年中国豆粕(饼)主要出口市场及其比重　单位：%

年度	日本	韩国	马来西亚	越南	朝鲜	合计
2000②	36.36	41.66	—	—	3.29	81.31
2001	84.72	3.33	4.35	1.54	2.33	96.27
2002	60.19	13.38	12.22	3.28	1.17	90.24
2003	67.88	12.85	8.12	5.57	1.65	96.07
2004	89.61	3.71	2.16	0.92	2.43	98.83
2005	90.04	4.32	1.80	0.14	1.68	97.98
2006	80.20	12.49	0.01	0.06	1.13	93.89
2007	67.34	16.27	3.34	5.10	1.17	93.22

① 2008 年，中国豆油出口总量的 20.7%出口到越南，18.5%出口到印度。

② 2000 年，中国豆粕(饼)出口总量的 18%出口到中国香港。

续表 7-6

年度	日本	韩国	马来西亚	越南	朝鲜	合计
2008①	56.14	13.07	1.96	8.64	0.37	80.18
2009	61.41	9.89	1.74	14.39	0.43	87.86
2010	78.34	7.00	1.43	4.79	0.77	92.33
2011②	61.71	3.66	1.68	6.49	5.52	79.06

数据来源：根据 FAOSTAT 数据整理计算。

7.3 大豆及其产品进口贸易

与大豆出口贸易相比，中国大豆进口贸易发展较晚。自 20 世纪 70 年代，中国大豆进口逐渐增加，但进口量都不大，1973—1995 年间，年均进口量只有 20 万吨左右。1996 年是中国大豆进口贸易发生转折的一年，大豆进口量超过百万吨，从此大豆进口贸易迅猛发展，大豆进口规模迅速扩大，大豆进口不仅在中国粮食进口中的比重迅速增长，从 1996 年的 38.9%增长至 2012 年的 82.4%。2000 年中国进口大豆超过 1000 万吨，成为世界最大的大豆进口国，在全球大豆贸易中的影响也迅速提升，中国大豆进口量占全球大豆贸易总量的比重从 2000 年的 23.1%扩大到 2012 年的 63.4%。目前，大豆是中国进口用汇最多的农产品，2012 年大豆进口额占农产品进口总额的 31.1%。

7.3.1 大豆及其主要产品进口量

1. 大豆进口

新中国成立以来的大豆进口总体上可划分为两个阶段：一是 1949—1995 年的大豆少量进口阶段；二是 1996—2012 年的进口迅速增长阶段。第一阶段中，70 年代以前，只有零星的少量进口，如 1952—1954 年，平均年进口量只有 100 吨；自 1973—1995 年，进口量虽有增加，但仍处于较低水平，平

① 2008 年，中国豆粕(饼)出口量的 6.8%和 5.7%分别输入至美国和英国。

② 2011 年，中国豆粕(饼)出口量的 4.2%和 5.8%分别输入至美国和英国。

均年进口量为20.7万吨，进口量最多也只有1974年的71.2万吨，1977年的33.1万吨，1979—1982年均超过50万吨，自1981年起，进口额年均只有4000万美元。第二阶段中，1996年进口大豆110.8万吨，首次超过百万吨，进口额超过3亿美元，自此大豆进口量和进口额都迅速增加。2000年进口突破1000万吨，进口额突破20亿美元，成为世界最大的大豆进口国；2003年进口量突破2000万吨，进口额突破50亿美元；2007年进口量突破3000万吨，进口额突破100亿美元；2008年进口额突破200亿美元；2009年和2010年进口量分别突破4000和5000万吨；2012年进口5838万吨，进口额超过300亿元，达349.9亿美元（图7-4）。

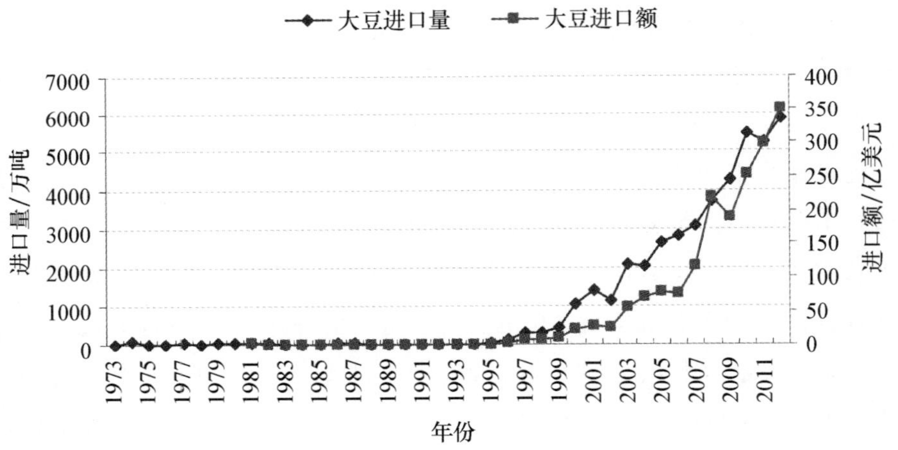

图7-4 1973—2012年大豆进口量和进口额变化情况

数据来源：《中国海关统计年鉴》、《中国统计年鉴》、《中国农村统计年鉴》和粮油信息网。

2. 豆油和豆粕（饼）进口

在大豆进口贸易发展的同时，大豆的主要加工产品豆油和豆粕（饼）的进口也日益增加。豆油进口自20世纪80年代以来，呈现明显的增加趋势，但年际波动较大（进口额与进口量波动基本一致）。进口量从1981年的4.2万吨增至2012年的182.5万吨，进口额从2579万美元增加到22.7亿美元。1981—1985年进口量基本在10万吨以内，1986年进口超过17万吨，1994—1997年进口均在百万吨以上，1998—2002年进口减少至90万吨以内。自2003开始，进口量波动更为剧烈，先从188.4万吨降至2006年的154万吨，增加至 2007 年的 282.3 万吨(最高水平),降至 2011 年的 114.3 万吨,2012 年又增加到 182.5 万吨,进口额为 22.7 亿美元(图 7-5)。

豆粕(饼)进口在 20 世纪 90 年代以前较少,只有万吨左右,自 90 年代以后有所增加,并在 1996—1998 年达到进口高峰,我国豆饼进口量分别达到了 187.7 万吨、347 万吨、372.2 万吨,进口额分别为 5.2 亿美元、9.8 亿美元、8.6 亿美元;此后,进口量迅速下降,降至 1999 年的 57.2 万吨,进口额降至 1 亿美元;2000—2012 年豆粕(饼)进口波动加大,但都仅有几十万吨,2006 年进口最多达到 75 万吨,进口额达 1.5 亿美元,2002 年进口量最少,只有 700 吨,进口额只有 24.7 万美元,2012 年也只进口 4.5 万吨、2113 万美元的豆粕(饼)(图 7-5)。

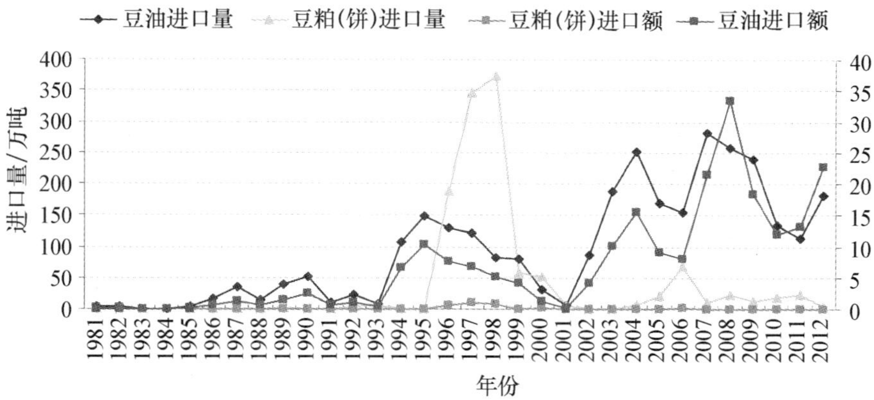

图 7-5 1981—2012 年豆油与豆粕(饼)进口量和进口额变化情况

数据来源:《中国海关统计年鉴》、《中国统计年鉴》、《中国农村统计年鉴》和粮油信息网。

7.3.2 大豆及主要产品的进口来源地

1. 大豆进口主要来源地

1996 年以前,中国大豆进口量不大,但不同年度较为分散,如 1987—1988 年进口主要来自美国,1989—1991 年主要来自缅甸和加拿大,1992—1995 年主要从美国和阿根廷进口。1996 年中国大豆开始大规模进口,进口来源地也进一步集中,主要是美国、巴西和阿根廷,进口迅速增长的 17 年里,每年从三国进口大豆合计均占中国大豆进口总量的 93%以上。美国在中国大豆进口中一直占主导地位，但呈现下降趋势，从1996年的77.6%下降到2012年的44.5%；巴西次之，在中国大豆进口中所占份额不断增加，从1996年的4.76%增加到2012年的近41%，其中2006年超过美国，是中国大豆进口量最多的国家；阿根廷在中国大豆进口中所占比重波动较大，从1996年的10.7%到1997年的零进口，增加到2001年的36%，随后又呈下降趋势，降至2012年的10.1%。自2001年以来，中国从巴西和阿根廷两国进口大豆总量超过美国(除2004年和2009年外)，中国大豆进口来源地从美国转向南美洲(图7-6)。除此之外，近年来中国也从乌拉圭和加拿大进口大豆，且进口量不断增加(图7-6)。

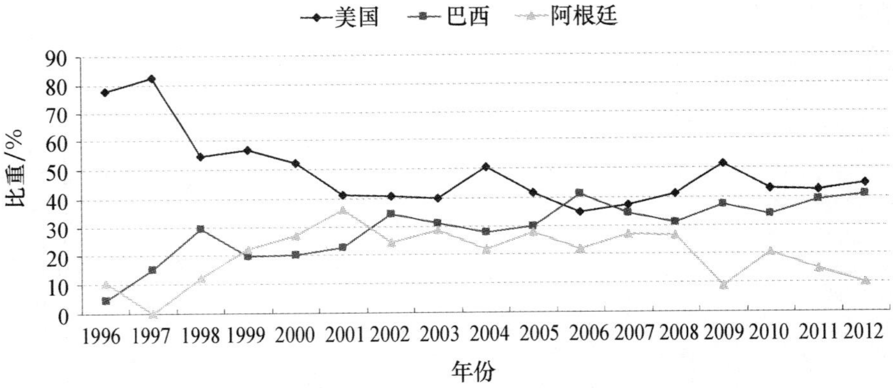

图7-6　1996—2012年中国大豆进口主要来源地及其比重变化

数据来源：根据FAOSTA数据整理计算。

2. 豆油和豆粕(饼)进口主要来源地

豆油主要从巴西、阿根廷和美国进口。20世纪90年代以来，从三国进口豆油占总进口量的比重波动较大。1998年以前，巴西一直是中国豆油的最大进口国，年均进口量占中国豆油进口总量的58%以上；1998年从美国进口最多，达47.8%；1999—2009年从阿根廷的进口增加，年均进口量占到中国豆油进口总量的67.2%，阿根廷成为中国最大的豆油进口国；2010—2012年，巴西再次成为中国豆油的最大进口国，2012年中国进口的豆油中，50%巴西的，38.5%来自阿根廷，11.3%从美国进口(图7-7)。

豆粕的进口来源地不同年度较为分散，但同一年度集中度较高。1996—1999年，主要从巴西、阿根廷、印度和美国进口，年均进口量合计占中

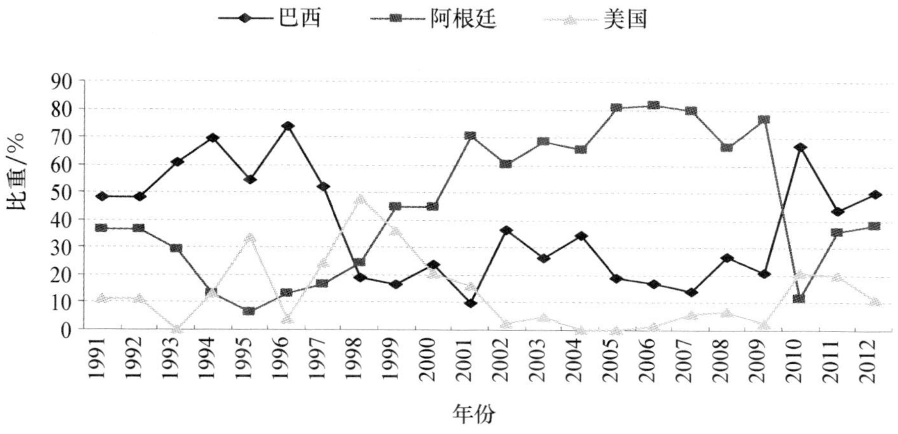

图 7-7　1991—2012 年豆油进口来源地及其比重变化

数据来源：根据 FAOSTA 数据整理计算。

国豆粕(饼)进口总量的 95%以上；2000 年和 2006 年主要从巴西、阿根廷和印度三国进口，所占比重分别为 17.8%、62.6%、19.2%和 10.6%、12.7%、75.6%，从美国进口很少；2001 年和 2004—2005 年，主要从阿根廷和印度进口；2002 年主要从中国台湾(56.5%)和荷兰(43.4%)进口；2003 年主要从印度(74.3%)、中国台湾(13.4%)和马来西亚(8.4%)进口，2007 年以后，主要集中从印度一国进口，每年进口量占中国豆粕(饼)进口总量的 95%以上(图 7-8)。

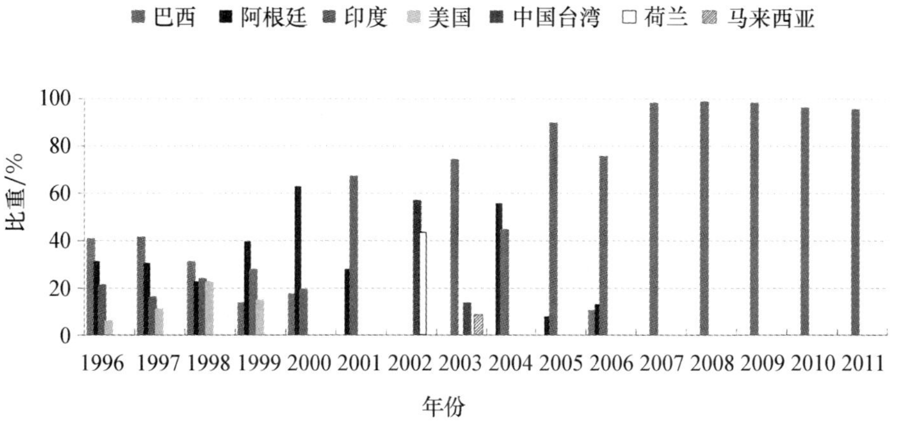

图 7-8　1996—2012 年豆粕(饼)进口来源地及其比重变化

数据来源：根据 FAOSTA 数据整理计算。

7.4 大豆及其产品进出口价格变化与比较

7.4.1 大豆进出口价格变化与比较

从近30年来大豆平均进出口价格的走势来看，无论是出口价格，还是进口价格总体都呈现波动上涨趋势。1981—2012年，出口价格373.5美元/吨上涨到846.3美元/吨，年均增长率为2.76%；进口价格从311.2美元/吨上涨到599.3美元，年均增长率为2.21%。这期间，大豆进出口价格的变化经历了两个阶段：一是1981—2003年的出口价格小幅上涨和进口价格小幅波动阶段，即出口价格从1981—1995年的平均200～300美元/吨之间上涨至1996—2003年的平均300～400美元/吨之间；进口价格则在200～400美元/吨之间不断波动。二是2004—2012年进出口价格迅速上涨阶段，出口价格在2004年首次突破400美元/吨后，价格一路上涨，2008年突破700美元/吨，2012年突破800美元/吨；进口价格在2008年突破500美元/吨，到2012年达到近600美元/吨(图7-9)。

从大豆进出口价格的对比来看，大体也可分为两个阶段：第一阶段，1981—1995年进出口价格相差不大，第二阶段，1996年以来出口价格明显高于进口价格阶段。在第一阶段中，1981年和1984年进口价格分别低于出口价格62美元/吨和86美元/吨，1985年和1989—1991年，进口价格高于出口价格100美元/吨以上，其他年度相差不大。在第二阶段中，由于国际市场大豆供给充足，进口价格偏低，加之我国出口的是非转基因大豆，出口价格偏高，导致进出口价格之间差距较大，1996—2007年，出口价格平均高出进口价格91.1美元/吨；2008—2012年，出口价格与进口价格的差距呈进一步扩大趋势，出口价格平均高出进口价格227.1美元/吨(图7-9)。

7.4.2 豆油和豆粕(饼)进出口价格变化与比较

豆粕(饼)平均进出口价格变动总体上基本一致，呈现出平稳增长，但出口价格增长快于进口价格增长。1981—2012年，出口价格从226.9美元/吨

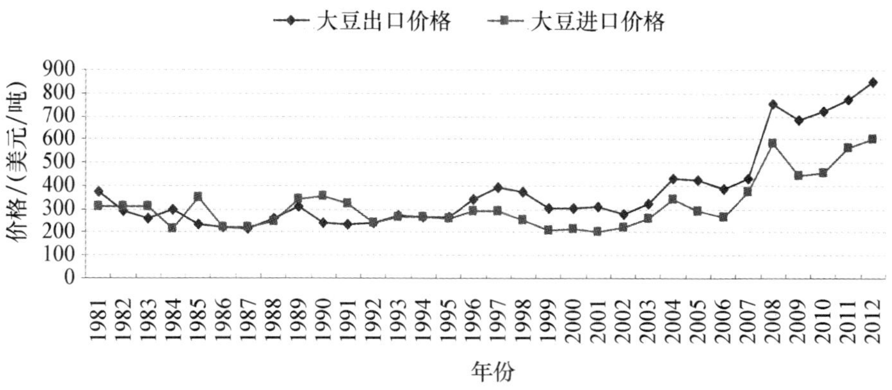

图 7-9 1981—2012 年大豆平均进出口价格变化

数据来源:根据各年的进出口总值和进出口量计算。

增加到 547.4 美元/吨,年均增长率为 2.98%;进口价格从 342.6 美元/吨增加到 473.9 美元/吨,年均增长率 1.09%。2003 年以前,进出口价格除个别年度超过 300 美元/吨外,基本上在 150～300 美元/吨之间波动,2004 年以后波动中快速上涨,2008 年出口价格突破 500 美元/吨,进口价格突破 400 美元/吨(图 7-10)。

从豆粕(饼)进出口价格比较来看,个别年度差距较大,1981 年、1990 年和 2002—2003 年,进口价格比出口价格平均高 135.4 美元/吨;1994 年、2008—2009 年和 2012 年进口价格低于出口价格平均 91.8 美元/吨,其他年度差距不大(图 7-10)。

豆油平均进出口价格总体上也呈上涨趋势,特别是 1994 年以后,进出口价格几乎表现同步上涨,1981—2012 年,进口价格从 611.2 美元/吨上涨到 1245.4 美元/吨,出口价格从 1074.2 美元/吨上涨到 1356.5 美元/吨,但出口价格年度波动较大,最高价格为 1991 年的 1494.25 美元/吨,最低价格为 2001 年的 388.22 美元/吨,2001 年以后,相对稳定上涨(图 7-10)。

从豆油进出口价格的比较来看,出口价格一直高于进口价格,但大体可分为三个阶段:一是 1981—1994 年,由于出口价格处于频繁波动状态,进出口价格差距较大;二是 1994—2008 年,进出口价格差距稳定,出口价格高出进口价格平均 76.7 美元/吨;三是 2009—2012 年,进出口价格差距进一步扩大,出口价格平均高出进口价格 233 美元/吨(图 7-10)。

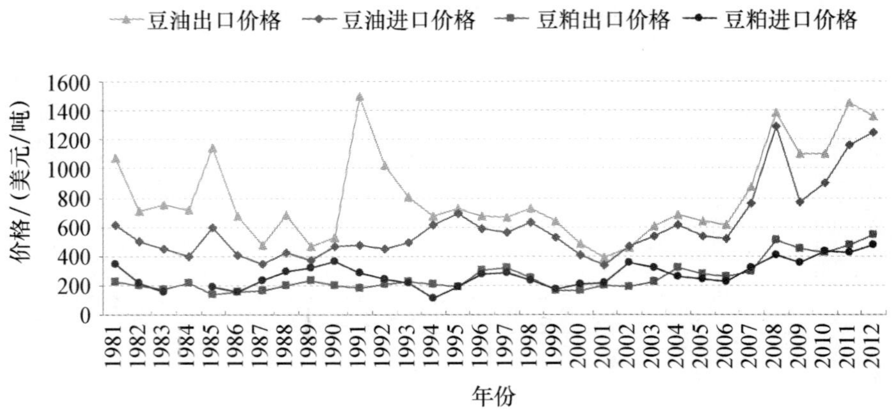

图 7-10 1981—2012 年豆油与豆粕(饼)平均进出口价格变化

数据来源:根据各年的进出口总值和进出口量计算。

7.5 世界大豆贸易格局的发展变化

自 20 世纪 60 年代以来,世界大豆贸易量(以出口贸易量计)发生了较大变化。总体上可划分为 1961—1993 年的大豆贸易稳定增长阶段和 1994—2012 年的大豆贸易迅速增长阶段。第一阶段中,大豆贸易量从 1961 年 417.3 万吨较快的增加到 1980 年达到 2687.7 万吨,年均增长率为 10.9%;1981—1995 年,大豆贸易增加较为平稳,基本在 2600 万吨 ~ 3000 万吨之间波动。第二阶段中,大豆贸易量从 1994 年的 3010.7 万吨增长至 2010 年的 9659.7 万吨,年均增长率为 8.1%,2011 年下降到 9102.1 万吨(图 7-11)。

7.5.1 大豆出口贸易格局

自 20 世纪 60 年代至今,世界大豆出口贸易格局发生了较大变化。总体来看大体可分两个阶段:一是 1961—2003 年的以美国为主导的寡头垄断阶段,二是 2004 年以后的两分天下的寡头垄断形成阶段。

第一阶段中(1961—2003 年),美国一直是大豆出口市场的主导者,但其垄断地位日益削弱,大豆出口量占世界大豆贸易量的比重从 1971 年的 93.8%下降为 2003 年的 47.7%。1961—1971 年,除美国外,中国在世界大豆出口市场占有一席之地，但也不断下降，出口量占世界大豆贸易量的比重从 8%降到 3. 2%，此后便逐步淡出主要市场。巴西和阿根廷自 20 世纪 70 年代末开始在世界大豆市场上从无到有，一点点地渗透与蚕食着美国的份额，巴西的市场份额不断扩大，从 1982 年的 1. 73%增加到 2003 年的 30. 6%，阿根廷的市场份额相对稳定，基本维持在 10%左右（图 7-11）。

第二阶段中（2004 年以后），2004 年，巴西和阿根廷两大出口国的市场份额达 44. 7%，超过了美国（44. 4%），自此，除 2009 年外，南美成为世界最大的大豆出口市场。2011 年，南美大豆出口量所占份额达 48. 1%，超过美国近 12%，其中，巴西大豆出口增长迅速，2012 年其出口量超过美国，成为世界第一出口大国，而阿根廷大豆出口则相对平稳（图 7-11）。

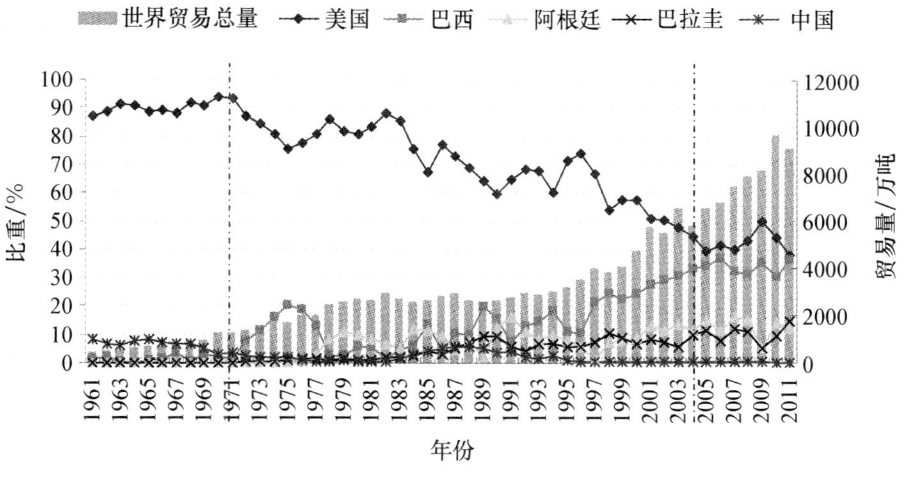

图 7-11　世界大豆出口贸易量及各主要出口国比重

数据来源：FAOSTAT

另外，豆油出口市场也出现类似的变化。1991—2011 年，世界大豆油贸易（以出口贸易量计）的发展大体经历两个阶段：一是从 1961 年的 39. 1 万吨增加到 1984 年的 404. 1 万吨的持续稳定增长阶段，年均增长率为 11. 2%；二是从 1986 年 299. 4 万吨增加到 2007 年的 1234. 9 万吨的波动增长阶段，年均增长率为 7. 34%，近几年略有下降，降至 2011 年的 1000. 4 万吨（图 7-12）。

20 世纪 80 年代以前，美国仍是豆油的最大出口国，但豆油出口量占世界总出口量的比重呈下降趋势，从 1961 年的 70%下降到 1980 年的 33. 4%，

1981 年后,巴西和阿根廷的豆油出口占世界豆油出口总量的 38. 7%,超过美国,此后份额不断提高。自 1997 年,阿根廷豆油出口量一直保持世界第一的位置,出口份额从 28. 1% 增加到 44. 1%,巴西位居第二,平均占 19. 5%,美国第三,平均占 10. 1%(图 7-12)。

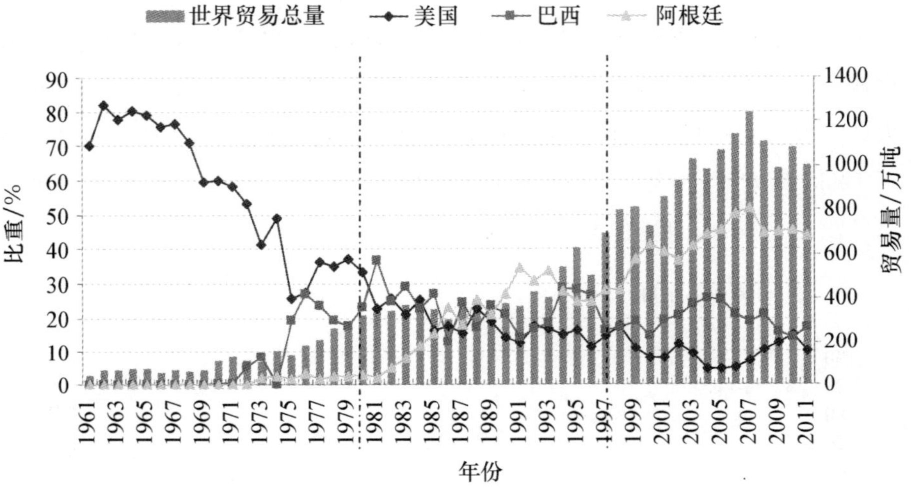

图 7-12　世界大豆油出口贸易量及各主要出口国比重

数据来源:FAOSTAT

在豆粕出口市场上,自 1961 年,世界豆粕总贸易量一直呈现持续快速增长态势,从 118. 9 万吨增加至 2011 年的 6490. 7 万吨(图 7-13)。

1961—1980 年,美国是第一出口大国,但市场份额呈下降趋势,从 51. 7%下降到 39. 4%,1981 年,巴西豆粕出口份额达 44. 1%超过美国,成为第一豆粕出口大国(1977 年曾超过美国),1990 年阿根廷豆粕出口份额达 19. 8%,超过美国,成为第二大豆粕出口国,1998 年又超过巴西,成为第一大豆粕出口国,市场份额从 29. 1% 增加到 41. 3%,巴西位居第二,平均占 24. 4%,美国第三,平均占 12. 5%(图 7-13)。

7. 5. 2　大豆进口贸易格局

相对于世界大豆出口市场而言,大豆进口市场较为分散,1961—1985 年,日本是世界上大豆进口量最大的国家,但进口份额呈下降趋势,从

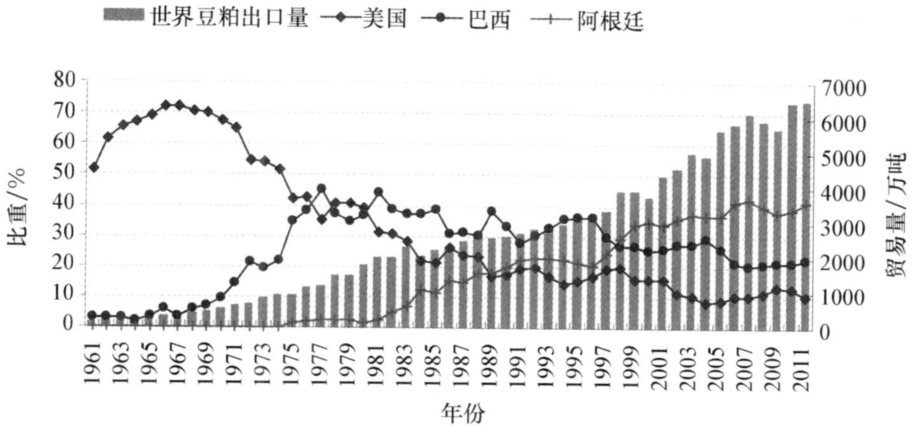

图 7-13 世界豆粕出口贸易量及各主要出口国比重

数据来源:FAOSTAT

28.3%下降为 19%;其次是德国,其大豆进口变化与日本相似,大豆进口份额从 23.3%下降到 11.2%,而其他国家进口数量较少而且国家分散,如西班牙、荷兰、西德、法国和比利时等国,但这些国家进口大豆并不是全部用于国内消费,而是把大豆加工后出口一部分豆油(张桐,1981)。1986 年以后,欧盟大豆进口数量迅速增加,成为世界上最大的大豆进口地区,到 2003 年之前,其平均进口份额为 39.6%,其中 80 年代末到 90 年代初期进口比重接近 50%。自 2003 年,中国大豆进口量占世界贸易量的 31.5%,是世界最大的大豆进口国,而且进口数量逐年迅速增加,进口所占份额也不断提高,从 2003 年的 31.5%提高到 2011 年的 57.8%。欧盟位居第二,但其进口份额不断下降,从 26.4%下降到 13.4%。除此之外,墨西哥、德国、西班牙和新西兰和日本的大豆进口也有明显的增长趋势,但在世界市场上所占的份额很小(图 7-14)。

与大豆进口市场相比,豆油和豆粕的进口市场更为分散,自 2003 年以来,中国是最大的大豆油进口国,进口量占世界大豆油贸易总量的比重呈下降趋势,从 2004 年的 26.0%下降到 2011 年的 11.2%。自 1986 年以来,欧盟是最大的豆粕进口地区,进口量平均占世界豆粕贸易量的 30%以上。

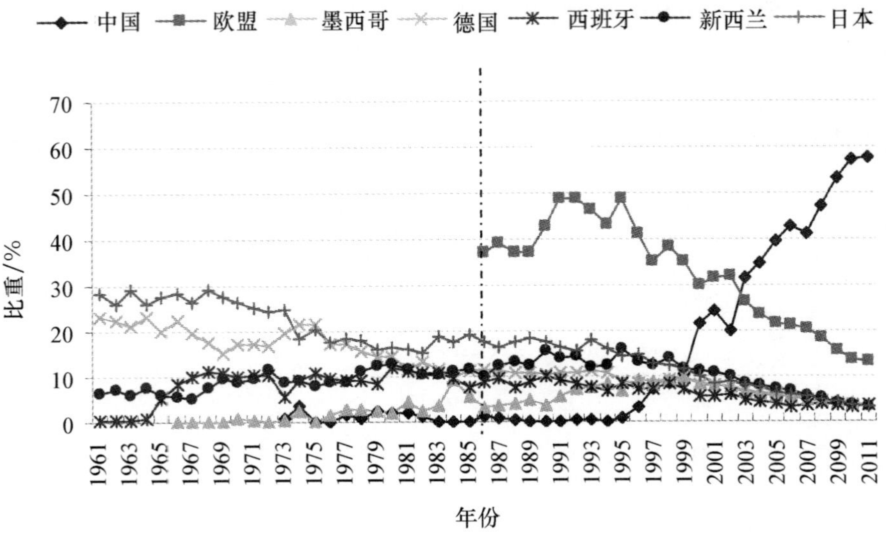

图 7-14 世界大豆主要进口国比重变化

数据来源:FAOSTAT

7.6 中国大豆贸易的影响因素分析

纵观中国大豆贸易百余年的发展历史,大豆贸易格局发生了逆转。自1996 年,大豆进口量逐年迅速增长,2000 年突破 1000 万吨,在此之后,中国大豆的进口量开始以 1000 万吨为台阶,其后步调频率也不断加快,每三两年甚至一年迈上一个台阶,至 2013 年突破 6000 万吨。如果说“历史”和“偶然”赋予了我们宝贵的野生大豆资源,使我国曾经一度成为全球大豆贸易的霸主,那么,在中国经济迅速发展的今天,日益增长的需求是大豆进口量激增的根本原因,资源禀赋特别是耕地资源的有限性使大豆自给成为不可能,同时在全球经济一体化的背景下,大豆差价和贸易政策因素越来越成为中国大豆进口的主要因素,除此之外,贸易融资也对大豆进口产生重要影响。

7.6.1 国内需求

20 世纪 90 年代以来,随着经济发展及居民收入水平的提高,人们对植物性油脂和蛋白或以肉蛋奶为主的动物性油脂和蛋白的需求也日益增长。城市居民人均食用植物油消费量从1990年的6.4千克增长到2012年的9.14千克,人均肉类消费(包括猪、牛羊和禽类)从23.91千克增长到35.71千克,人均蛋消费量从7.25千克增长到10.52千克,人均水产品消费量从7.69千克增长到12.19千克,人均鲜奶消费量从4.63千克增长到13.95千克(表7-7)。与此同时,农村居民在主要食品消费上尽管与城市居民有较大差距,但也呈现类似增长趋势,各种肉禽及制品消费量从1990年的12.59千克增长到2012年的23.45千克,食油消费量从5.17千克增长到7.83千克,蛋类及制品消费量从2.41千克增长到5.87千克,奶类及制品消费量从1.1千克增长到5.29千克,增加了3.8倍,水产品消费量从2.13千克增长到5.36千克(表7-8)。

表7-7 主要年份城镇居民家庭平均每人全年购买主要商品数量

单位:千克

商品名称	1990	1995	2000	2005	2010	2011	2012
食用植物油	6.4	7.11	8.16	9.25	8.84	9.26	9.14
猪肉	18.46	17.24	16.73	20.15	20.73	20.63	21.23
牛羊肉	3.28	2.44	3.33	3.71	3.78	3.95	3.73
禽类	3.42	3.97	5.44	8.97	10.21	10.59	10.75
鲜蛋	7.25	9.74	11.21	10.4	10	10.12	10.52
水产品	7.69	9.2	11.74	12.55	15.21	14.62	12.19
鲜奶	4.63	4.62	9.94	17.92	13.98	13.7	13.95

数据来源:《中国统计年鉴》(2013)。

表7-8 主要年份农村居民家庭平均每人主要食品消费量

单位:千克

食品名称	1990	1995	2000	2005	2010	2011	2012
食油	5.17	5.8	7.06	6.01	6.31	7.48	7.83
#植物油	3.54	4.25	5.45	4.9	5.52	6.6	6.93
肉禽及制品	12.59	13.56	18.3	22.42	22.15	23.3	23.45
#猪肉	10.54	10.58	13.28	15.62	14.4	14.42	14.14
牛肉	0.4	0.36	0.52	0.64	0.63	0.98	1.02
羊肉	0.4	0.35	0.61	0.83	0.8	0.92	0.94
家禽	1.25	1.83	2.81	3.67	4.17	4.54	4.49
奶及制品	1.1	0.6	1.06	2.86	3.55	5.16	5.29

续表 7-8

食品名称	1990	1995	2000	2005	2010	2011	2012
蛋及制品	2.41	3.22	4.77	4.71	5.12	5.4	5.87
水产品	2.13	3.36	3.92	4.94	5.15	5.36	5.36

数据来源:《中国统计年鉴》(2013)。

正因如此,畜产品、水产品需求的稳步增长带动了畜、水养殖业的迅速发展,畜、水养殖业的迅速发展又促进了饲料加工业的快速发展,从而增加了对主要蛋白饲料豆粕的需求,食用植物油消费的增长带动了我国油料加工业,从而增加了对主要食用植物油大豆油的需求。根据美国农业部提供的数据(经调整),1990—2012 年间,中国各种饼粕消费从 776.1 万吨增长到 6873.9 万吨,其中豆粕在蛋白粕中消费比重从 16.6%提高到 70%,消费量从 128.6 万吨增长到 4832.2 万吨,年均增长率达 18.8%;同期食用植物油的消费量从 576.9 万吨增长到 2988.1 万吨,其中大豆油在食用植物油消费中的比重从 18.4%提高到 40.6%,消费量从 106.3 万吨增长到 1214.4 万吨,年均增长率为 12.3%。而同期我国大豆产量年均增长率仅为 0.82%,因此,我国大豆及其产品(豆油和豆粕)的进口量逐年增加。可见,国内需求的迅速增长是中国大豆贸易发生变化的根本原因。

7.6.2 资源可能性

中国农产品贸易遵循比较优势原则,即出口劳动密集型农产品,进口土地密集型农产品。大豆是典型的土地密集型产品,如第三章所述,我国的土地资源禀赋是大豆生产最大的约束,因此,在这种情况下,进口大豆就等价于进口土地。根据马晓河等(2012)的测算,2001—2010 年中国进口大豆和豆油累计"节约"国内耕地达 36.3 亿亩,平均每年"节约"3.6 亿亩,是国内这十年大豆平均种植面积的 2.7 倍(表 7-9)。

表 7-9 2001—2010 年部分年份农产品净进口"节约"土地数量

单位:万亩

项目	2001	2005	2008	2009	2010	2001—2010 年总计
大豆	12866	23395	32958	39152	46280	259103
豆油	1788	7764	13267	8265	6356	103603
合计	14654	31159	46225	47417	52636	362706

数据来源:马晓河等(2012)。

若依照2012年的需求总量(7385.9万吨)和大豆单产水平(1.82吨/公顷)来估算,需要4058万公顷的播面(合6.09亿亩),换句话说,需要占到我国农作物总播面(24.5亿亩)的1/4,而自新中国成立以来,大豆占农作物总播面的比例从来没有超过9%,目前更是低于5%。即使今后我国大豆单产提高了30%,达到2.37吨的世界平均单产水平的话,依然需要3116万公顷,占到我国农作物播面的19%;即使达到美国2.7吨的先进水平,依然需要2735万公顷,占到我国农作物播面的17%。显然从耕地资源角度来说,这是一个难以实现的数据。

另外,即使以单产达到2.37吨的世界平均水平、大豆占农作物总播面9%(即1470万公顷=2.21亿亩)的非常乐观的状况来估算,这也仅能满足国内需求的47%。更可能的情况是,单产达不到每公顷2.37吨的水平,毕竟从1.82吨提高到2.37吨是30%的幅度,以2%这个相对较高的年均增长率估算的话,需要13年左右的时间。另一方面,消费也不会停留在7000万吨的水平。所以,我国未来大豆的总量平衡需要依靠国内和国外两方面的供给、并且主要依靠国际供给。

7.6.3　国内外差价

1985年之后中国大豆价格开始逐渐向市场自由价格转变,并且一直高于国际市场价格。但在1994年以前,国内外大豆价格差距较小,最大出现在1993年,价差为254元/吨(余建斌,2008),1994后国内外大豆价差逐渐拉大,从1994年的618元/吨上升到2007年的794.1元/吨,2004年高达892.2元/吨,但价差对大豆贸易的影响并不明显。自2008年,国内外大豆价差进一步拉大,超过1000元/吨,高达1329.4元/吨(图7-15),另外,国产大豆出油率在16%～17%,比国外大豆低近3个百分点,由于我国进口大豆主要用于压榨,因此,在开放的市场环境下,含油率高、价格低的国外大豆成为更多企业的选择,国内外市场价差是近年来我国大豆大量进口的主要原因。

从图7-16可以看出,2004年以前导致国内外大豆价格差距的并不是大豆生产成本差异。从中美大豆成本比较来看,1997—2004年,中国大豆8年平均生产成本为每50千克92.50元,美国大豆的生产成本为每50千克

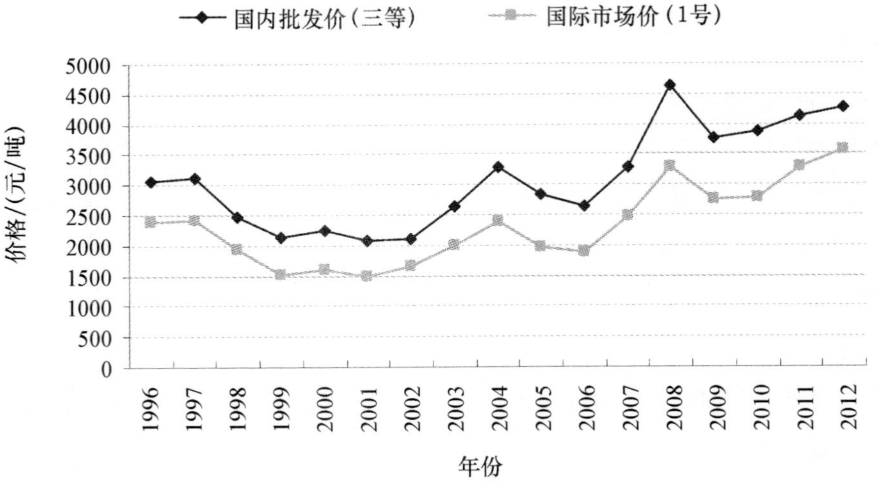

图 7-15　国内外大豆价格比较

数据来源:1996—2012 年数据来源于《中国农业发展报告》(2013)。

91.64 元,中国大豆生产成本略高于美国大豆,国内外大豆成本差距远远小于两者的价格差距,而且 1999—2002 年中国大豆生产成本低于美国大豆,这说明国际大豆市场价格存在一定的扭曲,1998—2006 年(除 2004—2005 年外),美国大豆单位销售价格均低于单位生产成本(图 7-17),而造成美国大豆销售价格扭曲的一个重要原因就是美国对大豆生产的高额补贴,1998—2004 年,美国大豆生产者累计获得 130.1 亿美元,同期大豆累计总产值

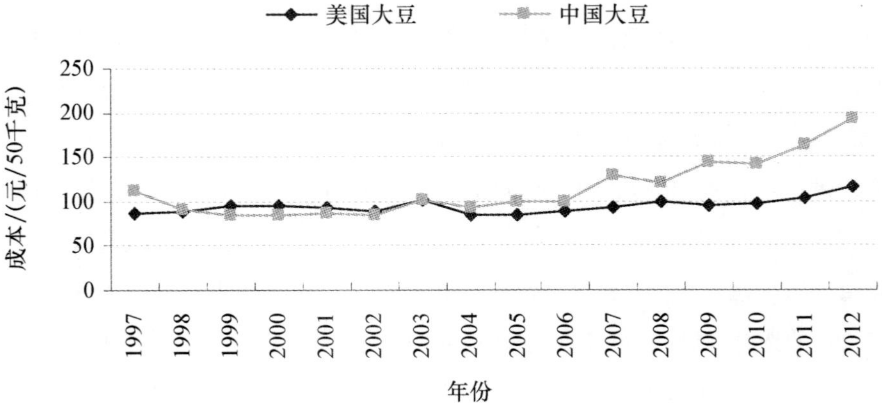

图 7-16　国内外大豆生产总成本比较

数据来源:美国农业部(www. ers. usda. gov),《全国农产品成本收益资料汇编》。

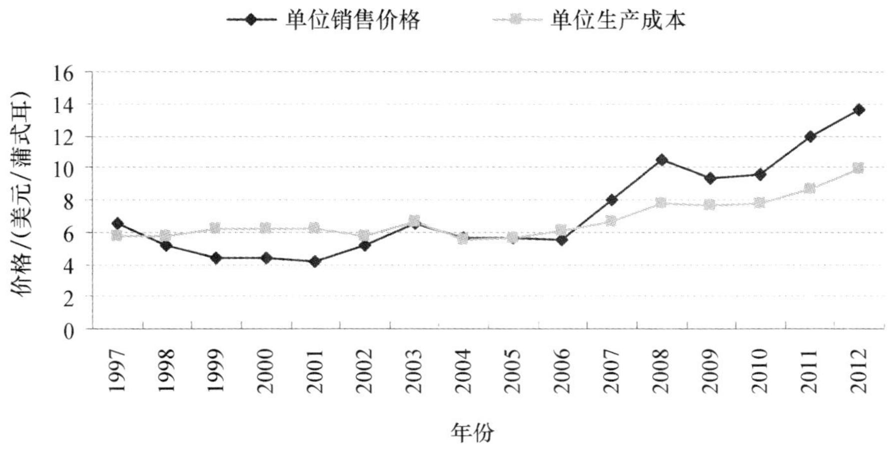

图 7-17 美国大豆单位生产成本与单位销售价格比较

数据来源:美国农业部(www. ers. usda. gov)。

自 2005 年,中国大豆生产成本不断上升,特别是 2007 年以来上升幅度较大,而美国大豆生产成本变化不大,国内外大豆生产成本差距越来越大,2012 年中国大豆生产成本每 50 千克高出美国大豆 77. 63 元(合 1552. 6 元/吨),而同期大豆价格差为 699. 6 美元,因此这一时期大豆价差除受成本差异影响外,也说明中国大豆市场价格受国际市场价格影响较大。

7. 6. 4 贸易政策

1996 年以来,对我国大豆贸易产生影响的主要是大豆及其相关产品关税政策和转基因安全管理政策,低关税政策进一步推动了大豆进口,但转基因安全管理政策对大豆进口的影响并不明显。同时替代油脂油料的关税政策也对大豆进口有一定影响。

1996 年开始,我国对大豆进口实行 3%的单一关税,而且曾 2007 年 10 月 1 日至 2008 年 9 月 30 日曾实行过 1%的低关税,这种低关税政实际上完全放开了我国大豆市场,致使大豆进口急剧增加。同时,我国对油料的替代品之一油菜籽实行单一关税,税率为 9%,高于大豆进口关税,因此其他油料对大豆进口起不到太大的替代作用。

在豆油进口上,我国采用关税约束和配额管理。2001—2005 年,大豆进口配额较高且逐年增加,2005 年高达 358. 71 万吨,2006 年取消豆油关税配额，仅实施9%的进口约束关税。2004年起，豆油的替代品之一花生油进口实行单一关税，税率为10%，高于豆油进口关税。与同样实行关税约束和配额管理的菜籽油和棕榈油比较来看，2002—2005年棕榈油和菜籽油单年配额量均小于豆油(表7-10)。在豆粕进口上，我国实行5%的进口约束关税，1999年恢复征收13%的增值税，而且在2008年6月1日至12月31日，豆粕进口税率降至2%。2009年1月1日起，恢复5%的最惠国关税税率。2006年1月1日起，取消菜籽油和棕榈油配额，实行单一的进口关税约束，税率均为9%。菜籽饼实行单一关税约束，税率5%，与豆粕相同(余建斌，2008)，这在一定程度上替代了豆油和豆粕的进口。

表7-10 主要食用植物油品种配额比较

单位:万吨

年度	大豆油	棕榈油	菜籽油
2002	251. 8	240	87. 89
2003	281. 8	260	101. 86
2004	311. 8	270	112. 66
2005	358. 71	316. 8	124. 3

资料来源:世界贸易组织:《中华人民共和国加入议定书》。

此外，近两年，由于受豆粕现货基差较高的影响，加之国内外美元与人民币间较高的息差，大豆的进口融资贸易也快速的开展起来。

7.7 中国大豆国际贸易竞争力分析

20世纪90年代以来，我国经济发展的最重要特征是“国际竞争”。中国大豆也因在这一时期贸易格局的逆转而倍受关注，大豆国际竞争力的研究也引起了不少学者的兴趣。测定国际竞争力的方法很多，常用的方法有国际市场占有率(MS)、显示比较优势指数(RCA)、显示竞争优势指数(CA)和贸易竞争力指数(TC)等。

7.7.1 国际市场占有率

国际市场占有率(MS)，指一个国家某商品出口额占世界该类商品出口总额的比重，比例越高，竞争力越强。这一指标缺点是在政策引起贸易结构扭曲时，无法正确反映一国的真实比较优势，此外，也未考虑现实中大量存在的行业内部贸易现象。其公式表示为：

$$MS_{ij} = X_{ij} / X_{wj}$$

式中：MS_{ij}表示 i 国 j 商品的国际市场占有率；X_{ij}表示 i 国 j 商品的出口总额；X_{wj}表示世界 j 商品的出口总额。

从国际市场占有率来看，尽管美国大豆国际市场占有率呈下降趋势，从1961 年的 84.7%下降到 2011 年的 39.1%，但仍占有较大的市场份额，竞争力最强；巴西大豆市场占有率不断提高，从 1961 年的 1.7%提高到 2011 年的 36.26%；阿根廷大豆市场占有率基本在 10%左右，总体变化不大；中国在 60 年代大豆市场占有率还较高，在 10%以上，自 1965 年迅速下降，从 10.3%下降到 80 年代初的不足 1%，随后提高到 80 年代中期的 6.3%，90 年代以来持续下降，目前不足 0.5%，竞争力很弱(表 7-11)。

表 7-11　大豆主产国国际市场占有率比较　　单位：%

国别	1961	1965	1970	1975	1980	1985	1990	1995	2000	2005	2010	2011
美国	84.70	86.80	93.40	77.35	82.83	68.52	61.26	73.40	57.77	40.05	46.82	39.01
巴西	1.70	0.98	2.08	18.49	5.55	13.38	15.50	10.42	23.79	33.85	27.82	36.26
阿根廷	—	—	—	—	8.51	10.21	11.72	7.25	8.45	14.54	12.56	12.12
中国	10.44	10.26	3.79	2.43	0.63	4.70	3.89	1.35	0.70	1.07	0.30	0.36

数据来源：根据 FAOSTAT 数据计算。

7.7.2　显示比较优势指数

显示比较优势指数(*RCA*)是美国经济学家巴拉萨于 1965 年测算部分国际贸易比较优势时采用的一种方法，后被世界银行等国际组织普遍采用(张淑荣等，2007)。该指数是指一个国家某商品在该国出口中占的比重与该商品在世界出口中占的比重的比值，当 *RCA* 的值大于 1 时，我们说该国在该商品上具有显示出的比较优势。其优点是剔除了国家总量波动和世界总量波动的影响，较好地反映了该产品的相对优势，其缺点同国际市场占有率一样，在政策引起贸易结构扭曲时，无法正确反映一国的真实比较优势，也未考虑进口的影响。计算公式为：

$$RCA_{ij}=\frac{X_{ij}/X_{it}}{X_{wj}/X_{wt}}=\frac{X_{ij}/X_{wj}}{X_{it}/X_{wt}}$$

式中：RCA_{ij}表示 i 国家 j 商品的显示比较优势指数；X_{ij}为 i 国家 j 商品的出口额；X_{it}为 i 国家的全部出口额；X_{wj}为世界 j 商品的出口额；X_{wt}为世界总出口额。

从表 7-12 大豆主产国的显示比较优势指数可以看出，阿根廷显示比较优势明显，指数最高时达 37.9；巴西自 70 年代以来比较优势指数不断提高，显示比较优势不断增强，目前位居第二；美国位居的显示比较优势指数相对稳定，平均为 6，目前位居第三；中国在 60—70 年代中期以及 80 年代中期至 90 年代初，显示比较优势指数大于 2.5，大豆具有较强的国际竞争力，但 1995 年以来，显示比较优势指数一直小于 0.8，且呈下降趋势，从 1996 年的 0.47 下降到 2011 年的 0.03（表 7-11），可见，我国大豆不具有竞争优势。

表 7-12 大豆主产国的显示比较优势指数 单位：%

国别	1961	1965	1970	1975	1980	1985	1990	1995	2000	2005	2010	2011
阿根廷	—	—	—	—	21.59	23.77	32.73	17.86	20.71	37.86	28.18	26.45
巴西	1.64	1.17	2.41	18.70	5.60	10.20	17.02	11.57	27.88	30.01	21.06	25.94
中国	7.32	7.60	5.20	2.77	0.71	3.36	2.16	0.47	0.18	0.15	0.03	0.03
美国	5.48	5.99	6.85	6.23	7.47	6.12	5.37	6.48	4.77	4.67	5.60	4.83

数据来源：根据 FAOSTAT 和 WTO database 数据计算。

7.7.3 显示竞争优势指数

显性竞争优势指数（CA），指从出口的比较优势中减去该产业进口的比较优势，从而得到该国该产业的真正竞争优势，即一个国家某商品出口占世界总出口量的比重与该国全部外贸出口占世界总出口额的比重减去该国某商品出口占世界总出口量的比重与该国全部外贸出口占世界总出口额的比重。该指数由沃尔拉斯（Vollrath）（1992）在研究了贸易竞争指数（TC）和显性比较优势指数（RCA）的基础上提出来的，除考虑了行业内部贸易现象外，与显示出的比较优势指标具有相同的缺陷。该指标越大，优势越强。计算公式如下：

$$CA_{ij}=\frac{X_{ij}/X_{it}}{X_{wj}/X_{wt}}-\frac{M_{ij}/M_{it}}{M_{wj}/m_{wt}}$$

式中：X_{ij}为 i 国家 j 商品的出口额；X_{ij}为国家 i 的全部出口额；X_{wj}为世界 j 商品的出口额；X_{wt}为世界总出口额；M_{ij}为 i 国家 j 商品的进口额；M_{it}为国家 i 的全部进口额；M_{wj}为世界 j 商品的进口额；M_{wt}为世界总进口额。

若 $CA_{ij}>0$，说明 i 国 j 商品具有比较优势；若 $CA_{ij}<0$，则说明 i 国 j 商品不具有比较优势。

表 7-13　大豆主产国的显示竞争优势指数

国家	1961	1965	1970	1975	1980	1985	1990	1995	2000	2005	2010	2011
阿根廷	0	0	0	0	21.57	23.77	32.72	17.86	19.56	34.74	28.18	26.42
巴西	1.64	1.17	2.41	18.7	4.29	9.24	16.94	9.31	26.4	29.5	20.98	25.92
中国	7.32	7.6	5.2	2.59	1.52	3.36	2.16	0.12	−6.28	−6.6	−6.33	−6.11
美国	5.48	5.99	6.85	6.23	7.47	6.12	5.35	6.45	4.75	4.65	5.56	4.79

数据来源：根据 FAOSTAT 和 WTO database 数据计算。

从表 7-13 可知，阿根廷、巴西和美国大豆的显示竞争优势指数都大于 0，说明三个大豆主产国大豆具有比较优势，其中阿根廷和巴西的显示竞争指数一直呈上升趋势，美国则略有下降。中国大豆的显示竞争优势指数在 70 年代中期以前以及 80 年代中期至今 90 年代中期均大于 0，大豆具有比较优势，而 70 年代中期至 80 年代初以及 1996 年以来小于 0，大豆不具比较优势。

7.7.4　贸易竞争力指数

贸易竞争力指数（TC），指一个国家某类商品的净出口额与该类商品贸易总额的比率。竞争力既可以基于真实比较优势，也可以基于扶持政策。该指标和净出口指标一样，表示一个国家产品是净出口还是净进口，但这个指标的优点是作为一个与贸易总额的相对值，它剔除了通货膨胀、汇率变动等宏观总量方面波动的影响，即无论进出口的绝对量是多少，它均介于 −1 和 +1 之间，因此不同时期、不同国家之间是可比的（张淑荣，2007）。其计算公式如下：

$$TC_{ij} = \frac{X_{ij} - M_{ij}}{X_{ij} + M_{ij}}$$

式中：TC_{ij}为贸易竞争指数；X_{ij}为 i 国 j 类商品的出口总额；M_{ij}为 i 国 j 类商品的进口总额；贸易竞争指数的取值界于 -1 和 1 之间，小于 0 时，说明出口竞争力较弱，大于 0 时说明具有一定的出口竞争力，等于 0 时，说明该国该商品的进出口仅仅是与国际间进行品种交换（张淑荣等，2007）。

从表 7-14 可知，美国大豆的贸易竞争力指数一直接近于 1，即美国的大豆竞争力一直很强；巴西大豆的贸易竞争指数在 80 年代以前一直接近于 1，竞争力较强，自 80 年代以来竞争力有所下降，1995 年以来贸易竞争指数呈现上升趋势，2011 年接近于 1，大豆国际竞争力不断增强。阿根廷大豆贸易竞争指数一直呈现波动状态，大豆竞争力不稳定；我国大豆贸易竞争力指数在 70 年代以前和 80 年代中期至 90 年代初接近于 1，具有较强竞争力，但 1996 年以后，这一指数均为负值，且逐年接近于 -1，说明我国大豆出口竞争力较差并不断减弱。

表 7-14　大豆主产国的贸易竞争指数

国家	1961	1965	1970	1975	1980	1985	1990	1995	2000	2005	2010	2011
阿根廷	—	—	1	0.67	1	1	1	1	0.89	0.87	1	1
巴西	1	1	1	1	0.53	0.89	0.99	0.59	0.88	0.97	0.99	1
中国	1	1	1	0.87	-0.58	1	1	0.14	-0.95	-0.96	-0.99	-0.99
美国	1	1	1	1	1	1	0.99	0.99	0.99	0.98	0.98	0.97

数据来源：根据 FAOSTAT 数据计算。

通过上述四个反应国际竞争力指标的分析，可以看出，与其他主产国相比，我国大豆国际贸易竞争力较弱，且呈现逐年下降的趋势。

7.8　本章小结

（1）在中国大豆贸易发展史上，经历了两次净进口阶段，一是 70 年代中期至 80 年代初的短期净进口阶段，二是 1996 年至今的持续净进口阶段，因此，中国大豆贸易的发展并非简单地从净出口到净进口，而是经历了“净出口—净进口—净出口—净进口”的发展过程。自2003年中国成为世界最大的大豆进口国，大豆对外依存度逐年提高。

（2）我国的大豆贸易是进多出少。我国出口的主要是食用大豆、进口的基本上是油用大豆；九成以上的进口大豆来源于巴西、美国和阿根廷；除了进口原料大豆外，我国还净进口豆油。进口格局在相当一段时期内不会改变。

（3）日益增长的消费需求是中国大豆进口贸易迅速增加的根本原因；中国耕地资源有限性使得大豆主要依靠自给成为不可能；大豆无进口配额限制及其低关税政策一定程度上刺激了大豆进口；近年来，国内外大豆价差因素成为大豆大量进口的主要原因，此外，未来进口融资贸易对大豆进口的影响值得关注。

（4）无论是从国际市场占有率、显示比较优势指数、还是显示比较竞争指数及贸易竞争力指数来看，中国大豆国际贸易竞争力不断下降。与大豆主产国相比，中国大豆国际竞争力较弱，不具竞争优势。

第八章　中国大豆产业政策

任何一个产业的发展都离不开产业政策的支持，大豆产业也是如此。由于大豆产业链长，涉及生产、流通、加工、消费和贸易等多个环节，其相关产业政策也涉及产业发展的方方面面。但大豆产业的某些环节（如近年的生产环节）并未获得相应发展。国家都制定和实施了哪些大豆产业政策？这些政策对大豆产业的发展又起到了怎样的作用？这是本章要回答的问题。本部分首先对新中国成立以来我国大豆相关产业政策进行系统梳理，然后分析大豆产业政策的实施效果及存在的问题，最后对比大豆主产国的大豆产业政策，从中获得借鉴与启示。

8.1　新中国成立以来的大豆产业政策

新中国成立以来，中国的大豆产业经历了曲折复杂的发展过程，其原因固然是多方面的，但大豆产业政策作为国家调控和干预大豆生产、流通、消费和贸易等的重要手段，其所起到的作用是不容忽视的。新中国成立至今60多年来，我国制定和实施的涉及大豆的产业政策有两大类：一类是包括大豆和大豆产品在内的粮食政策，主要涉及生产和流通方面；另一类是直接针对大豆及大豆产品的政策，主要涉及大豆生产、流通、加工和贸易等方面。

8.1.1　大豆生产政策

1. 普惠性的粮食生产政策

（1）取消农业税政策。2004年中央一号文件提出逐步降低或免征农业税，根据中央一号文件精神，为进一步减轻农民负担，鼓励种粮农民积极性，保障粮食安全，经国务院批准，财政部、农业部和国家税务总局联合下发了

《关于2004年降低农业税税率和在部分粮食主产区进行免征农业税改革试点有关问题的通知》,决定2004年降低农业税税率,并在部分粮食主产区进行免征农业税改革。同年在吉林和黑龙江实行免征农业税改革试点,在河北、内蒙古、辽宁、江苏、安徽、江西、山东、河南、湖北、湖南、四川11个省(自治区)将农业税税率降低3个百分点;到2005年,已有28个省区全部免征农业税,仅甘肃、广西2省以及河北、山东和云南三省的部分市县仍继续征收;2006年全国范围全部免征农业税,这也意味着在我国沿袭了2600年的传统税收的终结①。

(2)种粮直补和农资综合补贴政策。种粮直补和农资综合补贴政策是以直接增加农民收入为目标,由国家对粮食生产者给予一定标准补贴的政策。

种粮直补政策经过2000—2001年的改革酝酿,自2002年在安徽、吉林、湖南、湖北、河南、辽宁、内蒙古、江西、河北等粮食主产区开始试点,2003年经安徽省天长市和来安县经验推广,试点扩大到13个主产省(区),2004年在全国全面推行。种粮直补来源于国家粮食风险基金,补贴对象为从事粮食生产的农民,补贴方式有按计税面积补贴、按计税常产补贴和按粮食种植面积补贴三种(黄季焜等,2011),具体由各省人民政府根据实际情况确定。2004年国家安排粮食直补资金116亿元,对29个省份实施了种粮直接补贴,约6亿农民直接得到了国家补贴的实惠;2005年全国粮食直补资金规模达到132亿元;2006全国粮食直补资金达到142亿元,其中13个粮食主产省(区)直补资金达126.8亿元,均占本省(区)粮食风险基金的一半以上;2007—2013年,粮食直补资金都保持在151亿元。

农资综合直补始于2006年。主要是由于2004年以来煤电、化肥、农药等农资价格上涨,增加了农民的种粮成本。为鼓励农民多种粮、种好粮,减少因涨价引起的种植成本上升,中央出台了农资综合补贴政策,利用现有粮食直补渠道,采用与粮食直补相同的方式,以直补面积为基础对所有粮食直补对象进行补贴。农业综合直补资金由中央财政预算安排。2006年国家安

---

① 中国历史上有记载的农业税收为春秋时期(前594年)鲁国实行的"初税亩"。

排 125 亿元对种粮农民柴油、化肥等农业生产资料增支实行综合直补，使 7.28 亿种粮农民直接受益；2007 年农资综合直补资金增至 276 亿元；2008 年规模达到 482 亿元，2008 年开始将两项补贴资金合并发放，补贴采取年初预拨的方式，通过“一卡通”或“一折通”春耕前一次性全产直接兑付到农户（肖大伟等，2010）；2009 年农资综合补贴资金 716 亿元，根据化肥、柴油等农资价格变动，遵循“价补统筹、动态调整、只增不减”的原则，进一步完善农资综合补贴动态调整机制；2010 年农资综合补贴 835 亿元，调整农资综合补贴发放方式，采取当年补上年的办法，在春耕前补贴落实到户；2011 年 860 亿元；2012 年 1078 亿元；2013 年 1 月份，中央财政已向各省（区、市）预拨农资综合补贴资金 1071 亿元。

（3）农机购置补贴政策。农机购置补贴政策始于 1998 年的“大中型拖拉机更新补贴专项资金”，2001 年调整为“农业机械装备结构调整补助费”，2003 年改为“新型农机具购置补贴”，补贴资金每年为 2000 万元。1998—2000 年，补贴范围为黑龙江、吉林、辽宁、山东、河南、内蒙古和新疆 7 省区，2001—2002 年，补助范围在原 7 个省份的基础上，增加了陕西和湖北两省。2003 年，实施范围由 9 个省扩大到 11 个，增加了湖南和重庆两省市，补贴重点是南方水稻主产省水稻栽插、收获机械，北方牧业大省的牧草收获、青贮及饲草料加工机械，以及部分地区的玉米收获机械、油菜收获机械。

2004 年我国首次在中央一号提出农机购置补贴，中央财政安排资金 7000 万元，在 16 个省区市的 66 个县实施农机购置补贴项目。补贴机具是：小麦、水稻、玉米、大豆四大粮食作物所需“六机”，即拖拉机、深松机、免耕精量播种机、水稻插秧机、收获机、秸秆综合利用机械。补贴标准是：中央财政资金按不超过机具单价的 30%、最高补贴额不超过 3 万元，具体的补贴机具和补贴标准由各省（区、市）制定。此后中央补贴逐年增加，2005 年亿元、2006 年 6 亿元、2007 年 12 亿元，2008 年为 40 亿元。2009 年，中央安排 130 亿元，补贴实施范围覆盖全国所有农牧业县（场）。2010—2012 年，分别安排资金 155 亿元、175 亿元、200 亿元，补贴机具种类涵盖 12 大类 46 个小类 180 个品目。自 2012 年，在实施农机购置补贴的同时，选取山西、江苏、浙江、安徽、山东、河南、新疆、宁波、青岛、新疆生产建设兵团、黑龙江省农垦总局开展农机报废更新补贴试点工作。2013年补贴机具种类范围调整为12大类48个小类175个品目，在此基础上各地最多可再自行增加30个品目，补贴资金达217.5亿元。

(4)产粮(油)大县奖励政策。产粮大县奖励政策始于2005年，财政部印发《中央财政对产粮大县奖励办法的通知》，以粮食商品量、粮食产量、粮食播种面积作为奖励因素，三个因素所占权重分别为50%、25%、25%；以县为单位，1998年至2002年的5年平均粮食产量大于4亿斤，且粮食商品量大于1000万斤的产粮大县予以奖励，奖励资金直接“测算到县、拨付到县”。对达不到这一条件，但对区域内的粮食安全起着重要作用，对粮食供求产生重大影响的县，经省级人民政府批准，并报财政部认可后，也可纳入奖励范围。2005年和2006年，中央财政分别安排了50亿元和85亿元资金实施“三奖一补”政策，帮助各地缓解县乡财政困难，并对粮食主产县给予奖励。

自2008年起，国家每年安排25亿元资金，在产粮大县奖励政策框架内，增加了产油大县奖励。以《中国统计年鉴》公布的统计数据和有关部门正式统计资料为依据，按照行业主管部门提供的各品种折油脂比率，将油料(含油料作物、大豆、棉籽、油茶籽)三年平均产量折算的油脂产量作为奖励因素；为鼓励油菜籽和大豆的生产，对油菜籽增加奖励系数20%；对大豆予以油料奖励的同时，已纳入产粮大县奖励部分不剔除。棉籽按其折油脂产量的50%予以奖励。入围县享受奖励资金不得低于100万元，奖励资金全部用于扶持油料生产和产业发展。

2009年产粮大县奖励资金规模达到175亿元；自2010年，对粮食产量或商品量分别位于全国前100位的超级大县，实行粮食生产“谁滑坡、谁退出，谁增产、谁进入”的动态调整制度，中央财政予以重点奖励，2010—2012年，中央财政安排产粮大县奖励资金分别为210亿元、236亿元和280亿元。

2. 针对性的大豆生产政策

(1)扩大大豆生产政策。新中国成立初期，一方面由于在国民经济恢复和发展过程中，油料作物生产恢复缓慢，产量仅相当于战前的70%～80%；另一方面由于工业生产和粮食、棉花及其他各项农产品的生产均已超过战前水平，人民生活不断提高，食油消费量日益增加，因而出现了食油供不应求的现象。在这样的背景下，1953 年 12 月 17 日政务院第一百九十八次政务会议通过了《关于增产油料作物的指示》，指出一方面要精耕细作，提高单位面积产量。对于 1954 年播种的花生、大豆等油料作物，除注意施肥与选育良种外，要保全苗，做好中耕，在有条件的地区，要推广根瘤菌拌种，以提高产量；另一方面在不影响粮食增产的前提下，适当地扩大油料作物的栽培面积，大豆应稳定在 1953 年的种植面积，在北方某些地区大豆可与玉米、高粱间作，在南方亦可利用山地及田埂种植大豆，合理利用地力[①]。

1958 年 12 月 10 日，中国共产党第八届中央委员会第六次全体会议通过《关于人民公社若干问题的决议》，提出在农业生产方面，随着粮食问题的解决，应当逐步提高棉、麻、蚕丝、大豆、油料、糖料、茶叶、烟叶、药材等工业原料作物在全部农业生产当中所占的比重。

1999 年 7 月 29 日，国务院同意并转发农业部《关于当前调整农业生产结构若干意见》，提出扩大优良品种和高质量的大豆面积。

2007 年 9 月 19 日，国务院总理温家宝主持召开国务院常务会议，研究促进油料生产工作。会议确定了扶持油料生产的政策措施之一：鼓励主产区恢复种植面积。东北、黄淮海等地区主要通过合理轮作、间作套种恢复大豆种植面积，亘点提高单产，避免与粮棉争地。

(2)大豆良种补贴政策。大豆良种补贴政策源于 2002 年农业部制定并启动实施的“大豆振兴发展计划(2002—2007)”。这一计划主要是为了应对加入世贸组织给国产大豆产业带来的冲击，从根本上提高我国大豆产业的竞争力。该计划给予大豆主产区(东北三省和内蒙古自治区)的高油大豆种子补贴(高油大豆是指含油率 21%以上、蛋白质含量不低于 38%，主要用于榨油的大豆)，补贴标准为每亩 10 元。2002 年中央财政安排补贴资金 1 亿元，补贴面积 1000 万亩，其中，黑龙江省占了 600 万亩，其余的 400 万亩补贴给了吉林、辽宁和内蒙古，2003 年安排补贴资金 2 亿元，进一步将面积扩大到 2000 万亩，2004—2007 年，每年分别安排 1 亿元，补贴面积 1000 万亩。

2008 年，补贴资金规模扩大到 4 亿元，补贴面积增加到 4000 万亩，占全

---

① 周恩来，中央人民政府政务院关于增产油料作物的指示，山西政报，1954(1)：23-24。

国大豆播种面积(1.29亿亩)的31%。自2009年起,《中央财政农作物良种补贴项目实施指导意见》坚持整体推进的原则,将大豆补贴范围扩大到整个东北地区,大豆在辽宁、吉林、黑龙江、内蒙古4个省(区)实行良种补贴全覆盖,项目覆盖区按照实际种植面积全部补贴,补贴标准不变,仍是每亩10元,补贴方式可以选择售价折扣补贴的方式,也可以采取现金直接补贴的方式[①]。

目前,我国实施良种补贴的农作物有大豆、小麦、水稻、玉米和马铃薯五大粮食作物以及天然橡胶、棉花、油菜、花生和青稞五大经济作物。与其他作物相比,大豆是我国实施良种补贴政策最早的农作物。

小麦良种补贴于2003年设立,补贴标准为10元/亩,补贴品种主要是优质强筋和弱筋小麦品种,兼顾优质高中筋和中筋小麦品种等优质专用小麦。2003—2004年,每年安排1亿元,补贴面积1000万亩,补贴区域为河北、河南、山东、江苏、安徽5省。2005—2007年,补贴规模增加到每年10亿元,补贴面积1亿亩,补贴区域扩大到河北、山西、江苏、安徽、山东、河南、湖北、四川、陕西、甘肃、新疆11个省区。2008年,国务院决定将补贴规模增加到20亿元,补贴面积2亿亩,占全国小麦播种面积(3.44亿亩)的58%,补贴区域增加内蒙古、宁夏2省区,扩大到13个省区。2009年,小麦补贴范围在全国31个省(区、市)实行全覆盖,补贴方式可采取现金直接补贴或差价购种补贴方式。自2011年起,新疆地区的小麦良种补贴提高到15元。

水稻良种补贴2004年设立。从2004年至2007年一直按照以计税水田为基数的实际种植面积补贴。2004—2006年,补贴区域为湖南、湖北、江西、安徽、辽宁、吉林、黑龙江7省,补贴标准为早稻10元/亩,中稻、粳稻15元/亩,晚稻7元/亩。2007年,补贴区域增加四川、广西、重庆3省区。2008年起,对全国4.4亿亩水稻全部实施补贴,将晚稻补贴标准由7元/亩提高到15元/亩,早稻(10元/亩)、中稻和粳稻(15元/亩)补贴标准不变,按照实际种植面积进行补贴。2011年,早稻补贴标准提高到15元,至此,水稻不同品种补贴标准均为15元/亩。

---

① 2009—2011年《中央财政农作物良种补贴项目实施指导意见》;2012—2013年《中央财政农作物良种补贴项目实施工作的通知》。

玉米良种补贴2004年设立。补贴标准为10元/亩,补贴品种为青贮玉米、高淀粉、高油等专用玉米。2004—2005年,每年分别安排1亿元,补贴面积1000万亩,补贴区域为内蒙古、辽宁、吉林、黑龙江、河北、河南、山东和四川8省区。2006—2007年,补贴规模扩大到3亿元,补贴面积增加到3000万亩,继续在原有8省区实施。2008年,国务院决定将补贴规模扩大到20亿元,补贴面积2亿亩,占全国玉米播种面积(4.3亿亩)的46.5%,补贴区域扩大到玉米种植面积1000万亩的省份,包括河北、山西、内蒙古、辽宁、吉林、黑龙江、安徽、山东、河南、四川、贵州、云南、陕西13个省区。2009年,玉米在全国31个省(区、市)实行良种补贴全覆盖。

棉花和油菜良种补贴均于2007年设立。棉花补贴区域为黄淮海、长江流域、新疆三大棉花主产区,补贴省份为河北、山东、河南、江苏、安徽、湖南、湖北、新疆8个省区,补贴规模5亿元,补贴面积3333万亩,补贴标准15元/亩,2009年棉花在全国31个省(区、市)实行良种补贴全覆盖。

油菜补贴区域为长江流域"双低"油菜优势区,包括江苏、浙江、安徽、江西、湖北、湖南、重庆、四川、贵州、云南省(市)以及河南的信阳地区(10+1),补贴面积1亿亩,补贴标准10元/亩。2010年油菜良种补贴在江苏、浙江、安徽、江西、湖南、湖北、重庆、贵州、四川、云南及河南信阳、陕西汉中、安康地区实行冬油菜全覆盖,但在江淮、鄂北、豫南及西南麦油交错区上年度种小麦的地块上改种油菜不享受补贴,边角地、新开荒地种植的油菜不享受补贴。

此外,2006年启动天然橡胶良种补贴,补贴范围是海南、云南和广东优势种植区;补贴标准为每亩补贴33株,袋装苗每株补贴3元,裸根苗每株补贴1元;补贴方式为实物售价折扣补贴;2009年启动马铃薯良种补贴,微型薯每粒补贴0.1元,二级种薯每亩补贴100元,补贴范围为试点区域,微型薯生产补贴采取直接补贴方。二级种薯补贴方式各省自行确定;2010年启动青稞良种补贴,在四川、云南、西藏、甘肃、青海等省(区)的藏区实行全覆盖;补贴标准为10元/亩;补贴方式为差价供种和现金直接补贴。2013年藏区青稞实行全覆盖。2010年启动花生良种补贴,良种繁育每亩补贴50元、大田生产每亩补贴10;补贴范围包括河北、辽宁、吉林、江苏、安徽、江西、山东、河南、湖北、广东、广西、四川12个省区;补贴方式各省自行确定(表8-1)。

表 8-1　2013 年主要农作物良种补贴比较　单位:元/亩

补贴品种	启动年份	补贴标准	补贴范围	补贴方式
大豆	2002	10	东北三省和内蒙古	现金或差价购种补贴
小麦	2003	10*	全国 31 省(区、市)	现金或差价购种补贴
水稻	2004	15	全国 31 省(区、市)	现金直接补贴
玉米	2004	10	全国 31 省(区、市)	现金直接补贴
棉花	2007	15	全国 31 省(区、市)	现金或差价购种补贴
油菜	2007	10	江苏等 10 省及河南信阳、陕西汉中、安康地区实行冬油菜全覆盖	现金直接补贴

* 其中,新疆的小麦良种补贴标准为 15 元/亩。

(3)大豆生产布局规划。2003 年 2 月 12 日,农业部发布《优势农产品区域布局规划(2003—2007)》[①],确定高油大豆为 11 种优先发展的优势农产品之一,并依据资源条件、生产规模、市场区域、产业化基础和环境质量确定优势产区。此规划以提高高油大豆单产和含油率为主攻方向,重点建设东北非转基因高油大豆带,将松嫩平原、三江平原、吉林中部、辽河平原、内蒙古东四盟市等 5 个确定为优势产区,主要布局在黑龙江、吉林、辽宁、内蒙古 4 个省区的 30 个地市(盟)127 个县市(旗)。目标是到 2007 年,东北地区高油大豆平均亩产达到 150 千克以上,含油率提高 2 个百分点。规划实施后成效显著,表现在两个方面:一是大豆生产向优势区域集聚,2007 年大豆集中度达到 59%;二是大豆品质结构不断优化,2007 年大豆优质化率达到 70.3%,比 2002 年提高了 24.4 个百分点。

2008 年,农业部在总结 2003—2007 年规划实施成效和问题的基础上,制定了《优势农产品区域布局规划(2008—2015)》,此规划将优势农产品从 11 个调整为 16 个,大豆是保留的 11 个品种之一。其中《大豆优势区域布局规划(2008—2015)》中提出将大豆优势区域从东北扩大到黄淮海,从高油大豆扩大到高蛋白类型,着力建设东北高油大豆、东北中南部兼用大豆和黄淮海高蛋白大豆 3 个优势区,通过恢复和扩大豆种植面积,到 2015,实现 3 个

① 尽管该规划涵盖 11 个优势农产品,但大豆作为独立品种进行规划,因此将其视为专门的大豆产业政策。

区域大豆种植面积达到9776万亩，产量达到1579万吨，平均单产达到161千克/亩的种植目标①。

8.1.2 大豆流通政策

1. 大豆购销价格调整(1993年以前)

新中国成立后，随着粮食流通体制的演变，大豆购销价格也经历了多次调整。

1953年实行统购统销时，大豆平均统购价格为每百斤8.01元，高于粮食平均统购价格每百斤6.6元的水平；大豆平均统销价格为每百斤9.25元，低于粮食平均统销价格每百斤11.22元的水平。

1966—1978年，在其他粮食作物价格基本未动的情况下，由于大豆播种面积持续下降，供求紧张，大豆统购价格曾单独作过两次提高，1971年提高了10%，1978年提高了23%。

1981年粮食部、国家物价总局、财政部进一步规定：国务院决定的大豆提价的原则不变(东北三省1980年8月建议将收购价格每百斤由23元提到30元，并继续实行超购加价50%)，提价的办法改为将收购价格提高到现行超购价格水平，即提高50%(东北地区每百斤由23元提到34.5元)，同时取消大豆副产品超购加价办法。

1993年尽管国家对大豆实行每50千克45元的保护价收购，但由于大豆的生产成本不断上升，市价水平也有大幅度上涨。根据成本变动情况，同时考虑目前和今后的供求状况，经国务院批准，国家计委、国内贸易部于9月18日发出通知，决定从10月1日起，提高大豆主产区的购销价格，大豆购销价格每50千克均从由45元提高到55元。同时，根据提价幅度相应提高豆饼、豆油的购销价格，其中热榨豆饼的购销价格，每50千克由21.5元提高到26.5元；豆油购销价格，每50千克由21.5元提高到26.5元。

2. 保护价收购政策(1993—1998年)

大豆是1993年被列入保护价收购政策的。事实上，我国粮食的保护价

---

① 农业部发展计划司，新一轮优势农产品区域布局规划汇编，中国农业出版社，2009年4月。

政策最早可追溯到1985年的中央一号文件,文件规定:取消粮食统购,改为合同定购和市场收购;定购粮按“倒三七”比例计价(即三成按原统购价,七成按原超购价),定购以外的粮食可以自由上市,如市场粮价低于原统购价,国家仍按原统购价敞开收购,保护农民利益。尽管当时没有明确提出“粮食保护价”概念,但从政策中可以看出,政府将原统购价当做市场粮价下跌的底线,这一政策具备保护价政策的最基本内涵。

1990年,国务院于7月24日下发《关于加强粮食购销工作的决定》,9月16日下发《国务院关于建立国家专项粮食储备制度的决定》两件文件,并执行至1992年。总的要求是以敞开收购方式向农民收购议价粮,不得低于国家规定的保护价格。同时对以保护价收购来的议价粮,在各地把多余部分进行议销,并且设立由中央财政对差额进行补贴。保护范围是农民愿意交售的余粮;保护品种为小麦、稻谷和玉米。南方主产区小麦41元,北方主产区小麦46元;稻谷南方主产区早籼稻37元;关外玉米(东北三省及内蒙古)25.5元,关内27.5元。

1993年国务院下发《国务院关于建立粮食收购保护价格制度的通知》(国发[1993]12号),决定对国家定购和专项储备的粮食建立收购保护价格制度。列入1993年粮食年度收购保护价格的品种有:大豆、冬小麦、玉米、早籼稻、中籼稻、晚籼稻、粳稻。大豆收购保护价格为45元(每50千克,中等质量标准)(表8-2)。各省自治区、直辖市人民政府根据当地情况,按不低于但可高于中央下达的基准价格水平,制定本地区的收购保护价,向农民公布,并按保护价收购。

表8-2 1993年全国主要粮食品种的收购保护价格基准

(每50千克,中等质量标准)

单位:元

品种	保护价
大豆	45.00
北方冬小麦	32.50
南方冬小麦	31.00
关内玉米	21.00
关外玉米	20.00

续表 8-2

品种	保护价
早籼稻	21.00
中籼稻	26.00
晚籼稻	28.00
北方粳稻	35.00
南方粳稻	31.50

建立中央和省(区、市)两级粮食风险基金制度。在粮食市价低于保护价时,按保护价收购;在粮食市价上涨过多时,按较低价格出售。上述价差由风险基金补偿。

为确保粮食收购保护价格制度的执行,还规定对于未放开粮食收购价的地方,对原定购粮食要执行国家定价;对专项储备的粮食要执行国家规定的专储价格。已经宣布放开粮食收购价格、取消定购任务的地方,要采取经济合同的办法,按原定购粮食数量与农民签订购粮合同,这部分粮食在市价低于保护价时按保护价格收购。

1998 年大豆退出保护价范围。1999 年 5 月国务院下发了《关于进一步完善粮食流通体制改革政策措施的通知》,提出适当调整粮食保护价收购范围,各粮食品种陆续退出保护价范围。到 2001 年,实行保护价收购的粮食品种,主要是长江中游地区的中、晚稻谷,东北地区的优等稻谷,黄淮海地区的小麦,东北地区和内蒙古东部的玉米。2004 年和 2008 年,保护价政策分别被小麦和稻谷[①]的最低收购价政策以及大豆和玉米的临时收储政策所取代。

3. 临时存储收购政策(2008—　)

2008 年我国粮食价格开始呈现下跌趋势,为稳住粮价,国家启动了临时储备粮收购政策。首先执行临时收储政策的品种是北方地区的大豆、玉米和南方的稻谷,此后在大宗农产品中陆续展开,如 2009 年的油菜籽、2011 年的棉花和 2012 年的食糖临时收储政策。

2008 年国家分四次对东北地区(东北三省及内蒙古)大豆进行临时收

① 稻谷在 2008 年同时启动临时收储政策,临时收储价为南方稻谷产区的中晚籼稻 1.88 元/千克,东北产区的粳稻 1.84 元/千克(程国强,2011)。

储，收储价格为1.85元/斤；累计下达大豆收购计划725万吨，约占国内总产量的46%左右（全国产量1550万吨），占东北总产量的88.6%（东北产量为818万吨），其中150万吨为中央储备，余下的575多万吨为临时储备；前两次分别收储150万吨，第三次300万吨，第四次，125万吨（其中内蒙古20万吨、吉林5万吨、黑龙江100万吨）；收购执行期截止到2009年6月底。

2009年11月27日，国家发改委发布《关于做好2009年东北地区秋粮收购工作的通知》，通知要求继续在东北地区实行玉米、大豆临时收储政策。大豆（国标三等）临时收储价格为1.87元/斤；收购期限为2009年12月1日至2010年4月30日。同时通过补贴的方式，引导东北大豆压榨企业入市收购，补贴标准为一次性0.08元/斤，补贴期限与大豆收购期限相同，当市场价格高于国家规定的临时收储价格一定幅度后，中央财政适时停止补贴。与上年收储政策不同，自2009年起实行敞开式收购。

2010年10月28日国家粮食局会同国家发展改革委、财政部、中国农业发展银行发出《关于2010年国家临时存储大豆收购等有关问题的通知》，规定国家临时存储大豆（国标三等质量标准）挂牌收购价格为1.90元/斤，相邻等级之间以40元/吨的水平相应提高。收购期限为2010年11月1日至2011年4月30日。同时规定中储粮总公司及其有关分公司严格执行大豆收购质价政策，敞开收购。同时为了缓解2010年下半年以来食用油价格上涨的压力，国家又相继启动了国家临时储备菜籽油和国家临储大豆拍卖政策，并约谈了中粮、益海、汇福、九三油脂等大型加工企业，要求其在两会之前不得涨价，通过行政手段调控来实现对国内食用油市场的价格调控（郭清保，2011）。

2011年11月，国家发展改革委、国家粮食局、财政部、中国农业发展银行近日联合下发《关于2011年国家临时存储大豆收购等有关问题的通知》，通知明确，国家临时存储大豆挂牌收购价格（国标三等质量标准）为2.00元/斤，相邻等级之间差价按每斤0.02元掌握；收购期限为2011年11月23日至2012年4月30日。

2012年11月13日，国家发改委发布《关于做好2012年秋粮收购工作的通知》，规定根据地区不同，大豆（国标三等）收购价为2.3元/斤，临时收购起始时间由国家有关部门根据市场情况研究决定，截止时间为2013年4月30日。

2013年11月15日，国家发改委发布《关于做好2013年秋粮收购工作的通知》，通知规定大豆(国标三等)临时收储价格为2.3元/斤。临时收储起始时间由国家有关部门根据市场情况研究确定，截止时间为2014年4月30日。11月26日国家粮食局《关于2013年东北地区国家临时存储玉米和大豆收购有关问题的通知》中规定，大豆具体质量标准按大豆国家标准(GB 1352—2009)执行，相邻等级之间差价按每市斤0.02元掌握。

大豆临时收储价格与2004年以来实行的最低收购价格(小麦和稻谷)一样都起到托市作用。比较来看，2004—2007年，根据国家发改委等制定的《最低收购价预案》，执行预案的稻谷主产区为吉林、黑龙江、安徽、江西、湖北、湖南、四川7省，最低收购价为早籼稻每市斤0.70元，中晚籼每市斤0.72元，粳稻最低收购价每市斤0.75元(均三等质量标准)。2006—2007年，执行预案的小麦主产区为河北、江苏、安徽、山东、河南、湖北6省，最低收购价为白麦每市斤0.72元，红麦、混合麦每市斤0.69元(国标三等)。

自2008年，国家不断提高水稻和小麦玉米的最低收购价水平以及玉米的临时收储价，水稻平均最低收购价从每市斤0.79元提高到2013年的1.39元，小麦从0.72元提高到2013年的1.12元，玉米临时收储价从0.75元提高到2013年的1.12元(表8-3)。

表8-3 大豆和玉米临时收储价与水稻和小麦最低保护价的比较

(国标三等)　　单位:元/斤

粮食品种	年份					
	2008	2009	2010	2011	2012	2013
大豆	1.85	1.87	1.90	2.00	2.30	2.30
玉米*	0.75	0.75	—	0.99	1.06	1.12
其中:黑龙江	0.74	0.74	—	0.98	1.05	1.11
吉林	0.75	0.75	—	0.99	1.06	1.12
内蒙古和辽宁	0.76	0.76	—	1.00	1.07	1.13
水稻平均	0.79*	0.92	1.01	1.12	1.28	1.39
其中:早籼稻	0.77	0.90	0.93	1.02	1.20	1.32
中晚稻	0.79	0.92	0.97	1.07	1.25	1.35
粳稻	0.82	0.95	1.05	1.28	1.40	1.50

续表 8-3

粮食品种	年份					
	2008	2009	2010	2011	2012	2013
小麦平均	0.72*	0.84	0.87	0.94	1.02	1.12
其中：白小麦	0.77	0.87	0.90	0.95	1.02	—
红小麦	0.72	0.83	0.86	0.93	1.02	—
混合麦	0.72	0.83	0.86	0.93	1.02	—

注：大豆和玉米为临时收储价格，小麦和水稻为最低收购价。

* 玉米临时收储政策 2010 年没有启动；2008 年最低收购价未按预案执行，预案规定最低收购价分别为每 50 千克早籼稻 0.75 元，中晚籼稻 0.76 元，粳稻 0.79 元；白小麦 0.75 元；红小麦和混合麦 0.70 元。

4. 目标价格政策

2014 年中央一号文件提出：探索推进农产品价格形成机制与政府补贴脱钩的改革，逐步建立农产品目标价格制度，在市场价格过高时补贴低收入消费者，在市场价格低于目标价格时按差价补贴生产者，切实保证农民收益。2014 年，启动东北和内蒙古大豆、新疆棉花目标价格补贴试点。

5. 大豆仓储设施建设支持政策

2008 年 11 月 7 日，国家发改委发布《关于进一步做好流通领域国债项目储备工作的通知》，通知规定 2009 年国家安排资金 5 亿元投资建设粮食现代物流，其中包括食用油仓储及物流设施项目，具体支持地方油脂油料储备设施，毛豆油加工、小包装食用油分销配送等物流设施。

2009 年国家安排 10 亿元用于粮油存储设施和烘干设备建设项目，主要支持中央储备管理企业建设中央直属食用油及油料储备设施，支持承担国家宏观调控任务的骨干食用油企业建设食用油及油料存储设施，以及支持内蒙古、辽宁、吉林三省区及中储粮、中粮、华粮三大公司在东北地区建设粮食烘干设备。油脂油料仓储设施主要集中在东南沿海沿江地区和南方港口城市，烘干设备建设项目主要面向东北地区。

8.1.3 大豆加工业发展政策

2002 年 11 月 6 日国务院转发《关于促进农产品加工业发展的意见》，意见提出大力发展粮、棉、油料等重要农产品精深加工。粮食加工以小麦、玉米、薯类、大豆、稻米深加工为主，配套发展粮食烘干等产后处理能力。发展各类专用粮油产品和营养、经济、方便食品加工。

2008 年 8 月，国家发改委发布《促进大豆加工业健康发展的指导意见》提出：油脂加工总能力压缩到合理规模；鼓励内资企业通过兼并、重组，促进资源整合，使产业结构不断优化，培育一批加工量 2000 吨/日以上，产、加、销一体化，具有较强竞争力的大豆油脂加工企业（集团）；在区域布局上形成东北、黄淮海大豆产区和沿海地区分工合理、各有侧重、特色鲜明的大豆加工业布局；以豆粕、豆油为原料，进行深度精深加工，延长产业链，增加产品档次，丰富产品类型。

2011 年 12 月 31 日，国家发展改革委和工信部联合发布《食品工业"十二五"发展规划》指出：在大豆加工业发展方向上，要重点发展大豆食品和豆粉类、发酵类、膨化类、蛋白类等新兴大豆蛋白制品。着力研发大豆蛋白功能改性、大豆膳食纤维及多糖和新兴豆制品加工技术；在大豆加工业布局上，支持东北大豆产区建设大豆食品加工基地，提高豆腐及各种传统豆制品工业化、标准化生产水平；支持黄淮海大豆产区发展大豆深加工，延长产业链；鼓励沿海地区加强对大豆加工副产物综合利用，建设一批优质饲用蛋白、脂肪酸、精制磷脂等生产基地。在大豆油脂加工上，提出到 2015 年将大豆油脂加工能力控制在 0.95 亿吨以内的目标，培育大豆加工和饲料生产一体化的企业；促进油脂品种多元化；鼓励并支持国内有条件的企业"走出去"，合作开发棕榈、大豆、葵花籽等食用油资源，建立境外食用油生产加工基地。

2012 年 1 月 13 日，国家粮食局根据印发《粮油加工业"十二五"发展规划》指出：在食用植物油加工方面，严格控制大豆油加工新建项目，引导加快整合资源，鼓励内资企业兼并重组，淘汰落后产能。沿海地区要进一步压缩产能，提高大豆加工原料利用率，积极发展大豆深加工。在大豆食品加工方面，提高专用豆加工产品的比重，加快推进传统豆制品工业化和新兴豆制品产业化。

2014 年 1 月 28 日，国务院办公厅印发《中国食物与营养发展纲要（2014—2020）》，纲要指出重点发展大豆食品，强化大豆生产与精深加工的科学研究，实施传统大豆制品的工艺改造，开发新型大豆食品，推进大豆制品规模化生产。

8.1.4 大豆贸易政策

(1)进出口管理政策。1981 年 6 月 2 日，国务院批转粮食部的《关于当前食油问题的一些意见》，意见提出要把油脂工作纳入世界市场范围来考虑。按目前国际市场价格计算，1 吨花生仁相当于 3 吨菜油或 2.5 吨葵花油，1 吨芝麻相当于 1.5 吨菜油或葵花油，1 吨大豆相当于 0.5 吨多葵花油。从经营观点考虑，组织大豆、花生、芝麻出口显然是有利的，可以增加外汇收入。因此，必须组织好品种调换，在国内鼓励多吃菜油、葵花油，顶出创汇高的大豆、花生、芝麻等食用油脂油料扩大出口。

1993 年 2 月 15 日，国务院《关于加快粮食流通体制改革的通知》中规定：对小麦、大米、玉米、大豆等主要品种的进出口，根据国内余缺和国际市场情况，由国家粮食主管部门提出年度进出口总量计划。根据《中共中央、国务院关于加快发展第三产业的决定》(中发〔1992〕5 号)精神和国务院有关规定，对出口实行计划配额管理的大米、玉米、大豆，可实行内外贸联合经营，同时赋予有条件的大中型国有粮油企业一定的进出口权[①]。

2008 年 6 月 24 日商务部发布《大宗农产品进口报告和信息发布管理办法(试行)》，并会同有关部门制定、调整《实行进口报告管理的大宗农产品目录》，《目录》中包括大豆、豆油和豆粕。办法中规定：进口《目录》项下大宗农产品的对外贸易经营者，应向受委托组织办理本企业基本情况备案，报告事项除经营者基本信息外，主要是商品名称、商品编码、贸易方式、贸易国(地区)、原产地国(地区)、合同号、合同数量、合同船期、装运港、预计抵港时间、实际船期、装船数量、进口报关口岸、进口数量和实际抵港日期等。

(2)关税政策。**大豆进口关税**：在 1995 年以前，配额在大豆进口中发挥着重要作用，一般依国内需求而定。1996 年，大豆作为中国关税配额制度管理商品，享受配额保护，普通关税税率为 180%，优惠税率为 40%，配额内税

① 孙前进，粮食流通体系规划与建设，北京：中国物资出版社，2012 年 11 月，第 183 页。

率是3%。1999年,中国取消了大豆的配额限制,实行3%的单一关税政策①。2001年在入世议定书中,我国正式承诺取消大豆进口配额管理,实行单一的进口关税约束政策,除种用大豆进口关税率为0外,黄大豆、黑大豆、青大豆以及其他大豆关税税率均为3%②。另外,我国大豆进口征收13%的增值税。2007年,经国务院批准,海关总署公告《关于公布进口黄大豆实行暂定关税税率》,自2007年10月1日至12月31日,对进口黄大豆实行1%的暂定关税税率,为保证国内市场食用油供应,将2007年10月1日起对大豆实施1%的进口暂定税率延期至2008年3月31日。2008年海关总署再次公告《关于延长黄大豆进口暂定关税实施时间》,将黄大豆1%进口暂定关税的实施终止期从2008年3月31日延长至2008年9月30日。目前,我国大豆进口税率如表8-4所示。

表8-4　2014年我国大豆进口税率

商品名称	税则号	计量单位	进口税率/%		增值税率/%
			最惠国	普通	
种用大豆	12011000	千克	0	180	13
非种用黄大豆(不论是否破碎)	12019010	千克	3	180	13
非种用黑大豆(不论是否破碎)	12019020	千克	3	180	13
非种用青大豆(不论是否破碎)	12019030	千克	3	180	13
非种用其他大豆(不论是否破碎)	12019090	千克	3	180	13

数据来源:2014年中国海关进出口税则。

大豆出口关税:2007年以前,我国大豆出口实行5%的关税,自2007年12月20日起,大豆出口退税予以取消,同时取消还有小麦、稻谷、大米、玉米等。2008年1月1日至12月31日,对小麦、玉米、稻谷、大米、大豆等原粮及其制粉产品征收5%至25%不等的出口暂定关税。其中麦类和麦类制粉出口暂定税率分别为20%、25%,玉米、稻谷、大米、大豆出口暂定税率为5%,玉米制粉、大米制粉、大豆制粉出口暂定税率为10%。自2009年7月1日起,我国对部分产品的出口关税进行调整,取消小麦、大米、大豆等粮食产

① 我国大豆进口关税调整政策,http://www.agrodt.com/News/685839.html

② 余建斌,乔娟.贸易政策调整与中国的大豆进口,北疆农垦经济,2006(5):35-39。

品以及硫酸、钢丝等工业品的出口暂定关税，包括种用大豆和黄大豆（不论是否破碎）从5%调至0，大豆粉从10%调至0。

豆油进口关税：2001年入世协定书中，我国承诺了巨大的豆油进口配额，最初配额为211.8万吨，2002年至2005年分别为251.8万吨、281.8万吨、311.8万吨和358.71万吨，并对关税税率逐步减让，最初为63.3%，2000—2004年分别减至52.4%、41.6%、30.7%、19.9%和9%，2005年起配额内实行9%关税，配额外关税30%～190%不等。在配额管理上，逐步增加非国有企业豆油进口配额，到2005年，非国有贸易企业进口配额达到90%，国有贸易比例仅为10%。2006年1月1日起，我国取消豆油关税配额，仅实施9%的进口约束关税。

豆油出口关税：2008年6月3日，经国务院批准，财政部、国家税务总局发出《关于取消部分植物油出口退税的通知》，自6月13日起执行，豆油在被取消之列，除此之外，还有花生油、橄榄油、葵花油、椰子油、玉米油、芝麻油等若干品种[①]。

豆粕进口关税：1995年豆粕的进口关税为5%并征收13%的增值税，1996—1998年，为鼓励饲料工业发展和畜产品生产，政府对豆粕免征三年增值税，这一政策引起豆粕进口量的大增，为支持国内大豆压榨工业发展，1999年7月1日，政府恢复对进口豆粕征收13%的增值税[②]。从2008年6月1日至12月31日，豆粕进口税率从5%降低至2%。从2009年1月1日起，恢复进口豆粕5%的最惠国关税税率，取消原先进口暂定2%税率。

豆粕出口关税：在2001年国税总局制定的海关税目划分中，豆粕一直被归入农产品一类来执行增值税征收及退税政策，即在出口时征收13%增值税后享受5%的退税优惠。2002年国家将豆粕出口退税税率从5%调整为13%，对豆粕出口给予全额退税。自2004年1月1日至2004年12月31日，将“提炼豆油所得的其他固体残渣（豆饼）”征、退税率调整为：增值税征

---

① 余建斌，乔娟．贸易政策调整与中国的大豆进口，北疆农垦经济，2006(5)：35-39。

② 黄武．贸易自由化对中国大豆产业的影响研究：[博士学位论文]．南京：南京农业大学，2005。

税率13%，增值税退税率13%，目前仍按此标准执行[①]。

(3)转基因安全管理政策。2001年5月23日，国务院颁布了《农业转基因生物安全管理条例》，2002年1月，农业部连续出台3个配套规章，即《农业转基因生物安全评价管理办法》、《农业转基因生物进口安全管理办法》和《农业转基因生物标识管理办法》，自2002年3月20日起施行。其中《农业转基因生物标识管理办法》明确要求凡是列入标识管理目录并用于销售的农业转基因生物，应当进行标识；未标识和不按规定标识的，不得进口或销售。大豆种子、大豆、大豆粉、大豆油和豆粕被列入第一批实施标识管理的农业转基因生物目录。

根据上述“三个办法”，2002年3月12日农业部发布了《转基因农产品安全管理临时措施公告》，规定企业在进口转基因大豆需要先取得进口许可证，从而中国管理层可以根据大豆的市场情况，适当加快或减慢许可证发放进度，调节进口量。规定临时措施有效期截止到2002年12月20日，并按公告的规定，制定了《进出口转基因农产品临时措施管理程序》。但由于技术问题，在临时措施到期之前2个月，农业部又发文决定延期9个月至2003年9月20日，2003年7月16日，中国农业部又宣布延长到2004年4月20日，这是自2002年12月20日以来第二次延长到期时间。2004年4月20日转基因农产品安全管理临时措施终止后，农业部依照“一个条例和三个配套办法”对进口农业转基因生物实施正常管理。

为了配合转基因农产品的进口管理，2004年国家质检总局公布了《进出境转基因产品检验检疫管理办法》。2004年质检总局第73号公告《进境动植物源性食品检疫审批》规定：进口单位或代理单位须在大豆贸易合同签订前到质检部门办理检疫审批手续。2007年，质检总局在《关于进一步规范进境动植物检疫审批工作的通知》中明确要求，进境大宗粮谷许可证实行一次使用有效，不得分批核销的措施，进一步完善检疫审批许可制度。

为了加强对转基因食品的监督管理，2001年12月4日由国家质量监督检验检疫总局公布的《出入境粮食和饲料检验检疫管理办法》，该办法自

① 国家税务局《出口退税率列表》。

2002年3月1日起施行，办法中所称粮食包括大豆等各种豆类，饲料包括豆饼和豆粕等粮食和油料经加强后的副产品。2002年4月8日，卫生部根据《中华人民共和国食品卫生法》和《农业转基因生物安全管理条例》制定了《转基因食品卫生管理办法》，要求必须对"以转基因动植物、微生物或者其直接加工品为原料生产的食品和食品添加剂"进行标识，该办法自2002年7月1日起施行。

我国转基因大豆进口始于1997年，目前共有八个转基因大豆品种获准进口用作加工原料。2013年6月，根据国家农业转基因生物安全委员会评审结果，农业部批准发放了巴斯夫农化有限公司申请的"抗除草剂大豆CV127"、孟山都远东有限公司申请的"抗虫大豆MON87701"和"抗虫耐除草剂大豆MON87701×MON89788"三个可进口用作加工原料的农业转基因生物安全证书。在此之前，我国已陆续批准了孟山都公司的"抗农达大豆GTS40-3-2（2004年和2009年）"、拜耳作物公司的"抗除草剂大豆A2704-12（2007年和2010年）"、孟山都公司的"抗除草剂大豆MON89788（2008年和2011年）"、杜邦公司的"抗除草剂大豆356043（2010年）"和先锋国际的"品质改良大豆305423（2011年）"等五个转基因品种进口用作加工原料。

8.1.5 其他支持政策

2007年3月25日，中国大豆产业协会（CSIA）在京成立，协会的成立标志着中国大豆产业从此有了自己全行业的组织。大豆产业协会以推动中国大豆产业的发展，维护大豆种植者及相关企业的合法权益为宗旨。

8.2 大豆产业政策效果及存在的问题

8.2.1 大豆产业政策实施效果

由于大豆贸易政策对大豆贸易的影响在第七章已经论述，大豆加工业发展政策也多属规划指导类，并没有具体明确的政策目标，故这里不做分析。而大豆流通政策中的价格政策和临时收储政策都是间接地补贴大豆生产的政策，因此这里主要分析大豆生产政策效果。

1. 普惠性粮食政策的实施效果

自2004年开始，国家相继启动种粮直补、农资综合直补以及农机具购置补贴政策，改变了过去的间接补贴形式，实行直接惠农的补贴措施。总体来说，这种直接补贴方式从过去的“暗补”转为“明补”，对减轻农民负担，提高农民种粮的积极性，促进粮食增产和农民增收，确保国家粮食安全效果显著。一方面，将原来用于流通环节的补贴直接补给从事粮食生产的农民，保障了农民的利益。另一方面，过去针对流通环节的价格补贴属于“黄箱”政策，受WTO规则的限制，而粮食直接补贴属于“绿箱”政策，符合WTO规则。除此之外，粮食直补政策对于推进粮食流通市场化改革，引导农民调整农业结构发挥了重要作用。

然而具体到大豆，尽管大豆作为粮食作物，但这一系列普惠性政策的效果相当有限。原因有三：一是尽管粮食政策是普惠性的，但政策的具体标准由各省区自行制定，在多数大豆非主产区，大豆往往不在粮食补贴政策之列，如北京只针对玉米和小麦两种主要粮食作物实行粮食直补政策（杜玲，2009）；二是即便在大豆主产区，大豆享受与其他粮食作物（如水稻、玉米和小麦）同等的补贴政策，如按粮食种植面积补贴，但由于大豆生产的比较效益低，这一政策也达不到刺激大豆生产的效果；三是在很多地区，地方政府为刺激主要粮食作物的生产，粮食补贴标准不一，更多向主要粮食作物倾斜，相对较低的补贴资金对于效益原本就低的非主粮大豆来说更是杯水车薪。

2. 良种补贴政策启动之初效果显著

自2002年，国家启动“大豆振兴计划”，对东北地区实行高油大豆良种补贴政策，大豆是我国实施良种补贴最早的粮食作物。因此，该政策实施的第一年，取得了较明显效果。主要表现在：①大豆种植面积大幅增长。通过良种示范作用，调动了示范区农民种植大豆的积极性，带动促进了东北地区大豆种植面积大幅度增长。以黑龙江省为例，2003年黑龙江省大豆总播种面积达到4599万亩，比2002年增加653万亩，增长了17%。虽然纳入国家和省财政补贴的高油、高蛋白大豆良种计划实施面积只有2000万亩，但农民实际种植面积却达到 2415 万亩，比计划增加 415 万亩，占大豆播种面积的 52%，比 2002 年增加 936 万亩。在落实良种推广过程中，各县、市都积极扩大生产规模、推行连片种植，最小连片一般在 300 亩以上，大的连片面积超过万亩，有力地推进了大豆的区域化和规模化生产，实现了分户承包经营基础上的规模经济效益（国家发展改革委员会宏观经济研究课题组，2004）。②大豆单产提高、含量油率提高、效益提高。2003 年，根据各示范区测产验收的情况，1000 万亩高油高产大豆平均亩产达到了 174.7 千克，超过农业部 2002 年初确定的 150 千克的目标，比四省区近 6000 万亩大豆平均单产高 30.7 千克；从农业部油料作物品质检测中心对 1000 万亩示范区抽样检测的情况看，60 个抽样点商品大豆的含油率为 20.65%，比非示范区大豆高出 1%～1.5%，粗蛋白质含量 39.68%，高于进口大豆蛋白质含量。高油示范区一亩大豆约增加纯收益 37.5 元，其中增产增收 21 元，优质优价增收 5 元，成本降低增收 11.5 元[①]。

然而，随着 2003 年的小麦及 2004 年水稻和玉米良补贴政策的实施，玉米、小麦和大豆相同的补贴标准以及水稻更高的补贴标准使得不具有竞争优势的大豆难以再享受良种补贴政策的“福利”。

8.2.2　大豆产业政策存在的问题

1. 大豆产业政策目标问题

(1)总体政策目标缺乏。自 1996 年以来，中国的大豆产业经历了巨大转变，逐年迅速增加的大豆进口成为各界关注的话题。为了支持国内大豆生产，保护豆农利益，国家也相应出台了如前所述的各个环节的政策措施并付诸实施，但由于国家在大豆产业发展上始终缺乏一个明确的、针对现实的大豆产业发展政策目标，从而在关于大豆产业发展问题上举棋不定、模糊不清，导致现有政策“各自为政”，缺乏系统性和指导性，甚至冲突。

具体表现在：一方面，国家出台的补贴政策，无论是直接的生产补贴，还是间接的对流通领域的补贴，其目标都是为了保护豆农的利益，推动国内大

---

① 人民日报，2003 年 2 月 10 日。

豆产业发展。另一方面,国家实行的大豆进口低关税政策,其目标是为了扩大大豆进口以满足国内大豆需求。然而,这两个方面的政策存在着明显的矛盾和冲突。首先,大量进口国外大豆对国内大豆生产极为不利。国内大豆由于种植方式、技术及政策等多方面因素,种植成本较高,加上国内种植的野生黄大豆出油率较国外进口转基因大豆偏低,使得国产大豆市场竞争力较弱。随着市场的开放,低价的进口大豆严重充斥着国内市场,而补贴弥补不了日益增加的大豆成本,临时收购价格进一步提高了国内大豆市场价格,导致国内外大豆价差越拉越大,国产大豆销售困难,农户依然无法从中获益。

因此,在大豆产业政策上,如果政府没有明确的目标和解决我国大豆的产业地位问题,大豆产业自然只能逐波随流,这十分不利于我国大豆产业的发展。

(2)具体政策目标有待商榷。从我国大豆生产和流通政策来看,无论是早期的间接补贴政策(补贴流通领域),还是后来的直接补贴政策,政府的目标都是保护农民利益,然而实际操作中,目标发生了转移。比如1993年实施的保护价收购政策,保护价的政策目标在1985年的中央一号文件有规定:"……如市场粮价低于原统购价,国家仍按原统购价敞开收购,保护农民利益。"然而,如上述政策效果分析,间接补贴政策不仅没有保护到农民利益,相反地,农民成为补贴成本的"买单者"。直补政策亦是如此,2004年的中央一号文件中规定:"为保护种粮农民利益,建立对农民的直接补贴政策",即为解决农民增收困难这一实际问题而制定。然而,长期以来,我国粮食政策的目标就是数量增长,所有农业支持和补贴政策都是围绕粮食总量,并采取政策干预和行政强制等手段确保国家对粮源的控制,甚至为求总量和保证城市供供给不惜以牺牲农民利益和生态资源为代价(马述忠等,2010)。因此,在出台具体的补贴政策时虽兼有提高农民收入,保护农民利益的意图,但根本目标还是为了总量增长。当然,对于我国这样一个人口大国,在世界粮食形势严峻的情况下,将确保粮食安全作为首要战略目标有其合理性,但长期来看,这样的政策目标不具有可持续性。

2. 大豆补贴政策问题

(1)间接补贴效率低下。2002年以前,我国大豆补贴政策一直是包含在粮食补贴政策之中,而当时的粮食补贴政策是由粮食购销企业按规定的保护价敞开收购农民的余粮,再把粮食风险基金对购销企业给予超储费用、利息补贴,是一种在流通环节间接补贴的做法,这种做法人为地加长了补贴传导链条,落到农民手中所剩无几,农民并未从巨额的粮食补贴中得到实惠,国家大量粮食补贴资金沉淀于垄断的流通环节。1993—2000 年,中央财政、中央储备及地方储备补贴资金总计从 317.48 亿元增加到 786.38 元,这期间还增加了超储粮补贴,从 1997 年的 95.55 亿元增加到 2000 年的 160.1 亿元。但这种间接补贴的方式不仅成本巨大,而且造成粮食补贴效率低下,补贴对象错位与社会福利损失,最终农民不仅不是补贴的受益者,反而成为补贴成本的"买单者"。因此,粮食补贴政策并未促进粮食产量的稳步增长(何忠伟,2005)。对于大豆生产更是如此,1993—2002 年中国大豆种植面积在波动中下滑,大豆产量增长幅度也不大,仅为 7.8%。

(2)直接补贴覆盖面窄,补贴力度不足。补贴范围上,与其他粮食作物相比,大豆良种补贴政策的实施范围仅限东北四省区,而其他三种作物(水稻、小麦和玉米)均已在全国 31 个省区实现全覆盖。一方面,随着市场化的推进,对于大豆这种单产和收益都相对较低的粮食作物而言,即便是在同等的补贴条件下,补贴也很难起到调动大豆农户积极性的作用。特别是在东北地区,水稻和玉米是大豆的主要竞争作物,即便大豆和玉米的补贴标准相同,由于大豆的比较效益相对较低,补贴政策在推动大豆生产方面所起的作用有限。另一方面,由于大豆补贴范围的限制,除东北四省区外,其他地区的豆农无法从补贴中受益,更是直接影响其种豆的积极性。过去 10 年里,全国大豆种植面积不断减少,2012 年全国大豆种植面积较 2003 年减少了 22.9%,近 4 年全国大豆生产规模更是持续缩减。

补贴力度上,尽管四种粮食作物补贴标准相差不大,小麦、玉米和大豆补贴标准相同,都是 10 元/亩,但水稻的补贴标准为 15 元/亩,高于大豆补贴标准。但和农户的大豆种植成本相比,大豆补贴远远低于大豆生产成本,特别是近年来大豆种植成本的不断增加,2012 年黑龙江省大豆平均生产成本为 585.62 元/亩,而大豆农户获得的各种综合补贴(包括良种、种粮直补和农资综合补贴等)约为 88 元/亩(调研获得数据),如此算来,大豆农户每亩所获得的补贴也仅占到生产成本的15%左右。尽管我国政府对大豆产业的支持与保护的力度近几年不断增大，但在很大的程度上可以说，目前的农业补贴主要发挥的作用是政治效应，让农民感觉到政府比较关注和重视农业生产，但并不能产生让农民真正由此愿意从事农业生产的经济效应。

3. 临时收储政策问题

临储收购政策本是政府用于保护豆农生产积极性的一项重要措施，在以往也确实发挥过积极的作用。但随着中国农产品成本的逐渐上升，临储政策越来越多地表现出负面作用。

(1)难以实现农户和企业之间的利益平衡。2008 年国家实行大豆临时收储政策的初衷是确保农民增产增收，促进粮食和农业生产。从实施效果来看，并未达到预期目标。2008 年和 2009 年国产大豆与进口大豆之间的大幅价差一方面使得油脂企业，特别是东北地区的油脂企业有豆不能收，产能搁浅；另一方面豆农惜售心理普遍，产区有价无市，豆农有豆却卖不出(李飞，2010)。

对农户来说，价格提升还没有达到他们的心理预期。与其他三大粮食作物相比，2008—2013 年，政府提高了水稻、小麦和玉米的托市收购价格，提高幅度分别为 75.9%、55.6%和 49.3%，而大豆托市收购价格仅提高了 24.3%，大豆价格不足以高到获得像其他粮食作物一样的收益(Fred Gale，2013)。相对于我国农产品的整体增长幅度和农户种植成本涨幅来说，我国大豆收购价格的增长水平还处于低位，很难从根本上保证农民的种植利益(郭清保，2011)。

对企业来说，实现利润最大化是他们追求的最终目标。大豆临时收储政策虽然有助于维持豆农的生产积极性，由于临储价格高于市场价格，所以，实际上起到了“托市”作用，在一定程度上也扭曲了市场价格。这种政策的实施结果是不利于后续产业环节，在维持豆农积极性的同时却伤害了传统以国产大豆为原料的大豆制油企业的利益。

(2)增加了国家财政负担。由于国家以远高于市场价的价格进行临时收储，2008—2010 年，黑龙江省大豆临时收储价格分别高于平均农场价格

1.2%、3.3%和2.6%(Fred Gale,2013),国家临储大豆顺价销售难度加大。从2009年7月23日至11月25日国家共进行的18次临储大豆拍卖,成交率仅为1.66%;2010年12月我国先后进行的3次大豆竞价交易会,均以流拍收场;另外,黑龙江省在12月举行的5次省储大豆竞价交易会,成交率仅为5.4%(郭清保等,2011)。尽管临储大豆低成交率一方面提高了国储油料储备量,但另一方面,也使国储大豆库存量增加,从而增加国家财政负担。

2009年大豆临时收储政策虽然弥补了2008年政策中一些不足,即通过给予压榨企业补贴形式,调动其积极性进行市场收购,兼顾农民和企业利益,但虽预期流入国储大豆量会较去年下降,减少这部分财政支出,但对企业补贴可能使国家财政支出更多,且对部分企业进行补贴,可能会增加市场竞争不公平性(陈艳君,2009)。

(3)一定程度上刺激了大豆进口。由于连续几年实施大豆临储收购价格政策,农民养成了年年盼望提高临储收购价格的价格心理预期,政府事实上也确实在年年提高临储收购价格。随着中国大豆生产成本的逐渐上升和临储收购价格的上升,国内大豆价格开始高于国际大豆价格,并且国内外大豆价差逐渐扩大。这种国内外价差的结果是,导致越来越多的大豆加工企业不堪国产大豆的采购价格的压力,转向购买进口大豆,使得原本进口比例很高的国产大豆市场进一步被进口大豆挤占。

可见,临储政策的实施,一方面企业越来越多地进口国外大豆,另一方面农户在预期的心理价位上卖不出去大豆,而政府不得不拿出更多的财政资金收购大豆。长此以往,这一政策的负面作用将越来越严重。

4.贸易保护措施缺失问题

在大豆贸易中,明显缺乏有效的国际贸易保护手段。我国加入WTO后的承诺使得我国在大豆进口上只有3%单一关税的措施,相关的豆粕、豆油等大豆加工品在2006年后也失去了关税配额手段,从而使我国的大豆进口完全听凭于国际大豆市场状况。在当前进口大豆具有明显比较优势的状态中,3%的关税几乎等于大豆进口不设防。

除了关税,非关税措施的作用也越来越有限。大豆进口配额作为非关税措施，在1996年以前严格的配额政策曾经起到了非常关键的作用，但1999年大豆进口配额被取消，而且入世后，我国承诺了较高的豆油进口配额，保护作用十分有限，2006年国家取消了豆油进口配额，因此，目前大豆及主要消费产品进口除低关税外，配额已完全失去保护作用。

《转基因条例》及相关细则作为国家调控大豆进口的非关税措施，主要通过增加进口成本提高市场准入门槛，并通过标识来影响转基因大豆在中国的市场份额，但从实践来其作用有限（宣亚南等，2007）。

5. 大豆科技与推广政策问题

目前我国大豆科技政策的主要问题有三：一是缺乏体系性和完整性；二是在重大科研问题上缺乏客观、明确的决策；三是政策的实施力度不足。

从大豆科研政策的体系性和完整性看，科研政策支持的重点主要集中在育种和植保这二个环节，而对于大豆生产的栽培、土肥、农机等环节的科研投入十分有限。

从重大科研问题上看，在育种方面，我国的大豆科研育种取向一直强调主张高油、高蛋白、高产，作为具体科研人员的科研方向选择，这种提法无疑是可以的，但作为一个国家发展大豆产业为目标的科研育种政策，看起来比较全面，实际上是缺乏主攻重点，显然是无序的，缺乏一个清晰的科研攻关优先序。尤其是无论是与国外大豆还是国内相竞争作物（比如玉米）相比，中国大豆竞争力很弱是一个不争的事实，单产水平低是中国大豆竞争力弱的根本原因，而国家对大豆生产也没有像其他主粮作物一样重视，在农田水利等基本设施建设、品种培育与改良、栽培技术和新技术的推广应用方面投入较少，结果导致我国大豆单产水平低，使得大豆的单位生产成本过高，直接影响国产大豆的价格竞争力。2009—2011年三年平均单产只有世界平均水平的70%、只有美国和巴西的60%。在如此低的单产水平上，我国的大豆无论如何讲求高油或讲求高蛋白都没有单位面积效益，从而缺乏竞争力；反过来，即使我们停留在原有的油脂或蛋白含量上，只要把单产提高上去，单位面积产出的油脂或蛋白总量自然也提高了。

与高油高蛋白相关联的我国大豆科技政策是发展专用型大豆，但在这实际生产过程中，并没有形成一整套与之相配套的措施保障，比如收储运过程中的混杂、优质并不能获得优价，等等。一方面，我国不同等级大豆混收混储导致大豆综合品质下降。尽管我国将大豆质量划分为5个等级，但在实际收购过程中，不同等级之间很难做出明确的区分，导致大豆混收混储现象严重，致使大豆综合品质下降，失去了我国大豆原有的质量优势。另一方面，我国的大豆质量评定标准与国际标准存在很大差距。我国以“纯粮率”作为大豆评定等级的基础，如果不完善粒多，就会使大豆的等级降低，但事实上对于大豆榨油来说，不完善粒影响并不大。

从政策的实施力度上看，仍存在推动不足的问题。随着现代农业技术的发展，大豆生产的发展越来越依靠综合类技术的应用。如大豆新品种的采用，需要该品种配套的栽培技术。由于当前的高产优质大豆栽培技术、病虫草害防治技术等都是模式化的生产技术，加上大豆生产的地域性很强，农民需要在当地技术人员的指导下才能确保正确使用。但由于我国农业技术推广体系仍存在着“孤军作战”问题，基层农业技术推广经费没有保障，以及农业技术政策推广力量严重不足，造成技术的转化和推广率低（崔宁波，2008）。

8.3 主产国大豆产业政策

8.3.1 美国大豆产业政策

美国大豆产业的发展得益于多方面因素，其中主要是有力的政府支持、持续的科技进步、旺盛的国际需求、强大的生产者组织、高效的市场研究和良好的市场设施（何秀荣等，2002）。其中，政府的政策支持对美国大豆产业的发展起着关键性的作用，美国的大豆产业支持政策主要有生产补贴和保险政策、出口支持和国际谈判、科研支持，等等。

1. 大豆生产补贴政策

美国大豆生产补贴政策是以定期公布的农业法案形式确立的，并会根据政策目标进行及时调整。从美国第一个农业法案《1933年农业调整法》到《2012年农业改革、食品和就业法案》为止，共有16个农业法案出台。2002

年以前的农业法案只有大豆价格支持贷款，2002 年的农业法案将大豆纳入政策的固定脱钩支付补贴项目。目前美国大豆生产补贴方式主要有商品贷款项目、直接补贴、目标价格和目标收入补贴以及农业收入风险保障计划等。

(1)商品贷款项目(commodity loan program,CLP)。这个项目最早出现于 1933 年，一直延续至今，是美国最主要的，也是历史最悠久的国内农产品支持政策，补贴对象基本上覆盖主要的大田作物。但在不同历史时期，该项目的表现形式、强调的目标以及项目受益者是有变化的。

无追索性贷款是商品贷款项目最初的表现形式，指农民在商品项目贷款到期时，如果产品的市场价格低于贷款率(即单位本金)和利息之和的话，农民常将抵押的产品(所有权)给政府，以此冲抵贷款的本金和利息，农民可获得来自还款方式产生的收入。其中市场价格与贷款率之间的差额，称为“贷款获益(loan benefit)”，农民从中得到的实际收益是“贷款收益”和节省的利息支出(何秀荣等，2002)。

20 世纪 80 年代中期，商品贷款项目演变为市场贷款项目和贷款差额补贴。市场贷款项目是根据 1985 年的农业法案，于 1986 年新增加的商品贷款项目，但只应用于稻谷和棉花，1991 年的农业法案将其扩大到大豆和其他油料作物。也具有无追索性，与无追索性贷款项目的差异在于归还贷款时的贷款率计算水平上，允许生产者以低于公布的贷款率的水平归还无追索性价格支持贷款(何秀荣等，2002)。贷款差额补贴是根据 1985 年的食物安全法案的规定，向有资格获得，但同意放弃贷款的农民提供的差额补贴。1996 年农场法案中大豆被纳入补贴范围(王玉飞，2011)。当产品市场价格低于公布的贷款率时，这些农民将获得二者的差额补贴，其贷款差额补贴额由货款率与市场价格的差额以及有资格享受贷款的作物数量来确定。

商品贷款项目的贷款期限为每年的 9 月 1 日至次年的 8 月 31 日，贷款利率在农业法案中均有规定，1996 年农业法案规定的大豆贷款率为每蒲式耳 5. 26 元，2002 年农业法案将其调整每蒲式耳 5. 00 美元，2008 年农业法案延用这一贷款利率，未作调整(表 8-5)。

表 8-5 2008 年农业法案规定的国家贷款率

农产品	单位	作物年度	
		2008—2009	2010—2013
大豆	美元/蒲式耳	5.00	5.00
花生	美元/吨	355.00	355.00
其他油料	美元/百磅	9.30	10.09

数据来源：美国农业部海外农业服务局(http://www.fsa.usda.gov)。

市场贷款项目和贷款差额补贴都是扭曲贸易的“黄箱”补贴。1997—2001 年，美国对大豆的“黄箱”补贴以贷款差价补贴、市场贷款项目为主并快速增长，从 1510 万美元增加至 34.4 亿美元，占美国“黄箱”补贴总水平的 95.4%(苗水清等，2006)。

(2)直接补贴(direct payments，DPs)。这一补贴政策源于 1996 年联邦农业改革法案，2002 年的农业法案将大豆纳入直接补贴范围。接受补贴大豆种植者需要与政府签署年度种植协议，得到政府批准后方可申请补贴(王玉飞，2011)。补贴金额根据补贴率、补贴面积和补贴单产来确定，补贴面积和补贴单产在协议中确定，补贴率由法案规定。2002 年农业法案规定大豆的直接补贴率为 0.44 美元/蒲式耳，2008 年农业法案沿用了这一补贴率；补贴面积以 1998—2001 年的平均种植面积为基础，按一定比例计算，2008 年农业法案规定 2009 年作物年度的比例为 83.3%，2012 年将这一比例调至 85%；2002 年规定的补贴单产为“1998—2001 年的农场平均单产×1981—1985 年的全国平均单产/1998—2001 年的全国平均单产”，2008 年农业法案基本沿用 2002 年农业法案规定的补贴单产①。

(3)目标价格和目标收入补贴 。目标价格和目标收入补贴是指政府或者直接以目标价格确定补贴的时机和额度，或者以作物种植的平均收入作为保障农户合理收入的补贴标准。该补贴包括反周期补贴和平均作物收入选择项目。

反周期补贴(counter-cyclical payments，CCPs)是在有效价格低于目标

① Young E. The 2002 Farm Bill: Provisions and Economic Implications. Economic Research Service，USDA. 2008，Administrative Publication No. AP-022.

价格时启动的一种生产保护性补贴，2002 年农业法案规定大豆可以获得反周期补贴，补贴金额由目标价格和有效价格之差决定。反周期补贴金额 = 农产品的补贴价格（目标价格－有效价格）×85%的公历年补贴面积×补贴单产。2002 年农业法案规定的目标价格为每蒲式耳 5.80 元，2008 年农业法案规定的目标价格略有变动，如表 8-6 所示；有效价格等于贷款率与直接补贴率之和；补贴面积和补贴单产的计算方法与直接补贴相同。

表 8-6　2008 年农业法案规定的目标价格和补贴率

项目	作物年度	大豆/（美元/蒲式耳）	花生/（美元/吨）	其他油籽/（美元/百磅）
直接补贴率	2008—2012	0.44	36	0.80
目标价格	2008—2009	5.80	495	10.10
	2010—2012	6.00	495	12.68
最大反周期补贴率*	2008—2009	0.36	104	0
	2010—2012	0.56	104	1.79

* 最大反周期补贴率 = 目标价格－直接补贴率－贷款率。其中贷款率见表 8-5。

数据来源：美国农业部海外农业服务局（http://www.fsa.usda.gov）。

反周期补贴的支付一般会在一个作物年度（市场年度）结束后尽快进行。2002—2006 年度实施了分次支付的方式。若生产者选择了多次领取的方式，第一次可在 10 月领取不超过 35%的补贴额，第二次在 1 个月之后可领取累计不超过 70%。最后的补贴额在年度结束后领取。从 2007 年度起，在一个农业年度前 180 天结束后的第一次提取比例提高到 40%。部分支付的方式从 2011 年起将被废除。

平均作物收入选择项目（average crop revenue election，ACRE）经 2008 年的农场法案通过，于 2009 作物年度开始生效，大豆被列入补贴范围。它是一项非强制性计划，但必须满足州担保收入大于实际收入且农场担保收入大于农场实际收入这两个条件，主要计算指标根据是 5 年州内奥林匹克平均单产[①] 和 2 年全国平均价格。补贴金额 = min{目标收益－实际收益，25%×目标收益}×（85%×基础面积）×农户奥林匹克平均值/奥林匹克平均值（杨建利等，2010）。

（4）农业收入风险保障计划。农业收入风险保障计划是由美国 2012 年农业法案提出，用以取代上述直接支付、反周期支付以及平均作物收入选择计划和补充收入援助付款计划等，其实施的条件是：农户种植的作物收入低于最近 5 年平均水平的 89%，年收入超过 75 万美元的农场不允许申请。补贴标准不超过近 5 年平均水平的 10%，最高限额为 5 万美元。覆盖的产品范围与原有的直接支付基本一致，但受巴西起诉美国棉花补贴案的影响，棉花没有被纳入其中（蔡海龙等，2013）。

（5）作物和收入保险（crop and revenue insurance）。作物保险始于 1938 年的《联邦农作物保险法》，这也是美国历史上第一部保险法。美国农业部据此设立了联邦农作物保险公司来经营农业保险业务，保险范围包括旱涝、作物病虫害等自然灾害。保险产量依据农民个人种植作物的历史产量或地区产量来确定，最高可获 100% 的赔付额。1980 年，美国颁布新的《联邦农作物保险法》，开始全面推广农作物保险计划，联邦政府提供的补贴约占纯保费的 30%。1994 年，美国国会颁布了《农作物保险改革法》，该法通过 4 大险种，把所有农作物生产者都纳入了农作物保险范围，保险作物从 1980 年的 30 种扩大到 47 种。

收入保险最初出现于 1996 年联邦农作物保险计划，目前是全球最普遍的农业保险险种。美国各州开展的收入保险项目繁多，大致可以分为面向单个农户单一农作物的农作物收入保险（actual revenue history）、专门针对农场提供的综合性的农场收入保险（adjusted gross revenue）以及用于防范大范围内农民遭受收入损失的地区收入保险（group risk income protection）三类（付磊，2011）。

2. 大豆贸易政策支持

（1）出口支持政策（export policy）。美国大豆出口支持政策主要涉及出口信用保证项目（export credit guarantee program）、外国市场发展项目（foreign market development program）和市场进入项目（market access program）。

出口信用保证项目（包括 GSM-102 和 GSM-103）始于 1982 年，是美国最大的农业出口促进项目，由美国农业部外国农业局（GSM）办公室管理的，向国外买方提供最高 98% 的政府贷款担保。1996 年农场法案授权美国农业部可以每年提供 550 亿美元的这种贷款，但近几年实际每年平均只使用了 350 亿美元。这一政策的效果是扩大美国大豆及其他产品的出口销售。

外国市场发展项目(FMD)和市场进入项目(MAP)是由商品信贷公司(CCC)管理，其职能是开发、开拓和保持美国农产品的海外市场。一般每年用于这些项目的经费达到 3200 万美元，对美国大豆协会的国外市场开发给予了很大帮助。在 2002—2007 年的农场法案形成期间，美国大豆协会和其他市场发展合作者认为众议院农业委员会中开列的 10 年追加 9 亿美元发展市场的草案能够有效地用于资助外国市场发展项目(FMD)和市场进入项目(MAP)。美国大豆协会建议 10 年中逐步将 7.5 亿美元用于市场进入项目(MAP)，1.5 亿美元用于外国市场发展项目(FMD)。从中可以反映出美国政府的出口支持政策对大豆产业发展的重要作用(何秀荣等，2002)。

(2)国际贸易谈判支持。贸易谈判是美国扩大其大豆出口量，从而发展其大豆产业的重要途径之一。一个典型的例子就是通过北美自由贸易协定(north american free trade agreement, NAFTA)把墨西哥纳入美国大豆市场版图。1994 年之前，墨西哥对美国大豆征收 15%的季节性关税，1994 年1 月 1 日 NAFTA 正式实施后，墨西哥将大豆进口关税降至 10%，同时将征税的季节从每年的 8 月 1 日至次年的 1 月 31 日缩短为每年的 10 月 1 日至 12 月 31 日。并在 2003 年 1 月 1 日前逐步取消对美国大豆的进口关税。根据美国农业部经济研究局 2002 年 7 月的一份研究报告(WRS-02-1)显示，NAFTA 实施之后，美国对墨西哥的油料作物出口从 1993 年的 200 万吨增加至 2000 年的 370 万吨，增长 89%，在此期间，大豆出口贸易值增长了 62%，达到 7.66 亿美元。而美国对墨西哥出口的油料作物中，大豆约占 95%，几乎所有的油料作物贸易增长额都来自于大豆。

另一个典型的例子是韩美自由贸易协定(Korea-U. S. free trade agreement, KORUS FTA)。2007 年 6 月 30 日，韩国和美国正式签署自由贸易协定，经过磋商，韩美自由贸易协定于 2012 年 3 月 15 日正式生效。根据协议规定，韩国将取消大约 2/3 的美国农产品进口关税。在大豆进口方面，韩国将对食用非转基因大豆(identity preserved soybeans for food use)实施零关税配额制度(zero tariff-rate quota, TRQ)，即在协定实施后的第一年里零关税配额为 10000 吨，第二年增加到 20000 吨，第三年为 25000 吨，从第四年起食用非转基因大豆进口的零关税配额每年增加 3%。同时，韩国将对压榨用大豆进口取消 1%的自主关税(autonomous tariff)。为了满足进口需求，每年韩国都会颁布一定数量的低关税自主配额(autonomous quota)，2010 年韩国对压榨用大豆进口的自主配额税率为 1%，低于韩国实施的 5%的 WTO 配额税率。此外，韩国可对进口大豆征收 WTO 约束关税(bound tariff)，税率为 487%。根据美国农业部的数据显示，从 2005 年起，美国大豆占韩国市场份额增加到 60%左右，成为韩国最主要的大豆贸易国。从 2008 年到 2010 年，美国平均每年向韩国出口 54.8 万吨大豆，价值 2.81 亿美元，这大大提高了美国大豆在韩国市场的竞争力。

3. 大豆科研支持

美国农业科研经费的投入途径大体可以分为政府科研经费直接投放、政府科研经费配套投放、生产者组织自有经费投放、企业研究资金投入几类。

据美国农业部的当前研究信息系统(current research information system, CRIS)报告显示，2011 财政年度，美国的大豆研究项目为 532 项，仅次于小麦(700 项)和玉米(575 项目)，位居第三位。美国全国用于大豆研究的科研经费超过 1 亿美元，同样低于玉米(1.02728 亿美元)和小麦(1.10229 亿美元)，位列第三位。

美国作物科研经费主要来源于美国农业部、联邦政府其他部门、各州政府以及其他一些非政府机构，其中最重要的是美国农业部。在美国的作物研究中，小麦、玉米、大豆和棉花这四种作物的科研经费要远远多于其他作物。但四种作物科研经费来源结构上存在一定的差异，与其他三种大田作物(小麦、玉米和棉花)相比，大豆科研中非联邦政府项目比例相对较大；而玉米、棉花科研获得的政府支持项目，尤其是来源于美国农业部的项目较多。

政府直接投放的科研经费主要用于两个方面：一是基础性或应用基础性科研，比如基因研究、病理研究等等；二是经济研究，特别是市场研究。政府直接投放的大豆研究经费在技术研究方面侧重于：改善大豆构成，包括试验措施的分析测试;扩展大豆基因(genomics);增加生物产品和生物能源,特别是生物柴油和大豆产品的研究;种质(germplasm)研究,包括大豆病例种质(soybean pathogen germplasm)收集;多种作物的共同病理,比如核盘霉(Sclerotinia)。

另一重要的美国政府农业科研政策是科研促进政策,即政府鼓励生产者组织自己筹资来进行科研和推广,以便与政府共同分担研究和推广经费。为此,政府有专门的预算以专项经费的形式(assessment-funded research and promotion programs)来对政府科研经费投入进行配套,这类科研经费也被称为政府配套的科研经费,这些活动被称之为农业促进(agricultural promotions)。这一科研政策极其有利于像大豆产业这种有销售抽费制度①的生产组织。根据美国大豆理事会(United Soybean Board,USB)2011 财政年度报告显示,2011 财政年度美国大豆净销售抽费评估额度(net checkoff assessments)为 87758353 美元,其中 16.8%的资金用于大豆方面的生产研究,支出金额仅次于用于拓展国内市场(18.4%)和国际市场(18.7%)的支出。

政府配套的科研经费主要用于三个方面:一是基础性或应用基础性研究;二是经济研究;三是应用性研究,比如生产研究。1990 年的农场方案将大豆列在农业促进的名单上,从而使大豆科研能够大规模地享受政府配套的科研经费。由于大豆生产者组织通过商品销售抽费制度有强大的自筹资金的能力,所以能对大豆科研投入大笔经费,因此,其吸收配套科研经费的能力就强。外部配套科研经费投入主要来自联邦政府或州政府的科研经费。

经济与市场研究是美国科研政策的重要组成部分。美国农业在全世界是最具竞争力的,这不仅源于其技术角度和实际设施的优势,也与其强大的经济和市场研究密切相关。美国一直认为,只有将科技优势和经济研究结合在一起,才能将科技优势转变成现实的国际竞争优势。开发国内和国际

① 美国有几种商品是实行销售抽费(checkoff)制度的,即从每年的产品销售额中抽取一定比例的费用来用于整个产业的发展,这是一种生产者组织自筹经费的方式。大豆就是实行销售抽费制度的商品之一。这种经费每年数量是不一样的,取决于销售额的状况,经费由美国大豆理事会(USB)管理,主要用于市场开拓和科研。

市场是美国农业发展的根本动力。美国农产品平均 1/3 被用于出口，小麦、玉米和大豆的出口量较大。因此，美国十分重视经济研究，特别是市场研究，研究经费投入也很大。从美国农业部的当前研究信息系统（CRIS）报告的数据中也可以证实这点，2011 财政年度美国经济方面的科研项目有 302 项，科研经费达到 3257.8 万美元。

8.3.2　巴西大豆产业政策研究

巴西大豆产业发展始于 20 世纪 60 年代后期，在大豆产业发展初期，巴西就对大豆产业赋予了六个经济目标，即节约外汇、增加外汇收入、改善国民饮食、刺激产业发展、抑制食品价格上升、拓展地区就业机会。大豆生产及其加工产业的发展，使得上述目标基本都达到了。1974 年巴西取代中国成为世界第二号大豆生产国，如今，巴西在国际大豆市场上的份额已超过美国，是世界最大的大豆出口国。巴西大豆产业相关的政府政策主要有以下几类。

1. 直接支持政策

（1）国家农村信贷体系（national system of rural credit）。公共农业信贷是巴西历届政府对农业的主要支持政策。最初的贷款项目始于 1937 年的巴西银行。1943 年后，贷款政策与农产品最低价格政策捆绑在一起执行（Santana，1984）。1965 年巴西形成了延传至今的国家农村信贷体系，其目标为：加速新技术采用；促进资本形成；改善中小农场的经济地位；增加出口农产品产量和增加外汇收入。其支持形式主要是生产贷款、投资贷款和营销贷款，但在实际发放中以生产贷款为主。1970—1990 年，以生产贷款形式发放的信贷占政府农业信贷的 60%。根据巴西法律，补贴性信贷只能给予地主，而生产和营销信贷有利于中西部的大农场主，由于中西部的大农场主主要是大豆生产者，因此，政府农业信贷对形成中西部大豆新产区发挥了重要作用。

1970—1978 年，农业贷款量是按农产品收入的比例来发放，大豆生产者可以借到作物预测价值（= 大豆的官方最低价格 × 预期产量）的 60%，1978 年，将这一比例降低为 48%。这一时期，由于巴西的私人贷款部门不发达，所以全国农业生产者总贷款中约85%来自官方贷款系统。1970—1990年，巴西政府给予大豆生产者的官方贷款近280亿美元，甚至1975年官方发放的农业信贷超过了农业生产总值(WRS-01-3，USDA)。1979年巴西政府开始改革农业贷款方式以减少农业贷款量，引入平均生产成本作为生产者可以获得生产贷款数量的计算方法。依照新的贷款政策，生产者可以获得最高达平均生产成本80%的贷款量。用生产成本的比例替代产品收入的比例来发贷款量后，实际贷款量大大下降。80年代后期在国际捐赠团体的压力下，信贷项目被进一步大豆削减了。特别是90年代以后，政府的公共信贷项目削减幅度较大。1995—1998年来自公共和私人部门的合计农业信贷平均每年只有76亿美元。而在1970—1990年间，光是公共信贷每年就有83亿美元。而且，到90年代后期公共信贷大多数是给小农的。大农场主不得不转向私人金融机构贷款。政府减少公共信贷后，信贷也不得不转向私人信贷，但私人农业信贷的规模是比较有限的。2002年/2003年作物年度巴西政府对于农业信贷的预算大幅度提高。2011年/2012年度巴西政府公布的"农业与畜牧业计划"(Agricultural and Livestock Plan)中共投入734亿美元用于生产、市场、投资和可持续农业方面的信贷，信贷金额是2007/2008年计划的近两倍(表8-7)。

表8-7　2007/2008—2011/2012年度巴西农业信贷计划

单位：百万美元

项目	2007/2008	2008/2009	2009/2010	2010/2011	2011/2012
农村商业信贷	30692	38884	51699	60741	63811
生产和市场信贷	18692	28205	30130	37852	39765
投资信贷	5513	5756	8061	12568	13203
市场利率借贷	6487	4923	6671	10321	10843
家庭农业	6154	6667	8339	9099	9559
合计	36846	45551	60037	69840	73369

资料来源：Econcmic Research Service (ERS)，USDA，2013。

政府贷款利率得到大量的隐性补贴。利率通常是一个固定的、名义上较低的利率。由于巴西经常处于高通货膨胀中(最高时超过1000%)，导致贷款利率低于国内通货膨胀率。所以实际利率是负的。1970—1990年实际

的平均利率是 - 12.5%。这期间由于利率原因，对大豆生产者的隐性补贴估计为每年平均近 2 亿美元，最高峰是 70 年代后期和 80 年代前期。但高通货膨胀一方面虽然使得农场还贷压力减弱，但另一方面也使得农场很难获得贷款。自巴西开始市场化改革后，通货膨胀率大大降低，这样就使得巴西的农业信贷变得很昂贵并且也仍然很有限。90 年代后期利率曾达到25%～30%，2000 年的平均利率将近 18%。较高的实际利率增加了借贷成本，从而增加了生产成本。

由于大豆在巴西农业中占有重要地位，而且与其他作物相比，大豆具有较好的经济性，所以巴西的国家农业信贷体系是有利大豆产业的。尽管巴西农业资金短缺，但由于国家公共资金是补贴性贷款，大豆产业享受了较多的贷款补贴，特别是高通货膨胀条件下的贷款利率是负的，所以大豆产业实际得到的经济利益要远远大于名义上的贷款补贴量。近年来，巴西大豆产业的快速发展也得益于政府对农业信贷预算的大幅度提高(何秀荣等，2002)。

(2)价格支持政策(price support policy)。巴西政府通过各种价格支持政策对一些指定的农产品进行扶持，大豆就是其重点扶持的农产品之一。根据世界经济合作与发展组织(OECD)的一项报告①显示，农产品国际价格的下降将会导致对其市场价格支持力度的增加，在 2005/2006 年度巴西受到价格支持政策保护的作物数量成倍增长，大豆也被列在价格保护的范围之内。巴西对大豆的价格支持政策主要有最低保证价政策(policy of guaranteed minimum prices, PGPM)、生产者均等补贴(equalizing premium paid to producer, PEPRO)以及私人销售期权合同和农产品采购风险补贴(private sale option contracts and private option risk premium, PROP)。

PGPM 始于 1943 年，覆盖 40 多种农产品，对大豆的支持一直实行到 1995 年 2 月。政府在每年的农作物耕种期前 3 个月公布基本作物(包括大豆)的支持价格。这种全国统一的生产价格支持政策对巴西中西部的大豆生产者具有保护作用，刺激了中西部大豆生产的发展。但对于传统南部产

① OECD (2007), Agricultural Policies in Non-OECD Countries. Monitoring and Evaluation 2007, Chapter 2, Brazil.

区的大豆生产者来说，由于交通便利，这一政策实际上并没有起到什么作用（何秀荣等，2002）。2007 年 11 月 22 日颁布的 6266 号政令中对 2007/2008 年度的含大豆在内的 13 种农产品制定了最低保证价格。2007 年最低保证价政策共支付 21 亿巴西雷亚尔（注：2007 年 1 美元约合 1.8 雷亚尔）。最低保证价主要通过以下两种方式实施：一是联邦政府采购计划（AGF），二是联保政府贷款计划（EGF）。联邦政府采购计划允许农户或合作社以最低保证价格将他们的农产品出售给巴西国家商品供应公司（CONAB），当巴西政府认定具体的农产品或生产地区需要价格支持的时候，就会及时实施联邦政府采购计划，最高可覆盖所有农户的农产品。

PEPRO 计划是指向公开拍卖出售农产品的农民或合作社提供补贴，其确定的参考价值与溢价价值（即政府支付的作为参考价值保证的最高价值）之间的差额由政府支付。2007 年，有 537.1 吨大豆获得了巴西政府 PEPRO 计划的补贴，获得 PEPRO 计划补贴最多的是玉米，共计 375 万吨。

PROP 计划是在 2004 年 12 月 31 日公布的 11.076 号法律下制定的，它是一种期权拍卖补贴计划。当到期实际市场价格高于期权价格时，由农民自己出售；反之，政府将市场价格与期权价格之间的差额直接补给农民，但产品仍由农民自己销售。这不仅在一定程度上稳定和增加了农民收入，同时也减少政府以保证价格收购农产品的储备成本[①]。2006 年共有 81091 份合同出售（每份合同大概涉及 27 吨农产品），总价值 3.29 亿巴西雷亚尔，获得补贴总计 1.734 亿巴西雷亚尔。2007 年，共有 1600 万吨、价值 1.385 亿巴西雷亚尔的大豆通过 PROP 计划投向市场，补贴金额总计 94.774 万巴西雷亚尔。

2. 间接支持政策

（1）农业保险。农业保险不仅在稳定巴西农业收入和就业方面起到重要作用，同时也为生产者提供了强有力的保障。巴西农业保险发展历史悠久，早在 1938 年政府就开始实施雹灾保险计划，1954 年政府启动多重风险

---

① 唐仁健，祝卫东，陈良彪．国外农业补贴的现状与经验，http：//old.agri.ac.cn/AgriSciFare/GW/QT/200407/17086.html.

农作物保险，1973年政府出台农业生产保障计划，覆盖所有的地区和农作物，90年代初，部分保险由商业保险公司提供，如2000年的大豆、棉花、小麦等大面积农作物保险[①]。从2005年至2011年，巴西农业保险金拨款计划累计提供资金9.631亿雷亚尔。2011年，通过此项目，40100农业生产者参保，共获保单57885份，73亿雷亚尔资金得到保证，保险覆盖面达560万公顷。巴西2012年度对农业保险的补贴总额已达到3.29亿雷亚尔，比2011年增加30%。根据巴西农业保险三年计划，2013年，巴西农业部将提供4亿雷亚尔补贴金，2014年将为4.59亿雷亚尔，2015年5.05亿雷亚尔。巴西农业保险的主要支持政策有农业保险保费补贴计划和农业保险稳定基金。

农业保险保费补贴计划于2003年12月19日经巴西国会法律通过，2004年6月29日政府颁布政令实，2005年11月中旬开始运作，主要保障七种农业品种。2006年，保费补贴范围扩大所有的农作物、牲畜、水产和林木。同时，政府还通过采取扩大信贷额度、农业保险保费融资以及开放再保险市场等一系列与之相配套的政策措施来保证该计划的实施(陈晓峰，2009)。

农业保险稳定基金于1954年建立，由政府委托国家再保险公司管理，基金主要来自于国家财政预算和农业保险公司。若农业保险基金出现亏空，由国家财政给予补贴。2008年5月，巴西政府向国会提交了一项"农业保险保费补贴计划"的补充法案，拟建立"巨灾保障基金"支持保险公司或再保险公司应对巨灾风险，从而推动农业保险在气候多变地区的供给。根据法案，销售农业贷款相关保险业务的保险公司必须参加"巨灾保障基金"，该基金提供100%和250%损失率的赔偿保障(陈晓峰，2009)。

(2)税收政策。90年代中期以前，政府以税收的形式干预农业生产，如巴西对所有流通产品(包括大豆及其产品)征收一种"增值税"(ICMS)，实际上是对生产者征收的一种销售税，税率幅度为5%～13%。增值税政策增加了农产品流动的成本，最终降低了生产者价格，抑制了农民的生产积极性，因此巴西的税收政策总体上是不利于大豆产业发展的。1994年以来，政府对大豆产业的直接和间接干预大大减少，但仍保留"增值税"，由于"增值税"

① 陈晓峰，巴西农业保险发展经验及其对中国的启示．中国保险报，2009-12-23。

已成为州政府的主要收入来源，尽管巴西中央政府一直想取消，但已无法将它取消。为了减轻该税收政策的扭曲效应，1996 年 9 月生效的国家第 87 号法律规定，出口的未加工产品和“半加工”产品可以豁免“增值税”。这一新政策调动了大豆生产者的积极性，刺激了大豆出口，提高了巴西大豆的国际竞争力(何秀荣等，2002)。

(3)贸易政策。20 世纪 90 年代以前，巴西政府一直推行进口替代政策，其进口壁垒十分严格，因此，巴西的农业生产也就一直受到现代投入物的制约(何秀荣等，2002)。20 世纪 90 年代开始的经济改革大大降低了农用生产资料(肥料、农药、农机等)进口壁垒，有些进口壁垒被消除了，这十分有利于大豆生产发展。贸易政策改革和汇率政策改革叠加在一起，使巴西现代农业投入物不足的状况得到了迅速改观。一个非常明显的例子是磷肥和钾肥对巴西单产的作用。磷钾肥对巴西 Cerrado 的大豆生产十分重要，进口壁垒消除或减少之前，肥料一直是巴西农业投入不足的限制因素。90 年代以前，巴西的大豆单产处于明显的波动状态;90 年代期间，大豆单产处于相当稳定的增长状态，这与放宽肥料进口的贸易政策有很大关系。

(4)汇率政策。20 世纪 90 年代以前，与国内的进口替代政策相适应，巴西政府控制汇率，高估本国币值对农业产生了不利影响，一方面币值过高降低了巴西的农产品竞争力;另一方面政府通过控制汇率来间接向出口农产品征税。特别是这种汇率高估政策与进口限制政策同时使用时，并不能扩大农业生产资料的进口(何秀荣等，2002)。因此，90 年代的经济改革内容之一是降低其币值，并与美元采取固定汇率，汇率贬值提高了巴西农产品的出口竞争力。

3. 大豆科研政策

巴西农业科研体系起源于 19 世纪的帝制时代，当时开始建立了一些研究机构。1943 年与地区研究机构联合建立一些农业大学。后来在农业部内设立了农业试验和研究局(DPEA)来负责与农业研究相关的事物。同时，各个农业大学独立于农业部。1969 年农业试验和研究局改组为研究和试验办公室(EPE)，1971 年更名为国家农业研究局(DNPPEA)。1972 年，创建了巴西农业研究公司(EMBRAPA)，取消国家农业研究局，1972 年巴西农业研究公司(EMBRAPA)在隆德里纳(Londrina)建立了国家大豆研究中心。

科研机构和高校由于有公共资金支持，是巴西主要的农业科研力量的集中地。其中最为重要的是国立巴西农业研究公司，该机构主要进行农业和畜牧业研究，并积极和私人研究机构合作。对巴西南部温带和中西部热点农作物和畜牧的发展起到了关键性的作用。其次是大量的州立研究机构和高校。不断增多的私人企业和许多跨国公司也开展农业研究，此外，还有一些非营利性机构也进行农业研究。大豆作物巴西最重要的农作物，因此在科研中得到了很大的支持和获益。借助于这些科研机构和高校，主要是国立的巴西农业研究公司和国家大豆研究中心，巴西完成了许多大豆研究，包括许多大豆新品种。巴西农业科研政策的主要特点是：公共资金资助农业研究和发展；积极与国外和私人研究机构合作；农业科研重点决策上充分利用国际力量；围绕关键性问题开展研究。

4. 生物柴油政策

巴西是世界上最早推行生物燃料政策国家之一，生物柴油也是巴西应用最广泛的一种生物燃料，其主要原料之一就是大豆①。自 20 世纪 80 年代以来，巴西曾先后四次启动“生物柴油计划”。第一次是 20 世纪 80 年代，当时由于生产成本过高，没有扩大生产规模；第二次是 2003 年 7 月 2 日巴西政府通过颁布法令重新发起“生物柴油计划”②，并于 2004 年 12 月正式启动；第三次是在 2005 年 1 月，巴西开始推行“国家生物柴油生产与应用计划”，规定到 2008 年，必须在燃料中添加 2%的生物柴油，到 2013 年，这一比例提高到 5%（夏芸等，2007）。该计划还规定 2005 年 8 月在巴西中西部和南部，使用大豆和向日葵生产柴油③。根据巴西农村发展部 2006 年的一份报告显示，大豆是生产生物柴油的最主要的原材料，59%的生物柴油源自大豆原料的加工④。

---

① 除大豆外，生物柴油的原料还有蓖麻、棕榈油、棉籽、向日葵和玉米等。

② 中华人民共和国驻巴西联邦共和国大使馆经济商务参赞处．巴西政府重新启动“生物柴油计划”[EB/OL]. 2003-07-30. http://br. mofcom. gov. cn/aarticle/jmxw/200307/20030700113364. html.

③ de Almelda A O, Raposo A. Biodiesel in Brazil: Overview 2005 [R/OL]. http://www. otiglobalwatchonoline. com/online-pdfs/36488x

④ 转引自：Catherine Aliana Gucciardi Garcez, Joao Nildo de Souza Vianna. Brazilian Biodiesel Policy: Social and environmental considerations of sustainability [J]. Energy, 2009(34):645-654.

巴西的生物柴油政策虽然取得一定的生态效益和社会效益，但也影响到了巴西大豆的出口。近年来国际大豆市场价格上涨，使得利用大豆生产生物柴油的成本也在上升，为此巴西政府开始号召多用蓖麻少用大豆生产生物柴油，并指出用生产粮食的土地种植生产生物柴油的油料作物也是不可取的。

5. 大豆转基因政策

1995年，巴西政府颁布了第一部涉及转基因生物的法规，即将与转基因生物认证、实验和监管的各个相关部门、机构进行整合，成立了巴西国家生物安全技术委员会(Brazilian National Technical Commission for Biosafety，CTNBio)，同时规定国家生物安全技术委员会(CTNBio)的职能是在有关生物安全及转基因问题(从实验室的种子到转基因产品的商业化)等国家政策方面向政府部门提供技术支持、咨询和建议(Silva，2003)。

1998年，国家生物安全技术委员会对孟山都的抗草甘膦转基因大豆(Roundup Ready soybean)的商业化实施了五年期的“监控计划”。但考虑到大豆种植农户的利益，2003年3月26日巴西政府颁发了“113号临时措施”正式认可转基因大豆种植的事实，并同意对2002/2003年度收获的转基因大豆在2004年1月31日之前可以上市，进行合法交易。“113号临时措施”后获得国会批准，并于2003年7月正式写入“10688号法律”。从2003年正式认可转基因大豆种植至今，巴西政府逐步建立了以国家生物安全技术委员会(CTNBio)为核心部门，以政府部门与私营部门合作为主要形式，以研究实验、改善基础设施、监管与转基因标签制度以及提高转基因产品的公众认识等政策措施为主要内容的转基因政策体系框架。

巴西政府在发展转基因大豆产业的同时，也关注了资源环境的保护。转基因大豆种植面积的不断扩大虽然增加了产量，但也威胁到了巴西2500万英亩的亚马孙雨林(Flashkerud，2003)。为了保护亚马孙热带雨林，巴西政府鼓励豆农在荒地或塞拉多(Cerrado)的稀树草原地区进行生产活动。巴西中央政府、国家商品供应公司(CONAB)、联邦政府贷款计划，以及世界银行和美洲开发银行都会为这样的豆农提供贷款、投资信贷或价格支持政策。据统计，仅马托格罗索州就有1200万公顷的荒地可以用来种植大豆(Astor，

2003)。此外,为了消除森林种植大豆的势头,巴西政府与世界银行进行了长期合作,截至2005年,世界银行已经在巴西实施了53个项目,共计50亿美元,涉及了教育、农业、水资源环境卫生、交通运输等方面。

8.3.3 阿根廷大豆产业政策

阿根廷农业在历史上就很少得到政府的直接支持①,至今阿根廷的大豆产业几乎没有任何直接的政府补贴,因此,阿根廷的大豆产业发展得益于90年代以来的市场化改革所创造的宽松的外部环境(何秀荣等,2002)。2000年以来,阿根廷政府的农业政策重点是确保国内供应,刺激国内食品加工以及过剩供应出口,其中对大豆等油料作物出口制定了较高的出口税率,大豆出口税收也成为阿根廷政府财政的主要来源渠道之一。阿根廷政府希望出口粮油加工成品,如面粉、豆粕、豆油、玉米粕和玉米油等,而不是小麦、大豆、玉米等粮油作物。因此,在这样的政策目标下,阿根廷政府推行了一系列的改革,突出体现在金融政策、口岸政策、运输政策、科研投入及生物技术等方面。

1. 金融政策

1990年起阿根廷开始实施经济自由化改革,大豆减少了经济管制,改善了农业的外部政治和经济环境,也直接减轻了农业负担,大大促进了农业生产和出口。1989年,为了应对严重的通货膨胀,阿根廷政府出台并经国会通过了"可兑换法案(the Convertibility Plan)",该法案于1991年4月生效,规定比索和美元兑换比率为1∶1,一方面制止恶性通货膨胀;另一方面稳定了汇率,有助于提高农产品的出口竞争力(何秀荣等,2002)。

1998年下半年起,阿根廷处于经济持续衰退之中,人们普遍担心比索与美元1∶1的比价难以为继。2001年,阿根廷多次出现大规模挤提存款和兑换美元的金融风潮,同年第4季度阿根廷陷入了经济危机。为了复苏经济,2002年1月,阿根廷国会通过了公共紧急法案和汇率体制法案。2002年2

---

① 阿根廷对烟草有烟草特别基金,其经费来自香烟消费税(excise tax on cigarettes)。1997年估计有1.8亿美元的烟草经费根据各省的烟草产值进行分配(ERS/USDA:Argentina-Policy)。

月3日,政府宣布取消1比索等于1美元的单一汇率,代之以双重汇率。此时,官方汇率1美元为1.40比索,而市场浮动汇率已经达到1美元等于2比索,这也使得阿根廷的农产品出口迎来一段快速增长期。比索贬值也在一定程度上提高了阿根廷大豆的国际竞争力。

2. 口岸政策

20世纪90年代,阿根廷政府采取的两项口岸政策改革大大推动了大豆产业的发展。一是取消或降低出口税和各种检查费用,从而降低了农产品出口成本。1994年,阿根廷将大豆的出口关税占离岸价格的比例调至3.5%,较1989年低了26.5%～37.5%。出口成本的降低不仅提升了阿根廷农产品的国际竞争力,生产者和贸易商更是从中直接获益。二是取消或降低农业生产资料进口关税和进口限额,这大大促进了使现代农业生产资料(主要是肥料、农药和机器等)的进口,从而提高了大豆的土地生产率和劳动生产率,从贸易进口角度直接降低了大豆生产成本(何秀荣等,2002)。

然而2001年以后,为应对金融危机、促进国内就业和生产,阿根廷政府开始实施进口替代战略,重点推进粮油加工成品(如面粉、豆粕、豆油、玉米粕和玉米油等)的出口,而对小麦、大豆、玉米等粮油作物征收高额出口税,同时加大对进口商品的限制。这些措施对阿根廷大豆产业的发展产生了不利影响。

2002年,阿根廷政府将大豆出口税率上调至23.5%,豆油和豆粕分别上调至19.3%和20.0%。2007年1月,大豆出口税率提升至27.5%,11月升至35.0%。2008年3月,阿根廷财政部宣布修改出口农产品的关税制度。新公布的两项决定建立了一项农产品出口浮动税率制度,而不是按照固定税率对各种农产品征税。这项新制度主要是将关税税率与农产品的国际市场价格挂钩。涉及的农产品主要包括大豆、向日葵、小麦和玉米。根据2008年2月这些产品的国际市场价格,出口大豆的关税税率从以前的固定税率35%提升为44.1%。此举引起阿根廷大豆生产者的强烈抗议,7月19日阿根廷政府不得不废除出口浮动税,将主要农产品的关税税率恢复到3月10日前的水平,大豆出口税率由此被调整至35.0%。

美国农业部对外农业服务中心(FAS)最近的一项研究报告表明,农产品出口税已经成为阿根廷政府财政收入的主要来源之一，因为大豆在农产品出口中所占比例最高，所以事实上大豆出口税也就成为阿根廷政府的重要财政来源。据统计 FAS 统计，2010—2012 年期间，阿根廷政府获得的大豆出口税额为 65 亿美元，占阿根廷政府财政收入（约 1280 亿美元）的 5% 。

3. 运输政策

阿根廷得天独厚的自然条件对大豆生产是非常有利的，这大大降低了大豆生产成本，美国农业部的研究表明：阿根廷大豆的单位生产成本只相当于美国的 77%，然而这种大豆生产的优势被落后的运输系统抵销。所以，为了促进大豆产业发展，阿根廷通过改革实现运输设施私有化，并不断改善运输条件，如疏通河道，加深河床，拓展运输路线和扩大服务范围，改善铁路服务和港口设施等，由于单次运量提高，运输周期缩短，从而大大降低运输费用并提高运输效率，私有化后的铁路费用下降了 40%，1995 年包括出口税在内的港口费用比 1990 年下降了 50%～60%，粮食产区的平均运输成本降低了 20%～25%（何秀荣等，2004）。

4. 科研投入政策

现有研究确定的阿根廷公立农业科研机构有 74 家，2006 年共有 3940 名全职研究人员从事农业科研工作（Gert-Jan Stads, 2008）。其中国家农业技术研究院（INTA）是阿根廷最主要的农业科研机构。2006 年，该机构共有 1910 名全职研究人员，几乎占全国农业科研人数的一半。目前，国家农业技术研究中心由 15 个区域研究中心构成，全国共设有 47 个农业试验站和 260 个农业推广组织。此外，阿根廷的主要农业科研机构还包括：国家渔业发展研究中心（INIDEP）、国家科学技术研究委员会（CONICET），以及一些高等院校[①]。2006 年，阿根廷农业科研领域共投入 4.5 亿美元（按 2005 年的购买力平价），其中 60% 的科研经费被国家农业技术研究院（INTA），36% 被各高等院校使用。

---

① 目前阿根廷有 46 所大学在从事农业科研，2006 年共有农业科学家 1759 人。农业科研人数较多的高校主要是：布宜诺斯艾利斯大学、国立图库曼大学、国立拉普拉塔大学和国立里奥夸尔托大学。

阿根廷的公共农业研究主要由政府、捐赠者/多边发展银行、生产者组织以及私人部门的资助。20 世纪 80 年代，阿根廷政府每年都会将农业出口收益的 1.5%～3.0%拨给国家农业技术研究院（INTA）。但在 90 年代，当时的阿根廷政府废除了这项制度，INTA 的经费也直接由农业部长分配，这一时期政府提供的经费只够用于 INTA 科研人员的工资开销，真正研究项目所需经费只能寻求其他来源。2000 年后阿根廷经济危机期间，阿根廷的农业科研经费处于较低水平，但在 2003 年新一届政府执政后，阿根廷的农业科研经费大幅度增长。目前，阿根廷政府每年通过农业部按本国总进口额（包括农业进口和非农业进口）的 0.35%以及小份额的出口额计算经费并划拨给国家农业技术研究院（INTA）。

此外，除国家农业技术研究院（INTA）、大学等公立研究机构外，自由职业农艺师、私营公司和各类行业协会也阿根廷农业技术推广中起到关键作用（韩天富，2007）。阿根廷 84%的农民可以得到不同形式的技术服务（FAO，2004）。

5. 生物技术政策

在拉美地区，阿根廷是第一个大规模引进转基因作物的国家，也是世界上接受转基因作物最迅速和最彻底的国家，根据美国农业部（USDA）的统计显示，1996/1997 至 1998/1999 年度，阿根廷种植的转基因大豆面积从 0.8%猛增至 72.6%，2011/2012 年度阿根廷种植转基因大豆达到 1910 万公顷。在转基因作物快速发展的同时，阿根廷在复合性状转基因品种使用和商业化上的政策措施也在逐步建立。

阿根廷农业部于 2009 年建立了生物技术指导局，负责协调生物安全问题、政策分析和制定以及管理方案这 3 个技术领域的工作，并集中所有生物技术活动和信息。生物技术种子商业化的审批和管理体系如下：①对农业生态系统的影响由全国农业生物技术顾问委员会（CONABIA）负责评估；②食品的生物安全性由国家农业和食品健康与质量机构（SENASA）负责评估；③对出口市场的商业影响由国家农产品市场指导局（DNMA）负责；④栽培品种登记注册由国家种子协会（INASE）负责确定。

8.4　主产国大豆产业政策的借鉴与启示

任何产业的发展与政府的支持政策是密不可分的。三大主产国的大豆产业政策各有特点,美国的大豆产业发展更多的得益于政策的财政补贴,而巴西和阿根廷的大豆产业则是在政府直接或间接的宽松政策下得到了发展。“他山之石,可以攻玉”,美国、巴西和阿根廷这三个世界大豆生产和出口大国的大豆产业发展政策,为我国选择多种政策措施来促进大豆产业发展提供了借鉴和启示。

8.4.1　在 WTO 框架下完善和拓展大豆直接补贴政策

大豆补贴政策是大豆生产者利益的重要保障,也是世界大豆主产国(尤其是美国)提高本国大豆国际竞争力的主要政策措施,因此,美国的经验值得借鉴,可以考虑在以下几个方面完善我国的大豆补贴政策:一是要适当扩大补贴范围,借鉴美国对所有种植大豆的农民进行补贴的经验,将大豆补贴适当扩大到东北以外的大豆主产区;二是采取灵活多样的补贴方式,目前我国的大豆补贴属于收入补贴形式,且补贴标准固定,而美国对收入补贴也有对价格补贴,既考虑价格高位时的补贴又考虑价格低位时的补贴,2014 年拟以目标价格补贴形式替代临时收储政策,正是改变补贴方式的体现;三是补贴额度需要进一步提高。我国大豆补贴在额度上存在的一个突出问题是,按照种植面积,政府承担了巨额的补贴资金,但分散到农户手中却实在太少,比如大豆良种补贴,每亩补贴 10 元,对于一般的小规模生产农户来讲,这种补贴起不到实质性的作用。而美国除对大豆生产投入巨额补贴外,规定每种补贴每个农民的补贴上限,使补贴支出完全控制在预算范围内。

此外,作为 WTO 的成员国,我国应积极利用 WTO 规则来完善现有的大豆补贴政策。一是加大大豆良种补贴水平,良种补贴属于 WTO“黄箱”补贴范围,目前我国的“黄箱”补贴还不到农业生产总值的 2%,与加入 WTO 谈判确定的 8.5%的水平相差甚远,我国根本不用承担减让义务,实际上,我国还有很大的对农业增加补贴的空间。二是提高包括大豆在内的种粮直接补贴水平，目前粮食直补可以归为 WTO“绿箱”补贴范围。

8.4.2 发挥农村金融的作用，增加贷款项目补贴

大豆产业的发展离不开金融资本的支持，从豆农生产活动到大豆企业发展、再到大豆科技创新，所有的大豆产业环节都需要资金的支持。作为世界大豆主产国的美国和巴西，都在努力地加大农村金融的支持力度，同时通过补贴性贷款等方式不断地提高本国的农业信贷水平。国外成功的农村金融模式表明，政策性金融组织、商业性金融组织、合作性金融组织必须相互配合、相互补充才能很好地发挥农村金融体系的作用。如美国的农村金融体系中，商业性贷款是农业贷款的最主要来源，约占农业贷款的 64%，目前全美排名前 20 位的全国性大银行中有 15 家涉足农业信贷领域；由美国政府扶持与农场主合作相结合的支农信贷机构体系发放贷款约占 32%，主要由 4 家区域性农业信贷银行，通过设在农业州的 90 家农业信贷服务社向农民提供信贷和代理保险业务，贷款规模从 5 亿美元到 8 亿美元不等；政府直接贷款约占 4%，主要由美国农业部的农业服务局、州政府的融资局向最需要关注的弱势农场、新农场直接发放。

然而，目前我国的农村金融存在较高的系统性风险，如自然灾害风险、市场风险以及信用风险等，这直接影响了农村金融机构的贷款收益，限制了对农业产业化发展的资金供给。2013 年 7 月 19 日，中国人民银行宣布取消农村信用社贷款利率 2.3 倍的上限，这无疑将会提高金融机构对农业信贷投放的积极性，有助于提升我国农业信贷水平，从而促进我国农业产业化的发展。但我国农村金融系统性风险仍然存在，在加大对我国农业信贷投放力度的同时，分散和降低我国农村信贷系统性风险也应成为关注的重点。美国的经验表明：大力发展合作金融将有利于增强农户抵御各种自然风险和市场风险能力。同时形成合理规范的农村信贷体制，还需建立与之相适的多种配套制度，如健全的农村金融监管机制、完备的农业保险之地、发达的农村产权交易市场，等等。

8.4.3 健全农业保险制度，增加作物保险补贴

农业保险是处理农业风险的重要财务安排，农业保险是市场经济条件

下现代农业发展的三大支柱之一(冯文丽,2004)。作为WTO允许各国支持的一项“绿箱”政策,农业保险日益受到各国政府的重视。目前,大豆是我国财政部提供保费补贴的种植业险种的大宗农作物之一。因此,我们应完善现有的农业保险制度,使其成为促进我国大豆生产的重要手段。在美国和巴西的大豆产业发展过程中,农业保险都发挥了积极的作用,这也给我们提供了一些有益的启示。

首先,建立健全相关法律法规。从美国和巴西的农业保险补贴实践来看,相关法律法规对农业保险补贴的落实具有很强的规范和指导作用。而我国的农业保险立法工作相对迟缓,直至2013年3月1日《农业保险条例》才开始正式实施。在此之前,我国开展的农业保险工作主要是以财政部制定的《中央财政种植业保险保费补贴管理办法》和《中央财政养殖业保险保费补贴管理办法》这两个部门规章和与之相适应的各项地方性法规和条例等作为法律依据进行规范。

其次,加强资金监管,确保财政补贴拨付兑现。根据财政部2008年公布的《中央财政种植业保险保费补贴管理办法》,对于补贴险种,在补贴地区省级财政部门补贴25%的保费后,财政部再补贴35%的保费。另据财政部提交的财政预算报告显示:2008年中央财政安排60.5亿元健全农业保险保费补贴制度,比2007年增加近两倍。但从实际经营情况来看,2008年全国政策性农业保险政府财政补贴未到位资金为10.48亿元,约占当年保费的1/10[①]。所以有必要加强补贴金资的监管,确保其兑付到位。

第三,应建立适度的强制性农业保险机制。目前我国开展农业保险的基本原则是政府引导、市场运作、自主自愿、协同推进。其中有一点就是投保要“自主自愿”,但是完全实行自愿保险是不能吸收足够大量的农户来投保的,可能会造成低投保率和高补贴率的情况。而美国的经验则是,强制农民参加农作物保险,农民若不参加政府的农作物保险,就不能得到政府其他的福利,如农户贷款计划、农产品价格支持和保护计划的支持等[②],所以,我们可以在种植面积核实的基础上,征得农民同意,可与种粮直补挂钩,以减

① 任建国:关于进一步完善政策性农业保险制度的建议,中保网·中国保险报,2012-03-08。

② 中国赴美农业保险考察团.美国农业保险考察报告.中国农村经济,2002(1):68-77。

轻农业保险的运行成本。

除此之外，还应建立农业保险巨灾风险分散机制，设立农业风险管理机构，统筹全国农业保险发展（高伟，2007）。

8.4.4 加大大豆科研投入

与世界主产国相比，我国大豆科研整体水平较低。主要表现在三个方面：一是大豆基础研究相对薄弱。由于基础研究弱，原始创新能力较低，系统性研究缺乏以及各领域和部门间合作研究不足，导致一些关键科学问题把握不准确，在产业关键问题上难以实现大的突破。二是大豆科研经费投入过少。据不完全统计，1995—2009年，中国用于大豆研发的经费累计为3.09亿元[①]，而美国仅孟山都公司每年用于研究的经费就达10亿美元以上。三是大豆科研研究力量不足。目前全国从事大豆遗传、育种、品种资源以及生物技术等学科的研究的人员仅有400人左右，与以往多学科有配合的研究队伍相比，很明显，研究力量不足（周新安，2007）。

因此，要增加在大豆科研方面的投入，针对我国大豆生产中的关键技术问题进行重点攻关，提高大豆单产、含油率和含蛋白率。重点加大大豆育种和栽培方面的科研投入，育种方面，重点应采用杂交技术，加强大豆专用品种的研发；栽培方面，应用地膜覆盖技术和密植技术等，推成熟的配套栽培技术，提高大豆品质，从而缩小与国外大豆的差距（蓝昊等，2008）。此外，美国和巴西的科研经验启示我们：在大豆科研领域应积极开展与国外机构合作，充分利用国际科技资源，协同国内外农业科研力量进行大豆科研攻关。

8.4.5 适时推行生物技术政策

生物技术是应用最为迅速的作物技术，其核心就是转基因技术。自1996年转基因作物商业化种植以来，种植范围不断扩大，种植面积持续增加，2012年世界已有28个国家种植转基因作物，种植面积达1.703亿公顷，较1996年增长了100倍（Clive James, 2012），其中转基因大豆种植面积

① 彭卓，中国大豆研发体系现状研究．中国农业科学．2009(11)：3852-3862。

8086万公顷，占全球转基因作物面积的47.5%，占全球大豆种植面积的74.3%。世界三大主产国目前均以种植转基因大豆为主。美国1996年开始商业性采用转基因大豆，是头号转基因大豆种植国，根据美国农业部数据显示，2012年美国转基因大豆种植面积占全国大豆种植面积的93%。阿根廷自1996年首次批准转基因大豆产业化种植(周锦培等，2010)，转基因大豆获得了迅猛的发展，目前是世界上接受转基因作物最迅速和最彻底的国家，阿根廷转基因大豆占全国大豆种植总面积的近100%。巴西于2003年开始正式认可转基因大豆种植(朱行等，2014)，目前转基因大豆种植面积仅次于美国，2012年转基因大豆种植面积为2390万公顷，占全国大豆种植总面积的88.1%(刘定富等，2013)。

与其他大豆主产国相比，我国的非转基因大豆生产是以投入更多的化肥和农药维持现有的单产水平，而大豆单产水平低、经济效益差已成为制约我国大豆生产发展的瓶颈因素，大豆是典型的高投入低产出作物，转基因技术是解决这个问题的最好手段。尽管目前对转基因大豆尚存争议，但转基因大豆在两方面的事实优势是公认的。一是具有较好的抗逆性，特别是针对生产国不利生产条件的抗逆性；二是具有较高的经济效率。由于转基因大豆较好的抗逆性和简化田间管理等原因，使得转基因大豆的生产成本较传统的普通大豆的生产成本要低。根据韩天富(2008)的调研测算，在2006年全国大豆平均单产和2007年初价格水平下，种植抗除草剂转基因大豆可比种植非转基因大豆降低生产成本945元/公顷(主要为除草用工费)，降低幅度约为23.5%；增产322.1千克/公顷，增幅18.7%；增收805.25元/公顷，增幅16%[①]。

可见，转基因大豆是大豆育种和生产领域的重大技术突破，是提高单产和提高效益的重要途径。以传统的方法提高单产常常是一个漫长的过程，生物技术远比传统方法容易取得突破性的进展。因此，从各主产的国经验来看，转基因大豆的商业化种植需要政府的明确态度才能得以推广。

① 均与2006年的大豆生产成本、单产和产值进行比较。

8.5　本章小结

（1）从新中国成立以来我国大豆产业政策的发展演变来看，我国大豆产业政策实现了从间接到直接，从一般到具体的转变，对大豆产业发展起到了一定的支持作用。但由于我国大豆产业政策存在政策目标缺乏、覆盖范围小、政策力度不足、利益平衡性差、贸易措施缺位等问题，其作用非常有限。

（2）从与主产国大豆产业政策的比较来看，我国的大豆产业政策支持范围狭窄，支持力度较小。因此，在借鉴主产国的大豆产业政策经验的基础上，可以考虑拓展政策支持范围，如拓展直接补贴，增加贷款项目和作物保险补贴，适时推行生物技术政策等，同时加大补贴力度和大豆科研投入。

第九章　中国大豆产业经济中的几个重大问题探讨

谈及产业，很多人往往用产业链上的一个环节来替代，比如经常看到用大豆生产替代大豆产业，这样的讨论往往容易得到以偏概全的结论，从而导致不切实际的主张。一个产业环节的好坏不等于一个产业的好坏，在经济全球化的开放条件下更是如此。基于这种认识，通过第三至七章的分析可以得出这样的判断：我国大豆产业的整体发展态势是良好的，而不是不好。尽管 2010 年以后，在大豆生产环节上处于连续几年的明显滑坡，但消费、贸易、加工几个环节却是一片繁荣，国内普遍认为的我国大豆产业的“岌岌可危”，实际上只是大豆生产出现了滑坡。同时也可以看到，生产上有所滑坡并不等于整个大豆产业的衰退。

尽管如此，中国大豆产业常常被用来举证进口农产品挤垮国产农产品、外资企业控制国内产业的典型案例。东北大豆产区和大豆科技工作者一直在大声疾呼保护中国大豆产业，民粹主义者更是将进口大豆涌入和外资油脂公司进入视作帝国主义和跨国公司对中国的阴谋，政府对大豆产业发展也始终没有明确和有效的产业发展政策。这一切使得对中国大豆产业状况和发展出现了种种判断和主张，其中不乏冷静客观的，也不乏听似有理的，但更多的是一隅之说，甚至诡言浮说[①]。因此，本章将对我国大豆产业经济发展中的几个重大问题进行探讨，包括大豆产业安全问题、转基因大豆发展问题以及大豆产业竞争力问题等。

---

① 比如，引发全国媒体关注的黑龙江省大豆协会一位负责人发表转基因大豆与肿瘤高度相关的说法：“笔者不是肿瘤疾病、分子生物学研究业内人士，对饮食风俗也没有研究，但依据自身在粮食行业 20 年工作经历，却发现致癌原因可能与转基因大豆油消费有极大相关性”（http://finance.sina.com.cn）。但科学理论告诉我们，油脂不含转基因成分，转基因只存在于蛋白质中。换句话说，连豆油不含转基因成分这一科学常识还没有搞清楚，很多人就已经在发布因果关系判断了。

9.1 大豆产业安全问题

近10年来“产业安全”已成为国内频见的一个显词，同时也成为国内学界的热点研究领域之一。表面上看，讨论产业安全是为了保障国家经济安全乃至国家安全；深层次上说，讨论产业安全实际上也反映了人们对经济全球化和我国对外开放程度的看法及由此衍生的应对主张。在当前国内的产业安全讨论中，却存在着一些认识模糊甚至误区，认识方面的问题往往衍生出产业安全衡量方法方面的缺陷。这种产品和外资大规模进入的现象同样也出现在农业领域，由于农业的一些特殊性，使得农业领域的国外产品和产业外资进入受到了更为强烈的聚焦式关注。大豆产业安全性是农业产业安全的讨论热点。尽管如此，但似乎没有从理论上辨析清楚“什么是产业安全”。

9.1.1 产业安全讨论的现状

“产业安全”讨论和研究的热起是与我国对外开放程度的扩大和融入世界经济程度的加深息息相关的，随着我国对外开放程度的扩大和融入世界经济程度的加深，国外的一些产品和产业外资大规模地进入我国，甚至基本上吞噬了我国的一些同类产品和产业，比较典型的如感光胶片、美容护肤产品等，从而引起了国人对产业安全问题的关注。

20世纪90年代末期，由于外资，特别是FDI在我国的迅速增长，引起了学界对产业安全的关注，并形成基本共识的观点：外商直接投资和国际贸易是产业安全问题产生的原因和主要影响方式（王晓蓉，1996；童志军，1996），国家计委政策研究室在一份政策研究报告（1996）中也指出进口商品和外资企业的产品比重，外商购并国有企业和国内品牌，外商投资企业产值比重等外经济关系威胁国家的产业安全。此后，关于产业安全概念的界定也紧紧围绕外资控制程度及贸易所占份额展开。

经过十来年的研究与探讨，从抽象意义上说，学界对于产业安全的重要性已达成共识，即一国必须保障必要的产业安全。保障产业安全是为了使本国的社会经济发展不因主动权不在手而受到阻碍，尤其是不能因主动权不在手而在出现危机事件时陷入产业瘫痪，不能因主动权不在手而不得不受制于他人。

在“什么是产业安全”的具体阐释上，可谓众说纷纭。一些学者认为，“产业安全”是指产业控制力（王允贵，1997；张志宏，1997；于新东，2000）、产业竞争力（杨公仆，2000；夏兴园等）和产业发展力（李连成[①]，2001），等等。产业控制力的研究者强调一国资本对本国某一产业（或影响国际民生的重要经济部门）的控制能力；产业竞争力的支持者强调一国产业对外来不利因素的抵御和抗衡的能力，以确保各产业部门的均衡协调发展；产业发展力的支持者则认为控制力是对产业安全的静态描述，是表象特征，发展力是对产业安全的动态刻画，是产业安全的本质特征，更强调对于涉及国家安全的产业和战略性产业在国际意义比较下的发展力。

由于对“产业安全”认识和理解上的不同，导致出具体对产业安全程度衡量方法上的不同。不少研究者在衡量产业安全程度时采用以外资所占比重、进口依存度或综合采用竞争力、控制力、依存度等多个指标分配权重作为标准。如依外资经济在我国综合经济中的比重、外资增长速率和 FDI 在不同产业投入的比重对产业安全与否作出判断，认为外资经济在我国综合经济中的比重≤20%即在合理规模内（张志宏，1997）；设定农业产业处于不同安全状态的警限范围，认为农业产业进口对外依存度在 13%～18%之间即处于不安全状态（朱丽萌，2007），赵丽佳等（2008）依据这一标准对我国各种油料及植物油产业进行安全评估；以产业生存环境、国际竞争力、对外依存度和产业控制力等一级指标及相应的二级指标，采用个人判断法、专家会议法和德尔斐法等确定权重后，对产业安全进行评价，并将评价结果分为很安全、安全、基本安全、不安全、很不安全五个等级（朱钟棣等，2006），很多学者将这一衡量产业安全的方法应用到不同产业领域（如张丽淑等，2011；荆竹翠等，2012）。

还有些研究者认为评估产业安全应分层次进行，一些研究者从宏观的

---

① 认为控制力是对产业安全的静态描述，是表象特征，发展力是对产业安全的动态刻画，是产业安全的本质特征，据此从产业发展力的角度提出产业安全指一国拥有对于涉及国家安全的产业和战略性产业的控制力以这些产业在国际意义比较下的发展力。

国家安全(如赵世洪,1998;景玉琴,2004;李孟刚,2006)、中观的产业安全(如杨公朴等,2000;景玉琴,2004)和微观的企业或产品层面(杨公朴等,2000)讨论了产业安全。涉及农业产业(高庆鹏,2011)中的大豆(张光辉等,2008)、棉花(张淑荣等,2011)等、加工制造业的汽车(杨公仆,2000)、钢铁(荆竹翠等,2012)等以及商业中的物流(李孟刚,2007)和零售(张丽淑等,2011)等众多行业和产品的产业安全问题。

但在现有的很多讨论中,却很少有研究者依据“产业安全”内涵去讨论外延。

9.1.2 产业安全讨论的实质

尽管国内对“产业安全”讨论处于仁者见仁、智者见智的众说纷纭状态,但可以将“产业安全”的讨论实质上归结到两个关键的问题,一是如何看待国际竞争力以及国际竞争力不如外人时的应对方式;二是如何正确处理对外开放与社会经济安全的关系。

确切地说,如果我国的产品或产业具有很强的国际竞争力的话,也许没有多少人会去讨论产业安全,换句话说,没有多大的讨论必要。即使出现个把与经济安全性或国家安全性的事件,也只是个例,就像美国否决中国企业购买他们的港口事例。如果我国的产品或产业缺乏国际竞争力的话,产业安全问题就成了一个关注的话题。很多研究者的思路基本上是:①有没有危及我们的产品或产业安全?②国外产品或产业外资进入程度与安全程度如何衡量和挂钩?③如何限制国外产品或产业外资的进入?更有不少研究者甚至直接从问题②来推断问题①。由此导出的很多政策建议是控制国外产品或外资进入。深深地反映出对外开放与社会经济安全、世界经济一体化问题的认识。

如在产业发展政策,特别是产业保护政策导向上学者们往往提出严格控制外资股权或限制其投资领域;在跨国并购问题上出现民族情绪倾向、意识形态化倾向、空谈倾向等,除了造成思想混乱之外,也影响了企业的正常经营;少数利益集团以保护产业安全为名进行黑箱操作等(蒋姮,2008)。这不仅使得产业安全问题难以得到根本性的解决,也不利于创造产业发展的良好环境，是典型的借“产业安全”之名、保护落后的排外主义。

讨论国外产品和产业资本大规模进入而引起的“产业安全”的根本判别点应该是看它们是否阻碍本国的社会经济发展，是否在出现危机事件时陷入产业瘫痪以及连锁瘫痪，是否使一国的社会和经济不得不受制于他人。一些研究者是支持在战略产业和主导产业讨论国家产业安全问题（张志宏[①]，1997），如果是这样的话，我们在讨论产业安全时就应当以此为据来展开讨论，而不是以进口比例的多少来判断，有些学者对这种以比例阈值决定产业安全性的做法持反对观点（杨公朴等[②]，2000）。因此，评判产业安全的思路应当与风险损害分析联系起来才对，如果不存在重大损害风险的话，是否还有必要去强调产业安全性？

9.1.3 产业安全观点的辨析

应当说，在全球化进程中，从外资和贸易角度讨论产业安全是必要而有意义的。但基于产业控制力视角的认识没有抓住产业安全问题的本质（景玉琴，2004），外资和国际贸易对产业安全的影响是不言而喻的，但产业安全问题本质上是由于我们的经济增长方式粗放，产业技术落后，产品质量差、价格高造成的（国家计委政策研究室，1996），而非外资进入的必然结果。同时，片面强调本国资本对产业的控制，往往使学者们陷入“外资威胁论”的误区，实践中也往往以限制外资进入作为保护产业安全的政策措施，甚至引发了外资利用过程中强烈的民族主义倾向，这与我们改革开放的初衷和全球化是相悖的。

在产业安全的衡量标准上，这一认识的核心是将“所有制结构”或进口依存度作为衡量产业安全的标准。以外资在国民经济中的规模及投资速度来判断产业安全过于宏观，更多关注的是外资与国民经济发展的关系，与产

---

① 张志宏(1997)认为，考察国家产业安全，主要看关系国计民生的主导产业和战略产业中外资经济所占份额及其垄断程度，但张也保留了一段“尾巴”，即认为考察国家产业安全，同时也要看幼稚产业和其他一些对国内就业影响较大的行业中外来外资企业产品的份额。

② 杨公朴等(2000)提出产业安全的实现与否不应机械地以持股比例度量，产业安全不应成为限制外资、保护落后的理由，因此从产业竞争力的角度提出产业安全指一国对国内重要产业的控制能力及该产业抵御外部威胁的能力（主要体现为产业的国际竞争力）。

业的关联度不大;而以外资在产业投资的比重以及对外依存度作为标准,又有失全面。首先,外资在产业中的分布是非常复杂的,涉及分布的行业以及其行业性质、竞争程度等;其次,进口依存度(特别是设定某个比例)仅能反应某产品在生产上处于优势还是劣势,并不能反应产业安全;最后,以综合评价指标并赋予权重来衡量产业安全相对较为全面,但权重的确定受人为因素影响较重,导致评价结果不可靠,不能客观反映产业的安全状况。这种数字机械主义的判断法意味着不进口就是100%的安全、全部进口就是100%的不安全。转为经济学解释就是自给自足经济是100%安全的,但当咖啡100%进口时,谁也没有觉得咖啡产业100%的不安全又有什么问题。如此机械刻画产业安全程度的话,那么讲求产业安全程度又有什么实际意义呢?

随着全球经济一体化的发展,贸易自由和资本流动自由是已成为时代的主题。贸易自由化的理论基础即是比较优势论,即出口具有比较优势的产品,进口比较劣势的产品,通过贸易互通有无,以达到社会资源的优化配置。资本的自由流动必然使得资本大量流向高收益的部门或领域,很多人担心的是外资垄断或控制某一产业,其本质并不是外资的问题,归根结底是产业垄断问题,无所谓外资还是内资。因此,在产业安全问题上,本着“无罪推定原则”对待资本,特别是“外资”该是应有之态。

将产业安全区分为不同层次加以讨论是研究深入的一个表现,但对企业层面甚至某产品的安全研究偏离了产业安全的主题,也失去了研究的价值和意义,即便某一企业或某一产品表现出不安全,并不意味着产业不安全。尽管企业或产品是产业的基本构成单位,但产业安全本身应该是一个宏观问题,不是个别企业的安全(成思危,2006)。与此同时,企业层面安全评估的一系列标准也仅适用于评价企业自身的生存、发展和竞争状况,不适用于产业安全的评价。对国民产业安全和民族产业安全的划分又存在着难以衡量和判断的问题。国民产业安全突出了国民这一产业权益主体,但通常情况下,本国让渡的产业权益与所得到的收益是不同质的,因此无法直接比较,也就难以度量(景玉琴,2004)。而民族产业安全强调的是一种状态,即生存和发展不受威胁的状态,也只能停留在主观感受上,而无法进行量化。

9.1.4　对"产业安全"的认识

(1)"产业安全"要保护的是什么产业？理论上，从西方的产业安全思想来看，无论早期重商主义的贸易保护，还是李斯特的幼稚产业保护理论，都不同程度强调主导产业和战略产业的保护。早期重商主义的代表人物威廉·斯塔福特从外国输进商品来是有害的，尤其是输进自己国内能够制造的商品来害处更大；晚期重商主义代表人物托马斯·孟也同威廉·斯塔福特一样，主张发展本国工业，以制成品的输出来代替原料的输出，并强调发展航海业。李斯特提出的德国必须实行关税保护制度借以发展本国幼稚产业，而幼稚产业在当时的德国即指工业。实践中，从美国和日本的产业安全实践来看，美国对外国投资一直是采取开放政策，外资进出自由，外国人在美国的投资享受国民待遇。但对有些特殊行业，如通信业、交通运输业、不动产与自然资源(包括土地、矿藏采掘)、水力发电业、银行业、能源业、保险业等则对外资设置了不同的限制。日本虽然也实行资本自由化，但分不同阶段对不同产业实行外资限制，如产业合理化阶段，严格限制投向重化工业等尚未强大前的战略产业。如果说某一个产业是战略产业，那么这类产业的存亡，不仅关系到利润，而且关系到国家的安危，关系到国家在世界经济政治乃至军事事务中的战略行动能力。对于这样的产业，国家要实行保护，不能放任本国企业在全球竞争中自生自灭①。

但这里同样需要我们注意的是，主导产业会随特定的资源、技术、经济发展水平、制度和历史文化等因素的变化而发生演变，不同国家或同一个国家不同的经济发展阶段其主导产业也是不同的。这也充分体现了产业安全动态化的特征，也就是说，从时间维度来看，产业安全问题既与该国经济发展水平有关，也与产业发展阶段有关②。

(2)我们要全面保护式的产业安全吗？产业本身是一个有组织的经济系统，其安全问题除考虑系统本身的各安全因素，寻求实现系统自身稳定的安全机制外，在开放经济条件下，经济系统之间的相互影响也必须给予充分

---

① 王小强，《产业重组，时不我待》，北京：中国人民大学出版社，1998。

② 我国产业安全的特征，中国产业研究报告网，http://www.chinairr.org，2013-04-26。

重视[①]。特别地，产业安全是国家经济安全的基本内容，而经济安全又是国家安全的重要组成部分，产业安全关系到国计民生和一国经济的长远发展，关系到一国的经济权益和政治地位。因此，要将产业安全纳入到国家战略中去，从战略的、长远的高度来考虑产业安全问题。

不仅如此，这一点也可从产业保护理论及国外产业安全实践[②]中得到启示。理论上，斯密关于产业安全的自由贸易理论从国防安全的层面提出了保护民族经济的问题，充分体现了将产业安全定位于国家战略的眼光；20 世纪 80 年代以詹姆斯·布朗德、巴巴拉·斯潘塞等战略性贸易政策理论，表面上强调政府积极运用补贴或出品鼓励等措施，扩大本国厂商在国际市场上所占的市场份额，把超额利润从外国厂商转移给本国厂商，其真正目的是增加本国经济福利和加强在有外国竞争对手的国际市场上的战略地位。实践中，俄罗斯 1996 年 4 月颁布了《俄罗斯联邦国家经济安全战略》，把保障经济安全放在第一位，通过修正法律，强化政府职能，加强国家对经济的干预和调控，以实现经济的有效运转和国家掌控。美国在外资利用上，在考察外资流入对能源、自然资源、环境、就业、国际收支等方面的影响时，判断是否符合美国的国家利益。美国是一个也在吸引外资的国家，但当中国企业购买美国的港口时，美国以国家安全的理由否决中国的购买，这就是他们的判断依据或说标准。

但这里需要我们特别注意的是，将产业安全置于国家经济安全甚至国家安全的战略高度，并不意味着将产业安全等同于经济安全、经济安全等同于国家安全。要明确三者的关系，国家经济安全并不要求所有产业的安全，某些产业不安全并不一定导致整个经济的不安全；同样，影响国家经济安全的因素，并不一定对国家安全造成威胁。因此，我们探求的“产业安全”是产业安全、经济安全和国家安全三者的“交集”。可能不少人将对“军事安全”、“国防安全”的认识先天性地带进了“产业安全”？因为没有自己的军力就会挨打，但如何理解借助国外军力来提高国防呢？比如当今日韩的美军驻扎？说明即使“军事安全”、“国防安全”也需要具体分析，而不是一概而论的。

---

① 我国产业安全的特征，中国产业研究报告网，http://www.chinairr.org，2013-04-26。

② 尽管国外并无专门的产业安全研究，但在其对经济安全、产业保护和贸易保护的理论与实践中体现了产业安全的思想。

(3)限制外资产业就安全了吗？产业安全动态化特征的另一个重要表现就是要在特定的空间条件下（产业发展所处的环境）来分析产业安全问题。全球经济一体化已成为世界经济发展的必然趋势，资本和要素在全球范围内的自由流动将使世界成为一个相互依赖、相互联系的有机整体。同时，在经济全球化过程中，民族性和地方性的特征也在减少，因此，在全球经济大环境下探讨产业安全问题更符合时代特征，也是我们必须要面对的。

在现实中，加入 WTO 的成员必须遵守 WTO 规则，除了人所公认的国家层面的社会和经济安全以及技术层面的卫生与质量安全外，在国际法上没有理由以“产业安全”为名来行产业保护之事，国内企业也而以自己的利益为代价来“产业保护”。一些人提出的控制产品和外资进入的建议实质上是旧思维，也是不现实的。

当今世界好像所有开放的国家都在大力吸引外资，我国的政策也是如此，那如何理解在一些可市场化、非战略性的产品或产业要限制国外产品和产业资本的观点？尤其农业领域似乎在全面地诉求产业和产品安全，大豆往往被作为全面失守的典型代表。换一个思维，姑且不去说我国根本就生产不出来我们所需的大豆数量这一事实，只是问，即使进口 80%的大豆，它又有什么不好？妨碍了社会稳定还是经济发展？阻碍了我国食用植物油产业的发展？显然没有。

9.1.5 关于大豆产业安全的思考

国内对大豆产业安全的担忧立足于两点：一是认为大豆的大量进口冲击了国内大豆生产和豆农；二是认为外资控制了大豆加工行业。

1. 大豆进口影响国内生产和豆农利益吗？

中国大豆进口从 1995 年开始增加，2000 年突然放大，从 1999 年的 432 万吨猛增到 1042 万吨，即进口量从占国内产量的 30%一下提高到 68%，引起国人关注。2001 年 12 月中国加入 WTO，2003 年，大豆进口量突破 2000 万吨，相当于国内产量的 1.35 倍，引发了“大豆进口损害中国大豆生产和豆农利益”的业界观点和社会舆论，主张控制大豆进口的呼声高涨。此后，大豆进口量依然一路上升，2013 年达到 6338 万吨，“大豆进口损害中国大豆生产和豆农利益”和要求控制大豆进口的业界观点和社会舆论也始终活跃。

统计数据显示，1995—2010 年是中国大豆进口迅速增加的 15 年，进口量从 30 万吨上升到 5480 万吨（年均增加进口 363 万吨），但无论从种植面积还是产量来考察同期中国的大豆生产，这也正是中国大豆生产发展最好的 15 年。即使在大豆进口扩张和外资油脂企业大规模进入两项因素并存的 2005—2010 年（年均增加进口 564 万吨），大豆总产量和种植面积也分别维持在 1500 万吨（波动极值－14.8%～9.4%）和 920 万公顷（波动极值－4.7%～4.4%）上下，波动值在常规农业生产波动范围内。至此能看到的是，中国大豆生产经过一段时期发展后维持在一个相对稳定的水平上了，但并没有出现下降。2010—2013 年，中国大豆进口量从 5480 万吨上升到 6338 万吨，但年均进口增加量下降到 215 万吨。这一时期，国内大豆生产却出现了明显的滑坡现象，总产量和种植面积分别下降了 19.1%和 17.8%。开始时，人们普遍将这三年大豆生产的滑坡归咎于大豆进口，而后来越来越多的人认识到，是高比较收益的竞争作物水稻和玉米替代了部分大豆的种植面积。

豆农受损是反对大规模进口大豆的主要依据之一。从大豆价格和亩效益考察，国家农产品成本调查数据显示，2005—2012 年，每千克大豆价格一路上升，从 2.66 元上升到 4.82 元，主产品收入扣除物耗和服务费用后的亩效益（含人工费）从 255.63 元波动增加到 488.73 元。因此，大豆生产的亩效益是上升的，豆农利益并没有受到损害，但与同年玉米亩效益比较，2010 年后，玉米亩净利润要比大豆高 60%以上，甚至有的年份超过 1 倍。显然，2010 年后中国大豆生产滑坡不是因为大豆价格和效益不上升，而是因为竞争作物具有更高的效益。从农户层面考察，农民是否因为大豆生产滑坡而降低了农业生产收入呢？国家大豆产业技术体系经济研究室 2012 年和 2013 年对大豆生产滑坡最明显的黑龙江的农户调查结果显示，农户减少大豆种植面积是因为转种了具有更高收益的水稻、玉米等竞争作物，农户利益不仅没有受损，反而在种植结构调整中获得了更高的收益，所以，农民利益受损的观点并不成立，大豆主产区的农民也不是注定只能靠种植大豆才能存活的。

有一种观点认为，如果没有大豆进口或不是如此大规模进口，国内大豆价格就会大幅上涨，豆农收入就上去了，也就提高了大豆效益，因而也就提高了国产大豆的竞争力。大豆进口导致豆农没能足够获得大豆需求增长带来的好处,因而豆农利益受损了的观点似乎十分在理,但这种逻辑推理的结论只有在类似垄断供给的条件下才可能成立,贸易保护就是在一定程度上为国内创造供给垄断,通过人为减少供给量来维持高价。在走向贸易自由化的时代,特别是中国对 WTO 已经做出承诺的前提下和进一步走向市场经济的宏观大趋势下,这种观点显然只是美好的逻辑虚拟。即使这种美好的逻辑能够付诸现实,与大豆相关的食品、畜牧业等下游行业的产品的成本该多高? 消费者又该以怎样的代价为此买单? 这种美好的逻辑本身还存在着很大的瑕疵,中国进口大豆主要用途是榨油,而食用植物油的消费价格弹性和产品替代弹性较大,即使通过控制大豆供给量来抬高大豆价格,消费价格弹性和其他油品的替代作用也会使这种美好愿景大打折扣,甚至落空,是否还需要再去控制与大豆相关的豆油及其他食用植物油的进口? 显然,这种观点给出的只是虚拟的镜花水月。

2. 外资控制大豆加工业了吗?

外资油脂公司借中国加入 WTO 的机会,开始加速从进出口贸易环节进入加工环节。2004 年,很多国内油脂加工企业投机国际大豆交易失败,严重亏损,经营困难或倒闭,外资油脂公司趁机大规模收购兼并国内油脂企业和新建加工厂。进入统计的规模以上油脂企业总数中,外资企业数量的比重从 2003 年的 2.23%上升到 2008 年的 7.28%。2008 年外资企业的油料处理能力、油脂精炼能力和产品销售收入分别占到全国同类指标的 29.4%、39.0%和 54.7%,这一状况引起了国内对大豆产业安全的普遍忧虑,很多人认为,外资控制了中国的食用植物油加工业。

中国企业的一大特点是善于学习和在竞争中成长,经过 2004—2010 年这段时期的学习、仿效和转型,国内食用植物油加工企业在经营理念、运作方式、企业规模、技术装备、工艺水平、产品质量、营销能力等方面都获得了脱胎换骨的变化。在人们对大豆产业安全的担忧中,国内食用植物油加工企业逐渐展示出了强劲的发展。如果以份额反映重要性,2012 年,食用植物油加工业的重要指标表明(表 9-1):外资企业除了小包装油脂灌装产能还处在份额高峰点外(39.2%),其他各项指标的份额已从高峰点全面下落;在实际产量份额上，外资企业只在豆油精炼产量和小包装油脂灌装产量这两项指标上依然超过国内企业。更为可喜的是，在与外资油脂企业的竞争中，国有和民营企业不仅在国内市场上不断壮大，而且正以跨国油脂企业巨头为竞争目标迅速向大型化、自动化、整体化、国际化发展，以中粮集团为代表的中国食用油脂企业正发展成国际食用油脂行业中不可小觑的竞争者。

对产业安全的担心，究竟是担心外资控制产业？还是担心政府对外资企业缺乏有效调控手段？但无论是哪一担心，目前看来，中国食用植物油加工企业经过了学习成长期后正在显示出强劲的竞争力。

表 9-1　食用植物油加工业中的外资份额　　单位：%

项目	2008	2009	2010	2011	2012	2012 年与高峰差值
企业数	7.3	7.0	6.9	6.9	6.4	-0.9
年末从业人员	n. a.	18.8	16.2	18.3	15.8	-3.0
产能份额						
一、油料处理	29.4	26.4	27.6	27.6	24.1	-5.3
大豆处理	n. a.	29.6	36.9	41.5	31.7	-9.8
二、油脂精炼	39.0	36.9	36.7	34.9	31.1	-7.9
精炼豆油	n. a.	47.3	48.0	48.6	41.9	-6.7
三、小包装油脂灌装	n. a.	0.0	19.7	36.1	39.2	0
实际产量份额						
一、油料处理	n. a.	38.9	39.5	41.5	34.0	-7.5
大豆处理	n. a.	48.5	54.6	58.6	46.8	-11.8
二、油脂精炼	n. a.	50.3	48.3	52.4	40.7	-11.7
精炼豆油	n. a.	53.2	59.6	66.6	55.7	-10.9
三、小包装油脂灌装	n. a.	n. a.	35.8	63.5	54.8	-8.7
绩效份额						
工业增加值	60.6	51.1	40.5	43.9	40.1	-20.5
产品销售收入	54.7	48.3	45.0	47.7	40.2	-14.5
利税总额	58.6	52.3	44.1	55.4	38.1	-20.5
利润总额	49.6	50.0	42.2	48.3	24.3	-25.7

注："n. a."表示未能获得数据。表格中粗体表示的数值是外资份额的高峰点数值。"年末从业人员"指食用植物油加工企业中就业人员的年末统计数据。

数据来源：根据国家粮食局（编）《粮油加工业统计资料》（2008—2011 年，历年）中的数据计算。

表 9-1 中的数据和前面的概况表明，在大豆进口增加和与外资企业竞争过程中，国内食用植物油加工企业发展迅猛，延长产业链，丰富食油品种，扩大行业规模，升级技术工艺，呈现一片兴旺发展的景象；消费者食用油需求得到了满足，下游行业需求得到了满足，农民增收，直接和间接就业人员增加，国家税收得到增长。为什么面对这种发展景象还有人时时担忧产业不安全了呢？难道产业安全就是为了追求有利局部不利全局的结果？在没有外资进入的产业安全年代，为什么大豆产业从没有发生过如此快速地发展呢？一个陈旧的观念是未能把现代产业作为生死与共的共生体，而时常用"谁控制谁"的观念来替代。假设美国或巴西不把大豆卖给中国，谁的日子会好过？又是谁的日子可能更难过？

9.2　转基因大豆发展问题

20 世纪以来，转基因技术（genetically modified，简称 GM）作为现代生物技术核心，在农业领域获得了迅速发展和广泛应用。无论是发达国家，还是发展中国家都将一这技术作为增强农业竞争力的重点，转基因技术成为引领未来的战略选择。与此同时，转基因技术的应用也引发了相关的问题，比如转基因作物商业化种植批准问题、转基因作物的环境风险问题以及转基因食品的安全性问题，等等。

9.2.1　全球转基因作物发展概况

自 1971 年第一批转基因生物出现以来，转基因一直是一个有争议的话题。出于对生物安全的考虑，转基因作物在被批准商业化种植之前，政府监管部门通过田间试验来评估其潜在风险。1986—1995 年，先后有 34 个国家对 56 种转基因作物进行了田间试验，第一个田间试验是 1986 年美国和法国用抗除草剂基因标记的烟草。20 世纪 90 年代初，中国是第一个商业化种植转基因作物的国家，首先是抗病毒烟草，后来是抗病毒番茄。1994 年美国的"Flavr-Savr"转基因耐储藏番茄获得美国食品药品管理局的批准进入市场销售，成为世界上第一个获许进行销售的转基因食品。1996 年，美国、中国、加拿大、阿根廷、澳大利亚和墨西哥共6个国家批准了7种转基因作物(大豆、玉米、棉花、油菜、烟草、番茄和马铃薯)商业化种植①,带动了全球转基因作物的发展,转基因作物种植在全球范围内迅猛增长,这种增长使转基因技术成为现代农业史上应用最迅速的作物技术。

1. 转基因作物种植面积

根据国际农业生物技术应用服务组织(ISAAA)的数据,1996年全球转基因作物种植面积仅为170万公顷,1997年猛增到1100万公顷,2000年增加到5260万公顷,2006年突破1亿公顷,达1.02亿公顷,2010年为1.48亿公顷,2011年为1.6亿公顷,2012年全球转基因作物种植面积为1.7亿公顷,比1996年增长了100倍,2013年,达到1.75亿公顷(图9-1)。

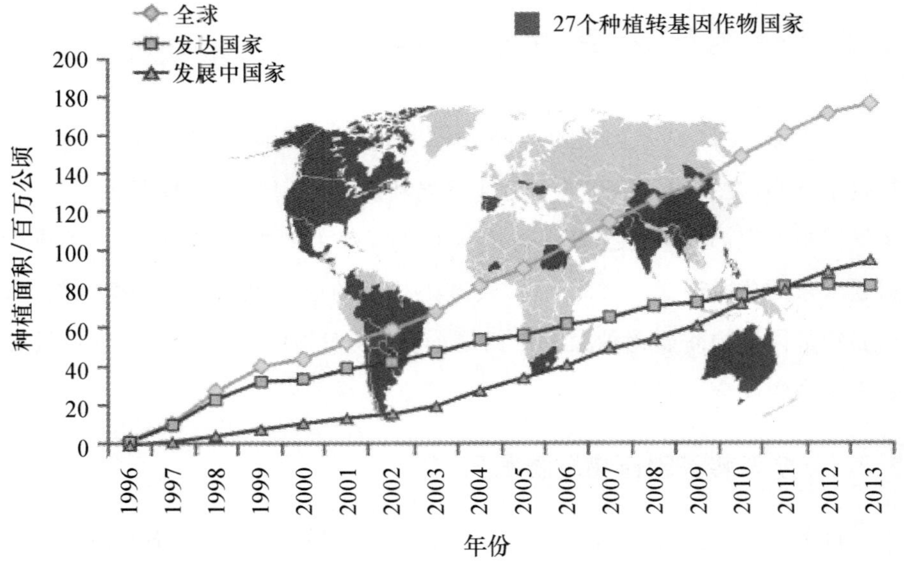

图 9-1　1996—2013 年全球转基因作物种植变化

资料来源:Clive James, 2013。

2. 转基因作物种植国家

从1994年起至今,共计有36个国家和地区得到监管机构批准转基因作

① Global Review of the Field Testing and Commercialization of Transgenic Plants, 1986 to 1995: The First Decade of Crop Biotechnology, ISAAA.

物用于食物、饲料、环境释放或者种植。其中种植转基因作物的国家1996年只有6个，1999年增加到12个，2005年21个，2010年29个，2013年27个，其中发展中国家19个，发达国家8个，且从2012年开始发展中国家的种植规模超过发达国家。从种植面积看，位居前列的依次是美国(7100万公顷)、巴西(2440万公顷)、阿根廷(2390万顷)、印度(1100万公顷)、加拿大(1080万公顷)和中国(420万公顷)，中国是种植转基因作物最多的发展中国家(Clive James，2013)。

3. 转基因作物品种

目前，全世界范围内有大豆、玉米、棉花、油菜、甜菜、紫花苜蓿和木瓜等27种转基因作物被批准投入商业化生产，以大豆、玉米、棉花和油菜为主。1996年四种作物的种植面积分别为50万公顷、30万公顷、80万公顷和10万公顷，2013年种植面积分别为8450万公顷、5660万公顷、2380万公顷和810万公顷(图9-2)，年均增长率分别为37.8%、38.7%、23.6%和31.6%，四种作物面积分别占全球转基因作物种植面积的48.2%、32.3%、13.6%和4.6%。

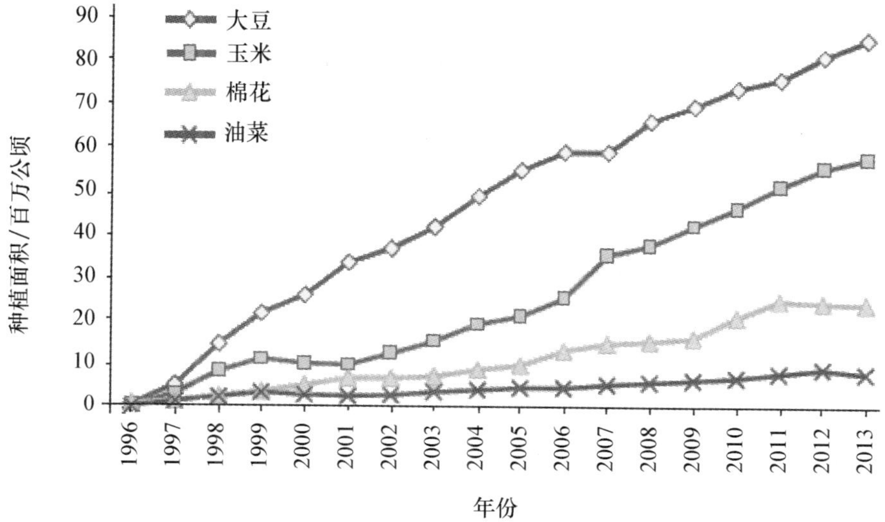

图9-2　主要转基因作物品种种植面积变化

资料来源：Clive James，2013。

4. 转基因作物性状

世界转基因作物在过去 18 年里主要以抗除草剂、抗虫(Bt)和抗除草剂/抗虫(复合)性状为主。抗除草剂是应用最为广泛的性状，但近年来，复合性状在转基因作物中的种植比例大幅度提高，2013 年有 13 个国家的种植面积达 4700 万公顷，占全球转基因作物种植总面积的 27%(图 9-3)。

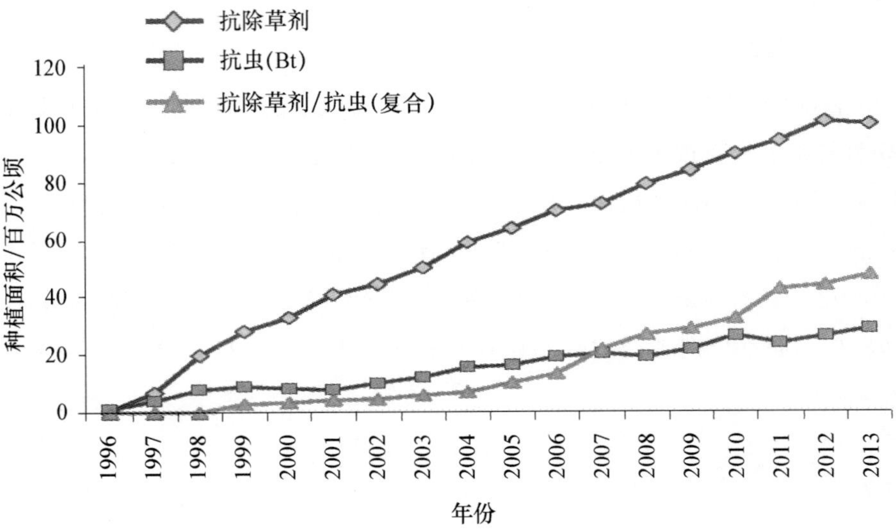

图 9-3　不同性状转基因作物种植面积

资料来源：Clive James，2013。

9.2.2　全球转基因大豆发展状况

1994 年美国孟山都公司推出转基因耐除草剂大豆——Roundup Ready Soybean(抗草甘膦转基因大豆)，1996 年首先在美国和阿根廷两国获准推广种植，目前已推广到巴西、巴拉圭、加拿大、乌拉圭、玻利维亚、南非、墨西哥、智利和哥斯达黎加等 11 个国家，种植面积持续扩大，由 50 万顷增加到 2013 年的 8450 万公顷，占全球转基因作物种植面积的比重从 29% 提高到 48.2%，占全球大豆种植面积的 80% 以上(表 9-2)，自 1997 年以来，一直是全球种植面积最大的转基因作物。

表 9-2　全球转基因大豆种植情况　　单位:百万公顷

年度	种植面积	占全球转基因作物种植面积/%
1996	0.5	17.9
1997	5.1	39.9
1998	14.5	52.2
1999	21.6	54.1
2000	25.8	58.4
2001	33.3	63.3
2002	36.5	62.2
2003	41.4	61.2
2004	48.4	59.8
2005	54.4	60.4
2006	58.6	57.5
2007	58.6	51.3
2008	65.8	52.6
2009	69.2	51.6
2010	73.3	49.5
2011	75.4	47.1
2012	80.86	47.4
2013	84.53	48.2

数据来源:Global Status of Commercialized Biotech/GM Crops(1997—2012), ISAAA。

从大豆主产国的转基因大豆发展来看,美国于 1996 年获批商业化种植转基因大豆,转基因大豆的种植面积从 1996 年的 400 万公顷增加到 2012 年的 2950 万公顷,采用率从 1996 年的 7.4%提高到 1999 年的 55.8%,2000 年略有下降,降至 54%,此后不断提高,2013 年采用达 93%(表 9-3)。

阿根廷转基因大豆种植面积从 1996 年的 12 万公顷增加到 2012 年的 2020 万公顷,自 2004 年以来,转基因大豆种植面积达 1450 万公顷,采用率近 100%。

巴西政府于 1998 年开始对转基因大豆实施禁令,但由于政府控制和监督措施不利,巴西农民普遍存在非法种植转基因大豆的情况。为彻底解决长期存在的“转基因危机”,2003 年政府批准抗除草剂转基因大豆的商业化种植,转基因大豆种植面积从 300 万公顷增加到 2012 年的 2390 万公顷,采用率从22%提高到88.1%。2013年巴西首次开始220万公顷抗虫和耐除草剂复合性状大豆的商业化种植。另外，年预算为10亿美元的巴西农业研究组织——巴西农业科学院（EMBRAPA）研发的转基因抗病毒大豆获批于2015年进行商业化。

表 9-3　主产国转基因大豆商业化种植情况

单位：百万公顷，%

年度	美国		阿根廷		巴西	
	种植面积	采用率	种植面积	采用率	种植面积	采用率
1996	0.4	7.4	0.12	—	—	—
1997	3.6	17	1.4	—	—	—
1998	10.2	44.2	4.3	>60	—	—
1999	15	55.8	6.4	90	—	—
2000	16.5	54	9.1	95	—	—
2001	22.2	68	10.9	98	—	—
2002	23.4	75	12.6	99	—	—
2003	24	81	12.74	98	3	—
2004	26.24	85	14.5	100	5	22
2005	26.5	87	15.4	100	9.4	44
2006	28	89	15.8	100	11.4	55
2007	24.2	91	16.0	100	14.5	64
2008	28.6	92	18.1	100	14.2	65
2009	29.2	91	18.8	100	16.2	71
2010	30	93	19.5	100	17.8	75
2011	—	94	19.1	100	20.7	85
2012	29.5	93	20.2	100	23.9	88.1

数据来源：Global Status of Commercialized Biotech/GM Crops（1997—2012），ISAAA；USDA，Economic Research Service。

2003年以后，加拿大、罗马尼亚、乌拉圭、南非、巴拉圭和玻利维亚等国陆续批准转基因大豆的商业化种植①。

① 加拿大、罗马尼亚、乌拉圭以及南非于2003年首次种植转基因大豆；巴拉圭于2004年首次种植；玻利维亚于2008年首次种植。

9.2.3　关于转基因的争论

转基因在全球的迅速发展，社会各界议论纷纷，一是转基因作物和食品（以转基因大豆为代表）可能对消费者的健康构成威胁；二是认为转基因作物随着转基因成分的释放可能会形成基因污染，造成基因漂移、生物多样性降低等风险。

1.转基因食品的安全性问题

转基因食品是指以转基因生物为直接或间接来源的食品，转基因生物的技术实质是利用生物技术，将有利的外源基因转入受体生物体内，改变其遗传组成，使其获得原先不具备的品质与特性（黎昊雁等，2002）。近年来，转基因食品安全性问题几乎成为全球最为关注和热议的话题之一。

转基因的支持者认为转基因技术作为现代生物技术的核心，是未来农业技术的发展方向。因此，大多数科学家以及权威机构采用各种实验方法来证明转基因食品的安全性。1993 年，OECD 提出了转基因食品安全性分析的原则——“实质等同性”原则，即如果某个新食品或食品成分与现有的食品或食品成分大体等同，那么它们是同等安全的①。1995 年，世界卫生组织（WHO）将“实质等同”原则作为评价转基因食品安全的一个基本原则。根据 Fuchs 等的研究结果，Monsanto 公司的抗除草剂的转基因大豆与市场上对应的非转基因大豆具有实质等同性②。联合国粮农组织（FAO）在 2008 年《GM Food Safety Assessment Tools for Trainers》一书中指出：转基因品安全性检测方法是恰当的，食用当前的转基因食品是安全的。这一结论与国际科学理事会的研究达成了共识，也与世界卫生组织的观点一致③。世界卫生组织（WHO）在 2002 年《关于转基因食品的 20 个问题》中指出：目前国际市场上可获得的转基因食品已通过风险评估，不会威胁人类健康。此外，在

---

① OECD. Safety evaluation of foods produced by modern biotechnology: concept and principle [R]. Paris，1993.

② 魏伟，等，转基因食品安全性评价的研究进展，自然资源学报，2001(3)：184-190。

③ GM Food Safety assessment tools for trainer, ftp://ftp.fao.org/docrep/fao/012/i0110e/i0110e.pdf.

获得批准的国家中，从普通大众对这些食品的消费来看，并未显示出对人类健康的影响[①]；2005年，采用大量证据研究表明：目前在国家市场上交易的转基因食品已经通过了一些国家的风险评估，它们不可能，也没有被证明对人类健康表现出危害[②]。美国食品药品监督管理局在2001年食品标注转基因与否的指导草案中称：如果营养成分没有差异，不需在食品标签上标明来自转基因还是非转基因作物；禁止刻意标注"非转基因食品"，原因是这样的标识会误导消费者[③]。欧盟国家在转基因审批上持保守态度，但这并不意味着欧盟委员会对转基因持抵制态度，相反，欧盟委员会认可转基因作物的安全性，并制作了教育内容[④]。总部位于意大利的欧洲食品安全局（European FoodSafety Authority，EFSA）负责欧盟对食品与饲料安全的风险评估。该机构在多年的评估报告中都认为，已经批准商业化种植的转基因作物不会给人畜健康和环境带来比常规作物更大风险[⑤]。澳大利亚和新西兰食品标准局目前发表的科学证据表明喂养转基因作物饲料的家禽和家畜，其肉类、奶制品和蛋类的营养价值和安全性不会受到影响[⑥]。

2000年1月，以促进发展中国家的农业发展《支持农业生物技术的声明》发表至今，已有来自世界各地3451位科学家的签名，包括25位诺贝尔奖获得者和多位著名科学家。声明中指出："转基因技术是安全强大的生物改良手段，能在发展农业、改进医疗和改善环境等方面做出极大贡献，以提高人类的生活质量。另外，没有哪一种食品是绝对安全的，无论是通过转基因技术还是通过更为传统的方法，风险均取决于你改变或者新加入的基因的性质。作为科学家，我们的目标是，确保任何通过转基因技术生产的新食品

---

① 20 Questions on Genetically Modified Foods，http：// www. who. int/ foodsafety/publications/ biotech/en/20questions _ en. pdf.

② Modern food biotechnology，human health and development：an evidence-based study，http：// www. who. int/ foodsafety/biotech/who _ study/en/index. html.

③ Guidance for Industry：Voluntary Labeling Indicating Whether Foods Have or Have Not Been Developed Using Bioengineering；Draft Guidance，http：// www. fda. gov/Food/GuidanceRegulation/ GuidanceDocumentsRegulatoryInformation/LabelingNutrition/ucm059098. htm.

④ http：// ec. europa. eu/agriculture/gmo/index _ en. htm.

⑤ http：// www. food. gov. uk/policy-advice/gm/ #. UXVjZbXDeJI.

⑥ http：// www. foodstandards. gov. au/ _ srcfiles/GM Foods _ text _ pp _ final. pdf.

与现有食品相比同样安全甚至更加安全"①。2013 年 7 月，中国 61 名院士联名上书建议中国推进转基因作物产业化，特别是水稻的商业化种植。他们普遍认为：转基因本身没有毒，转基因与其他基因之间的相互作用也研究得清清楚楚②，从目前国内外的科学研究看，转基因食品与传统食品在安全性上没有差别③。因此，经过转基因生物安全评价、获得主管部门批准的转基因生物可以放心使用或食用④。

然而，反对者却认为转基因作物及其食品是危险的和有污染的，会给消费者安全和环境安全造成毁灭性的灾难。与转基因的支持者的科学评价与判断不同，转基因的反对者们更多的是出于没有科学依据的担忧。欧盟是转基因食品的反对者，对待转基因作物大多采取谨慎预防的态度。在这种情况下，欧盟政府为保护本国农产品市场和农民利益，就以安全性为由，限制美国转基因农产品的进口。还有一些人反对转基因食品是因为他们认为，转基因作物和种子的专利权（约 80%）被孟山都和杜邦等 5 家跨国公司控制着，反对转基因是为了避免技术和产品垄断带来的利益损失和进口依赖性（黎昊雁等，2002）。更有甚者，在至今尚无科学实验的前提下，黑龙江省大豆协会发表转基因大豆与肿瘤高度相关的说法，"我依据自身在粮食行业 20 年的工作经历，却发现致癌原因可能与转基因大豆油消费有极大相关性⑤。"而对于普通公众而言，由于对转基因食品缺乏科学的认识和理解，这种过分强调转基因食品潜在风险、明显偏颇的观点往往得到公众的广泛支持。由此看来，人们对于转基因食品安全性的争论，已不是纯粹的科学技术概念上的安全，而是蕴含了政治、经济、甚至伦理道德的内容（黎昊雁等，2002）。

2. 转基因作物环境风险问题

关于转基因作物是否存在环境风险问题也存在着激烈的争论，一种观

---

① http://www.agbioworld.org/declaration/petition/petition.php.

② 杨焕明院士：转基因本身没有毒，市场报，2008-10-20，第 2009 版.

③ http://politics.people.com.cn/n/2013/0902/c1001-22768208.html.

④ 专访：把好转基因生物安全关，人民日报，2006-07-11，第 5 版，http://paper.people.com.cn/rmrb/html/2006-07/11/content_7143028.htm.

⑤ http://finance.sina.com.cn/china/20130620/225215862239.shtml，2013-06-20。

点认为转基因作物不比传统农作物具有更多的环境风险;而另一种观点认为,转基因作物存在着不可忽视的潜在的环境风险。

持第一种观点的科学家多为生物学家,他们认为转基因农作物技术只是传统植物培育技术的延续,而且比传统植物培育技术更精确,农作物释放所产生的风险不仅仅取决于技术,因此,不比传统农作物具有更多的环境风险。不仅如此,转基因作物在减少农业的环境影响和保护生物多样性方面做出了重要贡献,根据 2013 年 ISAAA 的报告显示:生物技术的采用大大减少了农药的使用,1996—2012 年,农药的喷洒量相当于减少了 18.5%。不仅如此,转基因作物还节约了大量耕地,1996—2012 年,在 15 亿公顷耕上多产出粮食 3.77 亿吨,相当于节约 1.23 亿公顷的土地,而这部分若要增加的话,其中的一部分将极有可能需要耕作生态脆弱的贫瘠土地(不适合作物生产的耕地)和砍伐富有生物多样性的热带雨林,生物多样性将会因此遭到破坏①。

然而反对者们,主要是生态学家,他们认为:一方面由于转基因农作物技术具有新颖性、不确定性,可能导致其对环境风险的持续性、滞后性、级联性以及环境风险的扩张性;另一方面当前科学对转基因技术的认识存在局限性,转基因技术风险评估的知识、方法以及应对转基因技术风险的措施存在有限性,因此,转基因作物存在着不可忽视的潜在的环境风险,应该谨慎发展转基因作物(陆群峰等,2009)。

9.2.4　关于中国转基因大豆的发展问题

1. 中国转基因作物发展现状

中国是世界上第一个商业化种植转基因作物的国家,20 世纪 90 年代初引入抗病毒烟草和后来的抗病毒番茄。1998 年,中国首次批准转基因抗虫棉商业化种植,种植面积 6.3 万公顷,占全球转基因作物总面积的不到 1%,到 2004 年,达到 370 万公顷,占全球转基因作物总面积的 5%,此后稳步增

① Clive James,2013 年全球生物技术/转基因作物商业化发展态势,http://www.ippcaas.cn,2014-02-14。

加,2013年达420万公顷,占全球转基因作物总面积的2.4%,位居第六,转基因棉花采用率从2004年的56%提高到2013年的达80%,是世界转基因棉花种植面积最大的国家。根据"USDA-FAS GAIN报告——中国,2013年农业生物技术年报——中国"资料,目前我国已有棉花(1998年)、木瓜(2006年)、白杨(1998年)、番茄(1997年)、甜椒和矮牵牛(1999年)等6个作物品种获得商业化种植许可。其中,转基因棉花是种植面积最大的作物,木瓜有少量种植,其余4个品种的转基因作物并未大面积应用。2009年8月,农业部分别批准发放转植酸酶基因玉米在山东省生产应用安全证书以及"华恢1号"和"Bt汕优63"水稻在湖北省的生产应用安全证书,这是我国首次为转基因粮食作物颁发生产应用安全证书。此外,2004年以来,我国陆续批准棉花、大豆、玉米和油菜四种作物的进口用作加工原料的安全证书。

2. 中国转基因大豆的未来选择

转基因大豆已经在全球大豆生产中取得了主流地位,其胜出的原因就在于转基因大豆比非转基因大豆具有更高的收益。从世界大豆主产国的普遍情况看,目前转基因大豆和非转基因大豆最明显的差异在于品种自身优势。转基因大豆出油率比国产大豆高5%左右,生产成本较低且有可观的农业补贴,品质和价格竞争力强。据美国威斯康星大学推广部门测算,种植转基因大豆能降低20%左右的成本。阿根廷的经验也表明采用转基因大豆使其单位生产成本降低了约20%。优质、低成本所带来的高收益正是促使美国和阿根廷豆农普遍种植转基因大豆,巴西豆农自发转向种植转基因大豆的根本原因。从经济效益角度看,当前我国大豆生产不振的根本原因是比较效益低。与竞争作物玉米和水稻等相比,大豆单位面积经济效益较低。根据国家农产品成本调查资料,由于大豆单产提高速度不如玉米,种植效益也低于玉米,2000年每亩大豆净利润比玉米高53.23元,但到2009年则比玉米低67.85元。在黑龙江,2000年每亩大豆的净利润比玉米低27.38元,到2009年就已经扩大到63.96元。目前仅仅是推广抗草剂转基因大豆品种,节约的成本就超过了大豆种植效益比玉米效益的差值。随着高产、优质、抗病虫等转基因大豆品种的陆续上市,转基因大豆的优势将全面显现。

只要转基因大豆具有经济优势,我国农民也会选择转基因大豆的,这点不是由学界、政界以及反转基因人士的主观选择决定的,因为农民是很现实的,农业是他们养家糊口的手段。虽然我国目前在法律上不允许种植转基因大豆,但法律开禁是迟早的事,因为大气候和发展方向是偏向转基因的。如果当转基因水稻也允许种植的话,又有多少理由不允许种植转基因大豆?我国已经在大规模地消费转基因大豆了,又有什么理由不允许种植转基因大豆呢?从长远一点看,转基因大豆可能是我国大豆生产的未来取向。从世界大豆主产国的转基因大豆发展轨迹看就是如此,尤其是巴西案例更说明这点,巴西经过多年法律争议,最终开禁,转基因大豆迅速成为巴西的主栽大豆。只要法律开禁,转基因大豆也会同样在我国推开,只要它具有竞争优势,农民总是选择具有更高收益的作物。

9.3 大豆产业竞争力问题

9.3.1 中国大豆产业竞争力现状与对策主张

如前所述,中国大豆生产在世界大豆生产中的地位不断下降,20 世纪 90 年代以来位居第四位,2012 年占世界大豆产量份额的 5%;大豆出口贸易影响力较弱且不断下降,2011 年仅占世界大豆贸易量的 0.2%,但大豆进口贸易在世界的影响力不断增强,2003 年以来位居第一位,2011 年占世界大豆贸易量的 57.8%;中国大豆消费在世界的影响力日益增强,2008 年以来位居第一位,2009 年占世界大豆消费总量的 25.4%,其中大豆食用消费和压榨消费分居第一位和第二位,份额分别为 46.1%和 24.8%。因此,一方面,中国大豆生产和出口贸易在国际上的影响力下降;另一方面,中国大豆消费和进口贸易在国际的影响力不断上升,显然,中国大豆不具国际竞争力。面对这样的形势,有人主张通过增加大豆种植面积和提高单产来增加大豆供给(国家统计局农村社会经济调查总队,2002);也有人呼吁政府调控和限制大豆进口,减少对进口大豆的依赖,以此来保护国内的大豆生产;还有人提出走差别化道路,一是充分利用中国大豆非转基因的优势,努力拓宽国外市场,扩大大豆出口份额,以新的空间减轻进口大豆压力(栾立明等,2010);二是在我国发展具有优势的非转基因高蛋白大豆，根据自身的资源技术条件，大力推广种植非转基因高蛋白大豆（周应恒等，2005）。那么，如此提高大豆产业竞争力的发展路子走得通吗？

9.3.2　大豆生产的短期潜力与前景

今天，国内对大豆生产普遍存在着一股悲观情绪。客观地说，在形势有利时不必过分乐观，在形势不利时也大可不必过分悲观。1958 年以来，大豆种植面积占粮食种植面积的比例最高是 9.4%，最低是 5.5%，2013 年是 6.5%，以此为参考，假设未来能恢复到 9.4%的乐观水平，也就是大豆种植面积要增加 327 万公顷，达到 1040 万公顷，以年景较好的 2012 年单产计算，大豆总产量为 1893 万吨，只是 2013 年总需求量的 25%，比 2013 年的大豆自给率高 9 个百分点。尽管未来的单产会提高，但大豆种植面积也未必能恢复到 9.4%这样的乐观比例。问题是对大豆的需求还在继续扩大，耕地面积还将继续减少，目前看来，这两个因素的作用要大于单产提高的作用。由此大概可以判断，在常规情况下，短期内大豆产量提高的潜力是有限的，绝大部分需求还是要以进口来满足，这个基本态势不会改变。

农业生产受制因素很多，一般情况下，影响作物种植面积有两个重要因素：一是经济方面的，可以称之为“经济因素”，尤其是比较效益；另一个是非经济方面的，比如种植习惯、技术要求（例如轮作、积温等）等，这里姑且称之为“技术因素”。在短期内影响种植面积的往往是经济因素，当经济因素的影响发挥到一定程度后，技术因素的作用就相对突出起来，从而成为主要作用因素，此时短期内作物种植面积的下降或上升似乎有一个受阻的界限。但在长期中，技术进步会使来自技术因素的制约减小甚至消除。如果看一下比大豆更不受待见的芝麻、绿豆、赤小豆、大麦等农作物，就容易理解这种现象了，它们并没有因为比较效益低而变得无影无踪，每年依然保持着一定的种植规模。由此，似乎可以得到一个启示，即近期大豆种植面积是否也接近了这个“技术受阻界限”？1958 年以来，大豆种植面积占粮食种植面积的最低比例是 5.5%，比 2013 年的比例还要低 1 个百分点。大豆种植面积经过三年的大幅下降后，2013 年下降速率已经降到了 2.39%，短期内好像已经逼近了一个"技术受阻界限"。从目前的情况判断,大豆种植面积可能还将继续减少,但下降幅度将有限了。退一步说,即使大豆种植面积再减少100万公顷,低至600万公顷左右,以2012年单产估算,大豆总产量也在1100万吨左右。综合上述两种情形,短期内国产大豆生产似乎处于上不到多高也掉不到多低的境地。

9.3.3 关于大豆生产保护

经常听到要求保护中国大豆生产的呼声,如果这种呼声出自大豆生产者和科技工作者,那是十分自然和有情可原的,但很多学者和媒体也不断发出这样的呼声。那么,为什么在如此强大的呼声中政府还不采取保护措施呢?将这一问题深究下去就是如何保护?保护的代价是什么?保护得住吗?不保护又会如何?

由于历史的原因,中国加入WTO时,大豆就是口岸保护程度最低的农产品,基本上只保留了3%的进口关税。对于与大豆密切相关的豆油,配额内关税也只有9%,并且2006年1月1日其关税配额也取消了。因此,根据对WTO的承诺,中国缺乏有效可行的口岸保护措施。加之国内大豆供求巨大的缺口,政府想保护也是心有余而力不足;考虑到下游行业、消费者利益和总物价影响等因素,政府更是投鼠忌器。2009年起,中国谷物净进口规模扩大,2012年海关净进口量迅速达到了1302万吨,2013年净进口了1402万吨,事实上还有为数不小的边境走私进入。谷物贸易受人注目的变化进一步引起了"中国农业能否养活中国"的深层次问题。"中国能养活自己"的判断曾经一直是中国准官方阐述的一句话。但现实的问题是,怎么才算养活自己?养活自己是针对当前、短期还是长期而言的?如何养活自己?用怎样的代价来养活自己?

目前中国农业发展至少遭遇了三大瓶颈挑战:一是农业自然资源与农产品需求的矛盾。随着人民生活水平提高和产业发展,中国对农产品的需求越来越大,在现有生产条件和技术水平下,土地密集型基本农产品的国内生产难以满足需求。二是农业产业与非农产业比较效益的冲击。中国农场规模极小,导致难以发挥先进农业技术的效率,也难以抵御农业生产成本和机会成本的连年上升，农业收入不足以维持正常水平的农家生活。因此，农业成为被从业者和投资者普遍离弃的产业。三是生态环境质量与农产品供给的矛盾。中国农业消耗大量资源的同时，反馈给环境的是严重的面源污染，对农产品质量安全甚至人类生存环境以及农业不可持续的担忧日盛一日。这三大挑战的结果是中国不断扩大农产品进口。

很多研究成果表明（例如马晓河，2012；黄宗智、高原，2014），目前中国如果不进口主要农产品，那么就需要增加 25%～30% 的农作物种植面积才能保障农产品供给。在这种情形下，中国农产品政策选择的逻辑起点和问题已经是：我们不能完全依靠自己的水土资源来提供所需的全部农产品（也即是说，已经不需要讨论进不进口的问题），现在摆在我们面前的现实选择是：我们应当保什么和放什么？如何保和放多大？

从中国最近几年的实际经济操作不难看出，中央政府对此的政策选择是确保具有超经济[①]战略意义的粮食安全，因为很多农产品（例如大豆、水果等）具有较高的贸易度和较低的贸易风险，并且在出现贸易风险时具有较高的供求弹性和替代产品；而粮食的贸易风险和超经济意义很大，比如，2008 年全球粮食危机时，很多粮食出口国禁止本国粮食出口，从而进一步加剧了粮食进口国的危机，这就是中国一直保持粮食基本自给政策的主要原因。但即使如此，中国依然不能保障原定 95% 以上的粮食自给率。事实上，从 2008 年开始，这一粮食自给率的底线就已经被突破了，并且逐年降低，2013 年粮食自给率下降至 88.2%。尽管 2013 年中国粮食产量实现了“十连增”，但粮食进口量仍在增长，谷物净进口量达到 1402 万吨，其中，小麦进口量超越埃及，中国成为全球最大的小麦进口国。2014 年中央“一号文件”依据客观现实对粮食基本自给政策做出了底线放宽和品种细分的调整：谷物基本自给、口粮绝对安全。这表明，中国的农业政策选择进一步调整为保障谷物安全。这也意味着大豆在中国农业政策目标中的地位进一步下降，将继续走向市场化。在耕地有限的竞争前提下，这也意味着从种植面积的角度保大豆会影响保谷物的战略目标，因为如果要国内生产完全满足现有大豆需

① 这里所说的超经济是指不仅具有经济意义，同时具有很强的政治、社会和外交意义。

求量，就需要增加约3500万公顷大豆种植面积，也就是现有大豆种植面积的5倍。换句话说，大豆种植面积要占到现有粮食种植面积的38%，显然是极不现实的。

社会上有一种陈旧的观念：进口多了就是不好。这种狭隘的观点背弃了经济活动是为了人民生活和经济发展的本意。中央政策一再强调要充分利用好国内外两种资源和两个市场。因此，保大豆不能再简单地采用以种植面积论发展的传统思路，而是要以提高单产、单位面积收益和良好生态作为着力点，只有通过高单产为基础的高效益，才可能保住大豆种植面积。提高单产实际上也就是提高竞争力，因为当前中国大豆生产的致命缺陷是单产太低，缺乏自身竞争力而空喊保护是不会有任何实质性效果的。

9.3.4 关于国产大豆的错位发展问题

在进口大豆的强势竞争下，不少人主张国产大豆扬长避短，于是就出现了错位发展的思路。错位发展思路主要是两种：一是虽然国产大豆竞争不过进口大豆，但国外大豆是转基因大豆，那么，国产大豆就走非转基因大豆的发展道路，占领非转基因大豆市场；二是国产大豆的蛋白含量比进口大豆高，适用于豆制品加工（食品大豆），这是一种优势，因此，国产大豆就走高蛋白食品大豆的道路。这种错位发展的战略选择可行吗？

1. 非转基因大豆的发展道路走得通吗？

有一种误识是把非转基因大豆视作中国的“专利”，似乎美国和巴西不种植非转基因大豆，但事实上它们也种植非转基因大豆，2013年美国有7%（约216万公顷）的大豆面积种植的是非转基因大豆[①]，2012/2013年度巴西也有7%（约194万公顷）的大豆面积种植的是非转基因大豆[②]。具体种植哪种大豆和种植多少主要取决于市场，当市场有利于非转基因大豆时，它们很快就扩大非转基因大豆生产了。当今世界以竞争力论英雄，即使在非转基

---

① 资料来源：美国农业部经济研究局：《June Agricultural Survey for the Years 2000-13》（http://www.ers.usda.gov）。

② 资料来源：美国农业部外国农业局：《Brazil Agricultural Biotechnology Annual 2013》（http://gain.fas.usda.gov）。

因大豆上也是如此，中国不能指望安享非转基因大豆市场。长期以来，国产大豆主要用于国内大豆食品加工，国内有些人把非转基因大豆的国际市场描绘得非常广阔，但中国大豆出口数据显示的事实是：1995—2013 年的 18 年中，出口量最多的一年也只有 48 万吨，一般只在 30 万吨上下，并且其中一半以上是出口到韩国和日本的。相对于中国 6000 多万吨的进口量和世界 9000 多万吨的贸易量，这只是沧海一粟。如果非转基因大豆的国际市场真的像所描绘的那般广阔，那就一定不是中国在享受这大餐了。

考虑两条腿走路总比只考虑一条腿要好，为什么非要选一条腿走路呢？今天看来是需要增加考虑转基因大豆这条腿了，因为事实上中国迄今为止一直走的是努力发展非转基因大豆的路，却走到了需要为国产大豆疾呼保护的地步。无论是考虑转基因大豆还是非转基因大豆，重要的都是必须提高国产大豆的竞争力，这才是国产大豆发展的根本之道。未来中国究竟是非转基因还是转基因大豆抑或二者并存的选择问题，应当是市场决定的，如果市场需要非转基因大豆，无论如何号召种植转基因大豆，农民也不会买账；反之亦然。之亦然。

2. 如何看待走高蛋白食品大豆的错位发展道路？

高蛋白食品大豆是目前国产大豆的优势，中国已经有了一个很好的先发平台；从国产大豆用途看，目前 80% 的国产大豆已经用于大豆食品加工，可预见在未来几年内，国产大豆将全部用于食品加工。与目前的转基因大豆相比，国产大豆的豆制品产出率要高一些，成本也相对要低一些。因此，中国走高蛋白食品大豆的错位发展道路完全正确，这也是大豆科学研究的制高点之一。

但是目前对高蛋白食品大豆也存在一种误解，主要是把高蛋白大豆与非转基因的国产大豆画等号。从技术角度说，大豆在提高单产、脂肪含量、蛋白含量方面似乎天生就具有缓慢的特性，因为所积累的物质不同，大豆主要是积累高能量的脂肪和蛋白，而不像谷物那样主要积累淀粉。改变一种产品内在物质的比例关系，那更是一桩难事。经过大豆科技工作者多年的努力，中国出现了一批高油或高蛋白的大豆品种，但这一切都是用传统的技术手段达到的。当脂肪或蛋白含量达到一定程度后，进一步提高就变得更为困难了，传统技术手段在这方面还有多大的潜力和速率？过去的经验告诉我们，提高大豆蛋白含量的速率变慢了；而每当新的育种理论和技术手段出现时，往往容易提高这个速率。转基因技术的出现带来了新的途径，在提高蛋白含量方面很可能比传统技术手段以更快的速率和更大的幅度达到目的。所以，必须清醒地意识到以下两点：一是如果拒绝转基因技术，事实上也是自动放弃了一条很有希望的技术进步途径。一旦国外转基因大豆在提升蛋白含量上取得突破，国产大豆的高蛋白优势很可能会迅速消失，其结果也很可能是国外高蛋白转基因大豆替代国产大豆，因为食品加工业看重的是高蛋白，而不在于是否是转基因大豆。因此，即使我们选择走高蛋白食品大豆的错位发展道路，也绝不应当拒绝转基因技术手段。二是无论蛋白含量有多高，没有高单产的支撑一定是不行的，因为农民更关心单产，尤其在优质未必优价的市场环境中。

9.4 中国大豆产业发展战略

在全球经济一体化的发展进程中，在“谷物基本自给，口粮绝对安全”的国家粮食安全战略新形势下，根据我国当前的经济发展水平和发展趋势，结合我国现有的资源条件以及大豆产业发展的历史和现实，有必要对我国大豆产业发展战略做出调整。

9.4.1 战略定位

1. 大豆在我国粮食生产可持续发展中的地位日益重要

大豆虽被列为粮食作物，但长期以来，大豆生产并未获得同其他主粮作物同等的待遇并得到发展，特别是在国家保证粮食自给的新的粮食安全战略形势下，大豆在粮食生产及国家农业政策中的地位不断下降。但从几十年的历史发展来看，基本可以确定大豆在我国粮食生产中的地位。1949—2012 年，大豆种植面积一般占粮食总播种面积的 5%～10%。若超过 10%，将影响我国粮食生产，影响粮食供给，若低于 5%，玉米等将大面积连作，而连作不利于粮食生产的可持续发展。连作玉米常出现缺钾、锌、铁、锰和钼等症状，导致土壤养分比例失调；土壤有机质含量降低，土壤结构性质恶化，微生物多样性降低；土壤微生物种群失调，导致一些病原菌在土壤和根茬中繁殖，造成土传病害和线虫病害的大量发生和蔓延，如根腐病、茎腐病等在连作玉米田逐年加重，地下虫害的危害逐渐加重；还可能在土壤中积累某些自毒物质，产生化感自毒效应①。大豆是养地作物，大豆根瘤菌能够固定空气中的氮素，据研究，每亩大豆可固定氮素5～7.5千克②，相当于11～16千克尿素（按每千克尿素含氮量46%计算），大豆根瘤共生固定的氮占大豆一生需氮量的50%～60%③，通过根瘤固氮，可减少氮肥施用量，有利于保护环境，是现代农业可持续发展的优先作物。发展大豆与其他禾谷类作物轮作，除可改良土壤外，还可以减轻多种病虫害的发生，已经被证明是种植业可持续发展的最有效措施。

2. 大豆在我国食物安全与营养改善中的地位日趋重要

2014年国务院年办公厅发布的《中国食物与营养发展纲要（2014—2020）》中指出：到2020年，我国人均每日蛋白质摄入量78克，其中，优质蛋白质比例占45%以上，并提出大力发展畜牧业，提高牛肉、羊肉、禽肉供给比重；大力发展海洋经济，保障水产品供应。大豆营养丰富而全面，是人类膳食脂肪的主要来源，优质蛋白质的重要来源④。大豆食品作为营养丰富的健康食品，随着我国人民生活水平的不断提高，对食用植物油和肉蛋奶水产品需求将不断增长，而大豆是提供食用植物油和饲用蛋白的主要原料，其需求也将呈刚性增长。根据《国家粮食安全中长期规划纲要（2008—2020年）》预测，2020年全国仅食用植物油需求量将达到2900万吨以上，比2011年增加500多万吨，年均增加近50万吨。食用大豆消费量将达到1170多万吨，比2011年增加220万吨，年均增加24万吨。因此，积极发展优质大豆生产，可提供丰富的健康食品和大量优质饲料原料；保障大豆供给不仅关系到食用

---

① 制种玉米连作的不利效应及对策，百度文库，2012-11-26。

② 李淑贞，赵乃新：不同施肥方法对大豆结瘤固氮和产量的影响，大豆科学，1983(3)：217-223。

③ 韩晓增，严君，李晓慧：大豆共生固氮能力对土壤无机氮浓度的响应与调控，大豆科技，20062010(1)：6-8。

④ 卢林钢：发展大豆食品改善国民营养，粮油市场报，2014-02-17。

大豆、植物油的供给安全，更关系到我国动物性食品供给安全。

3. 大豆在农业结构战略性调整中地位日益重要

农业结构战略性调整是我国农业稳定发展、实现农业现代化的重要措施，也是提高经济增长质量和效益的重要保证。农业产业结构调整的重点是发展畜牧业和农产品加工业，使种植业产品增值、增效和增收，同时实现农业的可持续发展①。畜牧业发展必须要有饲料供给，豆粕是蛋白饲料的主要原料；另外大豆营养价值高，加工产品种类多，产业链条长，市场需求量较大，加工增值潜力大。据专家预计，1 吨大豆加工成精练油、分离蛋白、磷脂粉、食用纤维粉、低聚糖粉、异黄酮、皂甙等产品，可增值 20 多倍，如再加工成终端产品可增值近 100 倍②。

9.4.2 战略选择

1. 继续稳定国内大豆生产

(1)提高单产是关键。人多地少的基本国情决定中国的大豆生产必须走提高单产的道路。我国大豆单产较低，提高单产的空间很大。一方面，目前我国大豆单产水平不仅明显低于主产国美国巴西和阿根廷，较这三个国家的大豆单产分别低 768 千克/公顷、740.3 千克/公顷和 385.1 千克/公顷，比世界平均单产水平还要低 407 千克/公顷；另一方面，从历史发展来看，我国大豆单产增速快于主产国和世界大豆单产增速，1961—2012 年，我国大豆单产增速超过美国与世界其他大豆主产国的单产增速相比，中国大豆单产增长速度较快。1961—2012 年，中国大豆单产增速分别快于美国 1.34 百分点、快于巴西和阿根廷 0.54 个百分点，快于世界平均增速 0.81 个百分点。可见，我国大豆单产与世界平均水平的差距在不断缩小，提高我国大豆单产还有一定的空间和潜力。

(2)增加面积仍有一定空间。我国历史上大豆种植面积最高时达 1274.8 万公顷，目前回到改革开放初期的水平，维持在 700 万公顷左右。尽

---

① 周利胤：论农业结构的战略性调整，人民网，2011-08-12。

② 把大豆产业作为新的经济增长点，http://www.chinaccm.com，2003-1-24。

管由于耕地资源限制以及国家的粮食政策调整，相对提高单产而言，增加大豆面积的潜力要小得多，但因地制宜地采取技术措施，增加我国大豆种植面积的可能性还是有的。

东北地区发展大豆玉米轮作，可稳定该区大豆种植面积。在积温相对较高的黑龙江南部地区、吉林和辽宁两省，目前以生产玉米为主，长年种植玉米，不利于培肥地力，因此这一地区可适当增加大豆种植面积；而在黑龙江北部积温低的、大豆重迎茬严重的地区，可适当减少大豆种植面积，一增一减，该地区大豆种植面积可维持稳定。

黄淮海地区适当扩大大豆种植面积。黄淮地区在改革开放初期曾是我国最大的大豆主产区，但目前大豆种植面积只有 230 万公顷，比高峰时差不多减少 1/4，但该地区生态条件适合种植大豆，近年该区还涌现出大量高产典型，说明该区大豆生产潜力还很大，在单产提高，经济比较效益提高的条件下，该区大豆面积还有扩大的空间。

南方大豆产区增加大豆面积的空间较大。一是发展红黄壤地区大豆生产。我国南方红黄壤地区土壤资源丰富，面积达 1.5 亿亩，还有很多地区有待开垦，红黄壤具有酸、瘠、瘦的特点，而大豆对土壤条件要求不严，是红黄壤改良的"先锋作物"①。因此，选用耐酸铝、耐瘠薄的大豆新品种，开发红黄壤大豆生产，在改良土壤的同时，获得大豆的增产、增收。二是发展间套作大豆生产。根据杨文钰(2011)的测算，通过间作套种，2010 年南方大豆面积增加了 50%以上，随着间套作技术的进一步推广，南方大豆种面积还将继续增加。

因此综合来看，我国大豆面积的增加仍有一定空间，但也应当看到，由于受耕地资源限制，在国家保障粮食供给安全的大形势下，大豆比较效益低、支持政策少等因素将使得大豆面积增加的难度加大。

2. 优化产业结构实现价值增值

大豆深加工是延长大豆产业链，实现大豆价值增值，提高大豆产业化水平的重要途径。我国传统的大豆加工业以生产加工豆制品、食用油等低附

---

① 王月新：红黄壤旱地春大豆高产栽培技术，现代农业科技，2011(14)：71-73。

加值产品为主。近年来，大豆深加工在国际得到了迅速发展，如大豆蛋白粉、大豆浓缩蛋白、大豆分离蛋白、大豆乳清蛋白、大豆组织蛋白、大豆核酸、大豆低聚糖、大豆皂甙，大豆磷脂、大豆异黄酮和多肽等深加工产品。未来随着人们生活水平的提高，对食品的品质和营养层次的要求也越来越高。日常膳食结构也发生了变化，对高蛋白、低脂肪、低热量、精深加工的大豆蛋白食品的需求十分旺盛。2012 年国家粮食局《粮油加工业“十二五”发展规划》指出：对食用植物油加工，一方面要在东北地区淘汰落后产能，沿海地区要进一步压缩产能；另一方面要提高国产大豆加工原料利用率，积极发展大豆深加工。对于大豆食品加工，在主产区和主销区要提高专用豆加工产品的比重，支持发展建设大豆食品加工基地，推进传统豆制品工业化和新兴豆制品产业化①。

9.4.3 战略措施

1. 充分利用国际国内两种资源、两个市场

未来一段时间，我国大豆消费需求仍将刚性增长，我国大豆产业发展战略应是立足满足国内需求。一方面，充分发挥国内资源优势，提高大豆单产和品质，增强国产大豆竞争力，稳定大豆生产，最大限度满足市场。但由于资源约束使得我国完全立足国内大豆生产来保障大豆供给已成为不可能，因此，另一方面，要充分利用国际资源和国际市场弥补供需缺口，保持大豆市场供求平衡。在利用大豆进口贸弥补需求的同时，利用境外资源，实施“走出去”开发战略。目前，我国大豆产业已经具备走出去的外部和内部环境条件，如近年黑龙江在俄罗斯租赁土地发展大豆生产的经验和做法值得借鉴，利用国外丰富的耕地资源，建立大豆生产基地；同时鼓励和支持有条件的企业到巴西、阿根廷、俄罗斯、东南部非洲等国家和地区开展境外投资，拓展大豆供应渠道。

2. 依靠科技进步提高单产

提高作物单产，主要是靠品种更新和栽培技术创新与普及，再就是生产

① 国家粮食局文件（国粮展〔2012〕5 号）：《国家粮食局关于印发〈粮油加工业“十二五”发展规划〉的通知》，http：// www. chinagrain. gov. cn。

条件改善，投入增加。一方面，大豆新品种的生产潜力已比老品种大幅增加，单产水平接近或超过3000千克的大豆新品种已很普遍，特别是近十几年来涌现出一批高产典型品种，如中黄35，2012年在新疆石河子亩产达到6320千克/公顷，中黄13，2004年在襄垣亩产达4690千克/公顷，辽豆14，2000年在海城亩产达4910千克/公顷，等等。这些品种如果大面积推广，替换现有品种，我国大豆单产水平将进一步提高。因此，紧紧依靠科技进步，选育推广高产、稳产、抗病优质品种，加快杂交大豆品种选育进程，着力提高大豆单产和品质。而要培育突破性的大豆品种，大豆资源方面的突破性创新是关键，同时，加强大豆功能基因组研究，把我国大豆种质资源优势转化为基因资源优势，加强大豆生理基础研究，探索大豆高产超高产的新途径，为未来大豆生产发展提供技术储备。另一方面，栽培技术的进步也为提高大豆单产创造了条件。如大豆矮秆密植技术、三垄栽培技术、大豆保温栽培技术（如隔行覆膜技术）等的普及，将对提高大豆单产具有重要意义。因此，加快高产优质高效栽培技术转化应用，实现农机农艺结合、良种良法配套，促进单产水平和质量提高。

3. 建立现代耕作制度体系稳定大豆面积

根据我国大豆生产分布区的资源条件，采取适宜的种植制度。首先，东北产区重点突破玉米/大豆合理轮作技术体系。东北地区大豆连作问题仍很突出，需要在该区突破玉米大豆合理轮作高产高效、可持续生产技术体系，包括耐连作品种培育、玉米与大豆轮作技术推广补贴、建立三年轮作体系（玉米—玉米—大豆），并建立这种轮作体系下肥料综合使用技术、土壤培肥技术、病虫害综合防治技术等，其中重点突破高产大豆新品种培育及大豆超高产生产技术，使大豆单产水平达到目前世界平均水平，实现东北地区玉米和大豆生产的可持续发展。其次，黄淮产区重点发展大豆轻简栽培技术体系。黄淮地区大豆多在小麦收获后，不灭茬、不整地直接播种。种植模式以净作为主，部分田块采用大豆、玉米间作。存在的主要问题是小麦秸秆较多，影响大豆的播种质量，易造成大豆缺苗断垄。这一区域重点是完善麦茬大豆免耕覆秸播种技术，包括大豆免耕覆秸播种定型，与免耕技术相适应的配套栽培技术。最后，南方产区重点发展间套作大豆生产。南方地区已经探索出了多种新的间套作种植模式，如西南山区的“小麦/玉米/大豆”模式，江汉平原地区的“大豆/棉花”套种模式，华南地区的大豆与甘蔗、木薯、幼龄茶(果)树间套作模式等。今后可重点完善这些模式的配套栽培技术，在加大了木薯、甘蔗、玉米等与大豆间作套种技术配套与推广力度的同时，提高间套作大豆生产机械化水平，做到模式化种植，机械化播种与收获。

4. 重点发展高蛋白大豆生产，将转基因大豆生产纳入研究和政策考虑

目前国产大豆和进口大豆以其各自优势已形成了较为明确的消费分工，国产大豆已有80%用于大豆食品加工业，可预见在未来几年内，国产大豆将全部用于食品加工。转基因大豆则基本全部用于榨油消费，而且在国内大豆总消费中的比重已达80%以上，我国已经形成了以转基因大豆为主的消费格局，而且未来消费还将进一步扩大。尽管如此，随着人们营养健康意识的增加，更青睐高蛋白的大豆制品，国产高蛋白大豆在市场前景广阔，而且我国已具有技术优势，因此高蛋白大豆生产将是我国大豆生产未来发展的重点。但是，无论是大豆单产的提高，还是高蛋白大豆优势的发挥，都必须依赖技术手段才能得以实现。但传统技术已经难以实现突破，转基因技术为此提供了途径。由于转基因大豆研发是系统性强、技术难度高、投入强度大、回报率高、周期长的重大课题，必须在国家有关部门的统一组织下，集中全国技术力量，开展协同攻关，重点攻克转化技术等难题，因此，政府应将转基因大豆生产纳入研究和政策考虑。

9.5 本章小结

本章针对当前大豆产业经济发展中相对重要和讨论热烈的问题进行了较深入的分析，并提出大豆产业发展战略，主要观点如下：

(1)讨论产业安全问题应首先明确产业安全的内涵和外延。产业安全并非针对所有产业，而是关系国计民生的主导产业和国家安全的战略产业，在全球化背景下，以限制外资来保护所谓的“产业安全”是不现实的。基于此，具体到大豆产业安全问题上，大豆进口既没有影响国内的大豆生产，也没有影响豆农的收益；同时，外资并没有在大豆加工业形成垄断，相反，正是由于外资的进入,促使国内的大豆加工业取得了快速发展。

(2)转基因技术已成为现代农业发展的核心技术,也是发展中国家未来农业发展的战略选择,尽管对转基因食品的安全性以及转基因作物的环境风险问题仍存在分歧,慎重对待是对的,但从全球转基因作物,特别是转基因大豆的发展以及我国当前转基因技术的应用情况来看,我国应考虑并逐步发展转基因大豆的生产。

(3)我国大豆产业在生产和贸易上不具有竞争力。无论是从历史发展,还是实际的经济运作来看,我国大豆生产在粮食生产以及农业政策中的地位不断下降,同时由于受耕地资源、经济因素以及非经济因素等综合影响,短期内我国大豆增产潜力是有限的,因此,还需以进口为主来满足需求。

(4)提高国产大豆的竞争力是国产大豆发展的根本之道。事实证明,单靠非转基因大豆错位发展是行不通的,应考虑转基因大豆这条路;走高蛋白食品大豆的错位发展道路是正确的,但高蛋白食品大豆也不能拒绝转基因。未来中国究竟是非转基因还是转基因大豆抑或二者并存的选择问题,最终将由市场决定。

(5)在国家保证粮食安全的战略形势下,尽管大豆在我国粮食生产中的地位有所下降,但随着经济发展,大豆产业发展对于确保粮食生产可持续发展、保证食物安全和改善营养以及农业结构的战略性调整具有重要的战略意义。因此,要通过采取以下措施来推动我国大豆产业的持续发展:充分利用国际国内两种资源和两个市场来满足国内需求;依靠科技进步提高单产;建立现代耕作制度技术体系稳定种植面积;重点发展高蛋白大豆生产,将转基因大豆生产纳入研究和政策考虑。

第十章　结论与展望

本研究以产业链的视角，从大豆生产、流通、消费、加工和贸易等环节对我国大豆产业的发展状况及产业发展政策进行了较为全面的梳理和阐述，并对产业发展过程中存在的问题及影响因素进行了较深入的分析。在此基础上，进一步探讨了我国大豆产业经济发展中的产业安全、转基因及竞争力等三个重大问题，并形成大豆产业发展的基本观点，最后从战略发展角度，提出我国大豆产业的基本发展思路。

10.1　主要结论

1. 中国大豆产业发展形成了新的格局

通过历史比较和国际比较的方法分析了我国大豆生产、流通、消费、加工和贸易等产业链各环节的发展状况，发现改革开放35年来，我国大豆产业的整体发展态势是良好的，尽管2010年以后，在大豆生产环节上处于连续几年的明显滑坡，但消费、贸易、加工几个环节却是一片繁荣。经过35年的发展，特别是经过了大规模进口大豆的冲击和食用油脂加工业的两次洗牌，我国的大豆产业形成了新的格局，其主要特征概述如下：

从生产格局看，东北产区、黄淮海产区和南方产区依然是我国大豆主产区。最近五年中，东北产区大豆面积明显减少、黄淮海产区面积略有减少、南方产区面积略有增长，但没有改变三大产区地位。目前三大主产区的大豆面积比为50∶30∶15、大豆产量比为50∶26∶15。

从国内流通格局看，油用大豆的物流路径基本上是由国外进口，除沿海地区内流通自用外，从东部沿海地区向中西部地区流通。食用大豆以各地自产大豆为主，部分由东北产区向南流动。大豆加工产品中的食品豆制品多数在本地流通,豆油和豆粕流通与油脂加工企业布局相对应,主要由加工产区向销区流通,特别是豆粕流通与我国农区畜牧养殖业布局密切相关。

从消费格局来看,目前国内大豆需求主要依靠进口大豆来满足,进口大豆占大豆消费量的80%以上;压榨消费是大豆消费的主要形式,在大豆消费中占到八成以上。大豆除直接食用外,豆油和豆粕是大豆的主要消费产品。

从加工格局看,大豆加工以榨油加工为主、食品豆制品加工次之、生化加工少量;食品豆制品加工分布基本以人口数量和消费习惯分布,榨油和生化加工以沿海地区和大城市为主;进口大豆基本油用加工、国产大豆多数食用加工;食用植物油加工企业形成了国内民营企业、外资企业、国有企业三足鼎立的基本态势。国内企业在产能上已全面占优;在实际产品产量上,国内企业在总体的原料处理和油脂精炼上明显占优,在分项的大豆处理上略优,外资企业在分项的豆油精炼和小包装油脂灌装上占优。生化深加工方面,国内企业占有七成的大豆蛋白产量,我国大豆蛋白出口量占国际市场一半以上的份额。

从国际贸易格局看,我国的大豆贸易是进多出少。我国出口的主要是食用大豆,主要出口日本、朝鲜、韩国和美国;进口的基本上是油用大豆;九成以上的进口大豆来源于巴西、美国和阿根廷;除了进口原料大豆外,还净进口百余万吨的豆油,进口格局在相当一段时期内不会改变。

2. 中国大豆产业发展中个别问题仍较突出

大豆生产发展缓慢。受耕地资源、自然条件、耕作制度,特别是比较效益等因素的影响,大豆种植面积不断减少,加之单产水平相对较低,近十年来产量下降幅度较大,特别是2010年以来呈连续下降趋势。

国内大豆供需矛盾日益突出,大豆供给主要依赖国际市场。一方面是随着经济发展、人口增长以及城镇化的发展,国内大豆需求呈刚性增长;另一方面是国内大豆生产日渐萎缩,因此,短期内还将依靠大量进口来满足大豆需求。

大豆流通基础设施落后,分布不均,流通成本较高,效率低下;加工业产能过剩问题仍然突出;进口贸易持续扩大,大豆对外依存度逐年较高,国际竞争力日益减弱。

大豆产业政策由于政策目标缺乏、覆盖范围小、政策力度不足、利益平衡性差、贸易措施缺位等，其作用非常有限。

3. 中国大豆产业发展方向基本明晰

(1)充分利用国际国内两种资源和两个市场。大豆进口既没有影响国内的大豆生产，也没有影响豆农的收益；外资并没有在大豆加工业形成垄断，相反，正是由于外资的进入，促使国内的大豆加工业取得了快速发展。因此，一方面，充分利用国际市场来弥补供需缺口，以保证我国大豆市场的供需平衡；另一方面，实施"走出去"开发战略，充分利用国外的耕地资源建立大豆生产基地，从而打破少数国家垄断我国大豆进口的局面。

(2)我国的未来大豆生产应重点发展高蛋白大豆，并考虑转基因大豆生产。未来高蛋白大豆的发展依靠技术突破，转基因大豆以其强大的技术优势和市场优势在全球大豆生产中取得了主流地位，中国大量消费转基因大豆的现实以及当前发展转基因大豆的技术基础，没有理由拒绝转基因大豆。因此，要在重点发展高蛋白大豆的基础上，将转基因大豆生产技术纳入考虑和试验。

(3)提高大豆竞争力的关键在于提高单产。与增加大豆面积相比，在我国资源有限的现实情况下，发展国内大豆生产，提高大豆竞争能力的关键是提高大豆单产水平。无论是与国内其他粮食作物单产相比，还是与世界大豆平均单产相比，我国大豆单产提升的空间巨大。因此，通过科学选育优质、高效新品种，探索栽培技术来提高大豆单产，通过技术突破来提高我国大豆的国际竞争力。

(4)合理的轮作技术体系是未来国内大豆生产发展的重要途径。从东北地区的玉米/大豆轮作实践来看，合理轮作不仅可以保证粮食生产的可持续发展，也是未来我国大豆生产发展的一个重要途径。

10.2 研究不足与展望

虽然本研究取得了以上研究成果，但也存在着一些以后有待进一步研究的方面，具体来说，包括以下两点：

一是由于数据的限制，对大豆产业链的某些环节的分析还不够深入，特别是大豆消费、流通和加工利用等相关数据的缺乏，有些结论只能是大体的趋势判断，尚需进行深入细致的分析。下一步将就大豆产业发展的某一环节进行重点深入分析，同时加强大豆加工和流通环节的实证分析。

二是对我国大豆产业发展的前沿问题研究深度还不够，比如未来发展转基因大豆生产面临的难题，玉米/大豆轮作技术体系的构建，等等，都需要进行深入的论证和分析，这也将是下一步要研究的重点内容。

参考文献

[1] 常清,王军. 从大豆产业剧变看国际农产品产业重新分工. 社会科学战线,2007(6):61-68.

[2] 江涛,姜荣春,王军. 从大豆产业开放及其产业格局演变看粮食安全. 国际贸易,2012(2):45-49 和 53.

[3] 夏友富,汤艳丽,向清凯. 把握合理规模——我国大豆进口与大豆产业发展研究. 国际贸易,2003(10):4-9.

[4] 农业部农业贸易促进中心. 开放大豆再思考. 农产品市场周刊,2013(5):20-27.

[5] 倪洪兴,等. 开放条件下我国大豆产业发展. 农业经济问题,2012(8):7-12.

[6] Claude Aubert,朱希刚. 中国大豆经济研究. 北京:中国农业出版社,2002.

[7] 马增林. 黑龙江省大豆产业发展问题研究:[博士学位论文]. 哈尔滨:东北农业大学,2009.

[8] 王连铮. 大豆的起源演化和传播. 大豆科学,1985(1):1-6 和 91.

[9] 王连铮,郭庆元. 现代中国大豆. 北京:金盾出版社,2007.

[10] 李福山. 大豆起源及其演化研究. 大豆科学,1994(1):61-66.

[11] 郭文韬. 试论中国栽培大豆起源问题. 自然科学史研究,1996(4):326-333.

[12] 王金陵,孟庆喜,祝其昌. 中国南北地区野生大豆光照生态类型的分析. 遗传学通讯,1973(3):1-8.

[13] 吕世霖. 关于我国栽培大豆原产地问题的探讨. 中国农业科学,1978(4):90-94.

[14] 郭文韬. 略论中国栽培大豆的起源. 南京农业大学学报(社会科学版),2004(1):60-69.

[15] 王振堂. 试论大豆的起源. 东北师大学报(自然科学版),1980(3):76-84.

[16] 徐豹,等. 大豆起源地的三个新论据. 大豆科学,1986(2):123-130.

[17] 王书恩. 中国栽培大豆的起源及其演变的初步探讨. 吉林农业科学,1986(1):75-79.

[18] 常汝镇. 关于栽培大豆起源的研究. 中国油料,1989(1):3-9.

[19] 周新安,彭玉华,王国勋,常汝镇. 中国栽培大豆遗传多样性和起源中心初探. 中国农业科学,1998(3):37-43.

[20] 赵团结,盖钧镒. 栽培大豆起源与演化研究进展. 中国农业科学,2004(7):954-962.

[21] 何进尚. 大豆发展历史及其栽培技术研究进展. 甘肃农业,2009(4):89-91.

[22] 赵勇,杨树果,何秀荣. 2012 年我国大豆产业状况、环境与展望. 大豆科技,2012(6):7-10.

[23] 余建斌. 中国大豆市场供求及价格研究. 北京:中国农业出版社,2008.

[24] 于爱芝,李崇光. 中国大豆生产:问题与应对策略. 世界农业,2001(12):9-11.

[25] 王济民. 我国的大豆经济:供给与需求的重点分析:[博士学位论文]. 北京:中国农业科学院,2000.

[26] 王永刚. 我国食用植物油消费增长及其影响因素分析. 农业技术经济,2006(6): 54-59.

[27] 朱希刚. 中国大豆业的困境和发展对策. 中国农村经济,2003(1):27-33.

[28] 盖钧镒,赵晋铭,蒋慕东. 中国大豆产业面临的挑战和科技发展任务. 农产品加工(创新版),2009(11):32-37.

[29] 周新安,韩天富. 重振我国大豆产业. 求是,2010(19):33-34.

[30] 司伟,王济民. 中国大豆生产全要素生产率及其变化. 中国农村经济,2011(10):16-25.

[31] 张照新. 中国大豆生产与需求分析及展望. 农业展望,2006(3):13-17.

[32] 孟军,吴秋峰. 中国大豆生产波动规律及其成因研究. 生态经济(学术版),2008(1):175-178.

[33] 杨红旗,郝仰坤. 我国大豆产业回顾、现状与发展对策. 广东农业科学,2010(1):188-191.

[34] 毛学峰,中国大豆进口与大豆产业发展研究. 北京:中国农业出版社,2009.

[35] 吕世霖等. 我国大豆栽培区划的研讨. 山西农业大学学报,1981(1):10-17.

[36] 卜慕华,潘铁夫. 中国大豆栽培区域探讨. 大豆科学,1982(2):105-121.

[37] 汪越胜,盖钧镒. 中国大豆栽培区划的修正——修正方案与修正理由. 大豆科学,2000(03):203-209.

[38] 姚瑾,李先德. 我国大豆生产、消费及进出口概述. 中国粮食经济,1998(09):26-28.

[39] 徐雪高. 我国大豆生产区域布局变化与后期展望. 农业展望,2011(07):42-44.

[40] 毕井泉. 中国大豆产业发展研究(上). 中国粮食经济,2003(8):15-18.

[41] 毕井泉. 中国大豆产业发展研究(下). 中国粮食经济,2003(9):9-13.

[42] 何杰夫,张博. 中国食用植物油的供应量和消费量究竟是多少?中国农村经济,2011(4):87-92.

[43] 卢锋. 我国若干农产品产消量数据不一致及产量统计失真问题. 中国农村经济,1998(10):47-71.

[44] 陈永福. 中国食物供求与预测. 北京:中国农业出版社,2004.

[45] 陈廷煊. 建国以来粮食流通体制的演变. 改革,1996(6):109-116.

[46] 张雄. 建国以来粮食流通体制的演变——从制度变迁看农业政策性信贷功能的定位. 社科纵横,2002(02):20-21.

[47] 赖睦. 我国粮食流通体制50年的历史演变. 湖北财税,1999(20):26-28.

[48] 郑有贵. 粮食流通体制改革:政策演变及其绩效分析. 当代中国史研究,1998(04):24-35.

[49] 王海斌. 我国粮食流通体制改革的回顾及进一步深化的思路. 商业研究,2000(03):133-136.

[50] 王德文,黄季焜. 中国粮食流通体制改革:双轨过渡与双轨终结. 改革,2001(04):99-106.

[51] 王双正. 粮食流通体制改革30年:回顾与反思. 财贸经济,2008(11):111-124转127.

[52] 颜波,陈玉中. 粮食流通体制改革30年. 中国粮食经济,2009(03):18-25.

[53] 卢彦超. 对我国粮食流通体制改革历程的简要回顾与思考. 河南工业大学学报(社会科学版),2010(02):1-5.

[54] 李友华,丛丹阳. 我国粮食流通体制改革的回顾与评析. 中国流通经济,2003(09):32-34.

[55] 徐志全. 黑龙江省大豆生产与流通成本调查分析. 中国食物与营养,2002

(6):28-32.

[56] 孙东升,杨秀萍,苗水清. 中国大豆产业现状及其国际竞争力研究. 农业展望,2006(10):3-7.

[57] 程昊,孙寒冰. 沦陷还是崛起:残酷竞争下的中国大豆产业. 中国物价,2007(9):62-65.

[58] 江连洲. 大豆加工利用现状及发展趋势. 食品与机械,2000(1):7-10.

[59] 盖钧镒. 大豆加工业的发展及其对大豆品质的要求. 农产品加工,2008(07):4-7.

[60] 江连洲,夏剑秋. 中国大豆加工业发展现状与趋势. 中外食品工业,2003(08):42-46.

[61] 何秀荣. 外资进入与中国食用植物油产业,农业部:《中国农产品贸易发展报告 2011》,北京:中国农业出版社,2011.

[62] 王永刚. 浅析空间集聚对植物油加工业增长绩效的影响. 新疆农垦经济,2006(11):20-24.

[63] 钟莉莉,徐超. 我国植物油加工业产业集聚现状研究. 东方企业文化,2010(14):233-234.

[64] 王永刚,王永强,刘志雄. 我国植物油工业发展的现状与瓶颈. 农产品加工(学刊),2005(3):35-37.

[65] 陈刚. 中国油脂加工业现状及发展趋势. 中国油脂,2012(11):24-28.

[66] 杨卫路. 对国产与进口大豆比较优势分析. 粮食与油脂, 2012(12):17-19.

[67] 黄季焜. 加快发展中国大豆产业. 农民科技培训,2002(5):5-6.

[68] 瞿商,赵德馨. 中国大豆进出口形势的逆转与粮食安全——百年间中国大豆国际贸易地位的逆转及其历史启示. 贵州财经学院学报,2011(02):43-48.

[69] 马登品. 我国大豆产业的现状与分析. 中国油脂,2002(1):90-94.

[70] 姜长云. 大豆供求的变化趋势及其对主产区农民收入和就业变动的影响. 经济研究参考,2003(6):24-33 和 40.

[71] 崔春晓,宣亚南. 中国大豆贸易的影响因素分析与对策思考. 世界农业,2007(8):7-10.

[72] 宣亚南,崔春晓. 转基因安全管理政策对中国大豆进口贸易的影响分析. 中国农村经济,2007(11):34-44.

[73] 崔宁波. 我国大豆生产技术及应用的经济分析:[博士学位论文]. 哈尔滨,东

北农业大学，2008.

[74] 郭文斌. 对中国大豆贸易现状的分析和政策建议. 时代经贸(下旬刊)，2007(07)：101-102 转 105.

[75] 刘秀玲，冯国治. 中国大豆进口贸易影响因素的实证分析. 郑州航空工业管理学院学报，2008(06)：73-77.

[76] 刘秀玲，李倩. 价格差、技术进步、国内净需求量与中国大豆进口. 福州大学学报(哲学社会科学版)，2012(1)：26-31 转 112.

[77] 高颖，田维明. 基于引力模型的中国大豆贸易影响因素分析. 农业技术经济，2008(01)：27-33.

[78] 陈锡文，程国强. 关于大豆进口问题的看法和建议. 国务院发展研究中心研究报告，2003-04-30.

[79] 周应恒，邹林刚. 大豆产业，何必舍近求远？中国食品工业，2006(3)：54-56.

[80] 刘坚. 抓好产销衔接 振兴大豆产业. 中国农业信息，2002(10)：4-7.

[81] 边策，姜延书，张雪峰. 对中国政府大豆产业补贴的博弈分析. 价值工程，2008(08)：50-53.

[82] 孙亚君. WTO 框架下对我国大豆进行补贴的经济学分析. 经济研究导刊，2010(2)：33-35.

[83] 李飞. 中国大豆收储政策之喜与忧. 大豆科技，2010(2)：35-36.

[84] 郭清保. 2011 年大豆产业政策需“思变”. 饲料广角，2011(04)：19-20.

[85] 宣亚南，崔春晓. 转基因安全管理政策对中国大豆进口贸易的影响分析. 中国农村经济，2007(11)：34-44.

[86] 洪涛. 我国转基因食品政策及其效应分析——兼论转基因大豆的进出口管理. 中国食物与营养，2004(03)：6-9.

[87] 耿献辉，周应恒，霍利玥.《农业转基因生物安全管理条例》对大豆贸易的影响. 国际贸易问题，2002(6)：36-41.

[88] 马述忠.《农业转基因生物安全管理条例》及相关政策对中国大豆进出口的影响. 世界农业，2003(4)：20-21.

[89] 翟雪玲. 中国大豆的竞争因素探讨. 世界农业，2002(11)：9-11.

[90] 朱军凯. 大豆进口关税调整对中国大豆及相关产业的影响：[硕士学位论文]. 重庆：重庆大学，2010.

[91] 刘志澄. 把大豆产业做大做强. 中国食物与营养，2006(7)：10-11.

[92] 韩天富,常汝镇. 关于我国大豆产业发展途径的探讨. 中国食物与营养,2007(8):11-13.

[93] 万宝瑞. 对我国大豆产业发展的战略思考. 粮油加工,2007(7):26-29.

[94] 万宝瑞. 发挥大豆产业特有优势 振兴我国大豆经济. 农产品加工,2007(7):5-7.

[95] 董钻. 先秦古籍中的菽. 大豆科技,2013(3):1-4.

[96] 武兰芳,陈阜,欧阳竹. 种植制度演变与研究进展. 耕作与栽培,2002(3):1-6.

[97] 杨文钰. 我国间套作大豆的发展成效、存在问题与对策建议. 套作大豆网,http://www.rcsoybean.com/index.asp, 2011-03-30.

[98] 何志鸿,刘忠堂,许艳丽,韩晓增,徐永华. 大豆重迎茬减产的原因及农艺对策研究——重迎茬对大豆产量与品质的影响. 黑龙江农业科学,2003(3):1-4.

[99] 王乐宝,付东波,潘红雨. 合理轮作对大豆产量及品质的影响. 现代化农业,2012(2):10-12.

[100] 刘爱民,于格,于萧萌. 大豆主产区主要竞争农作物生产成本与收益分析中. 国农业资源与区划,2005(4):35-39.

[101] 周艳丽. 基于系统动力学的中国大豆产业政策仿真:[硕士学位论文]. 武汉:华中农业大学,2012.

[102] 杨树果,何秀荣,赵勇. 2013 年黑龙江省大豆农户种植意愿调查与分析. 大豆科技, 2013(3):6-8.

[103] 姚平. 基于 DEA-Malmquist 指数的中国煤炭城市的全要素生产率动态测算. 运筹与管理,2010(4):170-175.

[104] 杨少华,李再扬. 中国电信业生产率变动及其分解:基于 DEA - Malmquist 指数法的分析. 经济学家,2010(10):64-71.

[105] 徐小鹰. 基于 DEA-Malmquist 方法的湖北省各地区经济增长的效率分析. 统计与决策,2010(22):88-91.

[106] 李双杰,左宝祥. 全要素生产率测度方法评析. 经济师,2008(5):15-16.

[107] 张艳,孟新丽. 中国烟草产业全要素生产率及其变动的实证研究. 湖南科技学院学报,2008(11):129-132.

[108] 黄武. 中国大豆生产效率分析. 南京农业大学学报(社会科学版),2004(3):18-22.

[109] 余建斌,乔娟,龚崇高. 中国大豆生产的技术进步和技术效率分析. 农业技

术经济,2007(4):41-47.

[110] 田伟,李明贤. 中国大豆主产区生产效率的实证研究. 湖南农业大学学报(社会科学版),2009(8):22-26.

[111] 章祥荪,贵斌威. 中国全要素生产率分析:Malmquist 指数法评述与应用. 数量经济技术经济研究,2008(6):111-122.

[112] 郑循刚. 中国农业生产技术效率及其影响因素分析. 统计与决策,2009(12):102-104.

[113] 李刚. 江苏省工业行业全要素生产率分析:2002—2008 年——基于 DEA-Malmquist 方法. 特区经济,2010(3):43-44.

[114] 董丽霞. 中国经济增长的因素分析——基于 DEA-Malmquist 方法的省际数据比较研究. 当代经济研究,2010(12):33-36.

[115] 赵发生,当代中国的粮食工作. 北京:中国社会科学出版社,1988.

[116] 肖淑平. 新中国成立以来粮价格及其管理. 价格理论与实践,1983(9):32-33.

[117] 国家计委. 国内贸易部提高大豆购销价格. 中国物价,1993(10):49.

[118] 冀名峰,国有粮食企业行为研究:[博士学位论文]. 北京:中国农业大学,2003.

[119] 曾楚宏,石汝杰. 粮食购销制度变迁过程中的国有粮食企业改革:回顾与思考. 当代经济管理,2009(10):46-49.

[120] 苏慧. 流通对中国大豆竞争力影响的实证研究——以黑龙江省为例:[硕士学位论文]. 北京:中国农业大学,2005.

[121] 邓玉成. 中国供销合作社的发展(下). 山西财经学院学报,1989(8):94-102.

[122] 左晓戎,袁育芬,李方,等. 我国粮食主要运输方式及其启示. 中国粮食经济,2006(3):39-42.

[123] 杜玉涛. 中国大豆的流通成本问题研究:[硕士学位论文]. 北京:首都经贸大学,2013.

[124] 国家统计局农村社会经济调查总队. 提升大豆市场竞争力的着力点放在哪里. 调研世界,2002(11):15-17 转 34.

[125] 雷天龙. 美国大豆协会. 世界农业,2000(6):53.

[126] 强文丽,等. 巴西大豆资源及其供应链体系研究. 资源科学,2011(10):1855-1862.

[127] 何秀荣,等. 美国、巴西、陈根廷大豆产业的政府支持政策,农业部软科学委员会,2002.

[128] 顾和平. 中国古代大豆的加工和食用. 中国农史,1992(1):84-86.

[129] 江连洲,夏剑秋. 国际大豆加工业的发展现状与趋势. 中外食品工业,2003(7):10-14.

[130] 盖钧镒. 大豆加工业的发展及其对大豆品质的要求,农产品加工,2008(7):4-7.

[131] 江连洲. 大豆加工利用现状及发展趋势. 食品与机械,2000(1):7-10.

[132] 江连洲,胡少新. 中国大豆加工产业发展现状与建议. 中国农业科技导报,2007(6):22-27.

[133] 李淑贞,许显滨,陈霞,赵乃新. 日本大豆的加工利用概况. 大豆科学,1988(1):84-86.

[134] 田维明. 中国的农业发展:思考与探索. 北京:中国农业大学出版社,2013.

[135] 王永刚. 我国食用植物油消费增长及其影响因素分析. 农业技术经济,2006(6):54-59.

[136] 胡雪梅. 近代中国大豆出口贸易述论:[硕士学位论文]:大连:辽宁师范大学,2003.

[137] 于亚莉. 论近代东北大豆贸易:[硕士学位论文]:长春:吉林大学,2007.

[138] 张桐,三十年来世界大豆生产与贸易情况简介. 农业经济问题,1981(4):58-59.

[139] 马晓河,黄蓓. 当今我国利用了多少世界农业资源. 农业经济问题,2012(12):4-10 转 110.

[140] 张淑荣,李广,刘稳. 我国大豆产业的国际竞争力实证研究与影响因素分析. 国际贸易问题,2007(5):10-15.

[141] 黄季焜,王晓兵,智华勇,黄珠容,Scott Rozelle. 粮食直补和农资综合补贴对农业生产的影响. 农业技术经济,2011(1):4-12.

[142] 肖大伟,胡胜德. 中国农业综合直补政策的评价分析. 农业经济与管理,2010(2):24-30.

[143] 郭清保. 政策调整下的中国大豆产业发展. 农业展望,2011(3):29-34.

[144] 程国强. 中国农业补贴制度设计与政策选择. 北京:中国发展出版社,2011.

[145] 杜玲,何浩,陈阜,杨立国,郑瑜. 北京市粮食直补政策效果及问题分析. 中

国农学通报，2009(12)：295-299.

[146] 马述忠，冯冠胜. 健全农业补贴制度：规则、模式与方案. 北京：人民出版社，2010.

[147] 陈艳君. 2009 年大豆临时存储政策解析. 粮食与油脂，2010(1)：30-31.

[148] 王玉飞. 美国大豆补贴政策对我国的借鉴和启示. 农业经济问题，2011(1)：100-105.

[149] 苗清水，等. 美国大豆补贴政策及其影响. 中国农村经济，2006(5)：72-80.

[150] 杨建利，邢娇阳. 美国“平均作物收入选择方案(ACRE)”对我国粮食直补的启示. 宏观经济研究，2010(6)：75-79.

[151] 蔡海龙，韩一军，倪洪兴. 美国 2012 年农业法案的主要变化及特点，世界农业，2013(2)：48-50 转 60.

[152] 夏芸，徐萍，江洪波，陈大明，张洁，于建荣. 巴西生物燃料政策及对我国的启示. 生命科学，2007(5)：482-485.

[153] 何秀荣，李平，张晓涛. 阿根廷大豆产业发展与政府政策. 农业技术经济，2004(1)：60-64.

[154] 付磊. 农业收入保险介绍与借鉴. 中保网 · 中国保险报，2011-11-15.

[155] 高伟. 推动我国农业保险发展的政策建议. 武汉金融，2007(7)：20-22.

[156] 蓝昊，宣亚南. 世界大豆贸易格局的演变及对我国的启示. 国际贸易问题，2008(6)：39-44.

[157] Clive James. 2012 年全球生物技术/转基因作物商业化发展态势. 中国生物工程杂志，2013(2)：1-8.

[158] 周锦培，刘旭霞. 阿根廷转基因作物产业化的法律监管体系评析. 岭南学刊，2010(6)：96-101.

[159] 朱行. 巴西政府正式批准种植和交易转基因大豆. 粮食与油脂，2014(1)：8.

[160] 刘定富，曾子. 巴西转基因作物商业化进程分析. 中国种业，2013(7)：36-37.

[161] 韩天富. 转基因和非转基因大豆生产体系除草成本和生产效益的估算. 作物杂志，2008(2)：1-3.

[162] 王晓蓉. 外资流入与产业安全. 中国投资与建设，1996(2)：12-13 转 26.

[163] 童志军. 利用外资与国家产业安全. 中国投资与建设，1996(8)：25-27 转 30.

[164] 王允贵. 产业安全问题与政策建议. 开放导报，1997(1)：27-32.

[165] 张志宏. 关于利用外资与我国产业安全大论战若干问题的深入思考. 国际

贸易探索，1997(6)：22-27.

[166] 于新东．中国加入 WTO 后产业保护和产业安全研究及对策．学习与探索，2000(2)：4-12.

[167] 杨公朴，王玉，等．中国汽车产业安全性研究，财经研究，2000(1)：22-27.

[168] 夏兴园，王瑛．国际投资自由化对我国产业安全的影响，中南财经大学学报，2001(2)：37-41.

[169] 李连成，张玉波．试析 FDI 与我国产业安全．经济前沿，2001(12)：12-15.

[170] 朱丽萌．中国农产品进出口与农业产业安全预警分析．农业科学，2007(6)：111-116.

[171] 赵丽佳，冯中朝．我国油料和植物油的产业安全：基于进口视角的分析．国际贸易问题，2008(12)：29-36.

[172] 朱钟棣，孙瑞华．入世后评价产业安全的指标体系．世界贸易组织动态与研究，2006(5)：1-10.

[173] 张淑荣，魏秀芬．我国棉花产业安全状况评价．农业技术经济，2011(2)：92-95.

[174] 荆竹翠，李孟刚，王冲．我国钢铁产业安全状况的评估与应对策略．经济纵横，2012(12)：44-47.

[175] 赵世洪．国民产业安全概念初探．经济改革与发展，1998(3)：15-18.

[176] 景玉琴．产业安全概念探析．当代经济研究，2004(3)：29-31.

[177] 李孟刚．产业安全理论的研究：[博士学位论文]．北京：北京交通大学，2006.

[178] 高庆鹏．农业产业安全研究综述．中国物价，2011(3)：32-36.

[179] 张光辉，崔瑞娟．我国大豆产业安全状况分析及对策．华南农业大学学报(社会科学版)，2008(2)：38-45.

[180] 李孟刚．中国物流产业安全问题研究．中国流通经济，2007(12)：7-10.

[181] 张丽淑，樊秀峰．跨国企业行为视角：我国零售产业安全评估．当代经济科学，2011(1)：69-77.

[182] 蒋姮．跨国并购与产业安全评估的误区及影响．国际经济合作，2008(12)：15-18.

[183] 重视保护我国产业安全．金属通报，1996(44)：2-3.

[184] 成思危．谈经济全球化背景下的国家产业安全问题．中国国情国力，2006

(8):5-8.

[185] 杨树果,何秀荣. 中国大豆产业状况和观点思考. 中国农村经济,2014(4):32-41.

[186] 黎昊雁,丛杭青,王玮. 转基因食品的安全性,仅仅是科学问题吗? 中国科技论坛,2002(4):57-59.

[187] 陆群峰,肖显静. 转基因作物环境风险争论综述. 山东科技大学学报,2009(10):8-15.

[188] 国家发展改革委员会宏观经济研究课题组. 关于黑龙江省完善粮食主产区农业保护情况的调查报告——以黑龙江省大豆为例. 中国农村观察,2004(4):8-15 转 30.

[189] 栾立明,郭庆海. 中国大豆产业竞争力现状及提升途径. 农业经济问题,2010(2):99-103.

[190] 周应恒,邹林刚. 我国大豆产业发展战略的另一种选择——基于产品差异化的审视. 农业经济问题,2005(9)42-46.

[191] Hymowitz. On the domestication of the Soybeans. Econ. Bot. , 1970(24):408-421.

[192] Nagata,T. , Strdies of Southeast Asia Proc. Crop Sci. ,Japan, 1959(28):79-82.

[193] Nagata,T. , Studies on the differentiation of soybeans in Japan and the world. Mem. Hyogo Univ. Agr. ,3(2)set. , 1960(4): 63-102.

[194] Marchant, M. A. ; Fang, C. ; Song, B. : Issues on Adoption, Import Regulations and Polices for Biotech Commodities in China with a Focus on Soybeans, AgBioForum, 2002(4):167-174.

[195] Marchant, M. A. ; Song B. : Assessment of Biotechnology Policies and International Trade in Key Markets for U. S, Agriculture Journal of Agricultural and Applied Economics, 2005(2): 379-391.

[196] Solow R. M. Technical Change and the Aggregate Production Function. Review of Economics and Statistics, 1957(39).

[197] Danison E F. Why growth rates differ: post-war experience in nine western countries. Washington Brookings Institution, 1962.

[198] Jorgenson, Dale W. , Zvi Grillches. The explanation of productivity change.

Review of Economic Studies, 1967,34(3):249-283.

[199] Farrell M J. The measurement of productive efficiency. Journal of the Royal Statistical Society, 1957, 120(3):253-290.

[200] Aigner,D. J. ,C. A. K. Lovell, P. Schmidt. Formulation and Estimation of Stochastic Frontier Production Function Models. Journal of Econometrics, 1977(6).

[201] Charnes, A. , Cooper, W. W. , Rhodes, E. Measuring the Efficiency of Decision Making Units. European Journal of Operational Research, 1978, 2 (6):429-444.

[202] Malmquist S. Index numbers and indifference surface. Trabajos de Estatistica, 1953(4): 209-242.

[203] Caves D W, Christensen L R, Diewert W E. The economic theory of index numbers and the measurement of input, output, andproductivity. Econometrica:Journal of the Econometric Society, 1982,50(06):1393-1414.

[204] J Tinbergen. On the theory of trend movements. Weltwirtsscha Ftliches Archiv, 1942, 55(1): 511-549.

[205] Fred Gale. Growth and Evolution in China's Agricultural Support Support Policies. Economic Research Report Number 153, August 2013.